全国推动读书十大人物 **韩兴娥**
课内海量阅读丛书

基础教育国家级教学成果一等奖

"小学语文课内海量阅读教学研究与实践"项目组推荐用书

让孩子
踏上阅读快车道

Rang Haizi Tashang Yuedu Kuaichedao

韩兴娥/著

上

江西人民出版社
Jiangxi People's Publishing House
全国百佳出版社

图书在版编目（CIP）数据

让孩子踏上阅读快车道：全2册/韩兴娥著．— 南昌：江西人民出版社，2015.2（2023.2重印）
（全国推动读书十大人物韩兴娥课内海量阅读丛书）
ISBN 978-7-210-07029-0

Ⅰ．①让… Ⅱ．①韩… Ⅲ．①阅读课—小学—教学参考资料 Ⅳ．① G623.233

中国版本图书馆 CIP 数据核字 (2015) 第 025841 号

让孩子踏上阅读快车道（全2册）　　　　　韩兴娥　著

责任编辑：胡文娟
封面设计：章　雷　游　珑
版式设计：白　冰

 江西人民出版社　出版发行

地　　　址：	江西省南昌市三经路47号附1号（330006）
网　　　址：	www.jxpph.com
电子信箱：	jxpph@tom.com
编辑部电话：	0791-88672031
发行部电话：	0791-86898815
承　印　厂：	江西省和平印务有限公司
经　　　销：	各地新华书店

开　　　本：	787毫米×1092毫米　1/16
印　　　张：	29
字　　　数：	520千字
版　　　次：	2015年2月第1版
印　　　次：	2023年2月第8次印刷
书　　　号：	ISBN 978-7-210-07029-0
定　　　价：	50.00元

赣版权登字 -01-2015-25

版权所有　侵权必究

赣人版图书凡属印刷、装订错误，请随时与江西人民出版社联系调换。

服务电话：0791-86898820

朋友问:"如果没有外力的推动,你会不会走上这条与常规教学大相径庭的'课内海量阅读'之路?"我说:"当然会。"走这条路是因为在我心中有着坚定的渴求。从1987年当上语文老师的那天起,到2000年,我按常规教学13年,虽然其中也有小的成就,但看到有的学生六年级竟然写不出通顺的文章,一篇简单的课文反复朗读数遍,还是结结巴巴的,我对这个职业产生了深深的失望。

2000年,区里引进了韵语识字教材,我实现了从教一本教材到教两本教材的转变。教一本累,教两本更累,因为我的思维还停留在让学生"学一课会一课"的定式上。当学生上三年级时,我惊奇地发现,他们对文字的感悟能力远远高于以前的学生,被听课的领导誉为"个个是播音员,人人是小天才"。于是我这个从来不讲公开课的笨老师被大江南北的老师所关注。2006年,这届学生毕业时,"两周教完教材"已广为传播。但我的教法、理念对不对,我也不明白,因为一切都是摸着石头过河,跟着感觉走而已。2006年,我又执教了一个一年级。这七年,我所在的青年路小学的领导、同事给了我很大的支持,我对他们永远心存感恩。我的学生家长大多是下岗工人和小商贩,他们没有时间也没有能力辅导孩子,但他们认为老师的话都是正确的,对我那些尚处在摸索阶段的不成熟的教法毫无异议,任由我折腾,只要不要求他们辅导孩子学习就行。我感激他们给了我一段自由地横冲直撞瞎折腾的时光。

2007年,我调到新建的潍坊北海学校,再次从一年级教起。卸掉了班主任这个重担,有了空闲时间,也因为必须向北海学校这些"潍坊学历最高的家长"交代,我天天在博客上写文章,每周给家长写一封信。于是以2007级学生低年级的教学笔记为主,也有一小部分2000级学生学校生活记录的《让孩子踏上阅读快车道》一书于2009年出版。

2007—2013年这六年,是我的教学方法逐渐成熟的六年,是与统治教坛数十年的"扎扎实实教课本"的常规理念不断碰撞的六年。这群家长对教育教学标准高、要求严,他们不断怀疑海量阅读是不是增加了学生的课业负担,会不会造成孩子学得不扎实,这些质疑使我在憋气窝火的同时不断反思改进自己的教学方法,使每个学生都成功的"星级达标"理念逐渐形成,教法逐渐成熟。

2007级学生升入中学后表现突出,尤其是当年的学困生竟然也成了优秀学生,为我在当地赢得了良好声誉。2014年,我在他们毕业一年后,再次执教一年级,这级学生家长对"课内海量阅读"已少了很多怀疑,更多的是赞同和支持。同时,追随和践行"课内海量阅读"的教师在网上自发形成了"海量阅读同步实验团队"。在家长和老师的支持下,"课内海量阅读"这条路越走越平坦。

翻开自己五年前写的《让孩子踏上阅读快车道》,打开近几年的教学笔记,发现当年的一些教学方法虽然已被我抛弃,但是我想这些方法依然适合处于艰难起步阶段的教师和经济困难地区的教师。那些已抛弃的教法记录的是在缺乏图书和支持的情况下如何实现全班共读的经历,因此再版《让孩子踏上阅读快车道》时,我不仅增加了自己近年来的"课内海量阅读"新教法,也保留了一些过去的教法。2000级,我任教的班级是一班。2007级,我任教的是七班。2014级,我任教的是五班。这套书的文字来自这三届的教学笔记,大家可以从中了解"课内海量阅读"实验的探索过程。期盼有更多的教师冲破常规教学枷锁的束缚,带领孩子们一起踏上阅读快车道。

韩兴娥

二〇一五年一月

陶继新 / 文

韩兴娥老师的语文之道与教育情怀

学好小学语文教材,对于提高学生的语文水平固然可以起到一定的作用,可是,"语文教材无非是个例子"(叶圣陶语),如果将教材当成学生学习语文的全部,有效提高语文水平则绝无可能。不要说作家,就是连一般读写能力比较好的小学生,也不是因为学好语文教材就能写好作文的。海量阅读甚至经典背诵,才能让自己拥有文化的底蕴。

在这方面,韩兴娥老师是一位真正的觉悟者与践行者。2005年我去采访她的时候,她便早已在小学语文教学上进行了大刀阔斧的改革。一般语文教师一个学期才能教完的一本教材,她只需两周便结束教学,其他更多的时间,则让学生进行"课内海量阅读"。

这种"冒天下之大不韪"的改革,阻力之大是可想而知的。可是,韩兴娥老师却坚持认为,语文教材作为"例子",安排两周教学时间足矣。一册小学语文教材只有二三十篇课文,而且多是白话文,一般语文老师却要用上一个学期的时间在课堂讲授。于是,不得不反反复复地讲个没完没了,有的甚至会出现教师不讲学生还明白,越讲学生越糊涂的尴尬局面。

韩兴娥老师认为,学生读书学习的巨大潜能,多是在教师无休无止而又味同嚼蜡的讲授中逐渐消解的。他们由此不再喜欢语文,进而不再喜欢读书,只是机械地完成教师布置的语文练习题。学生一旦小时候就讨厌了语文学习,则会让他们终生与阅读说"再见"。而终生阅读,恰恰能提供一个人生命成长所需的精神营养。

正是基于这种思考,韩兴娥老师逆风而上,用两周时间教完规定的教材,便在课内让学生进行海量阅读。这让孩子们看到了另一个广阔而神奇的世界,语文学习成了他们的最爱,也让孩子们踏上了阅读的快车道。

那么,韩兴娥老师如此教学会不会由此影响到学生的考试成绩呢?刚开始的时候,她的学生考试成绩比一般学生稍微低了一点,但是,不用太长时间,特别是到了高年级后,她学生的成绩非但不会落后,甚至比其他班级学生的成绩还略胜一筹。这种看似奇怪的现象说明了一个道理:海量阅读才是提升学生语文水平之道,也是提升教师教学水平的不二法门。

也许还会有人提出疑问:韩兴娥老师的"课内海量阅读"有那么多的阅读甚至背诵的内容,会不会增加学生的负担呢?回答也是否定的。其实,人们对于学生负担过重的理解有时是偏颇的。老师毫无情趣的满堂灌,又布置大量重复与低级的作业,才是真正增加学生负担的原因,而且增加的还有心理的负担,以及对语文学习的抵触与隔阂。

我曾多次走进韩兴娥老师的课堂,学生学习的情景迄今历历在目。何止于没有学习的负担,简直是一幅乐此不疲地阅读的"画面"。因为他们从韩兴娥老师为他们提供的海量阅读中,领略到了文质兼美的文本之妙道,感受到语文课堂学习竟然如此轻松愉悦。他们的阅读量是一般班级学生阅读量的十几倍甚至几十倍,写起作文来得心应手者比比皆是。更重要的是,他们由此爱上了阅读,到了初中、高中再学习语文及相关学科的时候,有了超越其他同学的优势,更有了乐在其中又轻松自如的学习感觉。最让人欣喜的是,他们由此爱上了读书,进而终生与书为伴,让精神生命呈现出一道又一道绚丽的文化风景。

韩兴娥老师不仅仅知道"课内海量阅读"的意义,也不只是在这方面进行了大胆的改革实践,她还有一种为师者的教育情怀。在她看来,孩子只有一个童年,如果这个时段不能爱上读书,就有可能在未来生命行程中与阅读渐行渐远。人们常说为孩子奠定终生幸福,关键是要"听其言而观其行",没有行动的言说,非但没有意义,而且还是有害的。韩兴娥老师不但大声疾呼让孩子们海量阅读,而且还有一种神圣的使命感。不然,就愧为人师。所以,不管风吹雨打,她都一路坚持下来。她不在乎别人的讥讽打击,也不得意于别人的称颂与表扬,因为在她看来,这些与她没有多大的关系。她是一个极其纯朴真实的人,她只想当一个孩子喜欢的老师,只想让每个孩子的童年快乐幸福,传承优质文化,为学生点亮生命的前程。

近几年,韩兴娥老师成了全国名师。可在她的心里,她还是当年的那个韩兴娥,她的信念与情怀没有变,她对孩子的爱一往情深。不过,对于如何通过"课内海量阅读"让孩子踏上阅读快车道,她有了更多的感悟与更深的研究,也有了不少让她惊奇不已的新发现。所以,对于这一原本就非常畅销的《让孩子踏上阅读快车道》,她又做了认真的审阅与修订,增加了不少更有意义的内容。这本交由江西人民出版社出版的新书会更有价值,相信也会更受到读者的欢迎。

——陶继新,中国孔子基金会传统文化教育分会副会长、山东教育社原总编辑

王爱玲 / 文

走吧,一起去看海
—— 送给韩兴娥老师和"海读"路上的朋友们

走吧,一起去看海

绕开那聒噪的稻田

那青蛙的讲演

怎比得上浪花的宣言

走吧,一起去看海

躲开那撩人的水草

那轻浮的飘摇

怎比得上珊瑚永恒的舞蹈

走吧,一起去看海

看海的路,走得并不轻松

好在

有人已经擎着火把走过

她用浪的执着

用海的胸襟

把荆棘的路

从黑暗走到黎明

走出一条芳香的小径

让我们把小径

走成一片海

我们去看海

海在路上

海在心灵

海在分享

让我们携手

一起去看海

——王爱玲,山东淄博高新区第一小学语文教师,"课内海量阅读"追随者

目录

第一章 解读"课内海量阅读"

1 课内海量阅读 享受职业幸福　　003
一、享受阅读 浸润书香　　003
二、爱学生是一种能力　　006
三、家长、学生喜欢海量阅读　　008

2 课内海量阅读 人人皆可为之　　012
一、缺点成就海量阅读　　013
二、海量阅读是一般老师的行为　　017

3 语文教学至简为上 人生法则从简如流　　024
一、家常课随意听　　024
二、化繁为简诵读古诗　　026
三、课堂直播与拒绝公开课都是因为简单　　028

4 语文教学:"读"才是硬道理　　032
　　一、先广泛阅读后创造　　033
　　二、琅琅书声从学习拼音开始　　035
　　三、低年级强化朗读训练　　036
　　四、海量阅读要强化诵读难点　　037
　　五、"小老师"让全班书声琅琅　　039

第二章　气定神闲海量学习拼音

1 海量听录音跟读　　043
　　一、第一本教材:《学拼音儿歌77首》　　043
　　二、第二本教材:学生姓名　　048
　　三、第三本教材:三字童谣　　051

2 保证学生有效学习的策略　　054
　　一、"指读"使学生注意力集中　　054
　　二、用印章换奖品激励学生　　055

3 海量拼读分级达标有教无类　　061

4 学习拼音小窍门　　068

5 2000年、2007年教一年级的经历　　073
　　一、让人畏惧的黑色九月　　073
　　二、淡如清水的九月　　075

第三章　一年级通过海量诵读儿歌认识2000字

1 "韵语识字"使教与学有的放矢　　092

2 诵读《儿歌100首》系列，一举数得　　097

一、儿歌系列使所有资质、基础不同的学生都能在课内
　　海量读起来　　097

二、《儿歌100首》的教学方法　　100

三、儿歌的温馨故事　　105

四、儿歌教案　　112

3 《成语接龙》积累词语复习拼音　　119

一、集体预习读准字音，竞选"小老师"　　120

二、边诵读边运用的高效新授课　　124

4 天高任鸟飞　　129

一、第N本读本　　129

二、彩色空心字与字理识字　　131

三、多布几块云彩下雨　　132

5 低年级经典诵读起步教学　　134

一、正音在先　　134

二、简单理解　　136

三、一年级下学期课堂纪实　　138

第四章 语文课本的教学

1 低年级课本的阅读要淡化理解、强化诵读　147
　　一、蹒跚学步的一年级上学期　147
　　二、渐行渐稳的一年级下学期　154

2 中高年级课本教学　159
　　一、夯实基础的备课　159
　　二、两周学完更扎实　163

3 挣脱考试的枷锁　171
　　一、我的考试评价观　173
　　二、夯实写字基础　183
　　三、保证考试成绩的三项练习　190

4 澳大利亚考察报告《东西方母语教学现状比较》　197
　　一、夹缝中的汉语教学　197
　　二、对洋人的母语教学心向往之　199
　　三、重视学以致用的澳洲教育　200
　　四、雾里看花的澳洲英语教学　202
　　五、至高无上的母语教学　205

01 第一章
解读"课内海量阅读"

课外书如何在课内读?会不会加重学生负担?会不会让阅读变成快餐?普通老师能不能做好?

1 课内海量阅读　享受职业幸福

抛弃只教课本的传统,不是为了表现我有多大的勇气进行大刀阔斧的改革,而是为了享受自己的幸福——学生爱上读书,老师才能享受到职业幸福。

一、享受阅读　浸润书香

"买了这么多书,孩子就是不读,怎么办呢?"无数家长叹息。

"都上六年级了,课文已读了几十遍了,你怎么还结结巴巴?要读多少遍你才能读流畅?"数不清的老师恼怒。

……

"下课不准看书,否则要挨罚。"我这样吓唬学生,担心书迷们视力下降。

"韩老师的学生个个是播音员,不经预习就能流畅地朗读,两个星期学完一本教材对他们来说太轻松了。"我的同事、家长如是说。

……

两者之所以相差千里,是因为我的"课内海量阅读"。

大量阅读是学好语文的不二法门,这是所有老师和家长的共识。

提升阅读能力是学好各门功课的基础,阅读能力强的学生不一定考第一,但各门功课都不会差。

"为什么有些学生在童年时期聪明伶俐,理解力强,勤学好问,而到了少年时期,却变得智力下降,对知识的态度冷淡,头脑不灵活了呢?就是因为他们不会阅读!"

"通过阅读而激发起来的思维,好比是耕耘得很好的土地,只要把知识的种子撒上去,就会发芽成长,取得收成。……学生对书籍的思考越多,他的内心由于书籍而激发的喜爱感就越强烈,他学习起来就越容易。"

苏霍姆林斯基一次又一次地告诫我们要无限相信书籍的力量。

阅读是学生获得幸福的基础。喜欢学习的孩子在学校里会感到幸福,而讨厌学习的孩子在学校里会感到痛苦。从小学到高中毕业,无论能不能上大学,这十多年的学校生活是大部分孩子都要经历的,不爱学习的孩子如何忍受这漫长的岁月?所以,语文老师的首要责任是让孩子喜欢阅读。

读书能力不是随着年龄的增加而提高的,在小学低年级读书能力没有得到培养的孩子,年级越高则学习越吃力,进而渐渐丧失学习的兴趣;相反,喜欢阅读的孩子,年级越高学习就变得越容易。对那些阅读能力差的孩子来说,读书的快乐是水中月、镜中花。如果老师和家长再不加以引领,他们的人生将会变得充满艰辛,没有书香浸润的人生将是多么悲哀!没有一开始就讨厌读书的孩子,也没有靠自己明白过来而变得喜欢读书的孩子,关键在于是否有人把他们引入用文字写成的美丽世界中。

于是,我从一年级学生入学的第一天开始,就引领他们走上了"海量阅读"之路。一本语文课本的学习,一年级如果除去拼音教学的时间,二至六年级除去写字的时间,单算阅读教学两个星期就能完成。到了高年级,我们师生与经典同行,与圣贤为伍,高谈宇宙之奥秘,纵论天下之文章,妙语连珠,有华章迭出之美,激扬文字,呈大气磅礴之势。读书成为幸福之旅,教学变为愉快之行。道家的谦下养生,儒家的精进利生,涤荡着繁杂的教师职业带来的浮躁、茫然,滋养着我们师生的从容、优雅。

从胸无点墨到腹有诗书的巨变,需要家长和老师的共同努力。在这条充满花香鸟语的书香之路上,洒满了家长、老师相扶相携的汗水,留下了我们的笑声和友谊。我通过博文、信件影响着家长和同行们,我们把"课外书"的阅读放在"课内"进行,共同为不知满足的儿童提供了大量的精神食粮,引领孩子们欢呼雀跃地走进书的沃野,让他们远离了苦不堪言的作业,将那些把美好的文字被肢解得支离破碎的习题抛到九霄云外,从而使灿若群星的世界文化走进课堂,让求知若渴的学子一睹为快,让他们在最富记忆力的时候诵读经典诗句和名家美文,为幸福的书香人生打下坚实的基础。

"课内海量阅读"实验把"鱼和熊掌兼得"的美事落到我们师生身上:没有家庭作业,学生考试成绩优秀;没有一个学困生,孩子有了一个美好甘甜的童年,老师拥有了愉快轻松的心态。体育场上,有我的学生活跃的身影;文艺舞台上,有我的学生出色的表演;作文、电脑等各种大赛中,有我的学生飞扬的风流……最令我高兴的还是学生们的读书欲望,他们的阅读量之大是我始料不及的。学生们的阅读兴趣越来越浓厚,知识越来越丰富,而且能融汇百科、贯通古今,学生们渐渐步入了"读书——获取知识——读书"的良性循环。学生们表现出来的自学能力、民主意识、求知欲望,使我体会到强烈的成就感,我更为学生养成了良好的读书习惯,为他们的书香人生奠定了基础而由衷地高兴。在安心的、无拘无束的阅读氛围中,我的一个个爱徒自由自在地畅游书海,他们的呼吸是那么柔和,我享受着如水般轻柔、如雨露般滋润肌肤的润泽。天真无邪写在每个学生的脸上,童言无忌呈现于课内课外,阳光、幸福,成了我们师生的共同写照。

二、爱学生是一种能力

有个年轻人，脾气很暴躁，经常为一些鸡毛蒜皮的小事发火，对自己的暴躁个性，他也感到苦恼。

有一天，他遇到一位禅师，问道："有什么办法能够帮我修身养性，改掉易为小事发脾气的毛病？"

禅师闻言，答道："很简单，首先，你得知道如何才能抓到老鼠。"

年轻人听后，不屑地问禅师："抓老鼠和改掉坏脾气，会有什么关联呢？"

禅师问年轻人："如果现在要你去抓一只行踪飘忽的老鼠，你会怎么做呢？"

年轻人答道："当然是先掌握老鼠的行踪，然后，在它平日出没的地方，摆上老鼠夹或是有诱饵的笼子……"

禅师说道："这就对了，要改掉暴躁脾气，和抓老鼠一样，必须先找到自己生气的根源。"

看到一个又一个初为人师者由轻声细语变为声嘶力竭，我在寻找问题的根源。读于永正的书，才知道慈祥如老爷爷的于老师也有拿粉笔头投到学生身上的"恶劣"历史。回顾自己从教近30年的情况，我找到了问题的根源：爱学生是一种能力。很多老师存在那种"不爱"学生的行为，是因为没有具备让学生可爱的能力。

小孩子自然是可爱的。他们面庞可爱，那是血管通透性好，是心地纯良，是上帝赋予每个孩子一片心灵的净土。他们嫩声嫩气，满脸稚气。他们愣头愣脑，行为可爱……如此可爱的孩子我们为何不爱，反而体罚现象屡禁不止？不是老师不想爱，而是缺乏爱学生的能力。

我的同事孙老师很受大家爱戴。她的婆婆卧病在床，吃喝拉撒都在床上，白天小觉睡了不少，晚上大家进入梦乡时，老太太就开始喊人，孙老师一直尽心尽力地服侍老人。在学校里,孙老师经常帮助家庭困难的学生,她是那种天生就拥有高贵心灵的仁爱之人,可是她经常会因为学生不做作业、不会做题而责骂他们。你能说孙老师不具备爱心吗?如果她能找到让每一个学生都爱学习、会学习的办法,她绝对是最慈爱的老师,只不过,爱学生的"能力"尚需提高。

教师的职业要求教师慈爱、有耐心,但一堆孩子在耳边哇哇乱叫,和颜悦色不管用时,只有声嘶力竭地大喝一声了。许多老师在"磨炼"中很快失去了和颜悦色,在那群叽叽喳喳的"小麻雀"们面前,变得"神色像晚娘,语气像泼妇"。作为语文老师,我为一学期啃一本翻烂了却还没教会的课本烦,为学生磕磕绊绊地不会读书烦,为天天批改那些文理不通的作文烦……每天几乎都要饱受急躁气恼的炙烤。于是我也失去了"爱学生"的能力。

当我在内心的感召和外力的推动下闯出"课内海量阅读"的路子后,我的学生们个个变得可爱起来:

当看到仅仅入学一年的小孩子就能够面对书本沉思静读、自求博取,沉浸在书香墨韵之中的时候,老师能不爱这些让自己醉心读书、享受工作、享受课堂的学生吗?

当师生眉飞色舞、趣味盎然地朗读那一首首有趣的儿歌、一个个好玩的故事时,稚嫩的童音赋予了文字以生命的柔软与灵动,老师那幸福的耳朵从中体味到了诗的韵律。听着那脆甜的童音合奏出的天籁之音,老师能不爱这些给自己的生活带来快乐的学生吗?

当面对那些"慢"孩子、"懒"孩子,想到"举三反一""举十反一"的"课内海量阅读"早晚能让他们"开窍"时,老师能不爱所有的不同基础、不同资质的学生吗?

爱学生就是有本事把儿童的叽叽喳喳声变成和谐的乐章,当老师有能力指挥童声大合唱时便获得了自己的职业幸福,安身立命的职场就变成了充满乐趣的幸福之旅。

三、家长、学生喜欢海量阅读

说起这件事来,不知道应该是感谢韩老师,还是抱怨韩老师。

我的孩子从一年级开始参与韩老师的语文大量阅读实验,从此就对读书特别感兴趣,回家写完作业就把自己关进房间,没事就爱拉着家长去书店给她买书。对此,我心里十分高兴。因为阅读可以增长她的知识,陶冶情操。看着孩子一天天懂事,作文用词越来越丰富,语言表达也很流畅,做家长的心里比吃了蜜糖还甜。有一件小事让我又喜又惊——那几天,我不知怎么的,身上的肉一个劲长,比以前胖了10多斤!孩子帮我减肥,竟把这件事写成了连续剧,语言流畅、幽默,她爸爸看了,笑得肚子疼,我却有点哭笑不得,因为孩子把我写成了喜欢抬杠的"杠手",还是个好吃懒做的胖子,让我感觉在老师面前丢尽了脸面。不过孩子的作文水平提高得这么快,写得形象生动,那全都是韩老师的功劳,真不知道该怎么感谢韩老师。

可是,有件事使我有点"反感"。一天,女儿兴致勃勃地跑出来对我俩说:"爸爸妈妈,我们学到《中华上下五千年》里的秦国吞并六国了!"对于已经淡忘的历史课程,我们被女儿说蒙了,心里真不知道该怎样与女儿对话,也希望她别往下说,可没想到女儿又说:"你们觉得六国应该被毁灭吗?"我们无可奈何地说:"应该吧!"没想到女儿的反应极为强烈:"什么?你们怎么这样,没有看过《六国论》?"说着,一脸不悦地回到书房。还有一次,女儿问我唐朝的第一个皇帝是谁,我的确不知道,可又不能在女儿面前失去面子,只好让她去查字典。看到女儿的知识越来越丰富,再想想自己一次又一次被问倒的尴尬,家长们真不知道应该感谢韩老师还是抱怨韩老师。唉!韩老师的学生家长,难当!

——2000级学生管潇的妈妈

看到韩老师的《晨读十分钟》读书笔记,不禁想起了童年时我的父母给我看的几本书和杂志,最先看的是《小朋友》,后来看《少年文艺》《儿童文学》。那时,十分期望父母在下班后,有点神秘地从背后慢慢地拿出什么书,给我一个惊喜。看到解珂旎也是欢呼雀跃地接过我给她买的书,美好的童年浮现在眼前。海量阅读让我感悟到亲情,体验到幸福,谢谢韩老师!

——2007级学生解珂旎的妈妈

9月28日下午放学后,吴静琨拿回了《三字经》原文,为了测验一下孩子的背诵和记忆能力,从当天晚上开始我俩比赛背诵,结果她用了大约半小时的时间,背熟了原文的三分之一,第二天下午轻松地背完了全部。在这以前,吴静琨从没有接触过《三字经》。测验结果超出了我的预料。

——2007级学生吴静琨的妈妈

今天和郭葳蕤散步,她说到一首诗,班里有个孩子把"孤木不成林"读成了"孤独不成林"。我说意思差不多,郭葳蕤很认真地说:"那不一样。'孤',是'单独'的意思。'孤木'是'孤零零的一棵树'。'孤独'是一个人唉声叹气的,很寂寞的意思。"我很惊讶,一个二年级的孩子居然能区分出这么细微的不同之处,而这又是孩子在家长和老师一直奉行"不求甚解"理念下的"自我感悟",可见"海量阅读"的成效有多大。

——2007级学生郭葳蕤的妈妈

说实话,当时让王馨婕跟韩老师上学,我是有顾虑的。武寅冬(王馨婕的妈妈,北海学校的老师)回家经常说韩老师是名师,在语文教学上有独到的研究,已经取得了很大成就。但以前武寅冬并没有和韩老师在同一所学校教书,对她缺乏全面细致的了解。再加上孩子年龄小,阅读量又这么大,已经大大超出了普通学生的认知水平,孩子能吃得消吗?既然是试验课题,那就有成功的可能,也有失败的可能,或者在其他孩子身上成功了,而王馨婕不适应,那又怎么办?可是慢慢地我发现我的担心是多余的,王馨婕每天都快快乐乐的,也没有在家写作业,而且经常"出口成章",甚至"语惊四座"。最重要的是孩子喜欢看书了,一般的少儿读物即便是没有拼音也能阅读。我认为这太重要了,甚至比她多认识1000个字,多算100道题还重要,这可能是韩老师"课内海量阅读"的最终目的吧。

——2007级学生王馨婕的爸爸

若雅在国庆期间读完了《彼得·潘》和七本绘本,读到精彩处会大声说:"妈妈,看这一段!"然后绘声绘色地读给我听,有时读得手舞足蹈、眉飞色舞。作为家长,我们为孩子能开始体会和欣赏文字的美而欣慰。这是"海量阅读"的效果。

——2007级学生赵若雅的妈妈

我喜欢语文课,因为每次写作文都要到校园里活动一番,只要认真观察,就能够"轻松作文"了。有一次,我们班举行跳绳比赛,我仔仔细细地观察同学们跳绳。写作文的时候,妙词佳句就涌上了笔端,黑色的字一个一个往作文本上跳,真正做到了"下笔如有神"。

我喜欢语文课,因为可以大量阅读,从中积累许多好词好句,在书中尽情吮吸知识的甘露,沐浴文化的阳光。有一回,韩老师让我们"比比谁的词汇多",同学们充分地展示了他们积累的词语,真是妙语连珠、佳句迭出,词语如泉水般涌出,用之不竭。

——2000级学生李俊婷写于三年级

我们班的海量阅读实验使我入学不久就与书结为挚友,如今,我在书的陪伴下已迈上了四个台阶,每个台阶上都洒满灿烂的阳光,每个台阶上都萦绕着清新的歌唱,每个台阶上都有我和书相依相伴的身影……每读一本好书,就像交了一位良师益友,她在寒冷的时候温暖我,在我伤心的时候抚慰我,在我孤独的时候陪伴我,使我感到了欢乐与温馨。

——2000级学生刘若凡写于四年级

我庆幸能跟着韩老师海量阅读,海量阅读的课堂有我质疑的机会,有我自由发表"高见"的空间,有我探索的勇气与能力。我喜欢涌动着活力与激情的语文课。

为了让我们在快乐中学习,韩老师呕心沥血,将她苍翠的年华和无悔的岁月埋在浩浩书卷中,浸在学生的琅琅书声中。

——2000级学生郭爽写于初中

我越来越思念韩老师带我们走过的那段阅读的美好时光,现在我在大学学商务英语,有一门课是国际贸易,里面有很多经济学理论艰涩难懂,但用老子的思想加以解释就会变得非常浅显……是那段读书读得近乎疯狂的日子让我真正成长起来。

——2000级学生曾祥君写于大学

"学而时习之……"两年前我们班师生诵读《读论语 学成语》的声音时常在耳边回响,我恍惚置身于孔门弟子中,正在聆听孔老夫子的教诲。书中故事内涵丰富,用意深远,彰显中华文化的博大精深。海量阅读为我的一生打下了坚实的基础!

——2007级学生李欣曈写于初中

儒家经典,博大精深;中华成语,天下一绝。我们小学时的语文课将两者巧妙结合,使我们积累了丰富的历史知识,学习了中华文化。

——2007级学生闫冠伊写于初中

韩老师和我们一起读过的《读论语 学成语》开阔了我的视野,丰富了我的知识,它是我生命中的启明灯,指明了我前行的方向,愿经典的光辉照耀到世界每一个角落。

——2007级学生张倩雯写于初中

汲历史之精华,汇成语之典范。韩老师和我们在小学读过的书,让我在学习成语的过程中了解了历史,增加了词汇量,丰富了知识面,对我到中学后学习历史大有裨益!

——2007级学生台浩文写于初中

2 课内海量阅读 人人皆可为之

"课内海量阅读"就是全班师生共同在"课堂内"阅读某一本"课本外"读物,读完一本再换一本,像学习课本一样大量阅读课外书。没有固定的教材,任何健康有益的图书都可以为我所用,任何一个认识汉字、会读书的老师都能做。进行"课内海量阅读",不一定非要扎实的教学基本功、高超的教学艺术,像我这样口才平平的丑小鸭,都能通过进行"课内海量阅读",把安身立命的职场变成充满乐趣的幸福之旅,为学生快乐的书香人生奠定良好的基础。

"课内海量阅读"从不求甚解的诵读开始,课本和课外读物的阅读教学没有太大差别,不同的是课外书学完之后就收起来,课本还要装在书包里,经常写一写要求默写的生字。课本就是一本识字教材,对文章的"深度理解"要等以后学生在大量阅读中慢慢"反刍",不必急于"一步到位"。我很少讲解词语的意思,也不去深入分析文章的微言大义,而是让学生在"海量阅读"中去自我感悟。

一、缺点成就海量阅读

我很幸运,此生能蹚出"海量阅读"之路。本来我没有任何本领,是一棵无人注意的小草。当我的教学为许多同行所赞赏的时候,我清楚地知道自己的那点"本事",除了喜欢阅读,没有一点儿强项,成就我的几乎都是缺点。

◎ 行动大于理念,实干就是能力 ◎

对于写作,我没有一丁点儿的自信。在上学读书时,我的作文就被老师当作反面教材念过好几次。不是我不努力,虽然以前书读得少,但从来没有疏离过书本。在青年路小学任教时,滕欣云校长放假前总是借一大摞教育杂志给我读,平日,我也经常和学生一起诵读优秀作文;后来,我的阅读"取法乎上",读古代经典,读教育大家的著作。但是我的文章总是大白话连篇,既无文字的美感,也无思想的高度。一次读佛教的入门作品,才突然明白过来,我是那种缺乏文字"般若"的人,难怪古人感慨:"少时学语苦难圆,只道功夫半未全;到老方知非力取,三分人事七分天。"一个人的语言成就,人事的努力只占三分,天分的作用却占到七分。一向有自知之明的我从不寄希望于通过文字的优美灵动吸引别人,作为一线教师,我的最大优势是理论来自实践。不是没有想法,但是在没有切实可行的操作方法之前,那些想法只是在脑子中回旋而已,很少诉诸文字。于是我写的文章,小发议论之后一定有一个切实可行的操作方法,平实的文字就有了可读性。

◎ 急躁性情疏通有道 ◎

不知是遗传因素,还是后天的影响,我的性子很急。同事中急性子的人也不少,但像我这样把喜怒哀乐完全挂在脸上的人并不多。这可能与童年的生活环境有关,我哥哥比我大 18 岁,家里只有我一个小孩子,当我不顺心发脾气的时候,奶奶和体弱多病的父亲会毫无原则地满足我的要求,可能源于此。虽然我是那种出了家门就胆小怕事的一点出息也没有的"炕头王",但内心深处却流淌着一股率意而为的血液，对从事教师职业的人来说，这明显是个致命的缺点。小学生调皮捣蛋是天性，整天面对一群小捣蛋，于是我焦头烂额、气急败坏、声嘶力竭，甚至歇斯底里也就成为家常便饭。易怒、胆小又不失善良的人当老师，在一所学校之中一定是最差劲的，雷霆之怒后是无计可施，自己气得喘粗气，学生却并不怕你。内心深处不甘心如此失败，寻寻觅觅十多年，我终于找到了解脱恶劣情绪的良药——海量阅读。当学生爱上阅读时，当孩子们沉浸于书香墨韵之中的时候，老师也步入了宁静平和的港湾。

由于不会控制情绪，余怒未消的恶劣情绪时常波及同事、家人。山东师范大学的一个心理学教授来潍坊讲课时说："找个当老师的媳妇算是倒了八辈子霉。"我听了以后感同身受，那个教授的夫人就是一位小学数学老师，他有亲身感受才如此真实地"诋毁"我们这群"人类灵魂的工程师"。当"海量阅读"的教学实验促使我个人必须"海量阅读"的时候，我成了最"可爱"的家庭成员，不看电视，不抢遥控器，多么受家人欢迎；不逛商店，一个月只买两三本书看，多么省钱；一门心思都放到了读书、教学上，对人际关系的纷扰视而不见，多么宽容大度……

由于不善控制情绪，别人能忍受的"酷刑"我难以忍受。每当"享受"过一次出口千言却离题万里的"教育"之后，我在心里咬牙切齿地发誓：在我的那一亩三分地中，在我作为强者面对学生的时候，我决不让孩子们忍受乏味语言的折磨。只有拥有了鲜活的事例、畅达的语言、真挚的情感后，我才开口，否则，我宁可只说一句话："这节课背过课文的同学就看课外书。"当我被人请去做报告的时候，总是诚惶诚恐，因为我知道，在老师这个群体之中，有的人会在和学生日复一日的"较量"之中变得急躁起来，有的人会在年复一年的教学中变得麻木不仁，锐气、创造的活力消磨殆尽。我怎么敢言之无物、东拉西扯地浪费老师们的生命？我没有能力堵住那些"废话篓子、假话疯子"的嘴，但我绝不做这种贻害他人的事情。于是我的报告力求真实、简洁、有趣，天生腼腆的我竟然有了自己的风格。

◎ 不解人情、不知变通化为心无旁骛 ◎

教女儿弹琵琶的梁老师毫无根据地认定她文化课一定学得很好,因为女儿弹曲子的时候专心,注意力等于记忆力。女儿的注意力深得我的遗传。当年,潍城区负责教学的赵亦农局长住在青年路教师宿舍,每天上班我俩都是相对而行,在窄窄的青年支路上,赵局长经常喊我一声:"小韩,早上好!"我还没来得及打招呼,自行车已交错驶过。赵局长博学、正直、认真,我十分敬重他,我不是不想主动跟她打招呼,而是我的这个笨脑子、近视眼总是无法顾及稍大一些的范围。老师这种职业,对我这种头脑迟钝、不解人情世故的人来说是最好的工作,只要教好自己的学生就行了,闷头傻干也能见成效,付出就有收获,这是上天对教师的格外垂恩。不解人情、不看脸色、呆头呆脑反而成了优点,做事情可以心无旁骛。

虽说愚鲁,还没有傻到对领导的爱憎一无所知的地步,但偏执的我总是放不下"学生第一"的情结,这应该是教师职业的本能。刚参加工作时,领导关注老师们的论文、公开课是否得奖,各种活动是否有特色,我固执地把精力放在教学上,在70多名教职工中成为"差生"也不知变通。后来逃离了那所名校,再后来成为一所小学校的骨干老师、中层干部之后,我仍然坚持学校的事务性工作再重要也不能影响我的教学,当需要为了个人的荣誉、利益而牵扯精力时,我还是永远把学生放在第一位,一节课也不耽误。近10年来,全国各地的同行频繁地去听我的课,我从没有为了保证效果,为了让自己喘口气而上过一节内容重复的课,或为了公开课的效果而反复"训练",我固执地认为学生的成长远比我的"面子"重要。天道酬勤,我的学生以他们的博学多才、能言善辩为我这个笨老师的课堂增添了亮丽的色彩。

2003年春天,潍坊市语文教研员薛炳群老师下基层听课,那是我当时能见到的最高级别的"官"。也曾想过按当下时兴的教法备课,可我的学生在一二年级已习惯了一节课学几篇的方法,如果要改,为了保证效果,必须事先"排练"。

但学生的时间我一分钟也舍不得浪费，于是忐忑不安地在市区两级领导面前上起了我那原生态的课。没想到误打误撞对了，薛炳群老师高兴地说："李局长在高中的大量阅读实验已取得了明显效果，他一直想在小学找个典型，没想到今天我终于找到了！"他的神态、语气都洋溢着"踏破铁鞋无觅处，得来全不费工夫"的喜悦。现在想来，如果那时我去揣摩、迎合领导的喜好，就会与机遇失之交臂了。

◎ 胆小腼腆成就课堂特色 ◎

小学毕业时，我以一分之差没有考进一中，成为潍坊十中分数最高的学生。老师指定我当班长，没过几天便发现我不是那块料，于是把我降职成为卫生委员。到现在我还记得，自习课上，思量不知多少次，还是没有勇气站起来说查视力、打扫卫生等事情。初为人师的我在家长会上没说几句话就窘红了脸。在众人面前说话，我永远心怀恐惧。公开课上，我从不敢在上课伊始说出大段的开场白，于是简洁、明快、直奔主题就成为我的课堂特色。

◎ 夹缝中追求乐趣 ◎

很多人把我当作"个性"化的老师，其实"个性"是存在于"共性"之中的。现在我教着一个班的课，是最自由的人，到点上班，到点下班，没有杂务干扰，教学、读书是我生活的主旋律，学校领导给予了我需要的东西——自由支配的时间。但是，工作近30年来，我一直和大家一样，在夹缝中求生存，不是说领导曾给我"小鞋"穿，像我这种冒冒失失的人，一旦看到有人给我"小鞋"穿，早就跑了，不会坐以待毙的。但是身在职场，不能完全由着自己的性子来，各种名目繁多的培训、会议、检查、杂务不得不参与，所谓的个性，在自家的园子里——课堂上的体现也是有限度的，考试的束缚、家长的要求、领导的希望、同事的看法都不能不顾及。我的教学、为人还是很传统的，还是个"顺民"，并不是那种叫你向西，我偏向东；叫你坐下，我偏起立的"刁民"。所以说我也是一直在夹缝中求生存,很辛苦、很无奈,但总算能体会到生存与生长的快乐;带着镣铐跳舞,很沉重、很痛苦,但依然能感受舞蹈的自由与幸福。如果我们被夹缝和镣铐困住,生存的空间会越来越小,行走的脚步会越来越慢,这个世界就没有我们的立足之地了。与其惶恐不安地憎恨黑暗,不如抓紧时间在阳光下劳作。

二、海量阅读是一般老师的行为

当年潍坊教育局的小学语文教研员薛炳群老师第一次听了我的课后,高兴地说,终于可以给李希贵局长找到一个他想要的典型了:老师是一般老师,没有什么特殊才华;学生是一般生源,家长学历普遍偏低;学校是一所普普通通的小学,没任何优势。这样普普通通的老师教的学生却非常优秀。

◎ 海量阅读容易复制 ◎

一天下午,潍坊市教研室李秀伟主任打电话说来听我的课。因为都曾被陶继新老师报道过,所以觉得格外亲切,他的好学、博学、平和也一直让我敬佩。近几年听课的人太多,无论什么人来听课,我的日子该怎么过就怎么过,已过不惑之年,职业生涯已过了大半,如此"高龄"之人已没有必要为任何人作秀。但对这位年轻的"齐鲁名师",这位张志勇副厅长的得力干将,因为颇有好感,我心里还是很希望把课上好,给他留下良好的第一印象。我本可以通过"校讯通"给家长发短信,让他们督促孩子把第二天学的课文预习几遍。思量一会儿决定不发,既然是听家常课,就要把我"课前不预习"的效果展现出来。

按下开关听课文录音,这就是上课了,连"起立"也省了。虽然我不只一遍读过《孩子们,你们好》,作者阿莫纳什维利在开学第一天,对孩子们说的第一句话是:"孩子们,你们好!"他无数次练习,力求和蔼可亲,但我还是能省就省,把省下的每一分每一秒都播种到精耕细作和日益改良的教育田野里去。

听完课,秀伟主任说:"你的课并不像大家想象的那样难以复制。其实,只要认同你的理念,任何一个老师都可以海量阅读。在这种速度极快的课堂上,没想到老师竟然是如此悠闲自在。"这是我第一次听到有人这么评价,而且是我最爱听的话。我一直坚信,"海量阅读"不应该是"个性化"的行为,而是"一般老师、一般生源、一般学校"的普遍行为。

◎ "海读"路上相扶相携 ◎

山东淄博张店区的徐美华老师已在当地产生了不小的影响,带起了一个海量阅读的团队,我俩合作出版的《读论语 学成语》已经上市畅销。我俩的备课成了对方直接"拿来"的素材。下面是她叙述的我们相知的过程:

我和韩老师是老朋友了。在我心中,韩老师是我的良师,指引我前进的方向。在韩老师眼中,我是她的朋友,行走在海量阅读的路上。我们亦师亦友,结下了一段善缘。

——相识,踌躇不前——

我和韩老师的相识,正如那句俗话所说:"有缘千里来相会,无缘对面不相逢。"认识韩老师,非常偶然。2008年的新经典诵读研讨会上,韩老师在报告中说她两个星期能把课本教完,而且考试成绩非常好。这让我吃惊,也深感怀疑,这简直太神了!从那时起我开始关注韩老师,阅读网上所有能找到的韩老师的文章后,搜索韩老师的博客,并经常光顾。拜读了韩老师的文章后,我的疑虑打消了,佩服涌上了心头。记得韩老师在报告会上向大家推荐了《中华上下五千年》这套书,这套书与其他版本的不同之处在于现代文前面是一段短小的文言文,文言文内容简单易懂,故事又很有趣,我觉得这套书应该适合四年级的学生阅读。而我自己也非常喜欢这套书,可是穷尽一切办法也未能买到,为此我还特意打电话到出版社,询问书的情况,也未能打探到书的任何信息。书没买到固然遗憾,可是也有意外的收获,那就是无意中得到了韩老师的电话号码。虽然如获至宝,却未立即打电话给韩老师,那时我有太多的担心、顾虑。我,一个无名小卒,韩老师大名鼎鼎,她会理我吗?她有时间理我吗?我的贸然打扰,会不会给韩老师带来不便?……我踌躇、彷徨,想与韩老师联系却又不敢。有几次手机上都按下了韩老师的电话号码,可还未拨通就又急急忙忙挂掉了。整整三个月,我每天都在这样的矛盾中纠结,明明心里很渴望,却又不敢……

———相知,心潮澎湃———

2009年大年初一,我怀揣着惴惴不安的心,打着拜年的幌子,冒昧地给韩老师打去电话。电话那头的韩老师并没有我想象中的那样高不可攀,相反,她说话很亲切很朴实,毫无名师的架子,如同邻家大姐姐一般,最后叮嘱我说:"隔的距离远,不能当面交流,有什么问题,你和我通过邮箱联系吧!"不忍心给韩老师添太多麻烦又说了几句拜年的话之后,就草草地把电话挂断了。即便这样我内心依然汹涌澎湃。心里记着老师的叮嘱,随后,我迫不及待地给韩老师发去邮件,向韩老师请教教学中遇到的这样那样的问题,大到小学阶段开展海量阅读的步骤和方法,小到一篇课文细微之处的处理……从教十几年来所有困惑和烦恼都一股脑儿倾倒给了韩老师,韩老师将我提出的问题分门别类,事无巨细地给予了回答。网络为我们架起了一座便捷的桥梁,通过"提问——解答"这座桥梁来来往往,反反复复。我的请教邮件经常是半天发一封,兴许是几分钟就发一次,但每一封邮件发过去,韩老师都在第一时间给了我回复。每次看到韩老师的回信,我都喜形于色,内心的感激真的无以言表。

———相随,坚定不移———

2009年4月,我去潍坊北海学校亲身经历了韩老师的课堂。二年级的小学生,读起课文来字正腔圆,那水平真有播音员的风范。这样的学生,班里有一两个兴许不稀奇,可是一个班50多个学生,个个都能达到这样的水平那就是奇迹。能把一群二年级的小学生训练到这种程度,老师的功底定不一般。我对韩老师越发佩服得五体投地。这一次面对面交流,我满载而归。不仅带回了韩老师的教学资料,而且带回了海量阅读的操作方法、评价方式。带着疑问而去,满载收获而回。在这之后,每年我都去听韩老师的课,天天观看韩老师在网络上的教学录像。在韩老师的倾心指导下,我班的海量阅读实验如火如荼地开展起来。

随着交往的日益密切,我深深地了解到,韩老师就是个一门心思都扑在学生身上的人。从教多年,她长久伏案,整理了一本又一本适合学生阅读的电子书稿:从朗朗上口的《成语儿歌100首》,到高端大气上档次的《读历史 学成语》;从《学拼音儿歌77首》到《读论语 学成语》无一不倾注了韩老师的心血和汗水。学唐诗,韩老师的案头摆着数本不同版本的唐诗解读;学宋词,她又买来一摞从不同角度诠释宋词的书……不为名,不为利,不为官,只为学生,一个多么纯粹的老师!我向往她的心无旁骛,向往她的无私相助。不论是谁,凡是向韩老师索取教学资料的,没有空手而回的……多么高尚的情怀!这就是一个真正的大写的人!

我坚定不移地追随韩老师的脚步,行走在海量阅读的路上,让我的学生也享受到阅读的喜悦。我不愿意急功近利,只图眼前有个好成绩,而抹杀学生后续学习的兴趣,折损学生后续学习的潜力。事实证明,海量阅读的确做到了,学生的阅读兴趣浓厚,写作能力提升。即便是入学一年的农村孩子,也实现了人均识字2000字以上,实现了无障碍阅读。我和我的学生坚定地行走在海量阅读的路上,欣赏沿途的美丽风景,陶冶爱美的情怀,抒发内心的真性情,一切的美妙尽在不言中。诚然,我的学生和韩老师的弟子不能相提并论,但是我努力了,我付出了,我也无怨无悔。

追随韩老师的日子悄然流逝,我的教学心态发生了很大的变化,由追求学生的高成绩转为追求学生的真成长、真收获。着眼点真正放在了学生的身上,一切为了学生,为了一切学生。学生的精彩也成就了我,区教育局两次召开以我的名字命名的教学研讨会,我也连续两次在淄博市红帆船阅读教学研讨会上执教观摩课,并做海量阅读的汇报交流,各类教学奖励接踵而至,而这一切,归功于韩老师,归功于海量阅读。追随韩老师的日子,幸福着,忙碌着,学习着,收获着,成长着,谢谢我的恩师!

◎ 做一个韩兴娥式的老师 ◎

在江苏金坛市,由于陈耀方校长的介绍,那里我有许多朋友。有一天,我收到金坛市河头小学张立俊校长的一篇文章:

向名师学习,不失为普通老师提升专业水平的良好方法。名师有很多种,有的精于著述,有的擅长课题,有的拥有炉火纯青的课堂教学技艺,有的善于讲学。可谓各擅所长,共同点是无一不具有过人之处,在由衷敬佩的同时,却也常常仰之弥高,令平凡如我辈者望而生畏。曾有名师以自己的高标准对语文教师的素养作此定位:朗读要像播音员,说话要像演讲家,写字要像书法家,与学生交流要像心理学家,写"下水"文要像文学家……天哪! 我们还怎么活!

韩兴娥的出现,在很大程度上颠覆了我们对"名师"的习惯性认知。接触过韩老师的人都会发现,这是一个看上去普通得不能再普通的老师:出身平凡,学历一般,相貌普通;不善言辞,近乎木讷,更没有如珠妙语;有点固执,甚至有时候还不太听领导的话;所谓的"教学基本功"也很平常;成名前完全是一所普通学校的一名普通老师,各种评优评先评骨干似乎也从来不积极参与。然而就是这样一位名不见经传的"草根"教师,在几乎没有任何专家引领或包装烘托的前提下,生生开辟出了一条无比宽广的语文教改之路,以她的"海量阅读"掀起了一场语文教学改革的风暴,影响迅速遍及全国。她的出现,对于当下的中国教育界有着不一般的意义,也为许许多多正陷于专业发展困境之中的普通教师提供了一个不一样的成长范式,打开了另一扇明亮的窗口。"韩式成功"让我们如梦方醒:原来"草根"也可以有大作为!

韩兴娥为什么会成功? 难道仅仅是因为她碰巧选对了某种方法? 当然不是这么简单。我们还是应该从韩兴娥这个人本身找原因:我们可以从她身上学到些什么? 我想至少可以找到——

首先，韩兴娥有着非凡的勇气。现在回头看来似乎稀松平常，但在当时刚刚开始实验时，作为一名普通的小学教师，在"一纲一本"一统天下的大背景下，在绝大多数的语文教师还以为"教材就等于语文课程"的前提下，敢于向独霸天下数十年的教材挑战，无异于向已形成权威的、传统的语文教学模式公开宣战，这需要冒很大的风险，是需要相当大的勇气的！为此，韩老师曾引用《道德经》上的这样一段话表明心迹："吾所以有大患者，为吾有身，及吾无身，吾有何患？"正是这种"舍身"的勇气，支撑着韩兴娥义无反顾地开始了自己的教改实验。

其次，韩兴娥是真正热爱学生、想学生所想的老师。用她自己的话说，刚开始实验的想法很简单：为了应付考试，死抠一本教材，日复一日地背、抄、默，加上大量的习题与试卷，搞得学生身心疲惫、痛苦不堪，老师也疲倦厌烦，语文学习殊无趣味和幸福可言。教育究竟是在培养人，还是在摧残人？正因为有了这样感同身受的痛切，所以下定决心走上一条"背叛"的道路，哪管征途漫漫，风雨坎坷！"一切为了学生"，在韩兴娥的身上得到了最真切的体现。

再次，韩兴娥有着令人敬佩的专注与执着。韩兴娥所走的路，是一条没有人走过的路，注定要披荆斩棘、逢山开路、遇水架桥。韩兴娥的学历并不高；尽管喜欢读书，但涉猎并不广；实验前也并未研究过多少关于阅读的理论；许多带着学生读的书自己也没有读过，一些古代经典自己也不大懂。阅读她写的书我们可以知道：在实验的过程中，为了更好地带领孩子们读书，韩兴娥自己狠下苦功，阅读了大量的文学与历史作品，包括大量的古代经典，以及相关的语言文字、阅读理论、教育类书籍，厚积薄发，才使得她在海量阅读教学的道路上越走越宽、游刃有余。为了取得家长的积极配合，她坚持做到每周给家长写一封信，并通过邮箱与家长保持密切的联系，随时指导、帮助家长进入到孩子的阅读生活中来。为了保证学生阅读的及时巩固，每天都要制作大量的PPT，用于课上帮助学生背诵交流。为了让孩子们读到真正的好书，她利用休息时间四处奔波搜索，"上穷碧落下黄泉"，有时只为了寻找一本书的最佳版本……坚守吾道，心无旁鹜,数十年如一日,用心之真切,意念之执着,其所以能成大业哉!

  当然,从她身上我们还可以读到许多,比如她很"真":公开课从来不试教,也绝不肯借班上课;有点天真,在班级人数超过60的前提下,还试图建设自己梦想中的"巴学园";她还很随性,新华社记者来听课采访,依然可以一口气午睡到两点……一个体制内少见的活得那么率真,那么自我,却还那么潇洒自如的老师,真是叫人羡慕和嫉妒!

  我们都懂得成功很难复制,但至少韩兴娥是可学的,她离我们很近!不是吗?也许,我们只是少了一点点像她一样对学生的热爱,少了一点点像她一样打破束缚的勇气,少了一点点像她一样的专注和执着。

  也许,我们不妨学着做一个韩兴娥式的老师?

  因为我们很清醒地知道,我们其实都成不了于永正,也成不了魏书生。

3 语文教学至简为上 人生法则从简如流

一、家常课随意听

周三下午,新华社记者到我班听第一节课,上午第二节课接到通知时我正为一件私事烦恼着,接下来第三、四节也是我的课,没有一点时间准备。我惯用的听录音、朗读、简单理解的形式似乎过于简单了,于是打算准备一个简单课件。午饭后备课,困意袭来,睡了一觉后已近两点,素英校长告诉我潘院长已经来了。我急匆匆地把于新宇老师暑假时准备的"一字组多词"设成大号字,搬着笔记本电脑进了教室。等待的时候觉得我的备课还是太简单,又找出家长们写的小故事"学以致用"设成大号字,加进课件里。

市区两级教研室的领导带着两位记者走进七班教室,学习了两篇课文之后,请弟子们认读屏幕上的词,面对这些第一次见面的生词,有着认读 2100 个生字基础的他们竟然不费吹灰之力拿下,个个顶呱呱。最后学习小故事"学以致用"。课后记者问我精读的课文怎么教,我说这就是精读。二年级的小文章学生理解起来没有困难,理解不了的课文是还没到理解的时候。比如第六单元那些关于朱德、大禹、孔繁森的文章,要理解得深刻肯定是很费劲的,这类文章的

"深度理解"要等以后学生在大量阅读中慢慢"反刍",现在不必一步到位。这样的"歪理邪说"源于女儿小时候读成语故事的教训。成语故事一般来自寓言故事或历史故事,小孩子理解童话、寓言故事很容易,但理解那些历史故事难度很大。这也难怪,几岁的小孩子头脑中怎么会有"几千年前、几百年前"这样的时空概念?然而当时我想不明白,为什么给她讲了那么多遍,她还是搞不懂?现在想来不是孩子笨,而是大人糊涂!好在我终于明白了这个道理,不再强求我的学生"深刻理解",陶渊明的"好读书,不求甚解"是千古不变的真理。

周六送女儿去参加军训,进校门时遇到初中部的校长李宏伟,宏伟邀我到她办公室。谈起周三下午那节课,她说:"你的课实在太简单了,但学生的表现很出色!孩子们个个读得绘声绘色,童真童趣、童言稚语太可爱了。"

"你认为这节课简单吗?这是开学后我第一次提着电脑进教室,平日的课比这还简单。"我自曝内幕。

"这么简单的课,你的语气、语言都平平淡淡,似乎无法吸引学生,更别说表情、动作了,但为什么学生都在按你的要求学习呢?记得在一年级时听你的课,有小朋友捣蛋的,你立马严厉地制止,这让我们见识了一个喜怒哀乐都显现在脸上的形象,与印象中的'名师'形象严重不符。"李宏伟实话实说。

我也实话实说:"开学前在高峰校长那里见到一个莫名其妙的人,大家称他刘老师,我对他一点印象也没有,但他说曾听过三次我的课,还给我买了几本书,一直没有机会送给我。等他离开之后,有人告诉我,刘老师是《大众日报》的记者,常驻潍坊。我突然想起来了,两年前,我的上一届学生在六年级时,校长告诉我,《大众日报》的刘主任打算向李局长请示,在我班里跟着听一个月的课。当时我想,以我那些六年级大弟子的学习状态,一个月内保持优雅风度,不批评、不急躁、和颜悦色、慢声细语,像我这样的毛躁之人还是有能力做到的。只是我不能老向他提供'讨论'课,大部分的语文课上,我的学生在阅读,阅读的时间远远多于讨论的时间,只要他耐得住寂寞,我欢迎任何人听课,几个月都行,但是课堂上不要与我交流,课堂上的时间一分一秒都属于学生。不知什么原因,那个刘主任后来没有来跟踪听课。学生在一年级时太能闹,我不欢迎任何一个没教过一年级的人跟踪听课(正在教一年级的老师最能理解老师的急躁和辛苦)。但二年级之后,我就不在意有人跟踪听课了,我对学生的要求很宽松。我是一个缺乏管理才能的人,任何的竞聘我都不参加,因为我没有那方面的才能,给我一个班的学生就别无奢求了。"

"有绝招吗?"年轻的硕士李宏伟打定主意要从我这个"老土"这里挖点宝藏。

"学新东西谁不喜欢?第一遍听录音时教室里一片静寂,第二遍、第三遍时要求孩子们模仿着小声念,我悠闲得很,有精力去注意他们,那些不张嘴、不看书的小家伙一偷懒就会被我发现。孩子的精力是一点一点集中起来的,一年级时那几个钻到桌子底下找不着的小家伙也能跟着读书了,这天翻地覆的变化是海量阅读的功效,我当老师追求的就是简单,追求的就是自在,虽然我一直在忙个不停。"

"你是不是喜欢听课的老师带着60份阅读材料来现场发给学生,你给他们展示完全真实的、不经任何准备的家常课。"

"知我者,宏伟也!"

二、化繁为简诵读古诗

夜　雪

已讶衾枕冷,复见窗户明。
夜深知雪重,时闻折竹声。

这是语文出版社第三册第26课的一首诗,这首诗我第一次读,因为不是全市统一订的课本,所以也没有教学参考书。凭我这点可怜的古文基础,这首诗的意思也能一看就懂,我相信孩子也有这个能力。

齐读、开火车读、自己读、背诵,确信每一个学生都能读准音之后,我提了一个问题:"白居易有没有亲眼看到下雪了?要把依据说明白。"就这一个问题,就把感觉——衾枕冷、视觉——窗户明、听觉——折竹声都包含在内了,整首诗的意思一目了然。

我崇尚简单的教学,细读文本是教师应该做的事情,但教学应该化繁为简。教师的文本细读无论多么深刻都是允许的,因为只有"居高"才能临下。但教师的深刻不等于学生的深刻,也不需要学生拥有教师的深刻。教师应该准确把握儿童的心理和思想实际,以适合孩子的方式传递适合孩子的思想。在孩子精神成长的历程中,我们千万不要做拔苗助长的蠢事。再来看一首诗:

送元二使安西

渭城朝雨浥轻尘,客舍青青柳色新。

劝君更尽一杯酒,西出阳关无故人。

当你坐在办公室里备课或批作业时,当你晚饭后在家里优哉游哉坐拥书城时,当你和一家老少在节日里享受天伦之乐时,当你和朋友把酒临风谈天说地时……面对《送元二使安西》你会激情澎湃吗?鬼才相信呢!可是为什么我们的老师在讲课前非要想方设法酝酿情绪,"深刻体会"朋友之间的依依惜别之情呢?而且不但自己体会,还要强迫全班几十个小孩子一起"体会",这是不是太可笑了?纯属为赋新词强说愁。生拉硬拽地体会感情假不假?累不累?这样一首浅显的古诗会背就行了,当孩子们在未来的生活中遇到与古诗相近的场景,产生契合的心境时,曾经背诵过的诗句就会自然涌上心头。现在还是把宝贵的童年时光多让孩子们背诵一些优秀的诗篇吧!

我教这首诗的过程简单至极。先"开火车"读,为的是让每一个学生读得字正腔圆。然后让学生回答:王维干了一件什么事?送别元二时的环境如何?他跟元二说了什么话?这样的问题班里最差的学生也能答对。得,孩子们懂了,不必逐字逐句讲了。最后一个问题是"浥"是什么意思,只听"唰"的一声,我的弟子们以迅雷不及掩耳之势翻开了因使用频率极高而破旧的字典。这个字的意思明晰之后,这一首诗的教学就结束了。连背诵加理解,不足10分钟,既没有"精讲",也没有"粗讲"。

三、课堂直播与拒绝公开课都是因为简单

2010年春季一开学,教科院对我的课全程录像,一星期播八节课,包括写字和作文。我和孩子们的一举一动都在摄像机和网络的监督之下,大家都能从网络上观看我们的课堂直播,课后还可以"点播"。这一录就是三个学期,三、四年级的课堂都留在网络上。这期间,有两次大型的研讨会,一次

"中国和联合国儿童基金会远程教育项目
'会读会写'"项目组合作备课培训班

是2010年4月中旬,"中国和联合国儿童基金会远程教育项目'会读会写'"项目组合作备课培训班的老师听我的课,张鹏校长告诉我有志同道合的老朋友要听我的课,我一口气给他们准备了三节不同类型的课,为了给王荣生教授留出讲座的时间,我只讲了两节。

韩兴娥与王荣生教授、郑飞艺博士

第二次是 2011 年 4 月,山西的《小学生拼音报》报社给我召开的"韩兴娥课堂教学艺术研讨会",我的课是和学生共读一本难度很大的书——《穿越唐诗宋词》,这本书虽然不适合小学生读,但最能体现"海量阅读"理念——白话文和文言文同步推进。两次大型会议之前,同类型的课都在网络上天天直播,同一本书,一节一节往下学,到了公开课那天,学的都是全新的文章。敢于天天公开,是因为我的课形式简单,备课不像细读文本那样烦琐。

韩兴娥课堂教学艺术研讨会

2007 级学生毕业后,我封刀挂剑,不再上公开课。拒绝公开课,更是为了将简单进行到底,在只有我们师生的教室里,多读书少说话。我听到孩子们读书的声音,无论流畅的,还是结巴的,都感觉很美妙,很享受孩子由不会到会的过程,但形式过于简单会让听课的老师感到乏味,听课的老师想看到老师和学生的精彩互动,为了将简单进行到底,为了师生更加淡定从容,我决定拒绝公开课,真正让师生享受的成功是公开课无法呈现的。比如,我们的阅读星级评价使学生个个感受到成功的快乐。

附：一年级阅读星级评价标准

《学拼音儿歌77首》

一星目标★：按顺序、打乱顺序读第99页的声母、韵母、整体认读音节，拼读儿歌中红色的音节。

二星目标★★：拼读所有的音节，会念、背儿歌。

三星目标★★★：认读打印的字词。

《三字童谣》

一星目标★：朗读童谣。

二星目标★★：背诵童谣。

三星目标★★★：认读生字。

四星目标★★★★：创作童谣。

《成语儿歌100首》等四本

一星目标★：熟读儿歌，熟读目录上的题目。

二星目标★★：认读字词。

三星目标★★★：口述单元练习的答案。

《小学生拼音报》

一星目标★：朗读、圈画、认读打印的词。

二星目标★★：连词复述。

语文课本

一星目标★：读熟课文。

二星目标★★：背诵课文。

三星目标★★★：认读打印的字词。

四星目标★★★★：有感情朗读、录音。

《成语接龙》

一星目标★：拼读、指读注音的成语。

二星目标★★：指读无注音打乱顺序的成语。

三星目标★★★：背诵成语。

三星目标★★★：认读生字。

四星目标★★★★：根据意思猜成语。

《弟子规》《增广贤文》

一星目标★：在原文中认读圈画出来的词，根据字头背诵古文。

二星目标★★：认读打印的材料。

三星目标★★★：了解大意。

四星目标★★★★：连词复述或原文录音。

五星目标★★★★★：读其他版本的《弟子规》《增广贤文》，每读一本加一颗星。要把故事读给家长听。

从一年级入学第一天开始,我便开始了"课内海量阅读"教学。"海量阅读"的最大特点是"下要保底,上不封顶",力求使学生"能飞的飞起来,能跑的跑起来,没有飞、跑能力的也要一步一步向前走"。我班50多个学生无论天资如何,无论上学前有无识字基础,都能参与到海量阅读实验中,只不过达到的标准不一样,阅读能力最差的能达到一星级标准,那是保底的要求。对低年级学生来说,读熟文章就达到了一星级标准;对高年级学生来说,理解文章大意就达到了一星级标准。要达到什么标准,学生量力而行即可,只要达到最低的目标就行。这样,不同天资、不同基础的孩子就都在"海读"中不断提高阅读水平。

孩子们达到一星级标准,就会得到我奖励给他们的一颗星,依此类推,直至五颗星。在得到"星"的同时还会得到各种奖励:如给家长一封贺信,得到一张彩色奖状,可以用小奖状换奖品……如果是学生自己的书,就把印章盖在学生书上;如果是学校循环使用的图书,老师就设计一个表格,把印章盖在表格中。

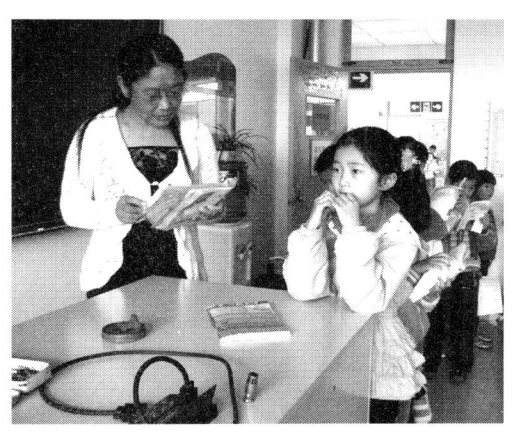

韩兴娥老师检查学生读书

对星级评价的成绩,老师不公开,不给家长和学生压力。"巴学园"是所有学生的乐园,"小豆豆"们也需要一个安全、愉快、和谐的学习环境,也需要一个充满赞扬和肯定的环境。"阅读星级评价"使每个孩子都获得成功,让语文课成为所有学生喜欢的"巴学园"。

4 语文教学:"读"才是硬道理

深圳南山实验学校那位朝气蓬勃的唐晓勇主任写道:

在韩兴娥的课堂中,我们看不到激情澎湃的讲解,也听不到诗一般的语言。但,她的学生却能引经据典,出口成章,洋洋洒洒轻松写作。在韩兴娥的课堂中,老师的话很少,但她的学生对语文课却有着浓厚的兴趣。

韩老师的这些做法似乎违背了目前所谓的"经典课堂"的标准,似乎也与目前的语文教学的趋势背道而驰。但,孩子们的语文素养确实得到了培养,学生的文化底蕴也越来越深厚,孩子们实实在在地成长着。原因何在?

我们仔细琢磨韩老师的课堂,其实她的做法并没有多少"高深之处",但她却把握住了语文学习的核心、语文教学的规律,那就是——"读"。韩老师能很清楚地认识到大量阅读对孩子们语文素养培养的重要性。"读"才是语文教学的硬道理。这是我们每一位普通的老师都能做得到的。

让"读"占鳌头,让我们的语文教学变得简单、轻松吧!

但是简简单单地读书、海量地诵读,又被专家找出了问题,说是"灌输式"教学,缺乏创新精神。但观察我的学生,他们自有独特的见解,因为他们经过"海量阅读"之后,站在"巨人"的肩上思考,这才是真正有意义的创新思维。

一、先广泛阅读后创造

　　一位专家说:据调查,在小学阶段考取前十名的学生到中学直至成年后也大多没有多少成就,而有所作为的学生多半是第十名以后的。这个调查结果我在多年以前从杂志上看到过,但再次听到专家谈起心里不觉一沉:难道我那些讨人喜欢的高才生们将来大多无所成就吗?后来跟孙玥、乔彦聪的家长谈起,他们颇不以为然,认为海量阅读是前十名现象的克星。那些无成就的前十名学生为了应付考试死读课文,硬练"八股文",为了取得前十名的成绩放弃了课外阅读,所以他们的将来暗淡无光;而痴迷于海量阅读的学生虽然没有为考试绞尽脑汁,但由于在阅读的过程中开发了智力,拓宽了视野,他们的考试成绩也不会差。这样的前十名将来怎么可能无成就呢?

　　一位记者到我班召开家长座谈会,乔彦聪的父亲张口就说:"我儿子越来越不听家长的话,都是韩老师教的……"众皆愕然,这位家长是否在我的同事与领导面前发泄对我的不满?"以前我说什么他信什么,现在不行了,我告诉他点知识,他还要先查字典、资料,老怀疑我!"原来家长是在说孩子不盲从,不人云亦云。赵丹的妈妈紧接着说:"我女儿不但对老师、家长的话要查证一下,还常常修证书本上的错误,凡事都要经过她的大脑思考。"一石激起千层浪,家长普遍称赞自己的孩子乐于思考。

　　在我们的课堂上,引经据典、各抒己见是家常便饭,这当然得益于海量阅读。在阅读过程中,孩子们接触许多思想,这些思想有的甚至是相互对立的,诱发他们去思考,教师没有必要告诉他们"学而不思则罔,思而不学则殆"。而缺少阅读则有可能导致盲从。举个小小的例子,一个对美国一点也不了解的身处偏僻山沟的文盲,你告诉他美国如何如何,他相信,因为他没见过美国,更没有通过媒体了解美国。但对一个"美国通"来说,你给他介绍美国,他自然不会全信,他会根据自己对美国的了解对你的话做出判断,因为他曾经通过不同途径对美国"海量阅读"。

再举一个例子,王财贵教授在《中国传统文化与儿童潜能开发》讲座中主张让孩子在13岁前背诵经典,我觉得有一定道理,但是中国古代教育造就了无数书呆子,这是不争的事实,读经诵典真的有那么多好处吗?我们也能听到很多读经是残害学生的论调。面对两种不同的观点,我必须思考:小学生该不该诵读经典?是否应该像王财贵教授说的那样让孩子在不理解的情况下天天背诵?面对不同观点,我们每个人都会思考,这是显而易见的道理。读书能促使学生思考的道理也是如此。有的专家对我国古代哲学家很不以为然,而魏书生推崇孔夫子的教学思想。他认为现在"为了一切学生"的观点不新鲜,孔夫子在两千年前就说"有教无类"了;"与学生共同成长""分层教学""愉快教学"等这些新的提法,孔夫子早提出了更精炼的说法:"教学相长""因材施教""寓教于乐"……魏书生主张做新事要比昨天做得更好,在继承的前提下创新,用一百种办法去实践孔子的教学箴言。这两种相反的对待孔子的观点引发我的思考:孔子的观点有多少价值?如果让学生学《论语》,应该怎么学?

该不该让学生诵读经典?是在理解的基础上读,还是先让学生诵读,再让他们慢慢领悟?这些教育界精英们的不同观点似乎都有道理,但他们的观点我不能全信,名人的做法我不能照搬。虽然我的学问比起他们少之又少,能力比他们差之又差,但我也有优势,我是小学语文教师,我教了近30年的小学语文,一至六年级我都教过几轮。一句话,我和学生贴得最近。在和学生的亲密接触中我感触到了学生思维的规律,触摸到了他们思维的脉搏。再说,我的学生在上四年级时阅读白话文的水平已达到六年级学生水平,剩下的这两年,我们可以用课堂时间学习古代经典。在学习的过程中我不断地与学生、家长磋商,与家长共同观察学生学习时的情绪变化、思维变化,及时调整教学方案,这样就不会增加学生负担。

海量阅读能引发人去思考,在思考的基础上去实践,就成了创造。如果缺少阅读,对学生的成长是釜底抽薪;如果缺少阅读,对学生个性的养成是致命一击。书读得多了,自然就学会了比较,学会了挑刺,学会了暗地里和别人"抬杠"。海量阅读是精神创造的源泉。

"一个人不读书,他的见解就常常是从众的、被动的、缺乏分析的。一个民族不读书,这个民族的文化就丧失了创造性、批判性,个人就会被群体所淹没。当今正是个鼓励冒险、创新、让世界跟着自己走的时代。"在美国,30%的劳动者属于创造群体,他们我行我素,不是他们追工作,而是工作追他们:各种高技术公司都要跑到这些人聚居的地方安营扎寨。因为离开了这些人的"异想天开",企业就失去了动力,而这些人,是一定要阅读的。

一个人至少要有一百部经典作品的阅读量,这些经典可以是文学的,也可以是哲学的、艺术的、心理学的、历史的等等。否则这个人在精神层面上很难具有独立的视角,很难对这个世界产生灵敏又丰富的回应。

海量阅读教学会使学生向着兼容并蓄、吐故纳新方向发展。

二、琅琅书声从学习拼音开始

孩子一入学,从学拼音开始,课堂上就应该书声琅琅。

学习单韵母的四个声调时,先一个一个字母领读四声:

在领读的过程中,一定要间隔着讲故事,比如:"单韵母小朋友要玩游戏,玩什么呢?先开车,再爬坡,然后练习拐弯,它们最喜欢的游戏是坐滑梯。"一边这样讲故事,一边横着读字母——ā á ǎ à ō ó ǒ ò……横

ā	á	ǎ	à
ō	ó	ǒ	ò
ē	é	ě	è
ī	í	ǐ	ì
ū	ú	ǔ	ù
ǖ	ǘ	ǚ	ǜ

读几遍,小朋友觉得不新鲜了,就继续编故事:"六个单韵母小朋友觉得自己玩没意思,就一起玩。"于是竖着读字母——ā ō ē ī ū ǖ á ó é í ú ǘ ……新鲜劲刚过,老师又编出故事来了:"不得了了,六个单韵母小朋友玩着玩着打起来了,你们知道他们为什么打起来吗?"我问这个问题是为了引导孩子比较"i"加上声调后点没有了,而"ü"加上声调后大多时候还带着点。没想到小朋友们为字母想了很多打架的理由,比如,"a"和"o"打起来了,因为"a"有小尾巴,"o"没有,"o"不服气,就打起来了,于是六个单韵母就自己玩。于是老师领读——ā á ǎ à ō ó ǒ ò……"'i'和其他五个单韵母都打了一次,因为它对其他字母长得胖不服气。六个单韵母混战一番,大家都气喘吁吁、头破血流,还是和好吧,它们六个又一起玩游戏了。"老师边说边表演,于是再读——ā ō ē ī ū ǖ á ó é í ú ǘ ……

"'u'和'ü'也打,因为一个有点,一个没有,一个占两层楼(两格),一个只占一层楼(一格)……"就这样,一会儿打架,一会儿和好,编故事和读四声穿插进行。朗读是语文课的主旋律,编小故事是为了理解,读远比听重要。

三、低年级强化朗读训练

低年级阅读教学的主要做法是淡化理解,强化朗读。

朗读能把书面上的文字加工成生动活泼的口语。作家写文章都力求语言生动活泼,并借助标点符号表达出各种语气,借助转行、分段等表现出层次。这些都可以帮助学生理解读物内容。但是由于缺乏声音这一要素,总会有许多自然活泼的语气表达不出来。朗读就可以通过语调的轻重缓急、抑扬顿挫,淋漓尽致地表达感情,补充文字上的不足,古人就有"三分文七分读"的说法。学生听了这种生动有感情的朗读,可以加深对读物内容的理解,产生朗读的愿望。有了朗读的兴趣,在朗读的过程中学生就能逐渐掌握有声语言表情达意的规律,如果把这种规律运用到无声的阅读中去,就可以使书面上的文字变成头脑中的形象,连成一幅幅活动的画面,这些画面可以唤起学生的想象,激起强烈的感情,加深他们对读物内容的理解,自然提高了阅读的能力。因此我在低年级的阅读教学中尽力做到淡化理解,强化朗读。

我的口才平平,朗读仅能做到字正腔圆,也是经常查字典的原因,但是没有信心在公开课上示范朗读。在低年级小孩子面前,我却没有一点儿羞涩,朗读时绘声绘色、声情并茂,一年级小孩子善于模仿,老师的神态、语气都成为模仿的对象,他们带着表情、加着动作、晃着脑袋读得可起劲了!

在低年级进行海量阅读,要降低要求、减小难度。可以将阅读中的难点留到以后在大量阅读中去融会贯通。比如学生读成语故事,对涉及众多历史人物、事件的成语,我不强求他们一定读明白,当学生读到大约 100 个成语的时候,诸如"春秋、战国、唐、宋、孔子"等历史人物、事件,在他们小小的头脑中就留下了一定的印象。

四、海量阅读要强化诵读难点

"海量阅读"对所学文章不能平均用力,简单的文章可以略读。遇到写景状物、介绍科普知识的文章,老师首先要示范,因为这类文章对小学生来讲,阅读的难度较大。对学生不易理解的句子和易错的字词要进行示范讲解。如:

"只要用橡皮/在用铅笔写的错字上/轻轻擦一擦"

"我们看到的红眼睛/是它眼球微血管网里/血液的颜色"

"用碧绿碧绿的大眼睛/一眨不眨地看着/主人刮胡子"

"潜水艇/就是照它的模样/造的"

"有些脂肪酸/能对调节人体生理功能/起重要作用"

"而且/因为压力降低/而使鱼鳔胀大/而爆裂"

这几句话学生易读错的原因有三个:一是句子太长,不知在哪儿停顿;二是对其中词义不理解,如"微血管网""人体生理功能"这些词对学生来讲是很陌生的;三是易读错多音字和日常生活中那些很多人都读错的音,如"模""刮""鱼鳔"。

2000届实验班学生在二年级时进行了一个有益的尝试:与高年级学生比赛读课文。二年级的小学生读高年级课文,孩子们能读得较有感情,流利程度也不亚于高年级学生,但是遇到一些他们没见过的生词时,孩子们往往乱停顿,优秀的学生也是如此。我当时觉得不可理解,后来想到他们不知道那是一个词,汉字记录汉语没有分词连写的规则,词与词之间看不出界限,阅读时往往掌握不好停顿,而学生对词义的理解比较慢,因此强化读生疏的词能够在短时间内提高学生的朗读水平。

下面选取少量词语说明一下强化认读这些内容的原因:

> 呱呱落地 普罗米修斯 面面相觑 窥视
> 1. 我得为你的安全着想 一侧是身着朝服的文武官员
>   白居易开始着手整顿治理 穿着朴素 穿着打扮
> 2. 着急 着火 着凉
> 3. 穿着裙子 顺着 唱着

"呱呱落地"的"呱"念 gū 不念 guā,"普罗米修斯"是外来译音,学生不会连在一起以较快的速度念,"面面相觑""窥视"这两个词里面都含有生字,后面是词句中的"着"分别读三个不同的音。我班学生进入中高年级后,我们从来不进行多音字归类复习,与我们经常进行强化认读有很大关系。

当学生能认读2 000个字之后,强化的重点由认读字词变为积累语言。这是《真情故事》前言中的部分语言:

真情是河蚌腹中的<u>一粒珍珠</u>,是黑暗中<u>燃烧的红烛</u>;

真情是母亲的<u>不休叮嘱</u>,也是父亲指尖未燃尽的烟头;

真情是夫妻间的<u>相扶相携</u>,也是朋友间的<u>相互支撑</u>;

真情是水,可以沉淀对他人的厌恶与仇嫉,给人如海的胸襟;

真情似火,可以燃尽心灵的一切杂念与抱怨,给人如金的品性;

真情如桥,可以让人跨越心灵的距离,让彼此更加贴近。

这么美的语言,如果让孩子自己去读,他仅仅看看而已,现在根据我的要求背诵口头填空题,小孩子两三遍就能背过,为作文打下坚实的基础。

日本驻军司令没有办法,只好派汉奸来威胁利诱。梅兰芳义正词严地说:"坐牢、杀头随你们的便,反正我是不会为你们唱戏的。"梅兰芳的爱国举动,表现了高尚的民族气节,赢得了所有爱国人士的赞扬。

这样的口头填空题,学生读一遍就能背过,他们给家长复述《梅兰芳留须罢戏》时,就能把这几个词说准确,而不是只会转述大概意思。

五、"小老师"让全班书声琅琅

在我的倡导下,有的家长乐于听孩子念书,孩子的朗读水平突飞猛进。北海学校的家长大多对孩子关注多一些,我一天一个飞信,把要求、方法及时传给家长。课堂上整齐划一的教学形式多一些,对学习速度慢的孩子,我会单独给家长发飞信。青年路小学那些忙于生计、忙着挣钱的家长,我请他们多听孩子们读书,缺少热情回应,于是,我便借助"小老师"的作用,充分利用优生的帮扶带动作用。我想方设法利用一切可以利用的时间指导优生读书。在这个过程中,一方面培养了"小老师",另一方面我可以了解到学生在阅读中哪些地方存在障碍。对"小老师"的工作,我进行细致的指导与督促,其他学生被"小老师"检查合格后,我再来抽查。

课堂教学采用集体学习、小组学习、独立学习、一帮一等多种组织形式。低年级小学生读书时错别字很多,读破句的现象也很普遍,而且有的学生教十遍八遍还是学不会,这样就要充分发挥"小老师"的作用。我的课堂上除了集体学习和学生书面练习之外的所有时间,都允许学生下位找"小老师"检查辅导。这样做使全体学生都有参与学习、得到训练的机会,有利于学生间的信息交流,提高沟通能力,培养合作精神;有利于学生在集体学习中迸发智慧的火花,提高学习质量。下面是学生写的一篇作文,描述了我们班课堂上的情景。

我们班里乱哄哄

乔彦聪

众所周知,课堂上是安静的,老师在讲台上讲着,同学们在台下一丝不苟地听。有时同学们在聚精会神地朗读,读书声在教室中迂回流荡……可是您见过乱哄哄的班级吗?我们班就是这样。

乱哄哄不是指同学们不遵守纪律,而是上课时大家各做各的事,你读书,我背诵,他写字……

上课铃响了,大家不约而同地读读写写。有的摇头晃脑地朗读,让人听了如临其境;有的互相背诵,背书的一丝不苟,检查者目不转睛,唯恐有错误逃之夭夭;还有的正在写生词,他一笔一画地写着,笔画十分有力,让人赞叹不已;有的学生一边皱着眉头思考,一边到讲桌前拿老师的大词典查找什么,对坐在角落里的韩老师视而不见;有的学生跑到教室后面的书架上找课外书看,大概他完成作业了,抓紧时间读课外书。教室里看似乱七八糟,仔细看又井然有序,老师也不忍心打断这好学的气氛,她的脸上带着微笑,手里的笔不停地挥动着批作业。过了一会儿,她批完作业,也和同学们一样悠然自得地看起同学们的课外书来。

下课了,大家依然沉浸在学习之中。韩老师大喝一声:"喝水!出去玩!"……

我爱我的班级,在那里,我无拘无束,畅游学海。

我不是一个擅长管理的教师,在近30年的教育教学生涯中,我也很少进行纪律教育,因为我坚信,只要学生自觉学习、自觉读书,班级纪律就不会差。

"海量阅读"滋养着老师和学生!

第二章
气定神闲海量学习拼音

怎样才能让贪玩好动的一年级新生喜欢上枯燥的拼音？一年级老师如何摆脱声嘶力竭的状态带领孩子们开开心心学会拼音？

每学期教学一本课本的常规教学法统治教坛数十年，其实，这种似乎高效的举一反三的教学行为是造就差生的源头。每个班里总有几个智力正常却连一篇课文也读不熟的学生，一直到小学毕业，他们都不具备最基本的读熟课文的能力，原因就在于举一反三的教学理念使那些懒孩子、慢孩子没有在相应的年龄段得到相当数量的训练，从而导致他们可能一生都不具备这方面的能力。

我从2000年开始，将越来越多的文本搬到课堂上，发现"课内海量阅读"是消灭差生最重要的手段。举三反一、举十反一、举百反一使每一个学生都能达到相应的能力。比如通过大量诵读白话文，我的学生个个朗读能力强，个个作文写得通顺，包括那些懒孩子、慢孩子；通过大量诵读文言文，凭借语感，我的学生在老师教学之前就能基本正确流利地诵读文言文，读后能理解大意。升入中学后，当年在我班里感觉学习吃力的学生突然发现自己在学习文言文方面成了优秀学生。但对拼音的教学，我一直视为畏途，一直没有找到解决的办法。

2014年，我又一次接手一年级，刚刚休了一年病假，身体还没有完全康复，尤其怕大声说话，面对吵吵闹闹的一年级学生，我内心充满焦虑，甚至有些恐惧。给学生上课不像给老师们培训、讲座，可以轻轻柔柔地讲，不急不躁地讲。给学生上课，需要眼观六路、耳听八方，不允许一个捣蛋，那是动感情、动体力的活，上完一节40分钟的课就累得够呛。而我实在没有跟小孩子不停地说话的体力，怎么上课呢？如果教其他年级，学生的发展达不到我期望的高度，就失去了教学相长的乐趣。所以，还是自己从一年级带"亲生"的学生省心，累半年，最多累一年，学生爱上阅读了，老师就可以省心五年。于是2014年秋天，我把"举三反一"的理念搬到了拼音教学中，力求在一年级起步阶段就尽量教得轻松、扎实一点儿。在此之前，我已在诵读白话文、文言文的过程中成功地实践了"举三反一"的"海量阅读"理念和"分级达标"的"有教无类"理念。

毕迎春在青岛出差，不知跟哪家媒体探讨，打电话问我应该先教拼音还是先教汉字，她把《中国教育报》10多年前讨论过的问题抛给我。我说，之前，我对先教汉字的做法很赞成，教拼音确实很闹心，我没有实践是因为懒于改变传统，现在我认为还是应先教拼音，因为"海量阅读"的理念同样适用于拼音教学。

1 海量听录音跟读

如同新手机需要长时间充电一样,对于一年级的小孩子来说,尽量不要以进行发散思维、创新教育的名义跟学生没完没了地对话讨论。小孩子想说什么张嘴就说,信马由缰、海阔天空、离题万里,所以先让他们尽快识字,进入自由阅读状态,站在巨人肩膀上的创新才有价值。所以,我的拼音教学带着明显的"灌输"的痕迹,那就是海量听录音跟读。

一、第一本教材:《学拼音儿歌77首》

这本书体现了我的三个理念:首先是海量。所谓海量,一是指所学字母和音节通过反复拼读,多次学习从而加深印象。比如在学习韵母"a"时,我选用了这样一首儿歌(右图):韵母"a"通过音节 ba、pa、ha、ma、fa、da、ta、na、ya、wa 的反复出现,在小孩子脑中留下一个初步的、整体的印象,以此来寻找拼读的感觉。二是指全书通过77首儿歌,反复加深孩子对汉语拼

音的 24 个韵母、23 个声母的记忆。这与课本中单一的认知学习相比,拼读的基础打得更扎实。其次是有趣。每学一个字母都配有一首儿歌、一幅彩图,小孩子喜欢听故事,老师结合儿歌和彩图给孩子编故事听,既学习了拼音又理解了儿歌的意思,一举两得。最后是单纯。语文课本上的音节设计得太拥挤,不少刚入学的小朋友,眼睛跟不上、找不到,而这本书,字大图大,有的甚至用两个版面、两首儿歌来学习一个字母,小孩子的手指得准,适合定位认读。另

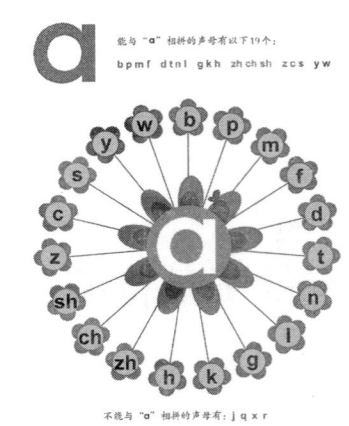

让孩子的手指着不同颜色的花瓣练习拼音,容易做到"眼到、手到、口到"。

外,彩色圆盘把所有的两拼音节都包含在内,通过定位认读的方法,把小孩子的注意力集中到花蕊中的韵母和花瓣中的声母上,再一次加深对字母的认识和学习。

以下是开学第一天,整体输入彩图的"声母表""韵母表"。

声母表

一边指一边念,一边唱一边念。

韵母表

一边指一边念,一边唱一边念。

本来,我打算按《学拼音儿歌 77 首》序言中写的方法进行教学,先理解图意,领读口诀:"播放音乐 b b b——山坡山坡 p p p……"然后"滚雪球":先让学生跟着老师一组一组地念,如先念"b p m f",再念"d t n l",然后两组合在一起念"b p m f d t n l";依此教法,再念熟"g k h j q x";再把两个大组合在一起念"b p m f d t n l g k h j q x"。可小朋友哪能安静下来跟老师按部就班地念,我无奈地三言两语解释图意、领读口诀后放录音。《声母歌》《韵母歌》是春季找音乐老师录的,我把两首歌放到一个 U 盘上,插到扩音器上放。因祸得福,因为身体不好,总务处给我配了扩音器,音响效果特别好。我一手拿印章一手拿印泥,小朋友有表现好的就盖印章。我要说话必须找话筒,否则我的声音谁也听不见,扩音器上唱完《声母歌》就自动播放《韵母歌》,我手忙脚乱不方便操作,干脆把"韵母表"的图意也草草地讲了一遍。于是利用一个课时,完成了 47 个字母的整体输入。当然,学生并没有学会。我要求他们手指到、嘴跟唱、眼看到,学生大多做不到。面对这群吵吵闹闹的小家伙,我哄他们跟着老师当解放军"打枪",老师打一枪,他们连打两枪:打枪时眼要准——盯着要读的字母;手要准——手指到字母上;嘴要跟准——"砰",枪响时念出字母的名字。读一读,再聊几句打枪打得准不准的话题,编一个乱打一气把好人坏人一起打死的故事。小孩子的课堂就是这样,以读为主,间隔三言两语的小故事,既让孩子不停地念书的嘴巴休息一下,也讲了一些知识要点。第二天复习时还是听一段录音,然后强调一下容易读错的字母如何读。一方面因为我的体力没法连续跟小朋友们喊,另一方面,我发现听录音的效果特别好,老师可以把精力放到关注学生的状态上。于是开学第三天我开始用手机、录音笔给《学拼音儿歌77首》录音。

录音的基本模式如下:

> 52页,请小朋友翻到52页,指着圆圈中的小图,跟老师说:高矮并排 ai ai ai——
>
> 指读第一行,四声:(每读完一个空出跟读的时间)
>
> 指读第二行,音节,你指着第一个音节了吗?(每读完一个空出跟读的时间,先提醒小朋友把手指在相应的位置上)
>
> 指读儿歌:读一行(每读完一行空出跟读的时间)
>
> 小朋友,下面读儿歌中红色的音节,你指着第一行第一个音节了吗?读音节和词。(尽量读儿歌中的词。不要连读几个音节,像64页"又有油",要读成 yòu——空, yǒu——空, yóu——空,又有油——空。小孩子不宜变化太多)
>
> 53页,请小朋友翻到53页,读与 ai 相拼的音节。指着红色花瓣……

课堂流程:集中精力跟读——散乱听、说、展示——集中精力跟读

录一句停一停,空出孩子跟读的时间。小学生在听录音时手指得准,手到、眼到、口到,学习的效率就高了。录音比上课铃还管用,一节课开始,在老师恩威并施的监督下集中精力跟录音读10分钟左右,这对小孩子来说是一项高强度的脑力劳动。每节课的中间就听老师讲故事,然后师生议一议,让孩子的眼睛得到休息,身体得到放松。第一遍学《学拼音儿歌 77 首》时,跟读 10 分钟后,中间的散乱时间,主要让小朋友观察一下书上的图画,听老师编故事。说来也奇怪,我在家自己看书上的图思考如何编故事时,总是缺乏灵感,想到的故事毫无趣味,一看到孩子的眼睛和笑容,就立刻有了灵感,编出的故事逗得他们好开心啊!也可以和学生讨论,其实这个时段,小朋友的讨论没有太多价值,让他们七嘴八舌地说一说,是为了释放一下多余的精力,省得捣蛋。也可以展示一下学生的作品,比如,提前安排学生创作与字母的音形相关的图画,在课堂上展示一下,让同学猜一猜是哪个字母,可以加深对字母的认识。中间散乱地学习、休息 10 分钟左右,然后再听一段录音就到下课时间了。

第三周,《学拼音儿歌 77 首》学完第一遍,我把录音再放一到两遍,52 页之前的"声母篇"和与单韵母相拼的音节放一遍,52 页之后与复韵母的拼读放两遍录音。一节课的开头、结尾还是听录音指读,与儿歌相关的故事已讲完,一节课中间散乱的时间可安排两个游戏让孩子轻松一下。

一是玩"找朋友"的游戏。把除了自成音节的"er"之外的 46 个字母做成头饰戴在学生头上。比如,请一个戴韵母"a"头饰的学生上台,老师的教杆指着黑板上声母表中的"b、p、m、f、d、t、n、l",全体学生一起说"b、p、m、f、d、t、n、l"。老师让能跟"a"相拼的学生上台找朋友!戴"b、p、m、f、d、t、n、l"头饰的学生陆续上台跟"a"拼出音节,学生一起说"声母 b,韵母 a,成为朋友 ba……"最后问学生:"23 个声母小朋友,谁没有跟韵母 a 做朋友?"戴"j、q、x、r"头饰的学生站起来。老师再问:"你们为什么不跟 a 做朋友?"学生说:"41 页的转盘下面写着'不能与 a 相拼的声母有 j、q、x、r'。"游戏过程中,如果戴"j、q、x、r"头饰的学生跑上讲台,请他们下台时也让学生打开 41 页读"不能与 a 相拼的声母有 j、q、x、r"。

二是做"拼读姓名"的游戏。入学快一个月了,学生之间已熟悉得差不多了,他们对做这个游戏充满兴趣。这个游戏也是为下一步把全班学生的姓名当教材做准备。

一节课中间做游戏,这轻松一刻的时间,虽然是散乱的,但孩子或多或少也能学习一些知识。

二、第二本教材:学生姓名

三个星期后,《学拼音儿歌 77 首》学过两遍之后,孩子对这本书失去了新鲜感,于是我又配上了新鲜的学习材料,那就是全班学生的姓名。我把全班学生的名字注上拼音,排到一张 A4 纸上,全班学生一人一张听录音跟读。跟读一遍 10 多分钟,依然是一节课的开头 10 多分钟、结尾 10 多分钟听录音跟读,中间上台做游戏。事先发飞信告知家长做卡片:

准备"姓名卡片":用厚纸,A4 纸的一半即可,长 30 厘米左右,宽 11 厘米左右,大一些更好。一面写孩子的姓名汉字,另一面写姓名的拼音,整体认读音节用绿色或蓝色,三拼音节中间的韵母用红色写。

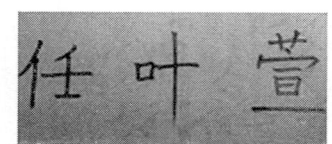   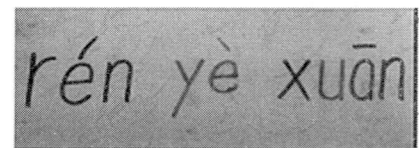

一面是学生姓名汉字　　　　　　　一面是学生姓名音节

做游戏既是学习,也是休息,因为这时候孩子的注意力是散乱的,上台的孩子拼读得不一定正确,但孩子们很喜欢上台,不过要守纪律,家长做了卡片的孩子才能得到这个机会。以前全班的卡片都是我一个人写的,现在改为家长写,不是因为我越来越懒了,而是明白了一个道理:应该家长做的事不能由老师包办。

关于这种游戏的教学,2000 级学生管潇在文中这样记载:

说起韩老师,最让我记忆犹新的是我们一年级学拼音的情景。

韩老师为了让我们快乐地学习,给我们每人制了一张大卡片。卡片上的音节是我们每个人的名字,那卡片是那样精致,上面还画着一些小图案。同学们拿到卡片的时候都爱不释手,老师说:"看谁能教会全班同学读自己的名字!"只见叶丽雪两只小眼睛东瞧瞧,西看看,终于在副班长乔彦聪身上定格了。叶丽雪快速向乔彦聪跑去,满脸自豪地对乔彦聪说:"乔彦聪,你来拼拼我的名字!"乔彦聪傻眼了,眉毛向中间一蹙,手不停地拍打着自己的脑袋说:"哎!这个音节怎么念呢?"叶丽雪得意忘形了,脸高高地向上仰,现出得意的神色,就像一个骄傲的公主,她终于等不及了,放下公主的架子对乔彦聪说:"我的名字念做 yè lì xuě。"

潘怡林是我们班最有名的调皮鬼,他拿到写着自己名字的拼音卡片,可激动死了。他第一个就跑向我们班的头号"大懒蛋"徐斌身边,兴高采烈地说:"徐斌,徐斌,快拼拼我的名字!"……

就这样拼来拼去,我们都会拼全班53个同学的名字了。韩老师还有高招呢,她问:"谁的名字里有整体认读音节?教教大家。""谁的名字里有两拼音节?"什么叫寓教于乐,相信你已经从我的作文中找到了答案。

下面是2006年在青年路小学只教了一年的那个班的教学情况:

再教一年级,老办法出新意,而且更细致更易操作。每个学生的桌上我都贴了一张"名片",上面用拼音和汉字写着他们的姓名。学习拼音时,我常问学生:"谁的姓名能用学过的声母、韵母拼出来?你生活中的哪些人、物、事能用学过的声母、韵母拼出来?"比如"李家慧"这个名字,在学习"d、t、n、l"时拼读"lǐ",并认读汉字"李",在学习"j、q、x"时拼读"jiā",并认读汉字"家",在学习复韵母"ai、ei、ui"时拼读"huì",并认读汉字"慧"。这样就为抽象枯燥的拼音教学增添了许多乐趣,同时认读了汉字。学生在课余也兴致盎然地认读桌上的"名片"。

三个星期我就完成了拼音教学,当然有些学生拼读还不熟练,尤其是二声的音节,但声母、韵母、整体认读音节是单个过关的。周末,我在家做了全班同学的姓名大卡片,一面是汉字,一面是音节,在课堂上集体学习。第一遍是集体拼读,拼到谁的名字谁就站起来领读。比如拼到"李锦川",李锦川就站起来说:"我是李锦川,l－ǐ－lǐ,j－ǐn－jǐn,ch－u－ān－chuān。"谁能把全班的名字拼出来,谁就可以拿着这些卡片做游戏。邱鸿宇等五位同学早上、中午一到校,就在教室里练习拼读,一天就会拼50多个学生的姓名。我让他们五个人做了一个游戏。比如李家慧拿着自己的姓名卡片教同学拼读"lǐ jiā huì"后,把卡片翻过来,让汉字面对全体,说:"我是李家慧"。学生一起说:"你是李家慧"。然后她再拿另一个学生比如李锦川的姓名卡片,拼读后,说:"我是李锦川。"全体学生一起喊:"你是李家慧,他是李锦川!"学生一边拼读一边认字,有时手舞足蹈、大呼小叫,真是劲头十足。这比起上届学生拿着卡片满教室里转的效果好了许多。

运用学生的姓名可进行下面的练习:

自我介绍:让每位同学拿着卡片上台自我介绍并领读。

对号入座:

哪个同学的姓名中包含"ei"这个韵母?领读。

哪个同学的姓名中有整体认读音节?领读。

哪个同学的姓名中有两拼音节?领读。

哪个同学的姓名中有三拼音节?领读。

教会全班学生读自己的姓名,学会读全班同学的姓名。

抢读比赛:老师出示卡片,谁最先读出就把卡片交给谁,最后看谁得到的卡片最多,就说明谁交的朋友最多。

送"信"(写着姓名拼音的卡片)游戏:谁最先正确送完就被评为"最佳小邮递员"。

活动延伸:拼读家庭成员称呼或身边的事物。

三、第三本教材:三字童谣

2006年、2007年那两个一年级,我用三个星期草草教完拼音后,读的第一本正版注音读物就是三个字的儿歌。浩璇的妈妈买了一本图文并茂的好书,一本幼儿读物,里面的儿歌是三字一句的,内容浅显,情趣盎然,字比较大,带有注音,很适合刚学完拼音的学生读。6元钱一本彩印的书,因为实在便宜,我没有瞻前顾后地思量,就让家长去买,那时不会网购,也不认识新华书店的职工,家长一个又一个去新华书店询问,新华书店马上进货。在学课文之前,我领孩子们读这本简短的儿歌书,是为了给学生铺设一个缓坡,降低拼读难度。

2013年,我休病假期间,从书上、网上找了81首三个字的儿歌,注上音,并把生字编排到每页纸最下面的方框中,方便有识字能力、识字愿望的孩子识字。

如:

70 柳树梳头发	71 小老鼠
xiǎo hé shuǐ huā lā lā 小 河 水, 哗 啦 啦,	xiǎo lǎo shǔ shàng dēng tái 小 老 鼠, 上 灯 台,
xiǎo liǔ shù xiào hā hā 小 柳 树, 笑 哈 哈。	tōu yóu chī xià bù lái 偷 油 吃, 下 不 来。
zhàn hé biān shū tóu fa 站 河 边, 梳 头 发,	zī zī zī zī zī zī 吱 吱 吱 吱 吱 吱,
méi tóu shéng zěn me zā 没 头 绳, 怎 么 扎?	jiào nǎi nai bào xià lái 叫 奶 奶, 抱 下 来。

> 灯台 头绳 怎么 柳树 老鼠 哗啦
> 扎头发 河边 偷 吱 抱 站 没 梳 油

"海量阅读同步实验QQ群"中的刘维丽、寇丽君、徐慧、王琳、张海燕老师为这81首儿歌录音,每拼读一个音节就停一停,空出学生跟读的时间。这种"灌输式海量拼读"是从2014年秋天开始的,是为了让全班学生都在9月、10月两个月内熟练拼读,拼读速度快了,以后就可以一劳永逸。教学重点转移到汉字教学时,就可以淡化拼读了。

因为怕说话,就找到了这种省力的办法,以前身体健壮时就自然和学生拼力气了。懒有懒的好处,勤有勤的优势,都有可取之处。下面是2007年的教学笔记:

上课铃声一响,我对着话筒开始念儿歌,孩子们或者念或者背,一首接一首,直到全班学生都拿出书翻开正在读的页码,我让他们停止诵读,表扬一下那些在课前已能背诵的学生,让他们下课时领张小卡片,就这样,课前提前读的孩子越来越多。然后按座次自告奋勇领读儿歌,一首读完,全班学生跟读,这是领唱与合唱的旋律,是最悦耳的音乐;孩子们那一张张一会儿乐不可支一会儿又专注于书本的小脸是最亮丽的风景。我置身其中,品味人间至福。

在10月份,"开火车"读为时尚早,因为有的学生拼读速度太慢,有的学生声音太小,其他孩子没有耐心听。如果为了体现公平而让那些阅读能力尚差的学生磕磕绊绊地读,对全体听众的耳朵无疑是一种痛苦,刚入学的小孩子怎么可能忍受这种痛苦呢?听够了听烦了还能坚持着听,那是随着年级升高逐渐被"镇压"出来的本领,那是生活在官僚主义体制下的成年人必须练就的本领,那是我深恶痛绝的行为。"己所不欲,勿施于人",我不想责令学生必须听他们不爱听的语言。于是除了教师领读外,还要调动那些优秀学生领读的积极性,让他们成为识字、阅读的先行者,领读对孩子们来说是鼓励是机会,对老师来说,也可以省点儿力气。老师的滋润是学生的利益所在,老师高高兴兴、精力充沛才能营造出润泽的课堂氛围。

集体读20分钟后自由读,我站在讲桌前,让学生分排(按座次分四排)上台检查。只会读儿歌的往书上盖小星星印章,既会念儿歌又能认生字的盖大奖杯印章(到刻字店刻的五角星、奖杯形状的印章)。这个阶段,孩子们坐不住,拼不熟就急急忙忙找老师,于是我制订了奖励标准:能一次找老师读熟10首儿歌的除了盖印章之外还有一个奖品,一次读20首得三个奖品,一次读30首得五个奖品……有些沉稳的、阅读能力强的孩子就不急着找老师检查,而是凑一凑,一次多查一些,这样就减轻了检查的压力,避免大量学生排队等候浪费时间。

由于国庆节前一周学完拼音时孩子们就开始拼读三字童谣,所以除三分之一只会拼读儿歌的学生之外,那些有一点儿识字基础的和比较听话的孩子在国庆节后一周就读完了这本书,并且认识了200个生字,占全班的三分之二。当然,孩子们对这些字认得并不扎实,在儿歌下面他们认识,换个地方就不认识了。这不要紧,我还准备了许多书等着他们呢。苏联教育家赞科夫曾提出一个教学的高速度原则,其中一点就是无须专门进行复习,因为学新知识的过程自然而然就在复习旧知识。

我们曾经自选三字童谣,东一首、西一首地拼凑着,然后打印装订成册,让一届又一届的一年级孩子读,非常不方便。为此我们精心挑选了适合一年级孩子读的三字童谣,配上填色功能,出版了《三字童谣》(填色版)。这些童谣三字一句,内容浅显,字大大的,配有拼音、插图,很适合刚学完拼音的孩子用来巩固、复习拼音;另外,把生字集中编排到童谣旁边的方框中,方便有识字能力、识字愿望的孩子轻松识字。

学完《三字童谣》,大约就到了10月底。如果没有考试的压力,还可以学《成语儿歌100首》等四本儿歌,但包括我在内的绝大部分老师都沉不住气了,还是先学习课本,把课文读熟之后,一边教写字,一边读儿歌。

2 保证学生有效学习的策略

一、"指读"使学生注意力集中

我要求学生读书时做到"四到"——手到、眼到、口到、心到。"心到"老师无法控制,是否做到了手到、眼到、口到,老师能够看得见,那些走神捣蛋的孩子越来越少,与这"三到"要求有关。读书时用手指着字被同行批评为"指读",全班学生拉着长腔齐读,被斥责为"唱读"。说"指读"容易使学生养成"唱读"的坏习惯,纯粹是人云亦云的无稽之谈,"指读""唱读"是因为学生识字少、拼读速度慢、阅读能力差。我反其道而行之,强行要求学生"指读",这样容易集中精力。这种强制行为没有造成任何恶果,孩子阅读课外书时并没有去指读,因为阅读速度快了他们就会自然而然地默读,默读的能力也不需要专门训练,默读、浏览、速读都是海量阅读达到一定程度的自然产物。"指读"一方面便于老师控制孩子的精力,一方面让学生注意字形,既练习了拼读音节又为识字打下了基础。

我自己在浏览文章时也发现"指读"是个好办法,但是阅读《读者》《家庭》这样的消遣杂志,是不需要指读的,因为阅读这类文章不是为了增长知识,而是为了消遣,像看电视节目一样不需要付出脑力,这样的文章读得再多,也很难提升自己的理解水平和知识水平。一个晚上能轻松读完一本《读者》,而同样厚度的《小学语文教师》等专业杂志,一星期也读不完一本。读那些有助于提高理解能力、增长知识的文章,"指读"是一个好办法。在美国人写的《如何阅读一本书》中,我为"指读"找到了"理论依据":

"我们的头脑和眼睛不一样,并不是一次只'读'一个字或一个句子,头脑是个惊人的工具,可以在'一瞥'之间掌握住一个句子或段落——只要眼睛能提供足够的资讯。我们可以用手指来训练自己的眼睛,手指跟着段落移动,比眼睛移动的速度略快一些。不断地练习下去,继续加快手的动作,浏览的速度就会越来越快。一旦眼睛能跟随自己的手指时,就很难打瞌睡或做白日梦胡思乱想,就能够专心致志地快速阅读……"

教法即学法,教师自己读书首先是为了验证传授给学生的是否正确。抛弃那些自古以来正确的教法,用学法指导教法就会免于误人子弟。

至于"唱读",是齐读时为了读整齐而自然而然地拖起的长腔,这也是不用纠正的"错误",只要是学生个人自己读,自然没有人去"唱读",当然也有个别学生自己读时拖长腔"唱读",那是阅读能力尚差的表现。

二、用印章换奖品激励学生

在当老师近30年的岁月中,我曾采用过很多奖励办法,最好用的办法就是盖印章。如果奖励孩子东西,可能会起到反作用,学生可能上课忍不住玩起来。而且给孩子的小奖品虽然不值几个钱,但发多了,老师也要贴上不少钱。有时,老师花了自己的钱奖给学生东西,人家还不稀罕。最可气的是,奖励多了,不奖励时,学生就缺乏学习的劲头了。而盖印章就方便多了,好几个印章才换一个小奖品,算算花的钱,一个印章不到一分钱,老师可以大大方方地盖,盖多了也不心疼。小孩子时常得到奖励,天天开心。用不同数量的印章可以换不同的奖品,学生有选择的机会,总能找到自己喜欢的东西。

◎ 5个印章换一个小奖品 ◎

9月1日,一年级小孩子第一天上学,对学校环境还很陌生,还算安静。盖印章的纸(就叫印章表吧)发给每个学生一人一张,看到能自己拿本书翻翻的孩子,老师就盖上"认真读书"的印章。晚上飞信告知家长:每得五个印章,老师会奖励一朵小花(扎礼品盒上的塑料花),老师通过飞信请家长在孩

上语文课时课桌上摆着书和印章卡

子面前表现出对印章、对奖励的重视。五个印章换一个奖品,卡片、星星纸、塑料花的"价格"都是一样的,"价格"不一就会乱,一年级一定力求简单。

各种小奖品

　　小朋友跟着录音读时,老师把精力放到学生身上,一个一个检查指导"眼到、手到、口到"。小孩子听录音时,老师一手拿印章,按座次给按要求读的学生盖印章,另一手拿笔,随时给捣蛋的学生画个圈扣掉一个印章。光奖不罚显然不行,奖多罚少,让捣蛋的孩子也有"盼头",小朋友才能尽快进入学习状态。社会要安定的前提是财富不能都聚到少数富人手中,让穷人的生活也过得去。班级安定的前提是让那些捣蛋的小家伙有"钱"(印章),有了"钱"才怕被老师扣掉,我手中拿着笔和印章,这是"面包加大棒"政策。

教学流程都是"跟录音读——听、说——跟录音读"。上午最早的那节语文课铃响前，我在黑板上只写一个页码，比如写"40页"，40页是昨天学过的内容，铃声一响就放录音。录音一响，我就"健步如飞"到学生座位上"送鸭蛋"：在教室快速转一圈，一看到没翻开相应页码的就圈掉他的一个印章。开学前几个星期，我先提醒："没打开40页的，老师要送鸭蛋了！"过段时间形成条件反射就不用提醒了。到了中高年级，学课文时，第一个环节就是听课文录音，录音对维持纪律迅速进入学习状态的效果比上课铃都管用。等学生都"眼到、手到、口到"时，我就按座次盖印章，那些走了神的，看到我手中挥舞的笔就立刻进入学习状态的，我也给盖上。极个别半天找不到读哪里的学生，我就不盖。当然，如果我没忘记，转完一圈后，看到孩子进入学习状态了，也可能补盖一个，也可能忘记了。盖完后，我再拿起笔在教室里转，看到走神的，就把笔在他眼前晃晃，这支笔是用来画掉他的宝贝印章的，在孩子们心中威力无穷啊！去年秋天，我在成都锦晖小学听课时看一个年轻老师给学生一人一张纸盖印章，我就把她的做法发扬光大了。印章可以多盖，五个印章换一个花钱很少的小奖品，老师盖印章时大方得很，阳光普照每个孩子，雨露润泽每个孩子，这花钱很少的印章和奖品对孩子后期的发展所发挥的作用是无穷的。

◎ 10个印章换一张借书卡 ◎

很早就看到一年级教室里有一排架子，分成一个一个小格子，大概是给学生放衣物用的，我早就想把那些格子当书橱了。开学一段时间后，我让每个学生最少带两本书。我按书的大小分类，分别放到六个格子中，每个格子放20本书，每个格子都不放满，书最多占用一半的地方，空着一部分地方是为借书卡留位置的。每本书都贴上口取纸，在口取纸上编号。第一个格子的书，从"1-1"编到"1-20"，第二个格子的书，从"2-1"编到"2-20"……每个格子的书名等信息打印到一张"横向排列、分两栏"的A4纸上对折装订。

借书签名时间	书目、主人、书橱号	还书签名时间
	《忘了说我爱你》　　　　1－1 雨诺	
	《神奇校车——水的故事》　1－2 文博	
	《神奇校车——追寻恐龙》　1－3 文博	

六个书橱的书目正好印六页纸,用一张厚纸当封面装订成一本小本子,每个学生都有这样一本"借书记录本"。从哪个位置借的书,就把借书记录本放到哪个位置。老师为每个格子选一个读书多、守纪律的学生当管理员。学生每借一本书都要交给管理员一张借书卡。借书卡的来源有两个:一是10个印章换一张借书卡;二是根据学生带到学校来的书的质量、数量送他们借书卡。下学期,有更多的学生乐于把自己的好书带到学校跟同学共享,因为拿好书、多拿书就多得借书卡,与人方便,与己方便。还因为这样一个管理员只管理20本编了号码的图书,不容易丢,放假前就把书还给学生。每个学生只有一本"借书记录本",一次只能借一本书,也不容易丢书。

我给学生印的名片纸大小的"借书卡"都编了号,从"借书卡1"一直到"借书卡100",每打印100张卡(用10张纸,每张纸排10张卡),都换不同的字体或用不同图案、不同颜色的纸印,所以孩子手中的卡不容易混。我批发了透明的自封小塑料袋,奖给学生装借书卡用,非常方便。

◎ 30个印章换一个大奖品 ◎

9月上旬,小朋友每集齐五个印章就找我换奖品,一下课小朋友就凑到我跟前,我也不厌其烦地忙着给他们换,他们稍加努力就能得到奖品,使小孩子感到上学有趣,迅速地适应了学校生活。

两个星期后,《学拼音儿歌 77 首》学完第一遍,学生陆续找我检查,换奖品的再来凑热闹,我有些急躁,就规定印章表上全盖满了印章再换。看到有的小朋友很失落,于是我搬出"大奖品":铅笔、包书皮、发饰等,30 个印章换一个"大奖品"。小朋友感到"大奖品"过瘾,吸引力大。老师隔段时间更换大奖品的品种,并请家长想办法让孩子对奖品感兴趣,使小朋友对挣印章保持兴趣,纪律就容易维持。

"同步海量阅读教师 QQ 群"中的刘维丽、寇丽君、徐慧几位老师帮助我录音、整理文本,我们之间经常电话联系,她们采用这种奖励办法之后,也惊奇地发现,学生乖乖地进入了学习状态。那些调皮捣蛋、精力不集中的孩子在老师的"严防死守"之下,也能保证有效学习的时间。其实差生就是从一年级开始学不进去,以后差距越来越大的,到中学后几乎无法自主进行学习,因为他不具备学习的能力。所以防止出现差生,一年级是关键,爱上阅读的孩子没有差生。

随着孩子认识的字越来越多,挣借书卡会成为他们挣印章的强大动力。

◎ 小干部参与管理 ◎

在五六十个学生的大班中,老师一进行个别辅导,其他学生就乱成一锅粥。现在真不比年轻的时候,一听到耳边"蛙"声一片,我就头晕、耳鸣。但老师要检查学生的读书情况,要指导学生写字,总不能老盯着全班进行集体活动。一天早上,我给了一个识字多的小干部一个印章,那是用了近 20 年的奖杯状的印章。曾经飞信告知家长要鼓励孩子多挣奖杯状的印章,因为那是给自觉读书的孩子盖的。由于家长的重视,这个印章对学生有一定的吸引力。小干部在教室里转来转去,学生竟然安静下来了,我也能安心检查在讲台前排队等候检查的学生了。后来,我在个别检查辅导时就找一个守纪律、识字多的学生盖印章。我会检查小老师盖印章是不是做到了公平、公正,如果认真读书的没有盖上不行,不好好读书的盖上了也不行。每次盖 1~2 个印章,保证给读书的同学盖上一个,给读书特别专心的盖上两个。只要是专心读书的孩子，都有当小老师的机会，我在花名册上做记录，既不能"吃大锅饭"，也不能偏向某个学生。管理得好的小老师会得到一张"小老师"奖状，顶10个印章，可以当借书卡用。管理得不好的小老师只给他盖一个"小老师"印章。

小孩子当了"官"之后的表现千姿百态。有的拿着那个印章晃来晃去，不舍得给同学盖；有的以权谋私，给自己、好朋友盖一大堆印章；有的讨好强悍的同学，给不读书的同学盖印章，而老老实实读书的同学反而得不到印章。我经常给全体学生一个发言的机会："今天早上，你读书的时间很长、很专心，但小老师一直没给你盖印章的，请举手。"有时看到平日捣蛋的学生竟然得到两个印章，我也会查证一下："某某同学挣了两个印章，请他的同桌、前后桌说一说，刚才你读书时，某某有没有乱说话，乱晃桌子，影响到你学习？"我经常告诉学生："韩老师一心二用，边批作业边看小朋友们是不是在读书，如果发现小老师给不守纪律的同学盖了印章，一个月内不会再找他当小老师。如果再次当小老师还做不到公平、公正，就永远得不到当小老师的机会。"

"以权谋私"这样的词用在孩子身上好像是言重了，但一个班级就是一个小社会，成人社会中的种种现象都会在班级中有所体现。所以，从一开始，老师就要把"以权谋私、恃强凌弱"等行为坚决扼杀在襁褓之中。人人参与管理，人人遵守规则，这是创建民主社会的需要，是公民教育的需要。

后来，我又刻了一个奖杯印章，让两个小老师各管理两排学生，一方面满足小孩子乐于"管"别人的心理，另一方面也使自觉的学生能得到印章。再后来，我刻了"早读、午读"各两个印章，早上读书时盖"早读"，午练时写完作业的学生读书会得到"午读"印章，方便家长了解孩子在校纪律情况。在给家长的飞信中，我多次强调："请家长查看'早读'印章，并过问没有的原因。"这样，渐渐地，孩子们在课堂上自觉起来。

3 海量拼读分级达标有教无类

我教学拼音的速度很快,那些上学前拼音基础差的学生最初感觉什么都没学会,但放录音时,老师可以把精力放到关注学生的状态上,上课通过"严防死守",使那些精力不集中的"差生苗子"能有一段时间的有效学习。利用早上、中午学生没有全体到校的时间,我进行排查。开学后第二周,找出十几个拼不出声母和单韵母音节的学生,通过飞信通知家长,有的家长马上回复短信或电话,有的家长真不着急,那就以后再找他们,这一届学生,我一个也不补课,包括休病假的学生。因为学习语言靠的不是老师举一反三的讲解技巧,而是"举三反一"的海量诵读。老师怎么可能有时间给一两个学生海量补课呢?老师在办公时间本应该考虑如何提高课堂教学效率,为全体学生负责,把精力放到一个学生身上等于忽略了其他学生。所以,我跟家长的关系很单纯,家长对我友好也罢,不客气也罢,我对学生都是一样对待,捣蛋的挨批评,爱学习的被表扬。开学前,我已跟各级领导在各种场合说过,我以后不上公开课,也不欢迎除同事以外的任何老师听课。我乐于继续在教学一线是为了寻找简单、有效、具有普适性的教学方法。所以,我隔段时间就会把达不到最低目标、有掉队可能的学生排查出来,并告知家长,要求这些孩子的家长在家要安排适当的复习,一对一的教学效果绝对好于集体学习的效果。要不,怎么会有家长花高价把孩子送到小班化的私立学校?只要孩子在校、在家能保证一段时间的有效学习,过段时间,经过海量拼读,基础最差的孩子也会通悟。上一届有两个学生家长一直跟我较劲一个问题,就是认为我教得快就会不扎实,感觉"学了跟没学一样",那届孩子升五年级前的那个假期,我已两个月发不出声来了,人家多么期盼换一个教得慢一些、扎实一些的老师,我偏跟那两个家长较上劲了,哑了也不休假。就这样,不说话我也把学生带到了毕业,我带了四年的学生不需要老师说话就能学习。学生上了中学发现"没学跟学了一样",当年那些懒孩子、慢孩子,语文学得特轻松,都是语文高才生。朋友们纷纷往北京调,我安心留在潍坊,一是身体不行,怕出力,最重要的是有了当地百姓的口碑,有了家长的支持,教学才会省很多力气。

《学拼音儿歌 77 首》除了魏老师帮我录了 10 页,近 100 页的书,我一个一个音节、一首一首儿歌都录了音,有的录了数次才成功。累得气都喘不上来了,但想到是为小朋友准备下半个月的口粮,心就安顿了很多。录音请雨诺妈妈转格式后,我分别存到三个 U 盘中,用记号笔编上号码放到教室里,插在小蜜蜂扩音器上放录音时方便选择,电脑也不用打开,课前准备非常方便。

> **1 号盘(声母)**
>
> 7—17 页(b—h)18 分钟
>
> 18—28 页(j—r)15 分钟
>
> 29—39 页(z—w)14 分钟

2 号盘（韵母）

40—45 页（a. o. e）14 分钟

46—51 页（i. u. ü）17 分钟

52—58 页（ai. ei. ui）14 分钟

59—65 页（ao. ou. iu）15 分钟

66—72 页（ie. üe. er）10 分钟

3 号盘（韵母）

73—81 页（an. en. in）15 分钟

82—87 页（un. ün）9 分钟

88—92 页（ang. eng）9 分钟

93—97 页（ing. ong）8 分钟

98—99 页 标调歌、韵母表、声母表 4 分钟

每个U盘中装了什么内容，打印好贴在黑板一侧，要放哪一部分录音非常容易找。后来，我又买了一个"老头乐"播放器，可以通过数字按键选择要播放的录音文件，更加方便。

后来在教学过程中，淄博的刘维丽老师进度比我快，她指出录音中的错误，并重新录了一部分。有了得力的助手，之后便省事了许多。

第二周周五我给每个孩子发一张"检查表"（见下页）。一面是正在学习的《学拼音儿歌77首》，另一面是下一步要学习的内容。

《学拼音儿歌77首》检查表

页数	拼读音节	指读儿歌	背诵儿歌	认读生字	
1—10 页					
11—20 页					一次检查2组赠 ★★
21—30 页					一次检查3组赠 ★★★
31—40 页					一次检查4组赠 ★★★★
41—50 页					一次检查5组赠 ★★★★★
51—60 页					一次检查6组赠 ★★★★★★
61—70 页					一次检查7组赠 ★★★★★★★
71—80 页					一次检查8组赠 ★★★★★★★★
81—90 页					一次检查9组赠 ★★★★★★★★★
91—99 页					一次检查10组赠 ★★★★★★★★★★

《语文课本》《学拼音、读儿歌、识汉字》《三字童谣》检查表

课本 1—25 页	拼读音节	指读儿歌	背诵儿歌	认读生字	
课本 26—43 页	拼读音节	指读儿歌	背诵儿歌	认读生字	一次检查 2 组赠 ★★
同学姓名	拼读音节 ★★		指读姓名 ★★		一次检查 3 组赠 ★★★
熟悉的儿歌、 入学教育	指读儿歌	背诵儿歌	认读生字		一次检查 4 组赠 ★★★★
汉语拼音 情境歌	指读儿歌	背诵儿歌	认读生字		一次检查 5 组赠 ★★★★★
《三字童谣》 1—20 首	拼读音节	指读儿歌	背诵儿歌	认读生字	一次检查 6 组赠 ★★★★★★
《三字童谣》 21—40 首					一次检查 7 组赠 ★★★★★★★
《三字童谣》 41—61 首					一次检查 8 组赠 ★★★★★★★★
《三字童谣》 62—81 首					一次检查 9 组赠 ★★★★★★★★★

"拼读音节"指的是拼读儿歌中所有的音节，在第一列中盖一颗星。"指读儿歌""背诵儿歌"两项要求也不难达到，因为上课最少听三遍录音。有的孩子虽然会指读、背诵儿歌，那是听会的，并不认识字，老师也会在第二、三列中给他盖印章。因为孩子在听录音跟着指读过程中，虽然没有把字的模样认清楚，但对以后识字会起作用的。就像我9月份看到学生时第N次问他"你是谁"，小朋友觉得好笑："韩老师记性好差，竟然还不认识我。"有几个小男孩已不屑于回答我这个弱智的问题。五班、六班学生站在一起时，我能分辨出哪个是五班的学生，但模样和姓名对上号的还是少数，开学第一个月，我这种对学生模模糊糊的认识，就好像孩子指读儿歌时对生字的认识一样，虽然模糊，但对将来精细认读生字会有作用的。所以我通过飞信告诉家长，让孩子听录音指读时，手指放到字的下面，眼睛既能看到拼音又能看到生字。学前识字少的孩子，家长不必要求他"认读生字"。现在认识字的多少及对拼音熟练程度并不重要，重要的是孩子能不能形成自学的意识。所以我既倡导家长应该适当陪读，又想方设法让孩子离开家长的视线时能自觉学习。我提示家长都要有"遥控"孩子自学的方法。比如，孩子"检查表"上的印章是怎么得到的，是家长在家盯着学会的，还是孩子在学校自己找时间学会的？早上、中午到校后，老师允许孩子喝水、上厕所，但不允许在教室玩闹，有的孩子会利用这一小段时间来自学（奖杯印章是标记）。课堂书面作业完成得快的学生也能利用这一小段时间读两页。家长对孩子每天学会了什么，什么时间、在哪里学习的要有所了解，就能"遥控"孩子自觉学习了。孩子学习是长远的事，老师、家长不要让孩子太累，但要想方设法促使孩子能够安静下来自觉学习，这才是长远之计。

　　反面的表格是复习完《学拼音儿歌77首》后的学习内容，也是分级达标，对孩子提出不同的要求。这两个表格都标注了"赠送"的印章数量，那是为了鼓励孩子多学一些再找老师检查，表1中的"一组"指10页，"一次检查2组"指一次检查20页，这样既减轻了老师检查的负担，也促使孩子多次复习。学前基础差的学生可以不要"赠"的印章,一组一组查;学前基础好的尽量一次多查几组。如果能让不同基础的孩子"能飞的飞起来,能跑的跑起来,能走的慢慢走",那么受益的是整个班的学生。主动承担打字任务的雨诺、云松两位妈妈内心想的,应该也是"你好我好大家都好"。

《学拼音儿歌77首》新授三个星期,复习一个星期,整个班的学生最慢的达到了一星目标。一星目标是会按顺序、打乱顺序读第99页的声母、韵母、整体认读音节,会拼读儿歌中红色的音节。二星目标是会拼读所有的音节,会念、背儿歌。三星目标是会认读生字。二星、三星目标不要求必须达到。

认读《学拼音儿歌77首》识字材料中的生词、生字,对不同的孩子来说,难度相差很大,因为孩子在学前拼音、识字基础不一样。家长对孩子提出他稍加努力就能达到的目标即可,不要拔苗助长,不要跟其他学生攀比,孩子喜欢学校、喜欢语文课远比他学到多少东西更重要。

我给家长的飞信中建议他们给孩子制订不同的目标:识字多的孩子学《学拼音儿歌77首》太简单,不愿在家再听录音,就给家长读故事、讲故事,把在学校听过的故事讲出来就等于是口头作文。

认字多、会拼读的孩子回家后如果不愿意听录音而愿意讲故事的,家长如果需要老师帮他们鼓励孩子,就写纸条告知,并写明讲了几个怎样的故事,建议老师给孩子盖几个印章等。盖几个印章家长自己斟酌,如果盖得多,以后孩子的胃口太大,会对印章不珍惜,所以家长建议盖多少个要考虑周全。印章和奖品不值钱,但孩子付出的努力无价,家长可不能让老师的奖励失去作用。同理,老师发给孩子的奖品,家长不要给孩子花钱买,只能到老师这里挣。反之,孩子在家读书付出很多努力,家长建议盖得太少,孩子会失去读书的动力。总之,家长、老师应当共同努力,让基础不同的孩子都有努力的目标、前进的方向。

4 学习拼音小窍门

◇ **适当加快单韵母与声母的教学速度**

读准四个声调,尤其是二声、三声,这是单韵母教学的重点,不要试图在教单韵母时就让全班大多数学生都读准,随着后面练习拼读音节的过程加长,慢慢地学生就读准了单韵母的四个声调。音节的拼读不是一蹴而就的事情,很多老师用一个半月的时间教课本上四十几页拼音,从某种程度上讲,这是对时间的浪费。拼音教学结束后的阅读、识字过程才是熟悉音节的过程,在运用的过程中复习。

◇ **从整体到部分定位认读字母**

教室墙上悬挂声母、韵母、整体认读音节表,可以从书店里买,也可以自己书写。经常按顺序从头念到尾,这是"整体输入",这个"整体"要在学生的脑中扎根。当学生读错或忘记某个字母时,直接告诉他不会留下深刻印象,应该让学生按顺序从头念,自己找出这个字母,这叫"定位认读"。"定位认读"不但使学生印象深刻,而且使学生掌握了自学方法。

我印了一套大字母卡,两面贴上透明胶,剪成一组一组的,再贴双面胶,让学生在黑板上按字母表的顺序排列,小孩子排列的过程,全班处于"散乱"的状态。排好后,怎么让他们集中精力读呢?我一会儿弯着腰装老太太慢慢指,他们慢慢念,一会儿直起腰装小姑娘快指,他们快念。小朋友念得很开心啊!

为什么首先把卡片一组一组打乱顺序呢?我的教学一以贯之的是从"整体到部分"的理念,入学第一天通过形象生动的彩图把47个字母整体输入到小朋友脑中,现在看到这一组一组打乱顺序的卡片,如果忘记怎么读了,就去回忆脑中那个按顺序排列的字母表,或直接拿出书中夹的那张小字母卡片查找。首先剪成一组一组的,是为了降低难度。一组一组念熟了再一个一个剪开。但在课堂上,这个环节只演示了一次,读字母对孩子来说太枯燥,不张嘴、不抬头的小朋友大有人在,还是放在家里当游戏玩最有效。

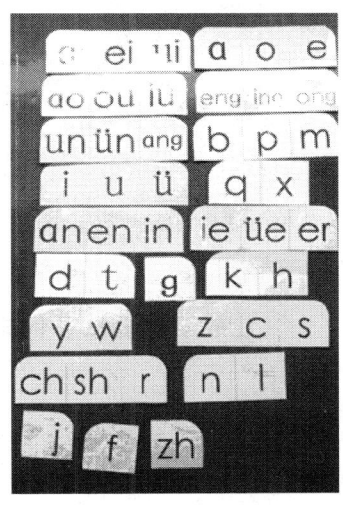

一组一组打乱顺序的卡片

下面是给家长的飞信:

《学拼音儿歌77首》中夹有一张黄色的声母表,一张绿色的韵母表。您检查孩子会按顺序念、倒着念、竖着念了,就沿虚线剪开做成卡片(小的绿卡片不要剪)。先剪成一组一组的,然后一组一组地打乱顺序念,最后按字母表的顺序排列。

待孩子熟悉后剪成一张一张的,打乱顺序后排列起来。为了避免混淆,可以把每张字母卡上面的两个角剪成圆弧形。家长可以用这些卡片和孩子在家玩两个游戏:1. 按字母表顺序排列,家长看着表计时,记录排列的时间,家长也可以跟孩子比赛谁排得快。这个游戏是为了让孩子熟悉字母的形状。2. 摆"韵母篇"中的23个花蕊、花瓣合拼图。家长念音节,孩子找字母,孩子找到字母时也念音节。这个游戏既可以让孩子熟悉字母的形状,也可以练习拼读音节。第二个游戏可以等学到第41页时再做。

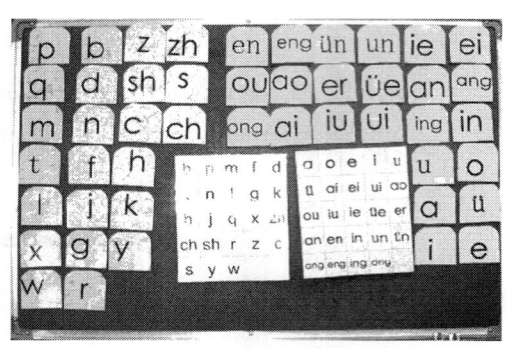

小黑板上贴着剪成一张
一张的字母卡片

这块小黑板上贴的卡片体现的就是"整体到部分"的自学方法。我把形状相近的字母贴在一起,孩子遇到记不扎实的字母可以看看那张没剪开的,按顺序念一下就能自己找到答案。老师、家长要教给孩子这一自学的方法。

◇ **让故事伴随孩子们成长**

为了让学生学好拼音,我还经常编故事。学生老把整体认读音节"yu"念成"wu",于是我给学生讲了故事《助人为乐的"y"》:一个星期天,"i、u、ü"一起在草地上玩,"i、u"的妈妈"y、w"来到草地上说:"去公园玩吧!"于是妈妈拉着孩子的手变成整体认读音节"yi、wu"向公园走去,"ü"没有人理睬就哭起来,"y"对它说:"你跟我走吧,但是先把眼泪擦掉。"于是领着它变成"yu"去公园了。讲完故事再教唱儿歌:"i、u、ü 单独走,大 y 大 w 来带路,小 ü 眼泪擦干净,大家齐步向前进。"

讲解韵母变成整体认读音节时,老师手持一面写有韵母另一面写有相应整体认读音节的卡片给小朋友变个魔术玩。比如,学习"ie",先出示写着韵母的一面,让学生念"韵母 ie,韵母 ie,韵母 ie",老师转了一圈后说"见证奇迹的时刻到了",出示卡片另一面的整体认读音节"ye",让小朋友一起念"音节 ye,音节 ye,音节 ye"。同样手持韵母念"韵母 üe,韵母 üe,韵母 üe",转两圈再念"音节 yue,音节 yue,音节 yue"。ün 变 yun,in 变 yin,ing 变 ying 都是转了两圈。最后让学生再比较"ie"变"ye"转一圈,是因为小"i"变成大"y",其他转两圈是因为前面多加了大"y"。

◇ **妙用情境歌、画情境图来分辨字母**

有些字母形状相似,容易混淆,可让学生通过回忆情境歌、画情境图来分辨字母。

如,分辨"b、p、d、q",可回忆"得了大奖 d d d,水上冲浪 b b b,山坡山坡 p p p,一只气筒 q q q",鼓励学生在家照着课本画这四幅画。再如"z 与 zh""c 与 ch""s 与 sh"很容易混淆,当学生发生混乱时,可以背诵"写个 2 字 zzz,编织毛衣 zh zh zh;刺猬刺猬 c c c,吃饭吃饭 ch ch ch;吐丝吐丝 s s s,狮子老师 sh sh sh",鼓励学生把容易混淆的字母情境图对比着画一画。可以照《学拼音儿歌77首》画,可以照课文画,也可以自己创作。小孩子对画画有着强烈的兴趣,既顺应了孩子的天性,也巩固了字母的认读与书写。

情境歌的作用无处不在。如,拼读最容易出错的音节是"j q x"与"ü"的音节,因为省掉了"ü"上的两点,学生容易读成"u",这时让学生回忆下面的儿歌:

小鱼真顽皮,
见了 j q x,
泡泡藏嘴里,
离开 j q x,
泡泡又吹起。

每当学生拼错时,不要直接告诉他们正确的拼法,而是让他们背诵儿歌,他们马上就能想到正确的拼法。比如,当学生不明白声调标在哪里的时候,一起背诵下面的儿歌:

有 a 不放过,
没 a 找 o e,
i u 并列标在后,
单个韵母不用说。

◇ **书写字母要强化整体**

一般的书写要求是把这节课学过的字母各写一行,这是常规做法。除此之外,我还要求学生每次写字母都捎带把前面学过的字母写一遍,"捎带写一遍"有两个目的:一是以旧带新,创造多次复习的机会;二是在短暂的拼音学习阶段保证每一个学生都能按顺序会写、会念声母、韵母,在孩子脑中牢固地扎下"字母表"这个整体,便于以后拼读时遇到不熟悉的字母时到字母表中"定位认读"。

声母全部学完后的第一节课写一遍声母表的声母,共 23 个字母。第二节课写两遍,第二遍要另起一行写,不要和第一遍混在一起。第三节课可以让学生写三遍,每一遍都要另起一行写。然后连续几节课的最后一个环节都让学生写三遍。此时,教师要大动干戈使学生明白"一遍"这个概念。不要责怪孩子对如此简单的要求总是听不明白,教师最好在课前写好一份作业,通过实物投影显示在屏幕上,或者在黑板上用彩色粉笔画好与作业本一样的格子,在格子里写一份。我喜欢做一劳永逸的事,干脆在又厚又大的纸上用粗笔写声母、韵母、整体认读音节,让学生写的时候往黑板上一粘就行,期末考试前总复习时再贴到黑板上让学生念、写、辨别。如果还有不开窍的孩子,干脆给他一份正确的作业范本,让他照着抄,或者找个"明白"的学生盯着他写。按这样的要求书写,老师看作业时一目了然,学生也在一遍又一遍的书写过程中熟悉声母表,起到复习字母的作用。韵母、整体认读音节的书写也是如此。

拼音全部学完后,声母、韵母、整体认读音节要反复书写。每次作业都把这三个表的字母写一遍,要求每写完一个表中的字母都要另起一行,不要混在一起写。

◇ **分辨字母可以看嘴形猜是哪个韵母**

复韵母是教学的难点,尤其是"ui"与"iu","ei"与"ie"很难分辨。老师不出声音,只摆嘴形,让学生看嘴形的变化,猜测是哪个复韵母。看老师的嘴形猜,看同学的嘴形猜,回家摆嘴形让家长猜。

2000年、2007年教一年级的经历

2000年、2007年,这两次教一年级时,我教学拼音的方法不成熟,教学材料也很少,以课本为主,教得都很累,但因为不甘心劳累、急躁,还是找到了一点儿好办法,为后来找到一条轻松高效之路打下了基础。这两届的教学方法对经济条件有限、不方便买书的学校依然适用。

一、让人畏惧的黑色九月

教一年级的教师视开学第一个月为黑色九月。我参加工作的第二年,第一次教一年级,一节课教"马、牛、羊"三个字,学了一节课还有学生不会认读,我趴在讲桌上大哭了一场,从此视教一年级为畏途。2000年第二次教一年级,虽然几年后这一届学生的表现在语文教育界"搅动一池春水"(江苏省教科所陈培瑞书记的评价)、"放了一颗原子弹"(《山东教育》杂志社陶继新总编辑的评价),但教一年级的过程充满艰辛与烦恼。一年级的孩子说起话来奶声奶气,小脸蛋圆润稚气,领着一两个玩,的确很可爱,但50多个学生聚在一间教室里,他们的嘴巴没有关住门的时候。即便是上课的时候,只要老师一转身,只要老师的嘴巴一闭上,他们就说个不停,叽叽喳喳如麻雀,窸窸窣窣如老鼠,吵得人头都大了。有的学生念两遍就觉得自己会了,老师没时间检查,他就坐不住了。印象最深的就是2000年教的那个刘小林,他似乎喜欢排队等老师检查,长长的队伍你推我搡、你吵我闹,好不容易轮到他,他张开嘴巴什么也不会,让他回到座位再念,他气呼呼地回去念了一会儿,又来排队,轮到他依然不会。面对这一个又一个的"刘小林",我不禁火气冲天。就这样磕磕碰碰地到了三年级,市教研员一听课,惊呼"全班都是小天才,个个是小神童"。只有我自己才知道造就"神童"的路上充满坎坷、布满荆棘。

因为我们学校附近拆迁,大量的当地居民迁走,2006年教一年级时,学生以外地打工子弟为主,这些孩子从小没人照看,在小商品城里跑惯了,腿脚特别勤快,入学近一个月还在上课时间离开座位到处跑。在这些一年级学生面前,我这个"名师"的形象实在太差,天天声嘶力竭、筋疲力尽。放学了,我的嘴巴终于可以歇歇了,在教室里看着课桌上贴的姓名卡片,思考着哪个位置上课打成一团了,就想办法把"战争分子"隔离开。上了初一的学生找我说:"韩老师,星期六我们来找你玩。"他们知道我星期六送女儿学琴,等待女儿时就在办公室里备课。一听老学生要来,我惊呼:"千万不要,我现在恨不得所有的人都变成哑巴。"几乎每天都因为说话太多而感到腮部肌肉紧张,引发偏头疼。上课、下课耳边"蛙声"一片,看到那一张张不断翕合的嘴巴,真想成为武林高手,手一指就给他们点了穴,让他们一个姿势在那里不说不动,我好趁机喘口气。

2007年秋天,我来到高新区新建的北海学校再次教一年级。想想又要面对黑色九月,我的头就晕了。先买几包润喉药备用吧!

二、淡如清水的九月

到北海学校之前,潍坊的"名师推介"活动已进行了四年,我的海量阅读实验在潍坊已声名远扬。吴校长说开学后天天来听我的课,张局长说名师的课程表要向全区教师、家长公开,大家可随时进课堂听课。我不禁摇头苦笑,大家都想一睹名师风采,我做好了让大家失望的心理准备。因为在此之前,在学生毫无"内存"的情况下,我还没有上过一节公开课。虽然我很笨,但以前上过的公开课从未失手过,不是我个人水平高,而是所有的课都是在学生有一定"内存"的情况下上的。2000年入学的那一届学生最早上公开课是在他们上三年级时——一节课学习一个单元,再后来的公开课是学习古代经典。听课老师被学生出色的口才、丰富的知识所吸引,他们没有注意到我上课的水平如何。我那种淡如清水、波澜不兴的缺点被大家忽视了,"讷于言"的普通老师靠学生的"内存"竟然混成了一方"名师"。

从2003年起,潍坊市教育局把不善言辞的我作为"名师"推介,"名师"成为同事对我的戏称。2007年秋天到北海学校后,不管我是否情愿当名师,教育局、学校都给我设了"名师办公室",校报、宣传栏都大张旗鼓地宣传"名师",谁管你的学生有没有"内存",赶鸭子上架了。

虽说做好了让大家失望的心理准备,但作为北海学校最年长的一线老师,面对那些像学生一样见面问我"老师好"的年轻面孔,真让他们失望也太丢人了。

学生报到时按座位分四个组,根据表现加分,下午放学时给得分最高的小组每个成员发了一张卡片。第一天上课时,教研室主任、学校的几位校长、一年级的语文老师便来听课,边教"ɑ、o、e"边给表现好的小组加分,或许是为了得到那张卡片,刚入学的孩子竟然安安静静地坐了一节课。一直教高中的几位领导评价:"清淡如水。"我猜想,或许他们内心有些许失望——"名师"的课与期望值相差太远,与"鼎鼎大名"太不相符。但几位年轻的同事迫不及待地问:"韩老师,你奖给学生什么?"这些刚走出大学校门的年轻同事们刚刚领教了一年级学生的吵闹,正面临着无计可施的烦恼,她们没有心情关注老师的教学技巧,她们没有去想老师专业素养的高低,她们更不会去思考"情感、态度、价值观"等课标理念的实施……她们关注的只是在不用"专制"手段的前提下如何能顺利地上完一节课。于是我的第一招"哄"和"奖"被我的年轻同事们发扬光大。曾见到同行对"小红花"大加批判,但依我看来,在孩子们对学习语文还没有兴趣之前,只能"哄"着"引"着一年级学生平平静静地走过九月,从而使老师走出"声嘶力竭"的困境,摆脱一个星期就哑嗓子的烦恼,"清淡如水"便是精彩课堂。

◎ 通过"定位认读"自学生字 ◎

能不能让一年级新生入学后就有事情做,第一天就读书?这似乎是天方夜谭。暑假期间我翻来覆去思考着这个令人头痛的问题,但一个多月过去了,始终没有拨开云雾见天日。一天,到书店买了几本儿歌书籍,看到《小白兔》《静夜思》等每个孩子都耳熟能详的儿歌、诗词,我突然想到,给一年级新生编几页纸的一本儿歌小书,选择他们都会念的儿歌,儿歌后面是打乱顺序的字词。给他们点事情干,省得孩子们多余的精力无处打发。

两 只 老 虎

两只老虎两只老虎,

跑得快,跑得快。

一只没有耳朵,

一只没有尾巴,

真奇怪,真奇怪!

| 奇怪 耳朵 老虎 跑得快 尾巴 没有 |
| 两只 真 朵 虎 怪 两 尾 奇 |

一年级新生在学前班时,甚至在牙牙学语时就会念这些儿歌,这就是他们"自学"的基础,他们不会读打乱顺序出现的字时就到儿歌原文中找出来,按顺序一念就知道读音了,这便是我惯用的"定位认读法"。"简单的招式练到极致就是绝招",原来飘逸书香的第一堂课可以这样上,我感到"柳暗花明又一村"。

新建的北海学校开学的第一天无疑是仓促的。9月1日早上7点,这所新建学校的年轻班主任们才拿到学生名单。我这个一年级(七)班的副班主任和初为人师的班主任陈莎莎要把这近60个叽叽喳喳的小孩子"哄"一天。这是我教学生涯中第四次教一年级,心理上比前三次都轻松,因为前三次我都是正班主任。

发书、参观学校、排座位、站队……其他时间呢?我上成语文课了。教育的每一秒钟,对儿童的发展都是不可缺少的。我们都是时光的穷人,我们不具备使时光增生、使时光倒流的回天之力,我们要把每一秒钟都播种到精耕细作和日益改良的教育田野里去。

好不容易把家长"请"出教室后,我说:"孩子们,我们唱首歌吧!"

我发给学生一本自己编写的小册子,它分为三部分,第一部分是学生最熟悉的儿歌。如:

上 学 校

太阳当空照,花儿对我笑。

小鸟说:早!早!早!

你为什么背上小书包。

我要上学校,天天不迟到。

爱学习,爱劳动,

长大要为人民立功劳。

词语表	功劳 劳动 太阳 小鸟 为什么 长大 学校 学习 迟到 书包	生字表	大 鸟 劳 学 包 动 迟 小 长 到 书 为 校 劳

唱一唱、念一念，几遍之后我告诉孩子们："老师要考一考大家，看谁认识儿歌中的字词。知道答案的不要出声，用你的指头指着儿歌中的这两个字，念这一句儿歌。"

我出示卡片"功劳"，有的孩子张嘴要说，我伸出食指放嘴边"嘘"的一声示意，他们的手赶紧在儿歌中找寻，找到的用手指着"功劳"，仰起头骄傲地看我。我转着圈看，耳朵靠近孩子们的嘴，听他们轻轻地念。找不到的、不会念的孩子把目光集中到同桌的手指上，然后若有所思地自言自语："长大要为人民立功劳，原来是'功劳'啊！"然后我让大家一起念，右手持卡片从胸前向前一推，像乐队指挥一样挥动着手臂，指挥着孩子们的回答大合唱，孩子们高高兴兴地念着。

"下一个词看谁找得快，注意用你的手，而不是嘴！"孩子们目光炯炯地看着我，期待着下一个词出现……

"和你的同桌一起找一找、认一认儿歌下面的词语表、生字表。"

……

就这样，孩子们入学第一天就学会了"自学"生字的办法。下午到校后便有十几个学生找我认字，我给他们盖上鲜红的奖杯印章并奖励一张小卡片。部分学生的积极性被调动起来了，第一周便有30多个学生认会了7首儿歌中的100多个生字。

小册子的第二部分有《小书包》《国旗》《坐得正》《写字姿势》《爱护眼睛》等儿歌，结合学生的生活一边进行入学教育一边读儿歌、认生字。

小册子的第三部分是汉语拼音情境歌，结合学习汉语拼音教学生读熟儿歌，认读儿歌下面生字的任务由学生自己完成。如：

a o e

大公鸡，o o 啼，阿姨带我到村西。

小白鹅，e e 叫，连声问我"早上好"。

四　声

一声高高平又平，二声就像上山坡，

三声下坡又上坡，四声就像下山坡。

i u ü

小蚂蚁,要过河,

乌龟伯伯把它驮,

鱼儿见了笑呵呵。

词语表	啼叫 伯伯 蚂蚁 山坡 过河 公鸡 四声 阿姨
	带到 村西 乌龟 驮 金鱼 笑呵呵 带动 白鹅

早上、课间、中午上课前,都有许多孩子围着让我检查他们认字。我左右手同时工作,左手指着一个字,左边的学生在儿歌中搜索,右手指着一个字,右边的学生开始搜索——这时,左边的学生已找出了生字。有时我一同检查三个甚至四个学生。孩子们没读熟就找我检查,我也不急躁。因为学前没有认字经验的学生认字困难是正常现象,他们能独立识字,就是最迷人的景象!还有比学生会"自学"更令老师欣喜的事情吗?

◎ 抛弃"正确的废话",让课堂静下来 ◎

下午最后一节课,学生在写作业、自由读书,我坐在讲台上看书。冯老师走进来,举着一摞作业本面对全体学生说:"谁会发作业本?"于是会的、不会的都抬起头,抢着要发,全班乱成一锅粥。课后,我对冯老师说:"你就是个麻烦的制造者,你为什么不直接找几个聪明伶俐的学生悄悄地发作业本,而要'惊动'全体学生呢?很多时候,老师不恰当的行为会成为课堂纪律的破坏者。"

在第一节课上,我绝不给孩子们讲学习的意义、知识在人生中的重要性。对刚刚入学的儿童来说,讲这些"正确的废话"为时尚早。在以后的课上,我也很少进行所谓的思想教育。知识的重要性,本来就是明白无疑的事情,我们没有必要郑重其事地告诉一年级学生必须好好学习,因为他们本来就是喜欢学习的人。孩子天性好奇,所谓知识,就是为好奇人而准备的。缺少好奇心的人学习知识,如同猪吃泔水,果腹而已。因为好奇,天下每一样东西都在孩子心目中凸现美与神奇。无论孩子的家庭贫富、父母慧愚，引领他们学习知识是世上最适宜做的事情。但如果我们责令他们像木偶一样坐直了听老师喋喋不休，孩子很快就会厌倦学校生活。

我也不给他们讲在学校里、在班上的行为规范。那些禁令和规范在束缚孩子手脚的同时也会吓坏一部分孩子，也许从明天起他们就不愿意上学了。集体生活必须有规范，但要慢慢由孩子们自己在课内外活动中独立地悟出。

入学教育也是通过学儿歌进行。

升旗前我们唱《国旗》：

国　　旗

国旗国旗真美丽，五颗星星亮晶晶。

十月一日国庆节，我向国旗敬个礼。

上课读书、听课前背诵《坐得正》：

坐　得　正

坐得正，像口钟。

站得直，像棵松。

走路时，挺起胸。

写字前背诵《爱护眼睛》：

爱 护 眼 睛

小眼睛，亮晶晶，

样样东西看得清。

好孩子，讲卫生，

不用脏手揉眼睛。

在第一节课结束的时候，我说："开学第一节课这几位小朋友坐得最直，我们来认识一下他们，请他们介绍一下自己！"

◎ **静悄悄地成长** ◎

在随后学习汉语拼音的日子里,我没有要求孩子们守纪律,但时时刻刻在强化"安静"的概念。

学生没安静下来,老师不要教学生认读,通过各种手段组织教学,学生安静下来之后再教认读,这是实施面向全体教学原则的具体体现。

小孩子从无忧无虑、活泼好动的玩乐世界进入一年级,一节课40分钟坐在座位上对他们来讲的确是苦役一般的生活,孩子坐不住、精力不集中是正常现象。无论你用什么方式组织教学,有的孩子就是不抬头、不张嘴。即便是这样,只要在老师领读时教室里是安静的,我们的教学对最差的学生也是有一定效果的。很多一年级家长、老师都遇到过类似的情景:个别辅导时,让一个学生拼读"diāo",小孩子半天没有拼出来,老师用嘴唇咬住一页纸,示意"叼"的意思,小朋友意会为"咬",便念"diāo——咬"。同样,老师把教杆放肩上示意"挑",学生意会为"扛",便拼成"tiāo——扛"。唉!只有哭笑不得的份了。面对一年级孩子,"启发式"在很多时候是毫无作用的。从这个意义上讲,只要老师领读时课堂是安静的,即使孩子眼睛不看黑板,只是张着嘴巴鹦鹉学舌,老师的教学已对孩子的耳朵、嘴巴起作用了;再退一步讲,孩子不张嘴、不抬头,老师的声音清晰地送入他耳中,我们的教学已作用于学生耳朵。所以教室里不安静时,不要继续教学。入学初期,老师很难让精力严重不集中的孩子达到我们的要求。一方面,老师、家长对他们加强个别辅导,只要孩子的心智正常,个别辅导时他们还是能集中精神的;另一方面,教师通过各种方式组织教学,只要学生有一点进步,就及时表扬他们,慢慢吸引他们的注意力,从一分钟、两分钟开始,他们会渐渐把精力用到学习上的。当然,这个过程很漫长。

先学后教原则是进行每一门学科教学的不二法门,适用于任何一个年龄阶段。在孩子不具备自学能力的汉语拼音学习阶段也要尽量体现。但实施起来容易引发混乱,将好不容易创设出来的"安静"氛围毁于一旦。

如复习儿歌,先让学生自己看图回忆,七嘴八舌之后,老师再让全体学生一起读,或者分组读,或者找一个学生领背一遍之后再集体背诵。读黑板上、卡片上的音节也是如此。需要特别注意的一点是,先让小孩子自己念,他们往往扯着嗓子喊个不停,显得特别乱。因此在入学初学拼音时,就要给他们定下规矩:老师手指黑板时学生念,老师手放下时学生停止出声;老师手持卡片时学生念,老师把卡片从胸前放低或藏身后时学生停止出声;老师伸出一个手指头,示意学生只念一遍;老师两只手做暂停的手势,学生要立即安静下来……老师通过多种手段组织教学,使学生令行禁止。

在拼音教学阶段,教学环节安排不当容易引发混乱,所以上一年级的课一定要掌握好时间,合理安排教学环节。布置写字母的时间要在下课前10分钟,一旦让学生动笔,老师再讲或让学生再读,孩子们的心里就有了件心事,他写不完是不会抬头的,而等全班每一个学生都写完,需要很长时间,课堂纪律就没法控制了。不要频繁地更换教学内容,如看书、看黑板、看屏幕的时间不要太短,学生从一个环节转到另一个环节,需要花一定的时间组织教学。

老师说话太多、声音太大不利于创设安静的氛围。老师吵,学生闹,一开学老师就亮开嗓门,以后再要求学生安静就困难多了。当学生静下来,眼睛看着黑板或卡片上的字母、音节、儿歌时,老师领读一遍,学生齐读三遍,形成习惯,老师省了力气,学生也得到了更多练习的机会。

◎ 五花八门的教学组织方式 ◎

◇ 小组之间进行评比

刚入学宜按座位分为四个大组,不宜分四人一组的合作小组。一方面,因为这个阶段小孩子不懂合作互助,老师即使提倡也不起作用;另一方面,按座位分组一目了然,老师可迅速给学生加分、减分,操作方便。上课开始,可比赛哪个小组坐得最快最直;上课过程中,可比赛哪个小组听讲最专心;写字母时,可比赛哪个小组拿笔写字的速度最快,书写姿势最正确;念书时,可比赛哪个组最早找到要念的内容。上述比赛都是给优胜小组加分,孩子有一点儿不守纪律的表现属正常现象,尽量不要减分。初入学的孩子,对学校生活充满了向往,老师应尽全力保护孩子浓厚的学习兴趣和对学校生活的热情。教学过程中如果有学生明知故犯不守纪律,适当减分,会起到震慑全班的作用。

入学第一天上课,给小组评分发奖要当天兑现,让小孩子明白得分是有用的。以后慢慢地变为每天只积累分数,一周发一次奖,让他们心里有个盼头,有努力表现的动力。奖励不要太频繁,使对知识的渴求成为学习的动力才是目的。

◇ **鼓励学生表现自己的聪明可爱**

给孩子讲解"耳聪目明"的意思时,告诉孩子老师说话的声音不会太高,老师不想让教室里太吵,聪明的孩子能很快听到老师的声音。能跟随老师的指示看黑板、看卡片、看书、看屏幕的学生是聪明的孩子。借机夸夸谁的声音好听,谁的眼睛明亮,那是教室里最亮的一道风景等之类的话。一节课的后20分钟,学生的精力已很难集中,这时老师走下讲台给学生讲讲滥竽充数的故事,告诉学生要听听谁是滥竽充数的孩子,学生的精神为之一振,声音也高了。当然应当以表扬为主,说哪个组读得最好,没有一个滥竽充数的学生之类的话等等。

全班教一个学生。有的小孩子在集体学习时不抬头、不张嘴,老师指名让他念他一般不会,如果一遍一遍地教他,其他学生就乱了。对这种个别孩子,在课堂上教与不教都似乎不符合面向全体的原则。解决的妙招是:全班同学教他三次,于是教师领读一遍,全班齐读三次;再次让他读,如果不会,让全班学生再次教他三次。这种情况下,那个头不抬、嘴不张的孩子也会跟着念的。

"手到、眼到、口到",做武林高手。学生对武林英雄有一种天生的崇拜心理。简单描述一下武林高手千里眼、顺风耳、快捷手的雄姿。号召孩子们读书用手指着、眼睛看着、嘴里念着,以达到使学生集中注意力的目的。不要害怕学生形成指读的恶习,当他们的阅读速度提高到一定程度时,指读的现象会自然消失。

"定能生慧,静能通神。"孩子初入学要利用一切机会一切手段,强化一个观念:安静。

◇ 故事不断的课堂

想让孩子安静下来,想让孩子喜欢学校、喜欢语文课,最好的做法就是讲故事。

再来听听妈妈的心跳

周末读《朗读手册》——《我现在才开始给孩子读书会不会太晚》:

要开始读书给一个13岁的孩子听,老师实行起来要比家长容易多了,因为无论家长的意图有多么善意,要在家中读书给孩子听总是很难。在这段社交和情绪发展才刚起步的年龄,孩子希望在家人以外能形成一个小团体,以证明自己的存在,他们待在父母身边的时间有限,所以父母并没有太多机会可以读书给他们听。

读书给学生听对一个小学语文教师来说永远不会晚,因为我面对的是一年级学生。即便学生已到13岁面临小学毕业,教师还有再教低、中年级学生的机会。但我的女儿已经11岁,作为母亲的我已错过了大好时光。感慨之余想到自己一直期盼女儿诵读古典诗文,使出浑身解数却见效甚微。看到孩子在书桌前做手工,我便在客厅高声诵读《道德经》,想借机熏陶熏陶她,结果如愿以偿。女儿从书桌前来到客厅,坐在我腿上,要求我给她念《道德经》,专拣短的念,念一念、背一背,一口气背了五篇。

第二天,我一时兴起,在课堂上给学生背《道德经》,背完后问:"听得懂吗?"

"听不懂。"一年级的小孩子老老实实地回答。

"愿意听吗?"

"愿意!"

"既然听不懂为什么还爱听?"

57个小脑袋一起摇晃。

"老师来告诉大家:小朋友们还没有出生时,你在妈妈肚子里天天听到妈妈心脏有节奏的跳动声,妈妈的肚子是世界上最温暖、最安全的地方,我们每个人都终生留恋,当然这种留恋之心连我们自己都没有察觉到。当我们听到节奏鲜明、合辙押韵的诗文时就如同听到妈妈的心跳声一样。还想听听妈妈的心跳声吗?"

"想!"孩子们一脸的陶醉与向往。

快乐的两巴掌

上课学了大约20分钟拼音,又到了讲故事时间。"同学们,今天早上我们家发生了一件奇怪的事情,我打了我女儿两巴掌,她挨了打后竟然高兴得哈哈大笑,这是什么原因?"

满教室的小脑袋摇晃起来。

"先听我念一首儿童诗吧!"

我最不愿意洗碗,
妈妈说我手懒;
我顶害怕珠算,
爸爸说我心懒。

可是他们不明白,
懒,是一切发明之源。
为了当名发明家,
这才有意这般懒!

懒得挑水的人,
发明了自来水管;
懒得点蜡烛的人,
发明了电灯电线。

懒得上楼梯的人,
把电梯装进高楼;
懒得扇扇子的人,
叫电扇不停地旋转。

肯定是最怕洗衣服的人,
才使得洗衣机来到世间;
最懒得迈步的人,
发明了汽车、火车和轮船……

我拿懒的种种好处,
向亲爱的爸爸申辩。
他却用勤快的巴掌,
对我的屁股进行磨炼!

教室里笑声一片,有几个小学生大叫:"老师您给女儿念这首诗时打了她两巴掌,她是因为这首诗好玩才笑的。"

一年级学生的有意注意时间很短,一节课的前15分钟能集中精力已很不错了,一直仰着头听、念是很累的。听我读故事、读儿歌就成了快乐的课内休息形式。感谢人民教育出版社的张立霞老师在遥远的北京帮我从网上邮购童书,大老远提到潍坊。开学初,教室内的多媒体设备还没法用,买来的绘本没法讲,《一年级的豌豆》《一年级的小蜜瓜》《名家儿歌》伴着初入学的孩子们成长,为他们最初的学校生活增添了几分亮丽的色彩。

"喜欢上学吗?"

"喜欢!"

"喜欢语文课吗?"

"喜欢!"

"喜欢韩老师吗?"

"喜欢!"

那些有趣的故事、朗朗上口的儿歌才是孩子们"喜欢"的真正原因,爱屋及乌啊,我窃喜,喜欢听故事的孩子也顺便喜欢上我了。

第三章

一年级通过海量诵读儿歌认识2000字

学前基础差别大的学生如何在课堂内同一速度海量阅读?如何都开开心心地在阅读儿歌中体会成功的快乐?

儿歌句式整齐,便于齐读。一年级学生不具备自学能力,课堂上集体活动安排得多,所以诵读内容丰富的儿歌能达到轻松识字的目的。诵读几百首甚至上千首儿歌,全班学生就能大致或模糊或扎实地认识2000个常用字,就能自由阅读小故事。我引以为傲的是,2007级学生个个热爱阅读。有些慢孩子没有办法学好数学,但《水浒传》《三国演义》等大部头却读得兴致盎然,读得滚瓜烂熟。上中学后,他们的家长告诉我,语文只靠课堂,课外一点儿也不学,照旧考100多分(满分120分)。这是因为一年级时,孩子们就进入了自由阅读状态,他们就在白纸黑字中找到了幸福。

人吃饭讲究细嚼慢咽,细嚼慢咽有益于消化,有益于健康,但是让鲸鱼和牛细嚼慢咽,结果只能使它们饿死。成年人读书讲究熟读精思,一年级小孩子初学认字,读书应当"鲸吞牛食",而消化一点儿再学一点儿会严重阻碍小孩子的学习进程。我人微言轻,先列举"权威"的观点吧:

蒙台梭利认为成长的发展期、敏感期机不可失。内在敏感性使儿童对某些东西产生敏感,对其他东西却漠不关心——就像一道来源神秘的光线,照在一些东西上,其他东西却处于黑暗之中。在这一特殊时期,这些被照亮的东西,就构成了他的整个世界,他从中汲取,形成特定的能力、品性和素质。我相信蒙氏所言,因为我亲眼看到一年级学生的背诵速度越来越快,绝对让我们成年人望尘莫及。因此,在让孩子挥洒天性的同时,切勿错过让孩子养成"日有所诵"习惯的最佳时机。

苏霍姆林斯基的《给教师的一百条建议》被中国的老师奉为经典。在七、八年级,苏霍姆林斯基看到一些学生基本没有解题能力,在那里痛苦无望地捱过一课又一课、一天又一天。经过观察,他发现,这些高年级学生真正缺乏的,不是学习数学、物理、生物的具体本领,而是阅读理解能力。于是,苏霍姆林斯基把这些七、八年级的学生当成是一、二年级的小孩子,从头开始培养他们的阅读能力。结果让苏霍姆林斯基震惊万分:花费同样的时间,付出同样的努力——大孩子阅读水平的提高远远不如小孩子;大孩子的阅读热情及感悟能力也远不如小孩子。好像他们大脑里主管阅读理解功能的那一部分已经萎缩。教师的劳动好比播撒种子,小孩子是一片疏松的热土,大孩子却是一片板结的硬地。于是苏霍姆林斯基感叹:原来,阅读能力的获得与增长,与人脑的生理发育过程密切相关。同一个符号世界,在小孩子眼中是明亮的、美丽的、新鲜的,在大孩子眼中却是遥远的、模糊的……曾经照临的文字的神奇之光,没有人帮助他们好好把握——他们没能沿着光所指引的方向前行。人误地一季,地误人一年。很多事情,错过了就永远错过了。(摘自"看云"的读书笔记)

联合国教科文组织的研究表明,儿童阅读能力培养的关键期应在一、二年级,小学中年级之后就会相对困难。也就是说,我们应该使孩子在8岁左右进入自由阅读状态。但进入这一状态的充分条件是必须首先认识2500个左右的常用汉字。但是按照我们传统语文教学要求,小学生认完2500个汉字需要五六年时间,这就意味着他们的自由阅读期被延迟到了10岁以后。这样说来,统治中国数十年的"细嚼慢咽"式教法严重阻碍了学生阅读能力的提高。

"叽叽喳喳如麻雀,窸窸窣窣如老鼠。"一年级的孩子吵得老师头都晕了。"讲故事了!"此话一出,教室里立即鸦雀无声。这是屡试不爽的法宝,百分之百的孩子都热爱听故事这种"间接"阅读方式。但这种热爱之情如同在风雨中摇曳的火苗,由于识字教学拖后腿,许多火苗无声无息地熄灭了,于是天生热爱"间接"阅读的孩子不喜欢自己"直接"阅读,因为认识的字太少,如同文化程度不高的成年人读文言文或读英文一样,体会不到阅读的乐趣。

金秋十月,一年级学生进入识字阶段。由于孩子们拼读不熟练、认识的汉字太少,尚未形成阅读技能,他们费了九牛二虎之力才弄懂的那点知识,对他们来说原来都是浅显易懂的。一个拼读很慢的学生用了整整一个下午的时间,读了20多遍才把《北风与小鱼》读顺。向他提个问题:"鸟儿为什么躲进了窝?小鱼为什么不怕北风?"小朋友回答得很正确。如果再重复学习,全班没有一个人会坐得住。因为了解了内容之后,这篇课文就只有识字的价值,而没有认知的价值了,没有认知快乐的识字过程就会变成儿童的一种苦难。如果没有大人们的严加管束,他们再看上一眼这密密的生字以后,就会马上抛弃课本,欢呼雀跃地奔到院子里玩他们那些有趣的游戏。

于是，识字成为语文教学的瓶颈。我在苦苦寻找一种办法，使识字阶段的课文内容与学生的认知兴趣相一致，尽快教会学生认识1000个常用汉字，让学生在较短时间内能够较流利地、有理解性地阅读，从而使学生轻松地进入自由阅读的广阔天地，把学生从枯燥乏味的识字过程中解脱出来。

课文读熟了，我就不再让学生反复复习。用一个学期把学生"绑缚"在一本教科书上，他们会讨厌教科书，甚至讨厌其他的书。不经常变换阅读材料，是不能使学生顺利地掌握阅读技能的。人之所以要阅读，是为了从各种渠道获得各种各样的信息，而不是为了一遍又一遍地阅读同一篇文章。没有一个人爱吃剩饭，也没有一个学生乐于用半年的光阴读一本课本。如果一年级学生因为乏味的识字过程形成"读书没有任何乐趣"的印象，他们也许永远不愿意读"李白、杜甫、普希金……"。于是我为孩子们选择了一本又一本读本，把那些幽默的、有趣的、引人入胜的、贴近孩子生活的、有益于增长知识的读本提供给孩子们，把那些简短的、文字和图画混合排印的儿歌摆在孩子们面前，把识字的过程纳入到更加广泛的、内容丰富的、情绪洋溢的、生动有趣的认知活动中去。这样，对于书中内容的强烈渴望会促使孩子们主动克服拼读、识字的困难。

一年级学生的识字、阅读速度实在是差别太大，我总是在想方设法给那些优秀的、聪明的学生一片任其飞翔的蓝天——让他们一本接一本地读。否则，不只压抑了他们的潜能，还给班级"培养"了一批捣蛋分子。聪明的孩子往往顽皮，顽皮的原因是他们的能量太足，却没有合适的方式释放，顽皮捣蛋甚至包括犯罪在某种程度上都是过多的能量用错了地方。女儿的音乐老师说"学琴的孩子不学坏"。作为语文老师，我想说"爱读书的孩子不学坏"。无比地欣赏苏联心理学专家阿莫纳什维利对顽皮学生的评价：

顽皮的儿童是一些头脑机智灵敏的儿童，他们善于在一些突发情况下施展自己的才能，让大人必须重新估计情势和对他们刮目相看……

顽皮的儿童是乐观愉快的儿童，他们善于帮助别的儿童成为活泼好动的人，帮助他们善于保护自己……

顽皮的儿童是具有强烈的自我发展、自我运动倾向的儿童，他们善于给自己弥补教师在发展他们个人才能方面的失算和不足……

顽皮的儿童是有幽默感的孩子,他们往往把极其严肃的事看成很可笑的事,在某种特殊的场合,甚至可以杂乱无章地玩到筋疲力尽的地步,并以此为乐;他们喜欢取笑别人,不仅自己情绪激昂、笑声不绝,而且把这种情绪和笑声感染给别人……

顽皮的儿童是乐于与人相处的人,他们能调动周围的儿童成为他们顽皮的参与者……

顽皮的儿童是积极的幻想家,他们总是竭力设法独立地去认识和改造现实生活中的某种事物……

顽皮是儿童的可贵品质,需要的仅仅是加以引导。

想到以前曾多少次声色俱厉地批评学生不守纪律,无数次伤心至极地痛斥学生:"你是班长,你是学习委员,你是……你们怎么能带头不守纪律?"而多少年后的今天,我不再要求孩子们"自觉遵守纪律"。我们要求孩子们为了集体利益而遏制自己的精力合理吗?为什么必须靠老师的训斥才能强化纪律观念?严格的禁令只能使孩子意识到顽皮是要受到处罚的,但守纪律不是他们内心的需求。想起陈鹤琴先生《家庭教育》中的那段话:"平常小孩子在家里没有事情做的时候就要'吵闹',做父母的不明白小孩子好动的心理,不想法子去利用他的时间以施得良好的教育,反而消极地禁止他'吵闹'。'吵闹'固然不好,须绝对禁止的,但他之所以吵闹是因为没有别的东西可以玩的缘故。做父母的不知道这一点儿,一味地禁止他们喧哗,到了后来,小孩子就会萎靡不振而没有活泼的气象了。"儿童是活泼好动的人,是积极的幻想家。我们应该为他们创造一种实现他们渴望的有组织的环境:没有手指指着的威吓,没有对调皮捣蛋后果的警告,也没有道德说教。在我看来,这种环境就是为他们引进知识的源头活水——大量的书籍。

1 "韵语识字"使教与学有的放矢

刚工作时教一年级,记得有节课教"马、牛、羊",刚上课就乱了套。那些识字多的学生早已认识了这三个简单的字,他们理所当然地成为捣蛋分子;那些识字少的学生大多数本身就是顽皮孩子,他们更能闹。于是靠着大呼小叫,靠用教杆敲桌子,好不容易把"读课文、拼读音节、认读生字、口头组词"这一套程序进行下来,累得嗓子都冒烟了。一提问,还有学生竟然不认识这三个字。就在那一刹那,我不禁悲从中来,趴在讲桌上哭起来。

十多年后,看到辽宁东港实验小学的"韵语识字"教学,才知道什么叫"扎实",什么叫"有的放矢":每一个学生都能学会,没有一个漏网之鱼。于是我把这套教材、教法搬到了2000级学生的课堂上。

《韵语识字》的编排给一年级学生提供了一个"自学"的空间。每一篇由四部分组成:1. 韵文。这些韵文短小精悍、合辙押韵、通俗有趣,贴近儿童的生活,易于诵读,便于联想和记忆。学生把韵文当作有趣的歌谣,很快就能倒背如流。韵文中的字绝大部分是生字,使繁多庞杂的汉字变得集中、精练,使识字变得容易、高效。2. 生字。把韵文中的生字打乱顺序排列。3. 词语。这些词是用熟字拼凑的,目的是增加读生字的机会,不要求理解。4. 段落。要求学生读熟,还要画出本课所学的生字。下面是《韵语识字》的一个课例:

> **16. 猴子捡豆(二)**
>
> 仅顾低头快拾豆,上扔下掉全部漏。
>
> 最后一看连摇头,乐坏兔子笑死牛。
>
> 读一读:
>
> 1. 后 下 乐 顾 掉 漏 最 低 死 兔 上 坏 扔 摇 全 连 部 拾 仅
>
> 2. 扔掉 安全 快乐 最好
>
> 3. 小猴子只顾快点捡豆,最后一看全部漏掉了。小猴子连连摇头,乐坏了兔子和小牛。

我的"韵语识字教学"的基本模式是:教师先指导学生读熟韵文,再利用生字卡片认读生字,然后出示一些与本课生字有关联的词、句、段让学生认读。目的是换一种语言环境,反复呈现,巩固识字效果。

下面以一年级下学期的《审讯鼠贼》这节课为例,说明识字方法:

审 讯 鼠 贼

升堂<u>审讯</u>列<u>罪状</u>,一贯偷盗太疯狂。

<u>率领队伍逮鼠贼</u>,勾结伙伴毁杂粮。

第一,读熟韵文,简单理解。

指导学生读韵文的过程如下:

1. 学生自己拼读。

2. 教师范读、领读。也可以指名让学生读,如果读得对,学生跟读;如果读错了,师生共同纠错。入学两三个月后,学生领读逐渐代替了教师领读。

3. 学生自由练习读。同桌互教互查。

4. 学生"开火车"读。读的时候尽量看着黑板上去掉拼音的韵文,这是为了检查学生读得是否熟练,是否正确。

5. 简单理解韵文。在理解韵文上花费的时间越少越好,要淡化理解,强化诵读。有的韵文意思很明确,这一步可省掉。指导学生理解韵文的形式尽量活泼有趣。这一课可让学生当法官来审老鼠。

6. 学生一起拍着手摇头晃脑读韵文。听着录音机里歌曲的旋律唱韵文。可以坐着,也可以站着,这样既可以使学生活动活动,身体得到休息,又可以使学生再次复习韵文。经过以上不同形式的诵读,学生已能背诵韵文。

第二,认读生字(带下画线的字)。

1. 按序读生字

擦掉黑板上韵文中的熟字,再读生字,记忆生字在韵文中的位置。这是韵语识字的一种很关键的学习方法——"定位认读"。

2. 变序读生字

(1)让学生自己读《韵语识字》中的第二部分"生字"。遇到不会读的生字,学生读上面的韵文,从中找出这个字的读音,这也是"定位认读"。把不熟练的字画出来多读几遍。

(2)学生可以读自己制作的生字卡片。遇到不认识或不熟练的生字仍旧看韵文"定位认读",并抽出来多读几次以便强化记忆。

(3)检查学生认读生字的情况,一般采用两种方式:一是教师检查那些认读速度快且制作了生字卡片的学生,让这些学生当"小老师",并请他们去检查其他学生;二是小组合作先自查,自查合格后找老师检查。教师根据小组内四个学生认读的速度和熟练程度给小组计分。第二种方式运用得最普遍,而且在认读生字的过程中培养了一年级新生的合作意识,提高了学习效率。在一年级进行合作教学的确很困难,但进行大量识字实验,教学的难点是教师没有那么多时间去逐个学生、逐个生字检查。要把识字教学落到实处,就必须培养学生的合作意识。

上述教学过程,都是沿用东港实验小学的教法。针对"认读生词,认读句子"这两步,我稍微做了改动,就是增加了词语和句子的数量。

第三,认读生词。

升堂	升官	杂物	课堂	跳舞	形状	做伴儿	曾经	进入
盗贼	盗取	强盗	发疯	合伙	狂奔	粮仓	挥舞	伙房
毒害	毒计	勾画	结果	结伴	结网	审讯	吃粮	审理
通讯	音讯	列车	罪行	状元	毁坏	奖状	状况	惯偷

上面的词语中一小部分是《韵语识字》中的,而大部分是我在备课时用学生以前学过的字和这节课的生字组成的词语。通过认读上面大量的词语,达到强化识字的目的。常规的识字教学,不论是低年级还是高年级,都注重一字组多词,这种口头组词对低年级学生来讲效率很低,对有了一定阅读量的高年级学生来讲也没有多大意义。因为低年级学生对用来组词的字只知其音不知其形,口头组词之后如过眼烟云,一点印象也没有。所以我们在课堂上不提倡一字组多词,也不提倡过多地讲解词语的意思,取而代之的是大量认读词句。学生对词语的理解,主要是通过阅读,在具体的语言环境中逐步掌握。

第四,认读句子。

这些句子是用学过的字来编写的。

1. 鼠贼们在仓库里不但吃粮,而且毁坏粮食,太可气了!
2. 审讯鼠贼时,列出了许多罪状。
3. 法官升堂审讯惯偷老鼠,人们高兴得跳起来了!
4. "善有善报,恶有恶报",罪大恶极的老鼠受到法官的严惩。
5. 疯狂偷盗的老鼠被押上了审判席,真是大快人心。
6. 老鼠面对数不胜数的罪状,吓得虚汗直流。

第五，读段落。

> 鼠贼被逮住了，真是大快人心。通过升堂审讯，法官给鼠贼们列出了许多罪状。头一条就是一贯偷盗。鼠贼曾经勾结伙伴偷偷进入仓库，挥舞着带毒的爪子，把满仓库的杂粮全毁了。

这样的教学内容使识字与阅读融为一体，事半功倍。在识字过程中，让学生伴着乐曲唱韵文，展开联想记生字，在轻松愉快的氛围中识字，识字效果更好。

2000级学生在一年级上学期，按上述"诵读韵文、认读生字、认读词语、朗读句子"的程序，一节课学一篇韵文。一年级下学期，学生认读生字的能力明显提高，可以先集中指导学生读熟几篇韵文，只要学生读得正确了，他们就能自觉运用各种识字方法自己认读。当然，有的学生贪玩，不去自觉识字，这很正常，不必批评，只要有自觉认读的学生就行了，因为这些优生能充分发挥"小老师"的作用，去带动学习困难的学生。这样一节课下来学生能认读2～3篇韵文中的60多个生字。

就这样，2000级学生一年级上学期认识了600多个字。认读这600多个字是学生开学后遇到的第一个大难点。对学前已认识200多个字的学生来讲，一年级上学期认识600多个字轻而易举。但对学前没有基础的学生来说，半年认识600多个字相当困难。

今天，这些《韵语识字》中的儿歌什么时候学习已不重要，也许先学，也许后学，都是可以的。一年级上学期能认多少字，我已不再具体统计，因为有大量的儿歌阅读，小孩子在阅读中模模糊糊识字，半年时间，最多一年，都能进入自由阅读状态，人人爱上阅读。对《韵语识字》，我永远心存感激，因为那是我从教一本教材到教两本教材的转折点，有了教两本的经历，才走上了"课内海量阅读"这条光明大道。

2 诵读《儿歌100首》系列，一举数得

随着年龄的增长，我越来越贪恋充溢着轻松愉悦的课堂，越来越希望孩子们拥有舒展快乐的人生。如果刚踏入学校的大门就要他们负重前行，这岂不是与我的愿望相悖吗？我固执地选择了一条脱离常规的路，为了在这条路上走得更稳健，我要不断地更新教学方法，不断地改造自己，力求通向儿童的心灵世界，以便得到与儿童交际的快乐，得到教学相长的幸福。

变化的只是教法，大量阅读是我不变的追求。孔子告诉弟子曾参："吾道一以贯之。"我的课堂就是"一以贯之"：想方设法引领学生沉思静读、自求博取。课堂上不是读两本三本书，而是十本二十本。然而不变的仍旧是：力求教法简单明了、易于操作，力求尽早让学生形成自学能力。我为学生选择了一本又一本图文并茂的图书，为识字引入了源头活水。

一、儿歌系列使所有资质、基础不同的学生
都能在课内海量读起来

2006年我在青年路小学教了一年级，2007年到北海学校后再教一年级，两个一年级学生都共读了《好妈妈儿歌400首》。玄老汉先生的《好妈妈儿歌400首》写得天马行空，精彩纷呈。

人生不读书，活着不如猪

人生不读书，

活着不如猪。

老猪天天糊涂涂，

吃饱就去呼噜噜。

苍蝇给牛抓痒痒——无济于事

苍蝇爱帮忙，

给牛抓痒痒。

抓了半天累够呛，

老牛还是痒得直蹭墙。

孩子们见到这样的儿歌情不自禁地就读起来，边读边笑，乐不可支。400首儿歌，那是很厚的一本书，在课堂上我只能见缝插针地和孩子们读一部分，体味到快乐的孩子们不由自主地读完了他们人生中的第一本"大部头"，于是阅读的能力、阅读的兴趣都有了。

这400首焕发着童趣的儿歌进入我的课堂以来，笑声便不绝于耳，让孩子们在阅读中享受快乐，在快乐中学会运用，为我的"课内海量阅读"教学奠定了一块最坚固的基石，为低年级的小学生提供了一本最佳的识字、阅读起步教材，使孩子们在不知不觉中迈出了书香人生的第一步。

这400首儿歌不仅成为我的"课内海量阅读"教学的经典教材，也成为我的许多同事和老师朋友的教学素材。淄博张店绿杉园小学的徐美华老师、成都高新区锦晖小学的罗义藾老师在和全班学生集体共读过程中还编写了他们的"班本、校本教材"。我与玄老汉先生商议，希望能根据他的400首原创儿歌，整合我和几位老师几年来的教学积累，系统地为低中年级小学生编写一套"课内海量阅读"教材。于是，《成语儿歌100首》《谚语儿歌100首》《歇后语儿歌100首》《俗语儿歌100首》于2012年面市，受到了广大教师和家长的欢迎。

这套丛书的编写体例，以方便教师教学和学生学习为出发点，为学生设计了不同的分级达标标准：读熟儿歌为一星目标，读准"我会认"中的生字、生词为二星目标，能口述"大显身手试一试"中的练习为三星目标。内文如下：

第三章 一年级通过海量诵读儿歌认识2000字

画饼充饥 (huà bǐng chōng jī)

老七老七 (lǎo qī lǎo qī)，
画饼充饥 (huà bǐng chōng jī)。
熏肉大饼画一地 (xūn ròu dà bǐng huà yī dì)，
结果还是饿肚皮 (jié guǒ hái shì è dù pí)！

我会认

熏 饿 饼
充饥 熏肉 肚皮

鸡犬不宁 (jī quǎn bù níng)

舅舅喝醉酒 (jiù jiu hē zuì jiǔ)，
打鸡又骂狗 (dǎ jī yòu mà gǒu)。
鸡飞狗叫躲舅舅 (jī fēi gǒu jiào duǒ jiù jiu)，
乱乱哄哄吓跑小黄牛 (luàn luàn hōng hōng xià pǎo xiǎo huáng niú)。

我会认

躲 乱 哄 吓 醉
鸡飞狗叫 喝醉 舅舅

大显身手试一试

我会填
1. 风雨____ 2. 悬崖____ 3. 画____充____
4. 蜻蜓____ 5. 鸡犬____

我会猜
1. _____：比喻做事很肤浅 (fū qiǎn) 不深入。
2. _____：比喻已经到了危险的边缘 (yuán)，要及时醒悟 (wù)，赶快回头。
3. _____：形容骚 (sāo) 动得非常厉害。
4. _____：比喻用空 (kōng) 想的东西来安慰 (wèi) 自己。
5. _____：比喻齐心协 (xié) 力，共渡难关。

我会用
1. 汶 (wèn) 川大地震 (zhèn) 发生后，全国人民_____，有的捐 (juān) 钱，有的捐物，让灾区人民早日恢复 (huī fù) 正常生活。
2. 你如果再不_____，就要闯 (chuǎng) 大祸 (huò) 了。
3. 老师叫小英去擦 (cā) 图书超市，没想到她连书也不拿来，拿着抹布在书架上随便一擦就算了，这样_____式的做法怎么能擦得干净呢？
4. 困难是暂 (zàn) 时的，只要我们_____，一定能使企 (qǐ) 业起死回生。
5. _____是解决不了实际问题的。
6. 自习课上，小红和小明大声讲话，到处乱走，搞得班里_____。
7. 计划 (huà) 再好，不脚踏实地去干，只不过是_____罢了。
8. 小红已经几次中午离校买零食吃了，她要_____了，否则 (fǒu zé)，会被老师批评的。
9. 几十年来，我与他肝 (gān) 胆相照，_____，建立了深厚的友谊。

这四本书,不同年级的学生学习的速度和方式有所不同:一年级学生可以只读儿歌、认字词。一节课能学 5 首、10 首还是 20 首,取决于班里最慢的孩子达到一星目标的速度,阅读速度最慢的孩子看着拼音能磕磕绊绊读会多少首,就一节课学多少首。等到把四本都读完了,孩子们的阅读速度将会大大提高,常用字也认得差不多了,然后把四本书的"大显身手试一试"口述一遍。二、三年级学生可以逐页学习,选择不同的目标。我们这样编排是为了给孩子们提供一个"能跑则跑,能飞则飞"的自由学习空间。只要跟上海量阅读,无论孩子达到几星级标准,都能在两年之内获得超强的自由阅读的兴趣和能力,掌握基本的阅读方法,养成良好的阅读习惯,而这些对孩子们的一生都是至关重要的。

二、《儿歌 100 首》的教学方法

◎ 读是硬道理 ◎

10 年前区教研室的一位主任在听我的课时说:"小韩,你们班没有一个差生。在这节课上,每个孩子都忙着读读背背。但坦率地讲,我没有搞明白你到底怎么上的课。"那么我到底怎么上的课,令专门研究教学的主任搞不明白呢?因为我没有按常规的朗读,理解,再朗读,再进一步理解的思路上课,而是除了读一读、背一背之外没有其他环节,偶尔也根据文章内容问一两句,因为过于简单,因为前无铺垫后无说明,听课的人也没有搞懂我问的是什么,学生答的是什么,光看到学生学习热情挺高。也就是说,在我被领导赏识之前,在我成为名师之前,我的课在外人看来是"搞不懂上了些什么",没方法,没思路。那些方法、技巧都是以后被听课的人逼出来的。简简单单地读书就是我最初大量阅读的教学方法,如果近 10 年我只会领着学生单纯地读书,我难以成为名师,但学生照旧"人人都是播音员,个个都是小天才",单纯地读书,把"讲堂"变成"读书课",就能成就学生。2003 年,当潍坊市教研员惊呼我的学生个个都是天才时,我只会

简简单单地领学生读书。说到这里,大家是不是明白了我的意思?和学生照着书念这400首儿歌就可以了,读书就是最重要的教学方法,朗读是语文教学的硬道理。

在没有外人,只有老师和学生的"私人"课堂上,我们可以尽量精简理解环节,把时间省出来读:老师领读或学生领读——学生齐读——一个学生读一句——"开火车"读一遍——再领读,再齐读,再"开一遍火车"。低年级的课堂,齐读一定要间隔性地不断进行,因为小孩子很难集中精力听别人读或说,一定要让孩子的嘴巴不停地动起来。领读和"开火车"间隔进行,是为了读得准确,读得清楚。语文教师的责任就是把字音发准,理解到什么程度完全可以放任。

当然了,重视朗读并不排斥理解,师生简单地聊几句帮助理解儿歌的题目,活跃气氛也很好,但占用时间一定要少。如:

同床异梦

金铃玉玲,

同床异梦。

金铃做梦放风筝,

玉玲做梦捉蜻蜓。

金铃玉玲在一张床上还是各自在各自的床上睡觉?她俩在一张床上睡觉做的梦一样吗?这就叫同床异梦。"同床异梦"读三遍。

大吹大擂

大蛤蟆,嘴巴大,

呜哇呜哇吹喇叭。

小蛤蟆,把鼓打,

边打边跳边说话:

我们蛤蟆乐队顶呱呱,

全靠大吹大擂打天下!

蛤蟆有没有本事打天下?他这样吹牛就叫什么?"大吹大擂"读三遍。

◎ **年级不同领读的学生不同** ◎

10月、11月时,一年级的学生普遍认字不多,最好是由部分学生领读,由哪些学生领读呢?一是识字多的,二是在家做过准备的学生,也就是家长在家听孩子读熟了,家长告诉老师他的孩子能够领读哪几首。家长都想让孩子出头露面,但这个机会要他们自己争取,老师可以通过飞信或信件方式与家长保持联系,鼓励越来越多的学生成为领读的"小老师"。

如果是二、三年级的孩子学这400首儿歌,可以按座次领读,老师事先分配任务:比如一组领读1~8首,可以把整本书的100首儿歌都一次性分配下去,50个人的班级,一个学生领读两首就分配完了,老师列一张表格贴在墙上,让每一个小组、每一个学生都明确自己的"教学"任务,明白哪个成员领读哪几首。如果合作小组四个人都领读得正确,老师就给予表扬奖励;如果有一个学生领读得不熟练、不正确,合作小组不得分。这样学生会事先互相教,全班学生个个能当"小老师"。

老师可以给每个小组评判一个分数,比如领读正确每个"小老师"得2分,错一个字扣1分,错两个字不得分;大声清晰地领读每人得1分,即使"小老师"读得不流畅,只要大声读也可以得分;"小老师"在领读之后如果能恰当地提问题,或者加上动作表演等,可以加奖励分。每个小组领读完之后,领到这样的表格:

正确读每人2分	奖励分
大声读每人1分	组总成绩

老师根据合作小组四个人的表现填好分数给小组长,隔段时间累积一次。这样促使全组成员在互帮互学的过程中朗读水平都得到提高。不过,小组合作,对中高年级学生效果较好,对刚入学的小孩子几乎没有效果。老师要根据自己班的具体情况选择合适的方法。

◎ **三星达标、教学速度以学定教** ◎

至于认读生字,到儿歌中找生字的"定位认读"法一教就会,然后,生字就不用老师教了。只会读儿歌，就达到一星目标；会认生字，就达到二星目标；会做"大显身手试一试"上的练习，就达到了三星目标。"大显身手试一试"要不要集体练习，也要根据学生的年龄来选择。二、三年级可以上课时集体练一练，一年级可以跳过去，等学完400首儿歌之后，等学生有了一定的识字量之后再学。"海量阅读"要给学生设立足够缓和的坡度，慢慢上升，见了难啃的"骨头"放一放，千万不要硬啃，等"煮一煮"再啃。

不要求所有的学生都达到三星目标，我们老师的着眼点应该放在那些学困生身上，他们能达到一星目标，会读儿歌即可。我已把没有注音的这400首儿歌发到公共邮箱中（hanxingelaoshi@126.com，密码：hanxinge），老师印出几份放到讲桌上，准备达一星目标的学生可以借用，试试离开拼音会不会读儿歌，老师留一份检查学生用。学困生如果能读书上注音的儿歌也算是达到"合格"标准。

全班集体共读的速度应该如何掌握？那就要看学困生达到一星目标（或合格）的速度如何。如果最慢的学生一节课学5首能达标，那全班就一节课学5首。全班的阅读速度慢慢在提高，一节课可以由5首提速变成6首、7首甚至10首、20首，只要学困生能达到最低要求即可。千万不要等全班大部分学生都能认识生字了再学下一首，那样就不叫"海量阅读"了。"海量阅读"半年后才会有明显效果，那些很笨很慢的孩子突然间变聪明了。我班的学困生从一年级到六年级，经过了五年多的海量阅读，他们跟着大部队学习有难度的书籍时依然有困难，但所有的学生从二年级开始朗读课文都没有障碍。

◎ **反复诵读儿歌题目** ◎

这400首儿歌最大的优点就是用儿歌来帮助理解成语、歇后语等，儿歌读完就算了，背不背并不重要，但题目一定要记住。六年前，我曾把400个题目写到了挂历纸上，方便学生反复念，我遮住一半让学生念另一半。

我的同事韩霞制作的课件《图片＋歇后语题目》可以用来反复练习朗读题目，

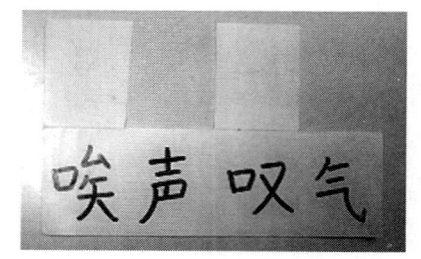

一张 A4 纸对折，一面写词，一面做挡板

可以挡住两个字让学生练习读

换另外两个字挡住

在我博客左上角链接的网站上有，"海量阅读 QQ 群"中也有。最省事的办法就是让学生把目录盖住一半反复练习。通过课堂上的学习，这些题目被学生扎扎实实地记住，这是孩子积累的"第一桶金"，为他们说话、作文积累了语言。

我个人的"海量阅读"实验虽然有潍坊市教育局重视大量阅读这一大环境的支持，但并没有行政命令的推广，无论市区大范围内还是学校小范围内，都没有行政命令强行推广，所以虽然有同事自发地、不同程度地跟进，但很难达到像我这样"快速、海量"，所以我的教学还是"一个人的课改"（郑飞艺的博士论文），高处不胜寒，要得到家长的认可并不容易。学生在一年级时，家长们看到我教学的速度飞快，孩子没有学扎实就要继续前行，他们有的观望，有的出声表达了不同意见。到春节时，在亲朋好友面前，孩子的嘴里不断地冒词，为家长挣足了面子，于是部分家长认可了我的教学理念。

玄老师的这 400 首儿歌虽然在"高雅"程度上有所欠缺，但在趣味性和积累语言方面绝对一流，是特别适合小孩子的作品。随着年级的升高，我和学生会在课堂上大量诵读足够高雅的唐诗、宋词、诗经……如果没有在低年级培养起对阅读的热爱，学生就会缺乏走向高雅的能力。

三、儿歌的温馨故事

◎ 学以致用在阅读与写作之间架起桥梁 ◎

2007级学生在一年级和四年级分别把这400首儿歌学习了一遍。一年级时学习这400首焕发着童趣的儿歌,让孩子们有了400个成语、俗语、谚语、歇后语的积累,孩子们的活学活用使家长们对我的经典之旅产生了初步的认同。我请家长把孩子运用语言的例子记录下来,发到我们的班级网页上,我从中选择搬到课堂上,让"学以致用"发挥辐射作用,惠及更多的孩子。但孩子们的那点儿活泼却不准确的例子对于我们的"海量阅读"教学来说是杯水车薪,于是我在成堆的书籍中、在浩如烟海的网络上搜寻运用经典的例子,累得头晕眼花。今天终于给这400个成语、俗语、谚语、歇后语各找了一个应用的例子,为进行海量阅读的师生提供了一套实用的教材。学语言就是为了应用,给学生一个应用的例子让他们读,这是让学生自己运用最近的路子了。

学生积累语言像蚂蚁一样,只是盲目地贮藏,学了之后束之高阁而想不到运用,大部分语言早已被遗忘在死角。要使学生对语言运用得得心应手,就必须对语言作千百次重复朗读,熟读背诵是通过语言输入增加大脑皮层的语言信息,是完成语言强化的第一步。运用(作文训练)则是调动大脑中的语言信息来激活大脑皮层细胞之间的信息回忆、交流筛选,从而达到巩固、运用语言的目的。因此,运用是更高层次的语言积累过程。要使大脑内语言信息系统灵活自如地运转,必须加大语言运用的频率,增加运用密度,在运用中积累语言。

为了在阅读与写作之间架起一座桥梁,就要培养学生使用语言的自觉意识和强烈欲望,努力使学生达到这样一种境界:学了一个成语、一种句式、一个句子,仿佛新得宝剑,时刻捕捉战机,一有机会,即用之而后快。有了这样的意识和欲望,才能形成自觉用好语言的习惯,才能学好语言。所以当孩子们在平日口头表达和作文中运用恰当的语言时,家长和老师都要夸大其词地表示惊讶和赞赏。在一个班级中,最有价值的就是共同背诵过的那些语言。人的智力等因素各不相同,有的孩子能学以致用,有的孩子还不能举一反三,还需要举三反一、举十反一、举百反一。这套书提供了近500个学以致用的例子,给学生以举百反一的范例。

学生在不断地运用语言中,既激活了自身的语言沉淀,又吸收了他人的新鲜词汇,不断丰富语言,体现了孔老夫子"学而时习之"的理念。"习"不是"复习",而是实践、实习、应用,我让四年级的学生重读一年级学过的书,这是最大的原因。

用脚丫子都能想象得出,四年级的学生重温一年级的书是多么容易,除了两个后来转进的学生,其他都能在课堂上说出答案。有的学生能略一思考说出答案,有的学生听同学说出答案后恍然大悟。半节课读50个句子,对全体学生来说并非听天书,他们都在思考、在诵读。

自习课上,两三个小孩子脑袋靠着脑袋,拿着"学以致用"的资料,一会儿读一读,一会儿议一议,那真是一幅最美丽的画面。美丽的原因所在:第一,这是小孩子自发的合作行动,合作意识、合作精神、合作能力的价值无穷;第二,这个过程中每个小孩子都在动脑筋,有思维活动的学习最有意义。集体学习时,有的孩子走神,有的孩子思维跟不上集体的速度。这时,每个孩子都参与意见,或要求同伴进一步讲解。

集体学习的课堂环节也很简单,先出示10个成语(或俗语、谚语、歇后语儿歌)的题目让学生齐读,然后做关于这10个题目相关的"学以致用"句例,如:

一天,爸爸妈妈对一件事的观点不谋而合,台浩文说:"人家有的夫妻是_____,你们俩是一拍即合。"

春节期间有亲戚带小孩到家里玩,说孩子犯愁写作文。冠伊说:"只要多看书,就不用为写作文发愁了,说不定还会写成_____呢!"

台浩文、冠伊都是我的学生,看到同学的名字出现在屏幕上,大家格外开心。学生抢答填空中的答案:同床异梦、长篇大论。当学生抢答的速度慢,或答案不对时,我就思考,是不是我提供的这个句子有问题,然后和学生当场修改,使之通俗易懂。孩子们一边口述答案,一边在这些应用的句子中寻找自己的名字,有好多句子是他们上一年级时提供的。

◎ 孩子们修改儿歌的插曲 ◎

2007级学生亲身经历了400首儿歌的改编,他们从读者变成了书的主人。

◇ 我的理解比书上更正确

孙陶在下面这首儿歌中找到了问题:

一只耳朵进,一只耳朵出

> 小猪小猪,
>
> 上学读书。
>
> 一只耳朵进,
>
> 一只耳朵出。
>
> 考试考得糊涂涂,
>
> 气得老猪捣小猪。
>
> 你说老猪它猪不猪?

孙陶说"你说老猪它猪不猪"应该改成"你说小猪它猪不猪"。我让他打开《好妈妈儿歌400首》看看,原版书上的确是"老猪",但孙同学不干:"小猪不听讲,考试成绩差,当然'猪'得很,老猪体罚孩子,虽然也'猪',但情有可原,还是小猪'猪'得厉害。"

晓榕、宇虹乐呵呵地来到我面前,指着下面的例子让我看:

有理三扁担,无理扁担三:指不问谁是谁非,一律惩罚,或一概(gài)否(fǒu)定。

两个小姑娘认为"谁是谁非"不够通俗易懂，一年级小孩子理解有困难，不如改成"谁对谁错"：

有理三扁担，无理扁担三：指不问谁对谁错，一律惩罚，或一概（gài）否（fǒu）定。

孩子们挑战书本、挑战权威，改得更准确、通俗的例子不胜枚举：

老虎的屁股——摸不得：形容一个人或一件事比较危险（wēi xiǎn），不能轻易（qīng yì）招惹（rě）。

改成：

老虎的屁股——摸不得：形容不要轻易（qīng yì）招惹（rě）危险的人物、事物。

……

你作为我们单位的技术骨（gǔ）干，可是隔着窗户吹喇叭——名（鸣）声在外，谁人不知，谁人不晓啊？

学生指着"可是"说感觉不对劲，我说这里的"可是"不表示转折，就是"是"的意思，学生说，不能让小朋友产生误解，我说这么改吧：

你作为我们单位的技术骨（gǔ）干，已经是＿＿＿＿＿＿＿＿＿＿了，谁人不知，谁人不晓啊？

学生摇摇头，显然对我的改动不满意，又找同学商量半天，把她自己认为满意的答案呈现在我面前：

你作为我们单位的技术骨（gǔ）干，应该是＿＿＿＿＿＿＿＿＿＿了，谁人不知，谁人不晓啊？

宋怡心小朋友又来了：

劳动是幸福的左手，节约是幸福的右手：比喻劳动和节约（yuē）的关系密不可分，只有这样，才会幸福。

怡心说"只有这样"意义不明确。我让她把"解决方案"拿出来，不要把问题推给我解决。怡心沉思着回到座位，不知什么时候"强强联合"，找台浩文商量去了。

"韩老师,这么改行不行?"浩文、怡心一起来问我。

<u>劳动是幸福的左手,节约是幸福的右手</u>:比喻劳动和节约(yuē)的关系密不可分,只有二者兼并,才会幸福。

我一拍浩文肩膀送一个大马屁:"高,实在是高!"又顺手拿笔把"二者兼并",改成"二者兼得":

<u>劳动是幸福的左手,节约是幸福的右手</u>:比喻劳动和节约(yuē)的关系密不可分,只有二者兼得,才会幸福。

我们的帅哥才子台浩文先生又转送给我一个大马屁:"老师才高呢!"哇!俺徒弟是发自内心地佩服我,得到高才生的大马屁,俺得意着呢!

◇ **这个句子出得太差劲**

浩文指着下面的句子大叫:"韩老师,这个句子出得太差劲!"我一看正是我在双休日思考半天没改好的"尾巴":

关羽胆大心细,温酒斩(zhǎn)华(huà)雄,这真是<u>没长鲨鱼胆,难捕大鲨鱼</u>。

我们师生改成了下面的句子:

荆轲和秦舞阳一起行刺秦王,秦舞阳一见秦王朝堂那威严的样子,吓得脸色发白,导致刺杀计划失败,这真是<u>没长鲨鱼胆,难捕大鲨鱼</u>。

类似的例子还有:

<u>风不动,树不摇</u>,学习非常差的小明,这次考试竟然得了满分,肯定事出有因。

改成:

俗语说"<u>风不动,树不摇</u>",你没做亏心事,见到警察跑什么?

◇ **非让老师听我的才罢休**

别小看这些螺(luó)丝钉了,<u>滴米成箩,滴水成河</u>,积少成多,早晚它们会发挥(huī)大作用的。

"老师,这个句子太啰唆!把'积少成多'删掉吧!"

"不删,意思重复的句子可以罗列在一起,表达强烈的感情,你们的作文不是喜欢写类似的排比句吗?"

过了一会儿,三个"精英"一起来找我理论:"我们读着这个句子感觉喘不过气来,兼听则明,还是删吧!"

我有什么办法,总不能"偏听则暗,固执己见"吧。

别小看这些螺(luó)丝钉了,<u>滴米成箩,滴水成河</u>,早晚它们会发挥(huī)大作用的。

◇ **咬文嚼字更准确**

"老师你看这句有问题,'收获'是已经得到了,满山打的野鸡是还没有得到的东西。"于是,我听从弟子的话,把句子:

<u>满山打野鸡,家里丢了大公鸡</u>:比喻到处寻找新的收获却没有找到,反而失去了已经到手的成果。

改成:

<u>满山打野鸡,家里丢了大公鸡</u>:比喻到处寻找新的利益却没有找到,反而失去了已经到手的成果。

我把修改书稿的故事给家长们讲,家长会上笑声不断。说实话,对这些五年级的小学生,我们成年人不得不表示佩服。孩子们的能力来自海量阅读过程中形成的语感。什么叫语感?从"百度"上搜出如下解释:

语感,是比较直接、迅速地感悟语言文字的能力,是语文水平的重要组成部分。它是对语言文字分析、理解、体会、吸收全过程的高度浓缩。语感具备了相当的水平,在实际应用中表现为一接触语言文字,即产生正确的全方位的丰富的直感:在阅读时,不仅能快速、敏锐地抓住语言文字所表达的真实信息,感知语义、体味感情、领会意境,而且能捕捉到言外之意、弦外之音。而语感能力差的,接触语言文字时,在运用惯常的分析理解手段之前,仅能领略其所承载内涵的一鳞半爪,甚或曲解其意。

海量阅读使五年级小学生有了较高的语感,他们就成为这套书最好的主人。

◎ 臧运红师生的儿歌情缘 ◎

我的同事臧运红给我讲他们师生在学习儿歌的过程中发生的故事：

有人说："自从有了母爱就有了儿歌。"儿歌是一种文字十分简练的文学作品，是哺育孩子成长的精美的文学营养。玄老汉和韩兴娥编著的《成语儿歌100首》《俗语儿歌100首》《谚语儿歌100首》《歇后语儿歌100首》，带着欢声笑语走进了孩子们的世界。

玄老汉深刻地洞察"童心童趣"，破解了趣味的"密码"，这套儿歌具有流畅的语调、明快的节奏、优美的旋律、丰富的内涵，充盈着美感，蕴含着哲理，手舞足蹈地学习，轻松自如地应用，带给孩子们无穷的乐趣和成功的体验。许多儿歌以一种巧妙甚至是搞笑的方式对诸多现象发问，无疑对培养孩子思考能力起到潜移默化的影响。同时，儿歌与成语、俗语、谚语、歇后语的有机整合，丰富了孩子的语言。这实在是一部高效、有趣的识字、阅读起步教材。

我是韩兴娥"课内海量阅读"的积极实践者，我和"鬼精灵屋"二年级的孩子们欢呼雀跃地扑进儿歌的天地，快乐的海量阅读扬起远航的风帆。孩子们喜欢和儿歌交朋友，带着动作读很有创意，复沓读很有韵律，低声读很有挑战，拍桌读很有气势，唱读很有韵味。孩子们最喜欢的是用方言读，教室里乐得前仰后合，学习的热情快要掀翻屋顶。我们班的刘敏婕喜欢儿歌都有些"疯癫"了，没事就哼哼几句，凡开唱必配以动作。她的妈妈经常跟我"诉苦"：放学时坐在自行车后座的时候，经常边唱边舞，搞得车子东摇西晃；吃饭的时候也经常会想起来唱几句；洗澡的时候，这是最喜欢唱儿歌的时段，兴致高昂，手舞足蹈，只见一片水珠乱飞，只听一地"大珠小珠落玉盘"的声音，妈妈也像落汤鸡一样湿淋淋的。

当时我们正在学《歇后语儿歌100首》，运动会后，班里有个孩子写了一段日记：

运动会上，运动员们猴子上锅台——一股猛劲儿，刘佳乐轻松取得跳远比赛第一名，隔着窗户吹喇叭——名声在外，他当时那高兴劲简直就是骑驴吃豆包——乐颠了馅。王雨泽吹嘘自己稳拿第一名,典型的老母猪耕地——光会使嘴,结果也如大家预料的那样,他使出吃奶的劲还是瘸腿驴追兔子——赶不上,同学们急得就像猴子跳上煎饼锅——瞎蹦跶,但还是老牛掉水井——有劲儿使不上。下午还有好多比赛项目呢,咱们骑驴看唱本——走着瞧,希望我们班的成绩芝麻开花——节节高!

还有一次,我们班的班长急匆匆地跑来办公室找我,进门就像竹筒倒豆子似的说了一串:

牛大帅狗捉老鼠——多管闲事,和黄袍怪打起来了,狗咬狗——一嘴毛,两个人都是鸭子上锅台——一股猛劲儿,黄袍怪脚踩擀面杖——站不稳,就跌了一跤,同学们像热锅上的蚂蚁——急得团团转,可还是没有解决矛盾,我们劝架等于苍蝇给牛抓痒痒——无济于事。

我当时就惊呆了,歇后语儿歌用得还真溜,人才哪!

我喜欢和孩子们一起学儿歌,因为我可以和孩子们一起唱,虽然我唱得并不动听;我可以和孩子们一起跳,虽然我的舞姿也并不优美。我们一起在儿歌的世界里陶醉,在富有生命力的通俗文学中遨游,现在就等着你和孩子一起捧起儿歌,体验亲子共读、师生共读的乐趣!

四、儿歌教案

《歇后语儿歌100首》第五单元教案设计

(一)温故知新好习惯

同学们,前几天我们学过几首歇后语儿歌,你还记得吗?考考你。

看图片,猜猜图片说的是哪段歇后语。

看着前半句,你能说出后半句吗?

同学们刚才说话时真像小孩吃黄瓜——?

看来前段时间大家对歇后语儿歌的学习真是"狗撵鸭子——呱呱叫"啊,今天的表现是不是"鸭子上锅台——一股猛劲儿"呢?

(二)乐学善思读儿歌

1.痴心妄想

今天,鸭子没请到,不过我们倒可以来与一只可爱的天鹅做朋友。喜欢它吗?有两只癞蛤蟆也挺喜欢它的,不过它们是:

癞蛤蟆想吃天鹅肉——痴心妄想

癞蛤蟆,登山头,

看见天鹅就招手:

天鹅天鹅请你跟我走,

我家的油锅滑溜溜。

滑溜溜的油锅放豆油。

油炸天鹅我先吃一口!

请大家打开课本第31页,跟老师读。

小老师领读——"开火车"读。

最难的字都跑到儿歌下面了,谁来试着领读"我会认"。

玩个游戏:我说你指。

孩子们,作为天鹅的朋友,我们能不能让天鹅跟着癞蛤蟆走呢?所以我们说"癞蛤蟆想吃天鹅肉——痴心妄想"。

2.竹篮打水——一场空

老师送给大家一个好礼物——竹篮(这竹篮里可以装上点儿好吃的,水果、蔬菜……)装点水行不行?可真有两个糊涂虫是这样做的,让我们走进儿歌看一看:

竹篮打水——一场空

两个糊涂虫,

渴了找水井。

竹篮打水一场空，

糊涂虫直瞪糊涂虫。

"小老师"领读——"开火车"读——小手指读。

这两个糊涂虫挺不服气，他俩把这两首儿歌里所有的字都集合起来，想要难为大家，你敢接受他们的挑战吗？

登	癞蛤蟆	鹅	锅	滑溜溜	渴	井	篮
炸	招	油锅	竹篮	糊涂	水井	瞪	

3. 把他们两个送医生那儿看看吧。医生就是治病的，医生给人带来健康，我们得好好感谢医生，可瘸腿狼不但不感谢医生，反而病好打医生——恩将仇报。

让我们走进这一首儿歌：

病好打医生——恩将仇报

瘸腿狼，来看病，

山羊医生很热情。

看好病，打医生，

打得山羊直发愣。

老狗熊，气不公，

揍得瘸腿狼掉进烂泥坑。

老师读——"小老师"读——"开火车"读——认生字。

(三)开动脑筋巧积累

小结：孩子们，通过自己的努力，今天大家又认识了三组歇后语，结合课件说说是哪三组。记住了并不代表我们完全掌握了，所有的知识能帮助你在生活中合理运用才是最好的，你会用吗？

孩子们，今天大家的表现精彩极了！希望大家继续努力，把学到的知识运用到生活中，不要竹篮打水——一场空哦。

(潍坊北海学校语文老师　郑丽萍)

《谚语儿歌100首》第七单元教案设计

又到了我们的谚语学习时间了,让我们一起喊出学谚语的口号吧!

> 学谚语　　长知识　　明事理　　启智慧

(一)温故知新好习惯

同学们,前几天我们学过几首谚语儿歌,你还记得吗?老师要考考你。首先请进入第一关:

我会填:咱们一起"开火车"吧!

人心齐,＿＿＿　　　　　　　扎得紧,＿＿钻不进

百闻不如＿＿,百见不如＿＿　　＿没捉到,惹了一身＿

前门赶走了＿,后门进来了＿　　＿＿不在年高,＿＿空活百岁

＿＿＿,钓大鱼　　　　　　　　百里＿＿＿,千里＿＿＿

＿＿编篓,全在＿＿　　　　　　起个＿＿,赶个＿＿

＿＿,不用尝　　　　　　　　　树干＿＿,不怕＿＿

＿＿走遍天下,＿＿寸步难行　　抱着＿＿＿,忘了＿＿＿

说说笑笑,＿＿＿＿　　　　　　说你好,＿＿＿说你坏,＿＿＿

第二关:看图片,猜猜图片说的是哪个谚语。谁想好了,请举手。(图片略)

同学们真棒,顺利过了两关。让我们一起进入第三关:

我会用:

1.在家里,小明一不如意就对着爸爸妈妈大吼大叫,妈妈让他出门办想做的事情他总是不敢,妈妈说:"你是属小狗的吧,真是＿＿＿＿＿＿＿＿＿＿。"

请张恒瑜公布答案吧!

2.李子昊在家里干家务遇到了难题,请爸爸帮忙,爸爸一下子就做好了。李子昊拍着手说:"＿＿＿＿＿＿＿＿＿＿。"

3.国庆节旅游时,早上集合的时间很早,可是半路上车坏了,等了好长时间,这真是＿＿＿＿＿＿＿＿＿＿。

4. 妈妈喜欢读书,她常常对小红帽说:"＿＿＿＿＿＿＿＿＿＿＿＿。"

5. 十一长假,刘子豪和妈妈来到黄山山顶,看到风景真美,黄山奇石比课文上还多,真是＿＿＿＿＿＿＿＿＿＿。

6. 吴雨函到乌鲁木齐的姥姥家做客,那儿的生活习惯和我们大不相同,真是＿＿＿＿＿＿＿＿＿＿。

能学会用,顺利过关,让我们为自己鼓鼓掌吧!

(二)乐学善思学谚语

1. 紧紧手,年年有。

请大家打开课本第48页,用你喜欢的方式读一读:

紧紧手,年年有

紧紧手,年年有。

一天只要省一口,

三年凑成好几斗。

蚂蚁节省是能手,

吃喝穿戴都不愁。

"小老师"领读——"开火车"读——齐读。

最难的字都跑到儿歌下面了,谁来试着领读"我会认"。

玩个游戏:我说你指。

凑成　　节省　　穿戴

2. 这首谚语儿歌中你觉得哪个词最关键呢?是啊,勤俭节约是咱们的传家宝,幸福生活离不了。

劳动是幸福的左手,节约是幸福的右手

劳动是幸福的左手,

节约是幸福的右手。

只有左手拉右手,

幸福生活才长久。

小牛打粮打八斗,

省下两斗给老牛。

老师读——拍手读——表演读。

3. 同学们,俗话说:"一年之计在于春。"让我们走进儿歌《宁舍一锭金,不舍一年春》。

宁舍一锭金,不舍一年春

宁舍一锭金,

不舍一年春。

春光无限好,

献给种田人。

种出谷穗胖又沉,

一穗儿谷子一穗儿金。

认生字:

穗　锭

说文解字:穗:禾,庄稼。惠,实惠。丰收的庄稼能带给人们实惠的东西。

锭:金属凝固形成固定形状的东西,由此产生锭子的意思。

时间比黄金更宝贵,大家可要学会珍惜时间啊!

"开火车"读——合作读——拍手读。

4. 玲玲的奶奶今年70岁了,每天还在学英语,真是让人敬佩。这让人想起了这样一个谚语:

蚂蚁爬树不怕高,有心学习不怕老。

同桌合作读——"小老师"领读——拍手读。

5. 小青和妈妈去商场买衣服,试了一件又一件,不是嫌这件颜色不好,就是嫌那件款式不对,转来转去,一件都没买上。妈妈郁闷地说:

这山望着那山高,到了那山没柴烧。

"开火车"读——男女生合作读——拍手读。

今天,咱们一起学习了五个谚语,让我们一起做个游戏,轻松一下吧!

(三)金蛋闪闪藏智慧

请你来选择一个喜欢的金蛋:

1. 我来猜:_____不知足,只能是结果更糟。

2. 过日子要注意节约,这样才会年年有余。说的是谚语"_____"。

3. 根据意思来猜谚语,请你一位好朋友来回答:时间比黄金珍贵,劝人们要珍惜时光。

4. 请你的一号组长根据意思来猜谚语:学习虽然有困难,但只要不怕困难,就能学好,即使老了也能做到。

5. 请你说出两个有小动物的谚语吧!

6. 请你用下面谚语说一句话:没有大人物的地方,小人物也可以称王称霸。

7. 俗话说"_____",他们村就是靠发展渔家乐、在山上种植果树,变得富有起来。

8. 请大家一起来说一说带有数字的成语或谚语吧!

9. 由你来邀请大家说一说带有动物的谚语或者成语吧!

小结:孩子们,通过自己的努力,今天大家又学会了五组谚语,也明白了很多道理。今天的表现精彩极了!希望大家继续努力,把学到的知识运用到生活中,专心学习,抓紧每一分钟,宁舍一锭金,不舍一年春。老师还要向你们推荐《俗语儿歌100首》《歇后语儿歌100首》《多音字儿歌200首》,愿这些书带给你们更多的收获!

(潍坊北海学校语文老师 姜莉)

3 《成语接龙》积累词语复习拼音

一年级下学期或二、三年级适合学习《成语接龙》，阅读基础好的班级可以在一年级下学期学习。成语不像儿歌和小故事那样一读就懂，有些成语解释了，小孩子也不明白，从这个角度来讲，成语接龙有难度。但《成语接龙》龙头接龙尾，适合背诵，低年级小朋友个个是背诵的天才，学一个月左右，可以诵读1000条成语，因此，成语接龙适合小孩子学习。另外，《成语接龙》是四个字的，比较短，适合练习拼音，小学低年级段学习《成语接龙》时还可以集中复习一下拼音。郝少林、王波主编的《成语接龙》以《登鹳雀楼》这首诗的20个字"白日依山尽，黄河入海流。欲穷千里目，更上一层楼"当龙头进行成语接龙，共20条龙，1000个成语。黑板上只要挂上这20个"龙头"，学生就能一气呵成背出1000个成语，老师多省力气啊。这1000个成语虽说是死记硬背到脑中的，但以后在文章中见到这些成语时就有了似曾相识的感觉。语文老师的首要任务是教学生读准字音，理解意义是可以随着阅读无师自通的。

一、集体预习读准字音,竞选"小老师"

这套《成语接龙》,有配乐朗读"读词"的录音。我先让学生从头到尾各听三遍。听完一条龙,我就讲一个成语故事哄小朋友开心,让学生休息一下,这样进行下一步学习时才会精力集中。集体预习时对易错的读音进行强化朗读。我把下面的词写到大纸上经常让学生念,念数十遍之后,学生就不容易念错字了。

> 第 1 条龙:强(qiǎng)颜欢笑
>
> 第 3 条龙:地主之谊(yì)
>
> 第 6 条龙:是非曲(qū)直　规行矩(jǔ)步
>
> 第 9 条龙:顺蔓(wàn)摸瓜,"顺藤摸瓜"和"顺蔓摸瓜"意思一样。
> 　　　　　飞来横(hèng)祸
>
> 第 12 条龙:泄露(lòu)天机
>
> 第 13 条龙:出头露(lòu)面　妒贤嫉(jí)能
>
> 第 14 条龙:里外夹(jiā)攻　腾蛟(jiāo)起凤
>
> 第 15 条龙:爱憎(zēng)分明
>
> 第 17 条龙:强(qiǎng)词夺理,"强"的变调易读错。三声在一、二、四声前,降下来后不再升上去,调值由 214 变 21,也就是三声读一半。
>
> 第 19 条龙:强(qiǎng)人所难,"强、所"的变调易读错,变调规则如上。
>
> 第 20 条龙:斗(dǒu)转参(shēn)横

我深入浅出地讲解三声变调的知识:

> ### 变　调
>
> ◇ 三声的变调
>
> 1. 三声在一、二、四声前,降下来后不再升上去(调值由 214 变 21,也就是三声读一半)。如:首都　北京　老师　祖国　感情　旅行　感谢　晚饭　美术

2. 三声在三声前变二声。如：勇敢　水果　采访　领导

成语练习：

1. 三声在一、二、四声前，降下来后不再升上去。

采薪之忧　马革裹尸　睹物伤情　强词夺理　强人所难　访贫问苦
返璞(pú)归真

2. 三声在三声前变二声。

返(fǎn)朴(pǔ)归真　　忍(rěn)辱(rǔ)负重

　　三声的变调如何才能给小孩子讲明白呢？我曾对他们说，如果不变调，脖子扭来扭去会扭断的。但这也只说了变调的原因，并没有讲清如何变调。一天，我灵光一现，给小朋友讲"八国联军侵略中国"的故事，讲汉奸对外卑躬屈膝、对内耀武扬威的故事。然后说三声就是个大汉奸，它向后一看，后面跟的是外人（一、二、四声），就吓得卑躬屈膝，蹲下去不敢起来（调值由214变21，也就是三声读一半）。三声回头一看，后面跟着自己的同胞，就立刻耀武扬威，头就昂起来了（三声在三声前变二声）。

◇ 一、不的变调

"一"本调是一声，"不"本调是四声。

如：问一(yī)答十　合而为一(yī)　表里如一(yī)

四声前变二声。如：一切　不是

一(yí)字(四声)千金　快快不(bú)乐(四声)

非四声前变四声。如：一天　一年　一早　不单　不行　不好

焕然一(yì)新(一声)　　首屈一(yì)指(三声)

惶恐不(bù)安(一声)　　与众不(bù)同(二声)　　长生不(bù)老(三声)

怎么讲小朋友才能记住呢？

　　我从讲台上跳下，又跳上，说："'一、不'后面的字跳下来（四声），'一、不'就跳上去（二声）。"后面的字不跳（一、二、三声），'一、不'就自己跳下去（四声）。"反正这个"一、不"总跟后面的字闹着别扭。

每读一本书,我都安排一次集体预习,对有一定难度的读物,集体预习的时间会长一些。《成语接龙》对低年级老师来说,有些难度,孩子不懂成语的意思,只能一个音节一个音节拼读,而不是像儿歌一样,可以根据意思猜测读音,所以集体预习的时间我安排得长一些,大约用了两个星期:一是为了先入为主读准字音,而不是任由孩子自己拼错;二是为竞选"小老师"的学生提供方便,学前识字多、学习勤奋、心气高的孩子就能在这段时间念会,从而竞选"小老师"。

新出版的《成语接龙》封底是一张表格,标明了星级达标标准:

成语接龙(上)评价表

龙次	拼读、指读注音成语 ★	指读无注音打乱顺序的成语 ★★	背诵成语 ★★★	认读生字 ★★★	根据释义猜成语 ★★★★	奖励
1						
2						
3						
4						
5						
6						
7						
8						
9						
10						

那些第一、二、四竖列都盖上印章的孩子就可以当"小老师"检查辅导其他同学了,老师检查时对第二竖列查得格外严一些,因为"小老师"的任务除了检查,更重要的是辅导,自己记不扎实,如何检查别人?为了检查方便,我打印了"无注音打乱顺序的成语":

……情窦初开 如释重负 慷慨陈词 教学相长 更深人静……

由于首尾相接,朗朗上口,小朋友背诵速度很快。背过了,但不一定认识字,这是正常现象,他们拿一份打乱顺序的成语念一念,可以对照原文再强化一下成语的读音。

他们边检查边记录,记录自己查了哪个同学的哪条龙,查得多奖励多,老师会对他们的工作进行抽查,然后奖励,促使"小老师"乐于一对一教同学,弱孩子就容易达到最低星级目标。

《成语接龙》检查记录表　　小老师:_____

朗读	背诵	认字	朗读	背诵	认字
朗读	背诵	认字	朗读	背诵	认字

被检查的学生在"检查记录表"虚线下面签字,写明检查的是第几条龙,以防"小老师"虚报。虚线上面可以写"2、3"等,表示如果同学念得不熟练,要检查第二次、第三次。"小老师"检查"拼读、指读注音成语"要严格,检查背诵可以松一些。全班学生都将第一竖列盖上了印章就完成学习任务了。

后来,我对学生的要求越来越松,有没有盖印章,我也不再追究,因为我有办法让小朋友们上课时勤奋学习。

二、边诵读边运用的高效新授课

孩子们一听录音就翻开书边指着边跟读,这是在一年级刚入学时就已形成的习惯,成了条件反射。跟读时,我尽量把声音调得小一些,提醒学生小声跟读,自己读时要大声,让全班听见,全班读时要小声,不要影响大家听录音。现在的噪音污染遍地都是,家里、户外噪音大,学校里也到处是声、光、电的污染。我几乎不用电脑,用录音是为了把精力放到关注学生身上。关注学生,学生才能有效学习。

下面以一页纸上的成语为例说明教学方法。

更深人静　精兵简政　政通人和　和盘托出　出乎意外　外强中干　干净利落　落叶归根　根深蒂固　固执己见　见多识广　广结良缘　缘木求鱼……

《成语接龙》配了录音,低年级的教学,最重要的是强化朗读,原书配乐朗读是读词:

更深人静,精兵简政,政通人和……

刘维丽、寇丽君两位同步实验者录制了拼读音节的音频文件:

请小朋友指着第166页,第16条,"更"字头的龙,跟老师读:gēng——,shēn——,rén——,jìng——,更深人静——

……

翻到第168页,指着音节和汉字跟老师读:yuán——,mù——,qiú——,yú——,缘木求鱼——

……

每一条龙排在四页纸上,按页码录制了四个拼读的音频文件,正好四排学生轮读,全班学生一个不落,都有一次在全班同学面前读成语的机会,这就将教育公平理念贯彻在课堂教学的每一个细节中。

我把这些录音拷在电脑上,重新排序:

1.第一条龙第一遍读词;2.第一条龙第一页拼读音节;3.第一条龙第二遍读词;4.第一条龙第二页拼读音节;5.第一条龙第三遍读词;6.第一条龙第三页拼读音节;7.第一条龙第四遍读词;8.第一条龙第四页拼读音节……《成语接龙》上册、下册各80个录音文件,读词的录音文件复制四次,只改文件名。

以上面的成语为例,跟读一遍读词的录音,跟读一页拼读音节的录音后,老师就选跟读最认真的一排学生逐个读这一页的词语,逐个读词的学生会得到一到两个"小老师"印章。因为有奖励,"选择"就成了老师维持纪律的"杀手锏",那些走神的孩子为了能得到"小老师"印章,更迫于集体的压力,也会专心跟读。

在被选中的一排学生逐个读词的过程中,其他听众是松散的,是为了积蓄力量进行下一步学习的休息时段。逐个读词的一排学生大部分能够流利大声地读准成语,也有个别学生读得生疏,我就慢慢等孩子拼音节,错了慢慢纠正,从不着急。说实话,这挺浪费时间的,我天性不是个有耐心的人,也从来没标榜过自己多么有耐心、爱心,但对每一个需要反复纠正才能读对的孩子,我都很有耐心地等待,任由其他学生吵翻天而听而不闻,为什么?因为我采取的措施已经能使学生在听录音跟读时非常专心了,眼看着、手指着、嘴念着。专心时间太长是会累眼睛的,所以逐个学生读时,其他学生愿意看哪里,都不在我的关注范围内,只要吵的声音不太大,我就不会批评,这是我有意给全班学生休息的时间。一排学生逐个读完,全班齐读这一页,拍着手读,做着各种自己想做的动作读,这是短暂的体育锻炼时间。

这一排逐个读完后,老师就给孩子们"讲故事",其实并不是真正意义上的讲故事,而是老师设一个语境,让孩子们应用这些成语。这些语境要尽量取自于他们的生活。比如,读了上面的成语后,让学生猜一猜:

1.韩老师因为小朋友不守纪律,把他挣的印章划掉了,妈妈问什么原因,小

朋友很诚实地告诉了妈妈是因为自己捣蛋。用什么成语来说小朋友把不守纪律的事完完全全地告诉了妈妈？（和盘托出）

2.你现在好好学习,长大了挣钱资助山区失学儿童,你这是在做什么事？用一个成语来说你做善事。（广结良缘）

学语言就是这样,读熟了就直接用,不需要解释成语的意思。学《成语接龙》这段时间,我们的家长在"家长QQ群"中热衷于玩猜成语的游戏。对最初在群中发"猜一猜"游戏的家长,我进行了回复,并天天奖励学生。

◎ 记录学校阅读生活 ◎

各位家长：

熙晨口述能力很强,宝月理解得很对。熙晨妈妈对孩子口头作文的记录、宝月奶奶让宝月阅读熙晨讲的故事,这个过程就是口头作文和阅读的过程,这种口头作文和阅读的内容发生在学校里,是孩子共同经历的生活,是作文、阅读最好的素材。所以建议孩子讲,家长记录,再让孩子读家长记录加工过的故事,并让孩子说说应该怎么改才能表述得更有趣、更精练。这个过程就是口头作文、阅读、修改的过程。学校里发生的事情,都可以这样口头表述,猜成语只是一个方面。辛苦家长及时发到群中共享,便于家长们了解情况。家长们可以把最合适的文字印下来,或抄下来让孩子读,让孩子读他们自己身边的故事,跟着表达能力强的同学一起学习作文、练习阅读。

我根据家长发到群中的文字稍作修改如下：

跟着韩老师猜成语

雨鑫——第11条龙：韩老师用粉笔在黑板上飞快地从左画到右,然后说在成都武侯祠看到岳飞的草书很有气势,因为汉奸阻挡他抗金,他内心愤怒,所以写得很快。这是什么成语？

我们一家人去沙漠旅游,准备的水都喝完了,我和爸爸妈妈突然看见前方有一桶水,我就飞奔过去了!大家猜猜这是哪个成语?字写得快和飞跑过去喝水说的是同一个成语。

嘉懿——第13条龙:警察抓住了作恶多端的流氓,为被流氓欺负过的老百姓都出了一口气,高兴极了。这是什么成语?

昕奕——第15条龙:宋朝的苏轼文章写得好,是文学家;字写得漂亮,是书法家;当徐州发洪水时,他带领百姓修大坝,在杭州,他清除西湖的淤泥,修了苏堤,他是水利工程家,是科学家……苏轼是了不起的人才,用什么成语说?

昕奕出的题,泽源猜出了答案——旷世奇才,韩老师说:"张泽源你也是旷世奇才!"张泽源回答说:"我才疏学浅!"

……

家长和孩子们都猜出来了吗?雨鑫的答案是"渴骥奔泉",嘉懿的答案是"痛快淋漓"。

奖励学生一段时间后,我把奖励的权利放给了家长,这种"放"使老师不用再出力,却享受学生成长的进步。我给每个孩子印发了一张请家长代劳记录的表格:

成语	出题1~2分	答题0.5分	应用成语1~2分	在群中出题1分

表格下面配有文字说明:

孩子在生活中给家长出猜一猜的题和在生活中自觉运用成语的题,家长可以根据表述的准确性,一个加1~2分。回答家长或同学出的题,说对一个答案加0.5分。在群中出题每个1分。

于是,孩子学以致用的例子层出不穷:

今晚朋友的婚礼上,当主持人"祝你们百年好合"的话音刚落,儿子马上接了一句:"妈妈,应该是珠联璧合,合情合理……"说完没一会儿,可能觉得前面的表达不到位,又来了一句:"妈妈,应该是白头到老!"这个词表达得完全到位,迎来一片掌声!看到孩子的表现,想到韩老师的付出,向韩老师致敬!

这是一豪妈妈在我们班的家长群中发的。看到这样的文字,我能想象得出虎头虎脑的一豪神气的样子。

这种"跟录音读——逐个读——猜成语"的课一般安排在上午的第一节或第二节,在孩子精力最集中的时间进行。安排在下午和放学前最后一节的课是小孩子"坐不住"的时候。这个时候我会告诉学生"如果表现好,韩老师就讲故事"。怎么叫"表现好"呢?就是我放"读词"的录音让学生跟读,当全班学生都能跟着指读时,我就讲绘本故事。小孩子为了听故事,跟读时精力可集中了,那真是一幅让老师心醉的画面。不但孩子们的学习效率提高了,而且我一个星期可讲三本绘本,讲完放回图书角的绘本则成为借阅率最高的书,促进了自由阅读,我这个经常讲故事的老师也被孩子们喜欢上了。

《成语接龙》虽然理解意思有一定难度,但如果教学内容安排得当,加上盖"小老师"印章、听故事的诱惑,孩子们学习的效率真的很高。看到一群奶声奶气的"小不点"专心地读许多大人也读不准的成语,当老师的好开心啊!

孩子们可以这样学习《成语接龙》:读的姿势有,摇头、拍桌、拍手、拍腿、与小伙伴对拍……读的方式有,男女生读、集体读、快读、慢读、对读、同桌赛读、亲子赛读、录音读、打节奏读、表演读、游戏读、利用秒表计时读和限时读、做成语接龙操读……朱霞骏老师为此开发了16种课堂诵读模式,有效地提高了孩子的诵读兴趣。

《成语接龙》上市以来,受到数十万一线教师的认可和推荐,已成为海量阅读的知名畅销书,如今AR增强现实技术版的《成语接龙》更受读者欢迎,在保护孩子兴趣的前提下,"背诵一首古诗,熟记千条成语"一点都不难。

4 天高任鸟飞

一、第 N 本读本

我向来奉行"拿来主义",畅销书《日有所诵》一直是我们课堂上的读本。《声律启蒙》的内容难度大,离现实的生活较远,但有朗读、吟诵的音频,北京新京华学校的王瑞雪老师还拷给我一个视频,有助于理解内容,加上我对吟诵有着浓厚的兴趣,一心想在教学中搞懂声律知识,于是《声律启蒙》也进入了我们的课堂。孩子年龄小的时候读韵律节奏鲜明的文字,会对将来的写作打下良好的基础。现在很多人不会写对联,这与小时候没读押韵的文字关系密切。现代人说白话、写白话,好像与会不会押韵没有关系,其实优秀的白话文同样需要节奏和韵律。

朋友一听我对声律感兴趣,找出《韵读成语》,这是一本按"寒韵、痕韵、唐韵……"排列的成语书。我虽然不懂古韵,但一念成语:"赤县神州,春色满园,绿草如茵,生意盎然,高楼大厦,美轮美奂,硕果累累,捷报频传,普天同庆,锣鼓喧天……"这韵押的,读着太舒服了。再看编排,大大的字,每行之间空一点点,小孩子的小手指放上正合适,最利于低年级小朋友指读。每串成语后都有像《成语儿歌100首》中的单元练习——大显身手试一试。但《韵读成语》这本书是成语串,不是儿歌,所以也适合中高年级学生读。

2014级学生一入学,我就把陈琴吟诵的10首诗注上汉语拼音印发给学生。一开始教学生听陈老师吟诵的诗时,学生们觉得好笑,认为不好听。我就给他们讲诗词故事,再放录音,他们就听得进去了。听了几个星期,竟然听得上瘾了,孩子们跟着录音吟得不亦乐乎。

识字写字是阅读和写作的基础,是小学低年级的教学重点,也是令广大小学语文教师头疼的难题。为此,在尊重孩子的认知规律前提下,力求做到读识写一体,我与朱霞骏老师,国内著名儿歌专家吴昌烈老师,"字族文识字"创始人鄢文俊老师编写了识字写字书《趣读识写一条龙》。《趣读识写一条龙》以童谣、儿歌的形式呈现,朗朗上口,趣味十足,系统地安排了29个笔画、80个部首和100个字族的学习,循序渐进,落到实处,孩子的识字量大幅增加,写的字越来越工整、漂亮。兹摘录一首部首儿歌和一首字族儿歌,以飨读者。

开 口 歌

少字开口,
吵吵闹闹;
刀字开口,
唠唠叨叨;
向字开口,
声音响亮;
宣字开口,
大声喧闹。

kǒu　　　　　chǎo dāo xiǎng xuān
口(字旁)—— 吵 叨 响 喧

青 蛙

天气晴,
好心情。
鱼儿游,
河水清,
青蛙跳,
大眼睛。
绿草地,
红蜻蜓。
请来玩,
玩开心。

qīng　　　　　qíng qíng qīng jīng qīng
青(字族)—— 晴 情 清 睛 蜻
　　　　　　　qǐng
　　　　　　　请

二、彩色空心字与字理识字

通过"海量阅读"使学生在指读过程中无意识识字是我在低年级教学中运用的主要形式,当然,也适当地给孩子讲讲字理。低年级学生不容易集中精力听讲,我便把生字卡片涂成彩色,一方面是为了吸引学生的注意力,一方面更是为了把字理讲得更明白。这样讲字理,就需要老师们在阅读有关汉字知识的书籍之后对汉字进行深入浅出的解读,可以适当为之,不能作为主要的教学内容。如:

把"嫩"左边的"女"涂成红色,因为妇女的嫩腮帮红通通的。把中间涂成嫩绿色,因为那是一"束"被捆扎的嫩草。

把"醒"左边涂成褐色,那是酒坛的颜色。把右边涂成金黄色,那是星星的颜色。我给学生编了个故事:一个酒鬼中午喝光了整坛酒后醉倒在回家的路上,醒来时已是满天星星。

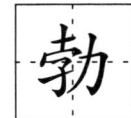
春天山坡上的小草(左上角的"十"和"冖"涂成绿色)和孩子(左下方的"子"涂成红色)都充满了"力"量,真是生机勃勃。

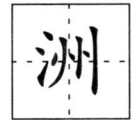
三点水涂成深蓝色,与大海同色,"川"是水流的象形,涂成蓝色,与江河同色。三点涂成褐色,表示水中或岸边的陆地。

左边是"王玉旁",可以把"琢"字理解为玉上有一个斑点,加工时把这一斑点除去,整个字与玉器有关,故主色是蓝、绿,把点涂成黑色。

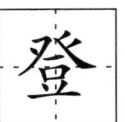
上面的"癶"表示双脚登上山顶,接触到了蓝天,故涂成蓝色。登上山顶捡豆子,因此下面的"豆"涂成黄色。

　在溪水(三点水涂成蓝色)中用大手(右边上面的"⺈"与下面的"大"涂成桔黄色,与肤色相近)洗丝麻(右边中间的绞丝旁涂成与丝麻接近的褐色)。

　脸蛋红红的小"女"孩子王馨婕,手(右边中间的横爪旁涂成接近肤色的黄色)脚(比"走"少一横)敏捷,经常帮助老师到总务处要粉笔、复印材料等。

三、多布几块云彩下雨

人们常说"不知道哪块云彩会下雨"。教师应该多准备几块云彩,因为一块云彩下的雨只能浇灌到一部分学生身上——一种识字教学方法只适合一部分学生。世界上不存在普遍适用的妙招。一年级新生都是怀着对学校的向往之情走进校门的,他们期待着老师普降甘霖。

"韵语识字"对那些安静的孩子效果不错,对"治疗"多动的毛病也有一定效果。但为了使韵文尽可能多地包含生字,编者追求"文约意丰",于是孩子们对韵文的理解会有一定难度,他们更愿意读那些一听就明白意思的儿歌,更何况韵文下面的20多个生字也让有的孩子望而生畏。

班里有几个学生拼读很熟练,但他们怕认字。我不想勉强学生做他们不喜欢做的事情,如果教师的教学方法使儿童在学习过程中产生困难,使他们讨厌知识,使他们的生活失去快乐,使他们与亲人的关系变得紧张起来,那么,这种教学方法还有什么人性可言?于是我告诉不爱认字的孩子,只需读熟文章即可,不必认字。在诵读中与生字"见面"的次数多了,自然就认识了。有的学生更乐于接受"诵读"这块"云彩"下的雨。

解形识字、字理识字、辐射识字……总有一种识字方法会适合某一个学生,云彩多了就会普降甘霖造福大众。

　　王艺璇的妈妈借给我两本儿歌书,由赵若雅的妈妈帮忙,编排成一本小册子发到公共邮箱中。在儿歌后面,我把生字设成特大号的空心字,家长可以引导孩子边背儿歌边用彩笔描字,可以把生字剪开摆成辐射状。对这些材料,我没有任何要求,只是给爱背诵却不爱认字的孩子提供方便,期望这块"云彩"下的雨能让一部分成长中的"小树"得到浇灌。

乔

　　七仙女,真娇巧　　娇

　　下车子,上花轿　　轿

　　扶木栏,过大桥　　桥

　　遇一人,是侨胞　　侨

　　骑着马,真骄傲　　骄

　　汉字是中华民族几千年文化精髓之所在,其内涵的丰富性和多义性令人称奇。但也让许多初识汉字的人不知所以,迷失在方块的丛林中。我想方设法让孩子在海量诵读儿歌中轻松识字,一边在电脑上编排儿歌一边想,我要使出浑身解数诱导孩子们早一天体味阅读的快乐,激起孩子们对明天的渴望,把明天清澈、晶莹、欢畅的涓涓细流疏通到今天生活的快乐之源中去。

5 低年级经典诵读起步教学

无论是读经典还是读白话文,诵读的要求都是做到正确、流利、有感情。教师的引导也都是着力于两个方面:读准字音,指导理解。对于低年级小孩子,无论读哪一类文章都应强化朗读、淡化理解,诵读有一定难度的经典尤其如此。

一、正音在先

低年级小孩子诵读经典的首要目标是把字音读准。字正腔圆地诵读才会给别人带来美感,才能让诵读的学生产生自信,并渐渐热爱诵读。我指导诵读的程序如下:

◇ 齐读

上课伊始,先让学生齐读一遍。第一,所谓"初生牛犊不怕虎",小孩子不知道谦虚为何物,尽管读得不对、不熟,但他自认为会了,必须给他们机会先显示一下能耐。小孩子精力旺盛,让他们先活动活动嘴巴,省得跟老师抢着读。第二,齐读是组织教学的一种方式。我当了二十年班主任,一天又一天,一年又一年地要求学生做好课前准备,费了九牛二虎之力却总达不到目的。时间长了就倦了、厌了、妥协了,我不再费口舌要求学生做课前准备。铃声一响,我起个头让学生读书。孩子们一边往教室里走一边背诵,并迅速地翻开要学习的课文。

◇ 示范读

听学生齐读完后,老师说:"现在,听老师读,你用手指着字。"老师示范读两遍,第一遍边读边强调易错的字音。比如读完"一粥一饭,当思来处不易",强调"'处'是四声"。读完"宜未雨而绸缪,毋临渴而掘井",指出"'宜'是二声,'毋'是二声,'绸缪'的'绸'是'绸'子的'绸','缪'读'móu',齐读三遍'móu'"。学生读后再完整地示范一遍。如果诗文中没有易错的读音,只示范一遍即可。

◇ 齐声慢读

示范领读之后要求学生齐声慢读三遍。齐声慢读是一种很有效的正音方法,对那些读不准的孩子来说,自己不张嘴只听别人读,当然读不会;但让他自己读他总是出错,读错了也浑然不知。在齐声慢读时,学生边读边竖起耳朵听大家的读音并自我纠正。之所以齐读三遍,一是要读正确需要反复练习;二是读三遍的时间较长,老师趁机巡视,除了示意那些不张嘴的懒孩子张口读之外,还要把耳朵附在那几个"南腔北调"的学生嘴边听听,发现错误读音,及时强调纠正。

◇ "开火车"读

"开火车"读可以了解每一个学生的诵读情况,"一节车厢"读错的句子,全班学生都跟老师齐读三遍。"一列火车"开完后,全班三分之二以上的学生已能读准字音。但还有近三分之一的学生读不准确,其中两三个学生照旧"南腔北调"。

◇ 陪读

在课堂上能稳住优秀学生,带动中等学生,还能保证少数几个"南腔北调"

的学生读准字音的方法是"小老师陪读"。先让那些读音不准的学生起立齐读，全班同学当"小老师"仔细倾听，谁读准了让谁坐下。那诸多"小老师"们的耳朵都竖起来了，这样就防止那些已经会了的同学贪玩，同时也让他们多听几遍加深印象。齐读几遍之后站着的学生越来越少，大部分坐下当"老师"了，最后只剩几个"学生"，已没有了往日滥竽充数、浑水摸鱼的自在悠闲。想起以前老师累得嘴干嗓子哑，那几个"超级巨懒"却上课不张嘴、下课喊破天，现在我终于"出了一口气"。可"学生"的齐读明显错误太多，需要有正确的读书声音带领，于是我"招聘""小老师"。好为人师是人之天性，想当"小老师"的太多了，那几个"进步大"的当然被优先聘为"小老师"。老师心里明白得很，那是因为他们刚刚"进步"，"退步"的可能性太大，需要强化练习。可小孩子哪里会去深究这些，他们只管高高兴兴地当起了"小老师"。为了大面积撒网，不漏掉一个可能"退步"的"小老师"，我按座次选了四组"常务小老师"，轮流陪读。时间一长，那些坐着的学生因无事可做又开始贪玩，还要经常找坐得最直的，眼睛注视书本的学生加入到"小老师"的行列中，这是区别于"常务小老师"的"临时小老师"。可怜那几个"学生"在这么多"小老师"陪读的"车轮战"中累得嗓子都快哑了。我心里又开始可怜他们，便穿插安排"小老师"读，让"学生"听一听、歇一歇。那几个"学生"听得可认真了，因为歇了之后，他们还要接受全体"小老师"的检查，形势逼人啊，读不准过不了这一关。

以上各种读书方式要根据情况灵活运用，经过一年的训练，我的二年级学生中已无一个差生，一周时间，我的58个学生都背过了20首古诗，人人字正腔圆。

二、简单理解

◎ 借水行舟 ◎

经典诗文以其特有的节奏韵律而焕发着迷人的色彩，读准确只是第一步，如何读出节奏、韵律、意境呢?对我这样没有多少古典文学功底的老师来说,最好的办法就是借水行舟——借助磁带、光盘的熏染力量。可喜的是,区教育局出资给我们订了三套不同出版社的语文课本和配套磁带。课堂上让学生反复听磁带中的古诗诵读,孩子们随着磁带中的节奏摇头晃脑地读古诗。跟读几遍之后,有一部分孩子读得颇有味道。我想方设法寻找更多的经典诵读的磁带、光盘在课堂上放,尤其是那种带着背景音乐、画面的光盘,能向学生传递很多用语言表达不出来的意境。孩子们跟着磁带、光盘入情入境地吟诵,化经典诗文为自己的血肉,渐渐地,那文句、那意境,萦绕心头,如发于己心,愈积愈丰富,愈丰富愈自然贯通。

◎ **模糊理解** ◎

重在吟诵、不求甚解是理解经典的重要理念。逐字逐句解释的方法是以数理剖解之方式,刀斩人文之美文,是最煞风景的事情。低年级小孩子好动,他们不会长时间听老师讲解那些深奥的知识,模模糊糊地理解效果最好。我的模糊理解之法有下面几种:

◇ **归类诵读**

如,学习"一粥一饭,当思来处不易,半丝半缕,恒念物力维艰"时,可让学生找一找意思相近的语言。他们找到了"由俭入奢易,由奢入俭难""细水长流,精打细算""谁知盘中餐,粒粒皆辛苦"……学生头脑中储存的语言杂乱无章,在大脑皮层中是一个个孤立的点,学习理论认为这些点是极容易消失的,既不便于熟记,也不便于理解应用,教师要有意识地帮助学生采撷同类内容构建语言系统。通过归类诵读,不只强化学生的记忆,而且能让学生融会贯通地理解。

◇ **学以致用**

我的网易博客上有一个"学以致用"文档,2007级学生家长们在后面跟帖记录孩子口头运用语言的例子。2014级学生从一年级上学期诵读《成语接龙》开始,我在腾讯微博上开设"学以致用"的栏目,家长们记录孩子们运用语言的例子,便于学生互相启发。我经常从中选取一些来帮助学生理解经典文句。

还是上面那个例子,先通过"归类诵读"理解"一粥一饭当思来处不易,半丝半缕恒念物力维艰",然后把发生在学生自己身上的故事制成填空题,让学生思考回答之后再出示答案。下面是"学以致用"口头填空题的答案。

晚饭后,妈妈收拾桌子时要把剩下的汤倒掉,尹浩全说:"一粥一饭,当思来处不易,半丝半缕,恒念物力维艰!"妈妈听了说:"好!我把汤喝了!"

王艺璇洗手时把水龙头开得很大。爸爸说:"把水龙头拧小一点儿。"王艺璇说:"真是细水长流,精打细算呀!"

宋佳怡又拽着姥爷给她买了彩笔,妈妈知道后教育宋佳怡要节俭,宋佳怡马上接话道:"我知道,由俭入奢易,由奢入俭难。"

每当学习这些以学生自己为主人公的小故事时,孩子们都热情高涨,学以致用的效果很好。

◇ 看图对照

对擅长形象思维的小孩子来说,通过看图理解是简单易行的方法。比如《风》这首诗下面画着四幅图,我问第一幅图写哪句诗?孩子们看了一眼那幅树叶飘落的秋景图说:"解落三秋叶。"我的弟子们由于平日"归类诵读"而形成习惯,没有等我提问,他们又异口同声地背诵"金风送爽、雁过留声、秋色宜人、天朗气清……"

三、一年级下学期课堂纪实

一年级课堂以读为主,简单得无法上公开课。但小孩子稍学一些简单的古文就能上出非常漂亮的公开课。下面是我在全市"主题学习"会议上一节公开课的部分课堂实录:

(一)"开火车"口头填空

第一张投影片是口头填空,按座位"开火车"回答,每人回答一行。紧跟着出现带答案的投影片,全班齐读。

> **一 箭** 双雕　　悬崖 **勒马**
> **火 中** 取栗　　**削足** 适履
> 缘 **木** 求 **鱼**　　蚍蜉 **撼树**
> 螳螂捕蝉,**黄雀在后**
> 醉翁 **之意** 不在酒
> 鹬蚌 **相争**,渔翁 **得利**

这是《成语儿歌100首》中的口头填空题。

《小学生拼音报》提供了_____的知识,给我带来了_____的快乐。她是我生活中不可缺少的_____。每当《小学生拼音报》发下来,我总是_____地展开报纸,从头到尾看起来。我_____地欣赏优美的文章,_____地积累美妙的词句。这种读报的充实和愉悦_____。我对《小学生拼音报》_____。

这是《小学生拼音报》中的口头填空题。

一粥一饭,_____。半丝半缕,_____。宜未雨而绸缪,_____。
由俭入奢易,_____。少成若天性,_____。

这是《国学启蒙》中的口头填空题。

> 学习硬笔书法要有_____的精神。在取得成绩的同时,不要沾沾_____,盲目_____;在没有明显进步时,也不要_____。

这是与教材配套的《写好铅笔字》中的口头填空题。

> 燕雀哪知鸿鹄志,_____。 鹬蚌相争,_____。
> 城门失火,_____。
> _____,定卜燕山五桂芳。 _____,大海终须纳细流。
> 家丑不可外传,_____。 鬼神可敬不可谄,_____。

这是《国学启蒙》中的口头填空题。

> 年方少,勿_____;饮酒醉,最_____。
> 步从容,立_____;揖_____,拜_____。

这是《弟子规》中的口头填空题。

(二)老师提问题,同学们用自己的话或者是学过的语言知识回答

大家在一个班学习免不了相互比较,同学们之间要比什么?

惟德学,惟才艺,不如人,当自励。若衣服,若饮食,不如人,勿生戚。

大家同在一个教室里学习,同读一本书,学习的效果一样吗?

蚕食桑,而所吐者丝也,非桑也;蜂采花,而所酿者蜜也,非花也。读书如吃饭,善吃者长精神,不善吃者生疾瘤。

为什么效果不一样?怎样做效果好?

不怕慢,就怕站。

笨鸟先飞,大器晚成。——勤奋努力

闻鸡起舞。

两耳不闻窗外事,一心只读圣贤书。

一年之计在于春,一天之计在于晨。

成事立业在今日,努力请从今日始!

《长歌行》:少壮不努力,老大徒伤悲。

少年易学老难成,一寸光阴不可轻。一寸光阴一寸金,寸金难买寸光阴。

《照镜见白发》:宿昔青云志,蹉跎白发年,谁知明镜里,形影自相怜。

《今日歌》《昨日歌》《明日歌》

劝君莫惜金缕衣,劝君惜取少年时,花开堪折直须折,莫待无花空折枝。

昼坐惜阴,夜坐惜灯。读书须用意,一字值千金。

宁舍一锭金,不舍一年春。

读书法,有三到。心眼口,信皆要。方读此,勿慕彼。此未终,彼勿起。

宽为限,紧用功。工夫到,滞塞通。心有疑,随札记。就人问,求确义。

我和同学们通过一年的朝夕相处,我觉得我们班每一个同学都是好孩子,因为大家都很诚实,有错就承认,就改正。我们班的书都是同学们自己借的,从来没有图书管理员,大家会自觉去填写借书卡,有的同学把书丢了,马上告诉老师,然后再买一本补上,一学期结束了,一本书都没有少。老师喜欢大家,喜欢我们班每一个同学,喜欢我们这个班集体。因为你们都是诚实的好孩子,同学们懂得许多诚信做人的道理,把这些道理说给大家听听:

若要人不知,除非己莫为。

凡出言,信为先,诈与妄,奚可焉?

话说多,不如少;唯其是,勿佞巧。

事非宜,勿轻诺,苟轻诺,进退错。

得人一牛,还人一马。老实常在,脱空常败。

许人一物,千金不移;一言既出,驷马难追。

季布的故事"一诺千金"。

心口如一,童叟无欺,人有善念,天必佑之。

王健龙的妈妈在给老师的回信中说家长叫他干什么,王健龙马上就去做,为什么,健龙?(父母呼,应勿缓;父母命,行勿懒)孝敬父母长辈的道理你知道多少?

在家敬父母,何必远烧香。

孝当竭力,非徒养身。

慈母手中线,游子身上衣……

同学们热爱学习、诚实守信、团结友爱,可美中不足的是有时为了一点小事就打架闹别扭,那可真是针尖对麦芒——?(学生齐诵:尖对尖)你来告诉打架的同学相亲相爱共同进步的道理。

鱼帮水,水帮鱼。

土帮土成墙,人帮人成城。

人心齐,泰山移。

只要桨划齐,不怕浪花急。

一块砖,难垒墙;一根杉,难盖房。

众人拾柴火焰高。

责人之心责己,爱己之心爱人。

严于律己,宽以待人。

闻过怒,闻誉乐,损友来,益友却。

闻誉恐,闻过欣,直谅士,渐相亲。

君子之交淡以成,小人之交甘以坏。

三人同行,必有我师,择其善者而从之,其不善者而改之。

财物轻,怨何生,言语忍,忿自泯。

能亲仁,无限好,德日进,过日少。

刻薄语,秽污词;市井气,切戒之。

好言难得,恶语易施。

彼说长,次说短;不关己,莫闲管。

见人恶,即内省;有则改,无则警。

凡是人,皆须爱。天同覆,地同载。

己有能,勿自私;人所能,勿轻訾。

勿谄富,勿骄贫,勿厌故,勿喜新。(不能嫌贫爱富、喜新厌旧)

人有短,切莫揭,人有私,切莫说。

静坐常思己过,闲谈莫论人非。

道人善,即是善,人知之,愈思勉。

扬人恶,即是恶;疾之甚,祸且作。

善相劝,德皆建;过不规,道两亏。

凡取与,贵分晓;与宜多,取宜少。

得人一牛,还人一马。老实常在,脱空常败。

将加人,先问己;己不欲,即速已。

(瘐亮为什么坚持骑那匹不吉利的马呢?己所不欲,勿施于人)

别人性情,与我一般。时时体悉,件件从宽。

恩欲报,怨欲忘;抱怨短,报恩长。

同学们现在一起学习、一起游戏,多么快乐,但六年以后,大家可能到不同的中学、不同的班级上学,你们将会背诵古人的哪些诗来表达同学之间的友情呢?

《送朱大入秦》:游人五陵去……

《黄鹤楼送孟浩然之广陵》:故人西辞……

《送杜少府之任蜀州》:城阙辅三秦,风烟望五津。与君离别意,同是宦游人。海内存知己,天涯若比邻。无为在歧路,儿女共沾巾。

《过故人庄》：故人具鸡黍……

《送元二使安西》：渭城朝雨浥轻尘……

《别董大》：千里黄云白日曛，北风吹雁雪纷纷。莫愁前路无知己，天下谁人不识君。

《送友人》：青山横北郭……

《金陵酒肆(sì)留别》：风吹柳花满店香，吴姬(jī)压酒劝客尝。金陵子弟来相送，欲行(xíng)不行各尽觞，请君试问东流水，别意与之谁短长？

《赋得古原草送别》：离离原上草……远芳侵古道，晴翠接荒城，又送王孙去，萋萋满别情。

《山中送别》：山中相送罢，日暮掩柴扉。春草明年绿，王孙归不归？

《赠汪伦》：李白乘舟将欲行，忽闻岸上踏歌声。桃花潭水深千尺，不及汪伦送我情。

《增广贤文》：酒逢知己饮，诗向会人吟，相识满天下，知心能几人。

……

活泼好动是小孩子的天性，他们没有耐心和风度当听众、观众，听老师讲，听同学回答，时间稍微一长，他们就会坐不住。想让他们把精力集中到学习上，唯一的办法是让全班每一个学生都当主角，经常让他们的嘴活动活动，同时达到复习的目的，所以上课伊始，"开火车"逐个读后紧跟着齐读。

孩子们的回答，有的引用了《弟子规》《好妈妈儿歌400首》中的句子，那是我们上课集体学过的；有的引用了很多古诗，那是部分"能飞的学生"自己读的。这是一节复习课，在高高的舞台上，面对上千名老师，读书少的孩子有"开火车"回答的机会，读书多的学生有更多抢答的机会。我只简单地提一个问题，孩子们你诵我背，好不热闹，一个孩子起个头，许多学生站起来背诵。家常课的知识含量虽然没有这节课高，但"一以贯之"的是学生是课堂的主人，课堂是学生的舞台，老师不能喧宾夺主。

第四章
语文课本的教学

如何在低、中、高年级两个星期完成语文课本的教学任务?写字教学的方法如何高效实用?怎样对付考试?

一年级上学期开学两个月海量练习拼读之后,全班学生的拼读速度提上来了,再读课文已不太困难。一年级的课文很短,把整本书的课文录音听一遍才不到半小时,所以一年级上学期就完全可以用两个星期的时间完成课文的阅读任务,但书写生字的速度却很难加快。

到二年级时,学生的拼读速度更快,已认识常用汉字,朗读课本对学生来说已轻而易举,二年级要求书写的生字数量很多,也不容易提速。所以一、二年级的学生书包内要装两本课堂共读的书,一本是课本,一本是课外书,课本主要是为了让学生照着笔顺写字。

到了三年级,学生已掌握了书写笔顺,可以请书法规范的人把个别笔顺易错的字一笔一笔拆开,写成字帖复印给学生临摹,这样就可以用两个星期时间完成课本的阅读教学,然后把课本放在家中,以后只写"看拼音写汉字"和课本要求写的作文,书包中只放一本课堂共读的课外书即可。

1 低年级课本的阅读要淡化理解、强化诵读

一、蹒跚学步的一年级上学期

低年级语文课本的教学只有一年级上学期特殊一些,因为有些孩子上学前识字少,拼读速度很慢,还不具备自学的能力,所以课本的阅读教学安排在 11 月,在小朋友稍微有一定的拼读基础时再学。从一年级下学期开始,都在开学初先读课本,然后再一边读课外书一边写字。2007 年那一届一年级的课本教学,我还慢一些。2014 年,方法更得力,用两个星期时间就完成了课本的阅读教学。

◎ 2007 级一年级上学期的教学 ◎

2007 级学生的教材是苏教版的。起始阶段写一课生字要用三天时间,要反反复复地练习。笔顺、笔画、握笔姿势、写字姿势……写字教学的啰唆事一大堆,阅读应该先行一步。只有尽快形成一定的阅读能力,孩子们能自己读书了,课堂才能安稳下来。

于是以两天一课的速度练习写字,同时以一节两课的速度练习阅读。课文比儿歌篇幅长,学生阅读有一定的困难,老师先示范读。北海学校的教室里有话筒,第一遍示范读我不用话筒,让孩子们用手指着静静地听,力求在教室里创设一个相对安静的环境。第二遍、第三遍我对着话筒大声读,学生跟着小声读。然后学生自己读,我在教室里转来转去地听,看到谁能合上书当堂背诵我就俯耳过去听一会儿,在学生的书上盖印章。背完一篇再背下一篇,有了正事干,在课堂上玩的学生越来越少,捣蛋的孩子就显得与这个好学上进的集体格格不入,他们渐渐地也捧起了书。

苏教版课文后面的二类字是带拼音的,不方便认读。我给学生打印了一张不带拼音的生字表,生字是从课文中找的,比教材中要求的二类字数量多一些,标有页码。如:

第58页:亭 座 枝 烟

第60页:闹 做 餐 操 升 旗 刷 洗 穿 起 钟 床 用 阳 台

优秀的学生不但背诵了课文,还认读了这些生字,差一些的学生能按进度读熟课文就可以了。这样学生各尽所能,人人有事做。我发现一年级的学生个个是背诵天才,但有小部分孩子认读汉字很困难。不论是按课标要求的识字量进行教学,还是像我这样大量识字,每个班总有十几个学生识字较困难。于是我在课堂上渗透"字理"知识,还给家长印发了一部分,期望通过一对一的教学使每一个孩子都能闯过"识字关"。这是我发在博客上的文章:

字 理 识 字

有的孩子不喜欢认字,认得慢忘得快。对常用的独体字和偏旁部首,请家长要给孩子反复讲解。学习不排除"死记硬背"。等学生认识了一部分独体字之后,再认读形声字就容易多了。不具备最基本的汉字知识,老师的教法再巧妙也无济于事。我曾苦读《说文解字》,能写一部分象形字,但有些孩子上课精力不集中,什么办法也难出效果,我把一部分汉字教法印发给家长,请家长一对一地教那些识字慢的孩子,或许效果会好一些。

给初学汉字的一年级小孩子讲字理知识要遵循一个原则:用学生熟悉的部件来记忆生字。比如:用"奔'走'(辶,走之底)相'告'自己的创造"来解释"造"这个字效果不好,因为"告"是学生没学的字,用生字解释生字,学生还是很茫然。不如这样解释:"拿着自己制造的小发明边'走'(辶)边张'口'告诉人家"。识字少的孩子也认识"口"字,用熟字解析字理能给学生留下印象。再就是用彩笔写生字卡片,用不同颜色标记字的部件。为了激发孩子动手动脑的兴趣,可打印楷体空心字,让孩子用彩笔描画要求他记忆的部件,描画的这些构字部件是孩子熟悉的、会写的。

我举例是为了抛砖引玉,相信家长会想出更多识字的妙计。

第一册语文课本上的生字

第60页——

闹:把"市"场搬到家"门"里,太闹了。

穿:古人把兽皮用"牙"咬个洞"穴",套到身上当衣服穿。

起:自"己"起立向前"走"。

床:在房("广"、"宀"、"门"、"户"、"穴")里放块"木"头当"床"用。

脸:"一""人""一"张脸,每人脸上都有肉("月"肉旁)。

刷:用毛"巾"刷不干净换"刀(刂)"刷。

操:动"手(扌)"做操时要张嘴喊"口"令,夏天最好在树(木)阴下面做操。

洗:"先"用"水(氵)"洗。

做:"十""口""人(亻)"都做工。

餐:"人"动"手(又)"拿饭吃早餐。

阳:红"日"照在山上(阝,左耳旁躺下是山的形状,与山有关),阳光遍地。

第 68 页——

宝:"玉"是宝物,藏在"房(宀)"里。

脑:身体(月肉旁)最重要的部分,"文"化知识从这里产生。

双:一只手"又"一只手,"双"手一个模样。

思:找个清静的地方,到"田"里用"心"思考问题。

创:一个"人"用"刀(刂)"创作艺术品。

造:拿着自己制造的小发明边"走(辶,走之底)"边张"口"告诉人家。

一、二年级的课文短,小孩子读熟的时候就差不多记住了。

低年级课本的星级评价如下:

一星级★:朗读课文。

二星级★★:背诵课文。

三星级★★★:认读打印的字词。

阅读教学的速度快,书写生字的速度慢,于是穿插进行课外书的集体共读,课外书的选择和阅读见第三章。2007 级学生读的是玄老汉的《好妈妈儿歌 400 首》,这各 100 首成语、俗语、谚语、歇后语给孩子带来很多快乐,这 400 个题目成为他们以后作文中的语言。

◎ 2014 级一年级上学期的教学 ◎

2014 年教一年级时,我拒绝公开课,但欢迎家长进课堂,课堂上几乎天天有护导的家长,因为家长观察的角度和老师不一样,家长观察的是老师关注孩子了没有,老师在教室里是如何维持纪律的,那些捣蛋的孩子是如何让老师手忙脚乱的,所以家长在教室里时,老师呈现的就是一点儿不加修饰的、最常规的课。而老师们听课,喜欢的是花样百出的教学形式,热衷的是符合什么教育新理念,期盼看到授课老师的教学功底有多深厚。简单地说,家长们希望看到孩子们学得好,老师希望看到授课老师讲得好。其实,形式、理念、功底都在实际教学中起不到多大作用,所以,尽管我下功夫啃过《说文解字》《字理识字》等书,但面对很难集中精力听讲的一年级小孩子,我几乎不讲这些高深的知识。一年级的教学特点就是一句话:多读书,少说话。只要能抛开烦琐的理解少说多读,能有效地维持纪律,从而做到少说多读,一年级上学期用两个星期时间完成课本阅读教学任务更容易。一年级的课文实在是简短,整本书的录音半个小时就能听完。2014级的一年级少说多读的结果是,除拼音教学外,我用了不到两个星期的时间把语文课本的阅读任务完成了。

第一天学课文,就先把整本书的录音完整地放了一遍,以后哪天语文课多就再放一遍整本书的录音。听几遍录音之后,孩子对课文的大意就有所了解了,课文的意思很浅显,不用讲解小孩子都明白。教学的难点是小孩子的学前基础差别很大,学前识字多的读课文轻而易举,听两遍录音之后,自己一两天工夫就能把整本书读熟,就可以找老师检查整本书;而拼读慢、识字少的孩子读熟一首儿歌都很困难,他不具备自己读会一篇文章的能力,读会一点点就"得瑟"得不行了,就非要找老师检查,那些天性安静的孩子也是这样。对这些孩子,不能抽查,因为他们拼读的错误较多,而老师实在无法一一检查。于是,教室里一片混乱,学前基础好的学生因为会读了而坐不住,学前基础差的因为不会读也坐不住,集体教学很难适应全体学生,一年级的教学实在很低效。一对一地辅导效率非常高,但家长下班后一对一地辅导不了多长时间,小孩子就睡觉了。如何把一对一地辅导搬到课堂上呢?合作学习在低年级不管用,小孩子眼中只有自己,老师倡导同桌一起读,小孩子听而不闻。怎么才能让识字多的孩子乐于教同学读书呢?我先刻了20个小印章,有数字,也有红旗、苹果、花朵等简单的图案。

我想到那些乐于"管"别人的孩子,人的天性中大概都有"当官"的愿望,一年级小孩子格外渴望"管"别人。于是我到处搜索带盖的小盒子,放上一块海绵或布,倒上印泥油,就成了一个小印泥盒。然后找合适的自封塑料袋,用记号笔写上与印章相同的标记。没有合适的袋子,就用大一些的塑料袋剪去一部分再用透明胶贴好。那些识字多的孩子两天就把整本书或读熟或背过了,领到一个装有印章、印泥的自封塑料袋。"大印"到手,"小老师"们好兴奋,玩弄不止,有的很快把自封塑料袋玩破了,有的把记号笔写的数字抹掉了。于是我把每个塑料袋封口处的突起部分削掉一小块,有意让袋子稍微漏点儿气,以免小朋友封口后一压,空气就会把塑料袋鼓破。用记号笔写好数字后,再用透明胶粘一粘,一方面可以使塑料袋更结实一些,一方面可以防止把数字抹掉。

于是早读、午练时间,每节语文课的后半部分,"小老师"坐在自己座位上,学生下位找"小老师"盖印章。因为识字多、勤奋学习而竞选上"小老师"的孩子手持大印检查别人,有成就感;识字少的一天盖了数个印章,也很有成就感。教室里好像很乱,但主动自觉学习的孩子明显多了。小孩子都有强烈的上进心,只要有一对一的辅导检查,让他们努力的结果立刻得到肯定,小朋友都会爱上学习。20个"小老师",人数足够多,全班52个学生,有坐在自己座位上自学的学生,有20个"小老师"足以一对一地检查辅导,于是,课堂上就很少有贪玩不止的孩子了。本来,我自己也认为在一年级上学期用两个星期时间读熟课文不现实,打算慢慢读,计划读三个星期或一个月。但学课文的第一个星期,孩子感冒的多,就把重点放到写字教学上,人数少,老师有精力监控学生的笔顺正确与否。学课文的第二个星期,我把精力放到了课文的朗读上,打算先读熟课文再写字。但没想到,星期一接到聊城大学的通知,要我去培训两个星期,那我就必须尽快结束正在进行的教学内容,不要把尾巴留到两个星期后。

学课文那几天,上课集体学习的内容形式主要有两项:1.听录音。这种标准规范的录音一定要海量地听,孩子才能读得规范;2.学生一人读一段,这个机会一律不给"小老师"。什么叫教育公平？就是让每个孩子都有展示自己的机会。把识字多的学生排除在外,识字少的孩子才有更多的机会。读得基本正确,我就在学生的"印章表"上盖一个"小老师"印章,他们也很开心！到星期三下午放学,我给家长分别发了如下飞信：

某某没有读完课文,但也差不多了,请家长今天晚上把没盖印章的听一听、教一教,听孩子念熟了就在题目旁写上"会念了",家长的签字也顶一个印章。请写条说明一共多少个印章(从 44 页起,包括家长写的"会念了"),明天早上尽量让孩子稍早一些到学校(我 7:40 到教室),我抽查后让孩子领了奖,让孩子受到鼓励。

已读完整本语文书,真棒！下个星期读《成语接龙》也要多挣印章啊！加油！

已背完整本语文书,真棒！下个星期读《成语接龙》也要多挣印章啊！加油！

已读完整本语文书并当上"小老师"成为韩老师的小助手,真棒！下个星期读《成语接龙》也要多挣印章啊！加油！

已背完整本语文书并当上"小老师"成为韩老师的小助手,真棒！下个星期读《成语接龙》也要多挣印章啊！加油！

星期四上午,全班所有学生都读熟了课文,课本上要求认识但不要求会写的二类字,有一部分孩子不会读,但没有关系,继续阅读,常用的 2 000 个汉字都会在阅读中掌握的。

下星期要学习的《成语接龙》竞选"小老师"的工作早已开始,已经有部分学生通过了检查。周四、周五又掀起竞选"小老师"的高潮,有的小朋友为了当上"小老师"主动地、拼命地学习,有几个学前识字不多的孩子也竞选上了"小老师",你看,让学生"当官"的力量有多大！后来,我从网上订了几十个不用印泥的印章,使用方便,图案漂亮,加上原来刻的,加上家长自己订购的带有孩子姓名的印章,足够全班学生每人一个。每学一本书,我都先列出当"小老师"的最低条件,比如,学习《韵语识字》时,会认两个单元的生字,就能当上"小老师"。

但这个"小老师"只能检查他已盖上印章的两个单元,其他单元自己不会的不能检查别人。所以为了创造检查别人的资本,"小老师"要不断地学习,先当上优秀"学生",才能当好优秀"老师"。这真是一举三得的好事:一是分散了老师检查的压力,老师不用天天面对一长队学生;二是学生在检查别人的过程中使已经学会的知识得到复习巩固;三是当好"小老师"的愿望成为孩子们自觉学习的强大动力。

说明:2014级学生在一年级上学期学的《成语接龙》,在学习过程中感觉有一定难度,所以不建议老师们在一年级上学期教学。

二、渐行渐稳的一年级下学期

◎ 苏教版教材的学习 ◎

下面是2007级学生学习第二册苏教版教材的记录:

春节之后,我明显感觉到孩子们的阅读能力提高了许多,三分之二的学生听两遍录音再自己练习两遍就能熟练朗读课文。在阅读之路上,他们渐行渐稳。

开学第一节课,学习集中识字1至4课,四课一起学习。先让学生跟着录音读,为的是读准字音;然后老师对着话筒读,学生跟着小声读,为了尽可能多地给学生"字正腔圆"的熏染机会,从而提高全班学生的朗读水平;接下来是"开火车"读,让每一个学生都能读准字音;最后让学生自己有声有色地读。然后教笔顺,写字。先让学生照着课本上拆开的字用手指在桌上画,然后跟着我看着黑板书空。大部分是熟悉的部件,书空一遍就行了。"桃"字右边的"兆"是第一次写,就多书空几遍,师生一边念"一笔撇、二笔点、三笔提、四笔竖弯钩、五笔短撇、六笔点",一边用手指在桌上画,越念越快,越画越快。学生眼里闪着兴奋的光,晃动着脑袋,把画字当成了玩耍。我喜欢的就是这种学习状态,也挥手画着,张嘴念着。再以后,不用我提示,一说书空生字,这种既动手又动嘴还要动脑的"好玩"的学习过程就"自动"开始了。

第二天学习《春笋》《雨点》。《雨点》是一首儿童诗,学生先自己读,再"开火车"一人读一句;然后听录音,听着背景音乐想象着课文描绘的画面读;最后看着我的动作读书:我眼睛一闭,头一歪,学生就说:"雨点落进池塘里,在池塘里睡觉。"兴奋的声音此起彼伏。"我,小雨点正在睡觉,别吵醒了我。"于是孩子们轻轻地说:"雨点落进池塘里,在池塘里睡觉。"我跳起,孩子大声地说:"雨点落进海洋里,在海洋里跳跃。"许多孩子的屁股蹦离了凳子,好开心!学生的眼睛大都脱离了课本,哈哈,他们已经背过课文了。我没有"指导"一个字,学生就把课文背过了,"语感"也有了,兴致勃勃的学习状态也有了,我不费吹灰之力,不容易达到的教学目标都完成了。最后同桌之间一个做动作,一个背诵,教室里更热闹了! 我乐得咧着嘴瞅瞅这个看看那个,眼前似乎是一片茁壮成长的小树苗!

第三天、第四天学习《小池塘》《春到梅花山》《草原的早晨》,早上照样不遗余力、不露痕迹地引领学生朗读课文。这三篇课文较长,首先还是形式不同的"读",读熟的就背诵,别让学生闲着——那些精力充沛的孩子们一闲着就闹腾。然后是听同桌读,互相纠正,争当"小老师"。最后展示小组"互帮互学"的结果:能背诵的一人背一句(短的段落可以一人背一段),声音响亮、背诵有感情的给小组加分。这样,那些没读熟的学生可以多听几遍。比赛完背诵再找待优生读书,读得好就给小组加分,待优生也有为集体增光的机会了。这样不管优生还是待优生都在不停地读着,每个人都有紧迫感,哪顾得上玩呢!"语感"就是这样"读"出来的,上一届被薛科长称为"小天才、播音员"的学生也是这样一篇一篇"读"出来的。我就这么悠然自得地领着学生四天学了9篇课文。

第五天,我打开录音机让学生往下听课文录音,听一遍自己念一遍,这样又"预习"了两个单元。尽管我的教学速度已经够快了,但还是有不少学生"吃不饱",这样集体"预习"一遍是为了方便他们超前背诵。最快的吴静琨、田欣怡两位同学用不足两个星期的时间就背完课文并认完全册生字。开学三个星期后我班结束了课本的阅读教学。在这三个星期中,有的学生急着背诵,背诵的速度比集体教学的进度要快。有的孩子先忙着看课外书,不急不慢。我对背诵的量没有规定,阅读能力强的孩子拥有相当多的自由,因为我的眼光盯在那些阅读能力差的学生身上。我的教学目标是:全班学生都按进度把课文读熟。至于哪个孩子背诵到哪里,那是读完整本书后我才关注的事情。第三周的周一,半数学生提前背诵完整本书。那些不急不慢的孩子感受到了压力,也暂时把阅读课外书的精力转移到背诵课文上来,好在孩子们个个是背诵天才,只要读准了,读熟了,背诵轻而易举。第三周末,全班学生无一例外能背诵全册课文,第四个星期结束时全班55个学生认完了课本上出现的所有生字词,最慢的两个学生到第五个星期也认完了全册中的生字。我们用一个多月的时间100%地完成了语文课本的阅读、识字任务。写字教学的提速只能是星星点点的小打小闹,孩子的年龄特点决定写字要按部就班进行。

上学期有五个学生没有认会课本上的生字。无论我如何想尽办法,如何软硬兼施,到放寒假时,那五个学生还是没有能力认会,但没想到那五个学生到了下学期突然"开窍"了。这就是大量阅读的作用,在具体的文本中,孩子们一次又一次与生字见面,虽然没有特意观察字形,但见面的次数多了,自然就认识了。

◎ 人教版教材的教学 ◎

2007级学生是把人教版教材当课外书共读的。

5月,学习人教版第二册语文课本(从高年级学生那里借的,作为课外阅读读本),只读熟课文即可,不需要写生字,于是"两周学完一本教材"在一年级下学期就做得到:先和学生听录音;然后学生自己读课文,我转来转去个别提问;最后全班一起讨论一个问题。一篇课文就学完了。

我提的问题具备两个特点:一是简单,绝大部分学生能答出来,差点的学生想一想也能答出;二是总领全文,提领而顿,百毛皆顺。做到这两点看起来难度很大,需要耗费诸多脑细胞去备课,实际不然。我备课是一气呵成的:读几遍课文,把生字词输到电脑上,印发给学生,再揣摩一下重难点。此后,直到上课前课本就再也没有翻开过。备课简单,教课也简单。

这天学的是《咕咚来了》。学生自读时,我照旧转来转去,先问:"你读了这篇课文懂得了什么道理?"学生大多照本宣科:"咕咚是木瓜掉到水里发出的声音……"这个问题深了。我又问:"你喜欢哪个动物?"刘宇航回答:"我喜欢小鹿,小鹿身上长着花。"他的同桌不问自答:"我喜欢小兔,咕咚一声响就把它吓跑了,它实在太好玩了!"这个问法偏了,再换个问法:"你应该向哪个动物学习?"

"我要学习小野牛,人家都吓跑了,它却不跑,它胆子大,勇敢。"

"我也学习小野牛,大家都惊慌失措,只有它不慌不忙。"

"我也学习小野牛,古代有'三人成虎'和'曾子杀人'的故事,说的人多了大家都相信了,但小野牛不盲目跟从,它很有主见。"

"小野牛先问大家为什么跑,再回湖边看,先调查清楚再行动,这样不会有危险。它不但胆子大,还心细如发。"

孩子们各抒己见,调动了平日的积累,谈得有文采又有深度,大大出乎我的意料。

教一年级学生的感觉如同哺育一个婴儿,学生的阅读能力每天都在提高。《小学生拼音报》《日有所诵》《弟子规》《增广贤文》都是我班语文课堂上的"教材",一年级结束时,中等水平的学生能认识2000多个汉字。写完作业后的自由阅读成为我班一道亮丽的风景,孩子们已在白纸黑字中找到了快乐。

晚饭后,妈妈在看书,吴静琨要妈妈帮她拿杯子,叫了几声,妈妈都没有听见,她跑过来说:"妈妈,你可真是两耳不闻窗外事,一心只读圣贤书。"

高怡恬在家绘声绘色地讲述学校里发生的趣事,爸爸说:"恬恬,你长大后考北京电影学院吧。"高怡恬立即回答:"我不当演员,因为人怕出名,猪怕壮。"

周六参加英语大赛,抽完签以后,爸爸说:"既然你抽到了二号,那就把开篇的自我介绍改一下吧。"宋佳怡很不情愿地说:"你这不是临渴掘井嘛。"

……

类似的小段子,家长在我的博客上发了几百条,我的一年级学生虽然不会"下笔成文"(没提倡写),但个个"出口成章",这都是大量阅读的功劳。

就这样,我们班的阅读、识字教学明显提速,到一年级结束时,学生平均识字量超过2000字。当小孩子在短短的一年内认识了常用汉字,能轻松阅读小故事时,他们惊奇地发现:白纸黑字上的这些符号都含着这么有趣的故事,就不知不觉地爱上了如同魔术一样神奇的文字符号,他们小小年纪就能自己独立做一件事情——阅读,多么自豪!多么快乐!于是,我的小弟子们个个爱读书,人生奠基工程中承载重量最大的基石已结结实实、稳稳当当地立起。

二年级语文课本阅读教学的速度、形式和一年级大同小异。

2 中高年级课本教学

海量阅读的学生在低年级经过了大量的朗诵、背诵训练,到了二、三年级,所有学生拿到语文课本就能流利地朗读,用两个星期时间学完课本成为轻而易举的事。如果没有单元考试的压力,就两个星期完成课本的阅读教学,除课本上的一类字、课本要求写的作文还要慢慢写外,中间有两到三个月的时间,阅读的内容都是课本以外的书。一直到期末考试前再做各种题型来备考。语文课本的教学中高年级基本是一样的,不一样的是高年级课文长,两个星期学完课本反而不如中年级轻松。

下面以苏教版第六册、第七册的备课及上课为例来说明中高年级课本的教学。

一、夯实基础的备课

苏教版第六册课本的备课有三方面的内容,除一年级外,第三至十二册的备课都是这么大同小异的的三大块。

◎ 课文口头填空 ◎

如《庐山的云雾》一文的填空：

景色_____的庐山，有高峰，有幽谷，有瀑布，有溪流，那_____的云雾，更给它增添了几分_____的色彩。在山上游览，似乎随手就能摸到飘来的云雾。_____山道，常常会有一种_____、_____的感觉。

这样的口头填空题最多，目的是背诵词语和表现力强的句子。嵌在文中背诵，能达到记忆与理解课文的双重目的，当然"理解"不要求深刻、准确，模模糊糊即可。

这一课写庐山云雾的_____之美，表达了对_____的热爱之情。

这是我深恶痛疾的题目——背诵主要内容和中心思想。但常规书面测试卷上，这是常见的题目，只不过有时候改头换面，变成问答题、选择题等。其实海量阅读奉行"不求甚解"，只会提高学生的理解能力，不会阻碍学生理解能力的发展，有的学生在答卷过程中不能用准确的语言来表达对文章的理解，那只是暂时现象，或是因为"粗读"的数量不够，总有一天，我们会发现孩子"豁然开朗"。但眼前，我先免除"后顾之忧"——考试成绩免受影响，出这样的题目，并配有答案。

从下列词语中选择合适的答案：

一泻千里　云遮雾罩　流连忘返　气象万千　风云变幻　奇峰异岭　若隐若现　腾云驾雾　飘飘欲仙　白云苍狗　瞬息万变

根据意思说成语：

_____：形容景色和事物多种多样，富于变化。

_____：比喻世事的变化无常。

……

成语运用猜一猜：

你实话实说就行了,不要_____地兜圈子。

时至今日,会议筹备情况仍是_____,甚至连邀请哪些国家与会都不清楚。

……

每个单元后面都跟着这样的词语练习。

大部分学生能在开学两周内完成口头填空题的背诵,基本和"两周学完教材"同步。

"课文口头填空"学校不印,方便打印的家长有的愿意多印一份给其他同学,一向有家长如此！有的愿意哄孩子早早背过,一开学就通过检查,然后借给同学用,既节约又助人,也是"低碳"价值观的践行方式。每一册书的"课文口头填空",我都在开学前早早准备好,在发给家长的同时也发给同事们,同年级的老师可以改成PPT课件用,节省了大家的时间。

◎ 根据拼音写汉字 ◎

郑丽萍拷给我一个注音软件,春节前后,我整理"根据拼音写汉字"练习。这份练习我一向重视,既练习拼读,又练习写字,这是一项常规练习。因为这项练习,我在一年级用三个星期就结束了拼音教学,却没有学生留下不会拼读的后遗症。我常常观察阅读能力差一些的学生,很高兴看到他们能独立拼出字的读音。与"课文口头填空"一样,也是"练习"与"答案"配套。

所谓"答案"就是"词语表",下面是苏教版第六册第146页的词语表,一个生字组了两个词。

P146 挥舞 发挥 舞蹈 舞曲 夺走 争夺 依靠 靠拢 成熟 熟练 娇娃 娃娃 脸蛋 鸡蛋 不禁 禁止 一番话 番茄 仿佛 剪枝 盼望 疯长 红润 远近闻名 充满信心

把词语粘贴到注音软件上,转化成音节复制到文本上。为了避免学生照抄词语表,要把一课之内的音节调乱顺序,那么学生做这份练习时,即使想照抄也必须在拼读之后。于是,我一个词一个词地调来调去,完全是一种重复机械劳动,不禁心生厌烦。厌烦又有什么用呢?开学后再做这件事必定手忙脚乱。让别人做,一是我不放心,二是同事都忙得很,我怎么好意思再给她们增加负担?于是打开薛瑞萍送给我的佛教音乐,边听边"机械劳动"。心平静了,智慧就来了。按 Ctrl 键,同时选择部分词语,剪切到这一课的后面:

P146　挥舞　发挥　舞蹈　舞曲　夺走　争夺　依靠　靠拢　成熟　熟练　娇娃　娃娃　脸蛋　鸡蛋　不禁　禁止　一番话　番茄　仿佛　剪枝　盼望　疯长　红润　远近闻名　充满信心

选择上面的词语剪切、粘贴后呈现下面的样子:

P146　挥舞　舞蹈　夺走　依靠　成熟　娇娃　脸蛋　不禁　一番话　仿佛　剪枝　盼望　疯长　红润　远近闻名　充满信心

　　　发挥　舞曲　争夺　靠拢　熟练　娃娃　鸡蛋　禁止　番茄

把"剪切、粘贴"之后的词语复制到注音软件上注音,拼音练习就不用再调序了。再回到词语表上点击两下"撤销",词语回复原位置,"词语表"与"根据拼音写汉字"的顺序就不一样了。

◎　**四字词组、古诗书面练习**　◎

开学初老师先用两个星期的时间教完课文的诵读,课本就可以扔在家里了。这时离考试还有很长一段时间,学生每天都要做书面练习,学生的课本又不在身边,怎么办?不用怕,因为书面练习都准备了答案。

这是部分练习:

若隐_____　腾云_____　失声_____　气喘_____
不知_____　痛哭_____　吁吁_____　淋漓
_____本领　_____所措

夏日田园杂兴——其七　作者：_____

_____　_____

同样也配有打乱顺序的答案。跟"看拼音写汉字"一样，为防止学生抄答案，有意给他们设了一点儿障碍——在一个单元内打乱顺序。

看拼音写汉字和词组古诗练习在整个学期进行，每天写一页，并不是随着"两周学完课本"就结束了。

二、两周学完更扎实

◎ 公开课的尴尬 ◎

20年前，当我还是一个刚刚毕业的小老师时，听同事们在传一个笑话：干净利落的同事李老师在诸多领导、专家的帮助下讲了一节大型的公开课，公开课很成功，李老师备受器重。期末考试考到这一课的内容，让人大跌眼镜的是，她们班的考试成绩因为这一课中的题目扣分过多而成为平行班中成绩最差的，讲公开课、考试成绩一向优秀的李老师成为同事议论的焦点。

费了这么多功夫"磨"出来的课经不住考试的检验，说明什么？当然可以埋怨试题出得死，更能说明花样繁多的公开课不实用，虽然好看，符合了自主、创新等先进理念，却没有帮助学生打牢基础。而我的课从春节以后天天通过"课堂直播系统"向网民公开，如果花样百出以符合专家的口味，以符合层出不穷的新理念，以符合指手画脚却没有深入课堂的理想者的指教，那么面对常规考试，我的学生岂不是要全军覆没？如果应试能力不能轻松提高，还妄谈什么素质教育，什么终身发展？所以，我给自己定的目标很实在：苏教版第七册共七个单元，用七个课时基本结束课文的阅读教学，再用两个课时集中进行分段训练，《配套练习册》等这种耗费师生心力的练习题只选做一小部分，除作文和写生字外，用两周时间轻松完成与课本相关的阅读教学任务。

◎ 低"成本"的备课 ◎

依然在暑假中备课,准备好"课文口头填空题""根据拼音写汉字"等练习。从口头填空题中节选一部分内容按单元设成"大字",上课时打到屏幕上集体讨论。为了节省时间,减少备课的"成本",屏幕上显示的内容是在 Word 上,而不是制成 PPT。选择合适的"显示比例"让文本在屏幕上全屏显示,上下左右页边距均为 0,字号是 80,行距是 77,所有的字一律加粗。我设置的字很大,但教室的电视屏幕容纳不了多少字。内容多的部分,在"字体"中找到"字符间距"适当"紧缩",标点可以设成相对很小的"初号"字。这样屏幕可以容纳较为完整的一部分文字,教师备课的速度就会明显加快。去年孙双金老师带领他的团队——南京市北京东路小学的老师来听课时,按我的要求,他们印好了让学生学习的课文,我从网上搜出课文的电子稿,不到十多分钟就在 Word 上制好课件。曾得过全国大赛一等奖,在全国各地经常上公开课的孙老师竟然对我这种备课、上课方式大加赞赏,后来听朋友转告,孙老师多次在各种会议上提及我这种"成本"低的备课方式和"一本万利"的上课方式。"文本粗读"竟然得到"文本细读"专家的赞赏,实属难得。于是,我敢于对联系听课的老师说:"你们带印好的文章和电子稿来,我现场备课、上课。"各位朋友,像我这样一个从没有经过各种赛课锤炼的,没有多高的个人素质的老师,这样讲是不是有点狂妄?

当然,所谓"低成本"的备课,是相对于常见的一学期教学一本书的教学而言,对于我的课堂教学而言,成本也不低,"两周教完一本教材"的备课用了两个多星期足不出户的日子。

◎ 扎实高效的课堂 ◎

◇ 背诵理解一举两得

铃声一响,先听一课录音,学生跟着录音读,四年级的孩子,学这么浅显的课文,我不再给他们反复朗读的时间。朗读的功底已经在低年级打得扎扎实实,四年级的课堂上,如果要花费时间进行朗读,我会把时间用在有一定难度的文章上。听完录音后在屏幕上出示口头填空题读读背背,之后马上讨论。那些不动脑筋的孩子,他们的收获是当堂的背诵,这是结结实实的收获,我不允许有一个智力正常的学生掉队。课后忘了是另一回事,通过三年的语文课,每一个孩子都知道此时的韩老师"威力无穷",如果因走神而背不过关,"株连酷刑"(同桌俩人都要罚交小奖状)在等着他。我不是严厉的老师,但无限信奉"一以贯之"的力量。

下面就是其中一节课出示在屏幕上的内容,括号内的字在屏幕上很小,学生看不到,那是老师提的问题和答案。

先以第九课《泉城》为例:

说到济南,自然会想到济南的_____泉。其中最_____的要数珍珠泉、五龙潭、黑虎泉和趵突泉了。

济南的泉水_____,所以人们称济南为"泉城"。(因果关系、首尾呼应)

屏幕上出现文章开头结尾两段,背诵之后总结写法,有关"首尾呼应"的知识,我已通过诸多课文跟学生讨论过。有的学生脱口而出,有的学生依然糊涂。但我相信"举三反一"的作用,那些慢孩子,早晚有学会的那一天。

泉水从地下往上涌,好像一串串珍珠。

泉池正中有三股比吊桶还粗的清泉,咕嘟咕嘟地从泉底往上冒,如同三堆白雪。(这两句有什么区别?)("涌"说明泉水少而急)("冒"说明泉水多而缓)

五龙潭在_____,由五处泉水汇注而成。(泉水从几个方向流入?)

泉口是用石头_____成的三个老虎头,泉水便从老虎的口里不断地喷吐出来。(泉水流量多,流势猛)

比较"涌"和"冒"、"汇注"和"喷吐"的区别,是课文后面第四题的要求,边引导有感情朗读,边区分。

(再读每段开头)

说到济南,自然会想到济南的_____泉。其中最著名的要数_____泉、_____潭、_____泉和_____泉了。

珍珠泉在_____。

五龙潭在_____。

黑虎泉的源头在_____。

趵突泉名列_____,位于_____。(先写什么,再写什么?)

这个题目引导学生回答《配套练习册》上的问题:"作者在介绍泉水时,都是先写这个泉水所处的_____,再描绘这个泉水的_____。"同时也认识了"先总述再分述"的写法。

◇ **理清顺序当堂背诵**

以《雾凇》为例,这篇课文要求背诵,第二大段是文章的主体。我指导学生边背填空题边理清叙述的顺序,便于学生掌握背诵技巧。

雾凇,俗称树挂,是在严寒季节里,空气中过于饱和的水汽遇冷凝结而成。

(第一句写水汽从哪儿来?)

从当年12月至第二年2月间,松花江上游丰满水库里的水从发电站排出时,水温在4摄氏度左右。这样,松花江流经市区的时候,非但不结冰,而且江面上总是弥漫着阵阵雾气。

(第二、三句写远远高于当地气温的水汽是怎么来的)

每当夜幕降临,气温下降到零下30摄氏度左右时,这雾气随风飘荡,涌向两岸,笼罩着十里长堤。

(第四句写雾凇形成的第二个条件:气温降得很低)

树木被雾气淹没了。渐渐地,灯光、树影模糊了。这蒸腾的雾气,慢慢地,轻轻地,一层又一层地给松针、柳枝镀上了白银。最初像银线,逐渐变成了银条,最后十里长堤上全都是银松雪柳了。

(从第五句开始写形成雾凇的过程)

对于口头填空题,所有学生都能当堂轻松背诵。通过这样的指导,学生理解了句与句之间的关系,背诵课文也就轻而易举了。

◇ 反复练习扎实有效

小孩子以感性思维为主,到了中年级应该着手培养概括能力,这是一大难点。我利用 Word 文档课件方便修改的优势,教给学生从原文中"摘录概括段意法"。从文中摘录一些词句当作段落大意,并当堂把字涂成红色后齐读二遍,比老师讲学生听的效率高很多。课堂低效的重要原因是学生被动地听讲太多,参与读、说太少。我的课堂上,学生听几分钟就读读背背,所以学生很少走神,即使听得不太明白,也能保证读、背的效果。比如《开天辟地》:

他随手拿来,左手持凿,右手握斧,对着眼前的黑暗混沌,一阵猛劈猛凿,只见巨石崩裂,"大鸡蛋"破碎了。轻而清的东西冉冉上升,变成了天;重而浊的东西慢慢下沉,变成了地。

(大神做了一件什么事?突出了他的什么特点?开天辟地,力大无穷)

天每天升高一丈,地每天加厚一丈,盘古的身体也跟着长高。这样又经过了一万八千年,天升得极高了,地变得极厚了,盘古的身体也长得极长了。

(突出了他的什么特点?顶天立地,意志坚定,矢志不移)

临死的时候,他的身躯化成了万物:口中呼出的气变成了风和云,发出的声音变成了轰隆的雷霆,左眼变成了光芒万丈的太阳,右眼变成了皎洁明媚的月光,隆起的肌肉变成了三山五岳,流淌的血液变成了奔腾的江河,筋脉变成了纵横交错的大道,皮肤变成了万顷良田,就连流出的汗水也变成了滋润万物的雨露甘霖。

(突出了他的什么特点?改天换地,无私奉献、乐于献身,无怨无悔)

这三段,老师提的是同一个问题,学生边背边议,议论的答案是练习册上要求回答的问题,同时,又引导学生理清了全文的脉络。

然后在屏幕上出示下面的词句齐读。

开天辟地:力大无穷

顶天立地:意志坚定、矢志不移、坚持不懈

改天换地:无私奉献、乐于献身

这样背、议、读结合,教学效果扎实有效。

◇ **攻克分段教学难点**

分段是中年级语文教学的大难点。对课文的理解,每一个孩子都不成问题,而"理性分析"却有不少学生难以开窍。在学完整本书后,我又把下面的题目进行了集中练习。

《徐悲鸿励志学画》写年轻画师徐悲鸿留学法国时_____的故事,赞扬了徐悲鸿_____的精神。课文共8个自然段,可分为三段。第一段励志学画的原因:_____;第二段励志学画的经过:_____;第三段励志学画的结果:_____。

《桂花雨》写"我"童年时代_____的快乐情景,表达了对_____和_____的眷恋。第_____自然段写"我"喜欢香气迷人的桂花;第_____自然段写童年时期的"摇花乐";第_____自然段写母亲爱家乡的金桂。

这都是"口头填空题"中的题目,我把段意呈现在学生面前,他们印出来的练习上有,屏幕上也一一呈现出来讨论,力求通过"举三反一""举十反一"让学生能悟出点什么。

为了攻克分段这个难点,我会根据课文内容帮学生找点小窍门。比如《诚实和信任》一课,先根据段意分段。

第_____自然段写"我"深夜驱车回家,撞碎了小红车的反光镜,主动留下联系方式;

第_____自然段写"我"和小红车的主人在电话中相互表示歉意和感谢;

第_____自然段写小红车主人关于诚信无价的话印在"我"脑海中。

再出示口头填空题：

<u>一天深夜</u>，"我"驱车从外地回布鲁塞尔。

<u>事隔三天</u>，一位陌生男子打来电话，他就是小红车的主人。

然后告诉学生，时间也是分段的依据。从课堂上的情况看，学生还是掌握得不理想。等到学习第八册教材时，这项练习还是重点。

对语文课本的备课，我颇费心力。要做到扎实有效，还要尽量避免让同行给"扣帽子"。毕竟大家都在教课文，而且大师的课堂的确精彩，普通老师的"文本细读"课堂也常有精彩的火花闪现，我的"文本粗读"与常规的"文本细读"在比较中会暴露很多问题。比如，大家都在研究两节课如何教一篇课文，我却"一节课教一个单元"，这是不是"快餐文化"？我在此文中反复强调"扎实高效"是不是有"功利"的嫌疑？边背诵口头填空题边理解课文是不是"肢解"了文本，破坏了文本的美感？

是不是"快餐文化"，听听我们是如何读一篇文章的就能说明问题。现在不是以前缺少读物的年代，一篇文字、思想俱佳的白话文，默读一遍就等于读了；如果再出声朗读一遍，那就是细读；如果背诵其中的句段，那就是精读了。如果要求我们用两节课80分钟读一篇500多字的文章，那真的是倒胃口了。

如果我们连扎实高效都做不到，还谈什么美感？学生爱读书，读好书，常从书中受到感染，这就达到了智育和美育的双重目的。如果承载的任务过多，语文课本也会不堪重负，高考之后撕课本就是例子。当然，我在教学语文课本时，也注重思想性，有感情地朗读一直是课堂的主旋律。如果感情色彩淡了一些，那是我个人素养不够，而不是"海量阅读"的问题。

"口头填空题"是我在三到六年级备课中耗费心力很大的一项工作，10多年的"海量阅读"教学之路上，我一直这样为学生能高效学习提供方便。当堂背诵"口头填空题"除了达到积累词语的目的外，帮助理解的作用也很明显。看过我的课堂的老师可能觉得除了听录音外，学生看课本太少。其实，背诵填空题的过程就是看课本的过程,比单纯地看一看、找一找效率要高得多。因为学生都知道,韩老师是要跟上检查背诵情况的,他们必须快速浏览,找到填空题所在的位置并背诵,之后的听讲更有针对性。

对分段、概括段意、概括中心思想,我讨厌唯参考是从,学生讲的有道理就对。中国人的创造力哪儿去了?从上小学开始,上级根据参考书出题,老师根据参考书教课文,天真活泼的小孩子头脑中那些稀奇古怪的想法就被"唯一、标准"的参考答案搞得整齐划一了。

3 挣脱考试的枷锁

数十年以来语文老师们大多围绕教材、教参、作文选、教学杂志打转转。其实,一个语文老师,如果只看教材与教参,是绝对教不好课的,即使能将教材与教参全部背诵,也不会是一个优秀的老师。因为要想提升自己的语文教学水平,关键是有丰富的语文素养,即要大量地阅读高品质的文化经典,时间长了,其中的经典思想与语言,就可以化为自己的东西。小学语文老师的专业是什么?在让学生认识了常用汉字,能够自由阅读,能够流畅地表达清楚自己的见闻感受之后,也就是达到了"保底"的要求之后,应该引导小学生走进高品质的文化经典,这是比教育报刊、教育学著作更重要的"专业"。但经典艰涩,怎样才能走进经典呢?这就要依靠老师在"海量自由阅读"的过程中选择最佳的读本。我个人起点低,阅读经典有难度,所以关注的重点是如何让小孩子尽量轻松地走进经典。我并不像有的老师想象的那样有高深的功底,我到了北京、上海等大城市,总会找机会泡书店,泡书店看的与经典有关的书都是有趣的,艰涩的文字我读不进去。我们班师生共读的书也是如此,有一定的文化品位,但没有太大难度,读着读着就感到好玩了。当然,只是一定程度上的好玩,现在无论大人、孩子,都离经典太远,读起来总是感到困难。对于经典文化的阅读,孩子一个人读大多会感到非常困难,可是,全班共读就乐趣无穷。小孩子读书,是需要一个阅读场的。我的好朋友陈琴的学生六年背诵十多万字的经典,一个重要的经验,就是大家一起读。孩子们一起读、一起背的时候,会形成一种相互影响、相互促进的气场。在这个场里,没有艰涩深奥之感,没有昏昏欲睡之感。陈琴在与学生共诵经典时,快乐指数之高,简直让人有一种气冲霄汉的感觉。他们是在背诵,也是在抒发情感,是一种全身心的快乐,就连我们这些在场的成年人,也都有一种热血沸腾的感觉。这样的读,不但诵读的效果好,也是一种审美之旅啊!

那些"洗脸盆里扎猛子",只是围绕课文教材教学的老师,当时是教会了学生考试,有的还考了很高的分数。可是,几年、十几年、几十年过后,那些分数究竟又有什么用处?那些课文还在脑海里留下多少印象?老师翻来覆去讲的内容,学生还能记得几句?想想诺贝尔文学奖获得者莫言,小时候如果不是想方设法去借一些名著来读,他能有那么强的写作能力吗?更遑论获奖了!语文学习,永远不是只学课本知识就可以学好的,更不是考试能够提高的。可是,现在的语文教材与考试,却依然故我地"重复着昨天的故事"。有的语文教学研究专家,也认为必须以"本"为本,不能"随意延伸"。唉!语文教学何时才能从教材中突围,何时才能有出头之日?"海量阅读"何时能成为语文教学最基本的内容,韩兴娥、李兴娥、张兴娥何时才不再是"特色老师"?对这个"特色老师"的帽子我很不喜欢,师生共同大量阅读是最基本、最常规的教与学的方式,真成为"特色"那是一种讽刺。中国这么庞大的语文教师队伍,加上那些学问很大的语文研究专家,都在以课本为本进行研究才是"中国特色",才是造就国民不爱读书的"中国特色"。澳大利亚的英语教学我是亲眼见过了,切实感受了"没有教科书,给孩子无限可能的澳洲教育"。

为什么会形成国民不爱读书的"中国特色"？考试评价制度的引领至关重要。考试的内容，绝大多数出自语文课本，这就有了一个导向，不学好课本，是考不好的，考不好，就是不好的教师。于是，绝大多数的老师为考而教，而不是为了学生的生命成长而教。教师在专家的引领下，也认为语文教学就是要教好课本，就是要研究教参，甚至不能越雷池一步，于是我们的语文教学造就了大批不爱读书的学生。要想改变这种"中国特色"，就要冒风险，就要有代价，就要有勇气。只有真正有良知、懂语文的老师，才能反其道而行之，进行大胆的改革。

要改变这种贻害子孙的"中国特色"，如果从教研部门开始，从改变出题内容开始，受益的老师和学生会更多。但和一些教研员朋友聊起来，他们也大倒苦水，说是老师们不愿意改变。在澳大利亚，三、五、七年级全国通考语文、数学，但人家考能力，不考课本。所教学生的读、写能力达到一定标准就都是好老师。所以人家全国通考比中国的次数还多，但老师不用增加学生负担，不用为备考而焦虑，因为只要平日扎扎实实阅读，保证阅读的量与质，就绝对能达标。

一、我的考试评价观

山东省教育厅张志勇副厅长大力推行素质教育的前提是全省都"不准"——考试不准排名，双休日不准上课，不准开不全课程……没有这些强行的"不准"，除了个别高手之外，那些按素质教育要求做事的学校考不过加班加点的学校，考不过搞题海战术的学校，这也是题海战术屡禁不止的原因。

考试是公平的，是必要的，搞素质教育也要考试。有人在张厅长的博客上留言："没有考试，就没有你张厅长的今天。许多来自农村的学子就是靠考试走出农门的。"此言有理。要改革的不是考试，而是考试题。我们的教与学在很大程度上不是为了备考，像陈寅恪那样才高八斗却没有博士学历的大师今天已绝种，有才学的人都像胡适那样尽量地多戴几顶博士帽，这无可争议。但如果从小学就开始大搞题海战术备考,那会"欲速则不达"。每个班都有大约六分之一的学生上了六年小学却过不了写字关,读了六年书却写不出像样的中国话,语句不通,错字连篇。面对这样的学生,每一个小学语文老师都有愧。如果抛弃那些题型,只把精力放到阅读写作上,任何一个智力正常的孩子都能正确运用母语,但是我们把大好光阴用到了备考上。

在低年级,我理想的考试内容一是测试一下学生的朗读能力,朗读的文本来自课本以外;二是测试学生写字是否正确、工整。

先说以一个年级为单位进行朗读能力测试。

先请各班任课教师把学生按下面三种情况排列:

A 组——读得连贯,认字较多,或者拼读速度很快,能直呼音节的学生。

B 组——认字较少,单个字拼、读得不太连贯,但拼读速度较快(老师在心里拼三遍时学生能拼读)。

C 组——认字少,拼读慢。

如:

A 组

1 王佳俊、2 王博宇、3 王明炫……

B 组

21 刘文浩、22 刘馨婕、23 王宇虹……

C 组

39 张乐滕、40 张欣怡、41 张金慧……

这种排名与教育部门禁止的按学习成绩排名有没有关系呢?实际是大相径庭。每个学生的朗读能力在全班学生中处在什么位置,进行大量阅读的老师是心中有数的,但不会挂在嘴边告诉学生,阅读能力有高有低是正常现象,不可能都高。而只教课本的老师心中有数的是学生的考试成绩,考试成绩不可预料,能力强的学生可能因为某种原因考差了,这种排名对孩子的心理是有负面影响的。

学生的朗读能力是相对稳定的,朗读达到一定的数量,学生的朗读能力就能提高到某个层次上,如果对学生的朗读能力做不到心中有数,就不是一个工作认真的语文老师。老师把心中清清楚楚的朗读能力排名印到纸面上给学校教导处供测评用,绝对不在学生和家长中公开,丝毫不会伤害学生的自尊心。

学校教导处组织被测评的全年级语文老师当评委,每个班都抽同一个序号的学生,比如 A 组抽 11 号,B 组抽 35 号,C 组找的是排在最后的学生(除任课老师标注的生病的或特殊学生外)。

每个班一半学生能较流利朗读没学的儿歌,一半学生能熟练拼读,这是底线,在这条线上就合格,不搞竞赛,这样老师们真正能安安稳稳、从从容容地教学,不要搞那些让大家心力交瘁、急头躁脑的"冲刺"。在一年级上学期,A 组、B 组、C 组的测试题目是难易不同的三首儿歌:

A 组
打 雷 了

hōng lōng lōng dǎ léi le
轰 隆 隆,打 雷 了,

hǎo xiàng kē kē pào dàn zhà
好 像 颗 颗 炮 弹 炸。

xiǎo gǒu xià de zuān chuáng xià
小 狗 吓 得 钻 床 下,

xiǎo māo xià de hǎn mā ma
小 猫 吓 得 喊 妈 妈。

zhǐ yǒu xiǎo yā dǎn zi dà
只 有 小 鸭 胆 子 大,

pāi zhe chì bǎng xiào hā hā
拍 着 翅 膀 笑 哈 哈。

B 组

拉 车

xiǎo māo lā chē lǎo shǔ bú zuò
小 猫 拉 车，老 鼠 不 坐。

huī láng lā chē shān yáng bú zuò
灰 狼 拉 车，山 羊 不 坐。

huáng shǔ láng lā chē xiǎo jī bú zuò
黄 鼠 狼 拉 车，小 鸡 不 坐。

lǎo hǔ lā chē shuí yě bú zuò
老 虎 拉 车，谁 也 不 坐。

C 组

月 光 光

yuè liang guāng guāng zhuāng mǎn kuāng kuāng
月 亮 光 光， 装 满 筐 筐。

tái jìn wū qù quán dōu lòu guāng
抬 进 屋 去， 全 都 漏 光。

A组抽到的11号学生在测评室外等候，测试完的学生坐在测评室内，等整个年级A组测试完再让他们出门，以避免漏题，使测试公平、公正。

如果这样测试，课堂教学应该多么简单、有趣。平行班老师就会自发商量，每个班买同一本书，读完后班与班之间交换阅读。或者遇上好校长，学校出资配齐一个年级交换阅读的书。在严禁向家长推荐图书的形势下，这是既安全又能做实事的方法。

韩军老师曾顺路走进我的课堂，看到我那节毫无准备的课，对那节简单得不像话的课大加赞赏，为什么？因为语文教学简简单单，读读背背而已。精确的理性分析害人不浅。

"五四"后中国语文教育的探索者们，总想圆一个美好的梦，即走出一条所谓"科学化""理科化""高效率"的捷径，但却最终走向了歧途。纯技术化的习题,板滞的操作课型等等,在语文教坛泛滥成灾。

以数理剖解之方式,刀斩人文之美文,焚琴煮鹤,大拆七宝楼台,千年煞风景,于今为烈。

——《韩军与新语文教育》

我们把发展儿童的抽象能力看得很重,恨不得把儿童一口喂成个"胖子"。对于这一点,卢梭早就十分痛心地指出:"在儿童的心力未发达之前,是不应当扰乱他的心灵的。正好似你在盲人面前送上火炬,盲人是看不见的;同理,儿童心智未开,他也不能经过种种繁复的观念而跨入理性所难以探寻的途径,这种途径纵令智慧最发达的人也是难以探寻到的呢。"卢梭在《爱弥儿》中还写道:"儿童处于理性的睡眠期。""感觉经验是构成儿童思想的原料。"

——《李吉林与情境教育》

每当遇到大谈"素质教育"的校长,我首先会心生反感,没为班级共读配备相应的图书,语文课还没有从课本中突围,谈什么素质教育?看到那些往墙上贴"钱",美其名曰"让每一页墙会说话"的学校,我首先想知道的是,校长是把有限的经费用来在墙上搞形象工程,还是用在图书配置上?有的学校图书馆藏书的确丰富,但那些以三折买的图书中能供师生课堂共读的有多少?合肥的胡冬梅校长领我转他们的图书馆时说:"韩老师,我们的这些书半价的都很少,大部分不低于六折。"我深深地敬重这个把钱花到正事上、用到学生身上的年轻校长。

2004年春天,我下了很大的决心才决定跟张鹏校长到贫困的山村看看,凌晨四点从潍坊出发去济南机场,到昆明再转机,大理的美景一眼没看,到永平县时已是晚上8点,累得我人都虚脱了。第二天,当看到永平县龙街镇中心完小的孩子们在共读一本小说,看到少数民族的孩子在读《小王子》时,我的心里充满感动,充满信心,中国的教育有希望了!孩子们读的书是扬州市维扬实验小学岳乃红所在学校的学生赠送的。

脸膛黑黑的少数民族孩子在读《小王子》　　谷米花师生在读《成语儿歌100首》

一个少数民族家长塞给我一小袋山果,还有一袋叶子,说可以消炎败火,那位家长对我们这些推广阅读者的感情使我在当即就做出了一个决定,许诺捐给他们50套《成语儿歌100首》等书,让他们在一、二年级(每个年级两个班)都"课内"读起来。

低年级除了测试朗读,还可以测评写字。简单的题目是让学生照抄生字,难一些的题目是看拼音写汉字。下面以人教版第一册为例来作说明。

"看拼音写汉字"都来自课本上的一类字,如:

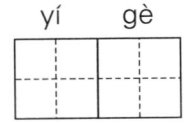

"读儿歌填生字"的儿歌来自课外,所填写的生字来自课本上的一类字。

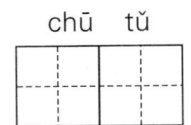

　　　　xiǎo mián yáng
　　(　　)绵(　　),
　　　　huì   ban
　　(　　)打 扮,
　　　　liú   juǎn
　　留 卷 发,
　　　　dài   ěr   huán
　　戴(　　)环。

这首儿歌中的"小、羊、会、耳"都是课本上要求会写的一类字,试题中考查学生会不会写。"打、发"是要求会读的二类字,所以不注音。学生自己读这首儿歌,并填写生字,考查的既有课本上生字的书写,也有学生的阅读能力。现在"阅读能力测试"是一个时尚名词,我对时尚一向不感兴趣,如果学生连一篇文章都不能流畅朗读,连"扫盲"工作都还没有做好,那还搞什么时尚?

中高年级的考试题,尽量少出奇奇怪怪的题型。如果从课本上出题,就出生字词,不要出课本上的阅读理解题,因为一出课本上的阅读理解题,大家就抠课本、抠参考书,就会把理解题搞成了背诵题,要求学生反复练习。对中高年级的考试题,我的要求很简单,少出课本内的内容即可。如果一定要说题型,下面是我喜欢的一份中高年级考试题:

(一)看拼音写汉字

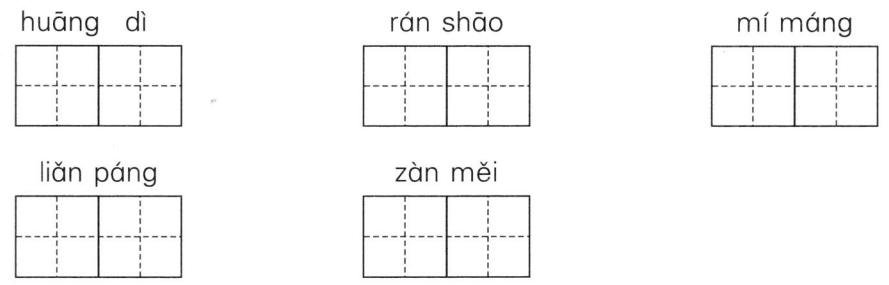

(二)根据前后文和注音填写词语

1. 东海龙王父子 chēng(　　)霸一方,经常 xīng fēng zuò làng(　　　　),害得人们不敢下海捕鱼。哪吒决心 zhì yí zhì(　　　　)他们,为老百姓出一口气。

2. 以前,传染病使许多地区出现了哀鸿遍野、mǎn mù(　　　　)疮痍的景象,大家以为 wú yào kě jiù(　　　　),而坐以待毙。但经过努力,总会峰回路转,liǔ àn huā míng(　　　　)。只要我们 qí xīn(　　　　)协力(　　　　),就一定会打胜这场没有硝烟的 zhàn zhēng(　　　　)。shě jǐ wèi rén

(　　　　)的白衣天使真是值得我们学习。

"看拼音写汉字""根据前后文和注音填写词语"这两个类型的题目都是为了打好基础。

"看拼音写汉字"是最常规的题目,也是应该反复练习的内容,平日加强这方面的训练,既可以复习拼读,又可以把本册教材中要求默写的字写扎实。

"根据前后文和注音填写词语"如果考的是课本上的内容,加了注音,等于降低了难度,不用死记硬背课文;如果考的是课本外的内容,考的就是学生真正的阅读能力。很多常规题目没法考查学生的语文能力。比如作文,写得很精彩和写得一般的文章得分没有太大区别,老师阅卷时都喜欢和稀泥,只要篇幅长、书写工整就都得高分,真正的精彩之作不一定比八股文得分高。而这个题目,可以精确地考查学生的写字水平和理解能力。此题内容课内的少,课外的多,所空的字是课本要求会写的一类字,不要太难写。出大量这样的题目会引导老师把课外书的阅读引进课堂。

(三)把下面的词语补充完整,再选择填空

(　　　　)通幽　羽翼(　　　　)　美(　　　　)美奂　孜孜(　　　　)求
书到用时方恨少,(　　　　)不知难。　(　　　　)阳似火
(　　　　),到老空留后悔心。

(1)我这只雏鹰已经(　　　　),在不久后的春天就要展翅翱翔了。

(2)(　　　　)。除非亲身经历过,否则,他人难以体会到你的处境。

(3)那些(　　　　)的风景令我流连忘返。

(4)她在工作上(　　　　),所以很快进入了一个更高的境界。

(5)行入林中,(　　　　),忽然豁然开朗,林中芳草鲜美,百卉杂陈,令人惊奇不已。

(四)根据括号里的提示把下面这段话写具体

(把下面描写高兴心情的句子补充完整)这个星期我努力学习,得到了老师的表扬,我好高兴。回家的路上,我像只欢快的小鹿,又蹦又跳,路旁的树枝好像_____,往日烦人的汽车喇叭声_____,我忍不住_____,来表达内心的欣喜。在路上,我碰到了妈妈,我和妈妈一说,妈妈的脸上也_____,让我继续努力,争取更大进步。

(五)用文中的语言把下面句子的意思补充完整

园丁们肩负人民的重托,满载民族的希望,博采广纳,教学相长,呕心沥血育人才,无论自己受了多大的委屈,无论有多么重要的事情,只要上课铃声一响,就立刻抚平纷乱的心绪,拭去脸颊上的泪水,微笑着走进教室。在孩子欢声笑语的背后,在绿草茵茵的校园深处,老师们默默承受了多少辛苦。园丁们把自己当作一片沃野,来培植装点神州的花朵。

1.老师的责任非常重大,因为他们_____。

2.正准备上台比赛的小明突然听到自己亲爱的奶奶摔伤的消息,恨不得飞到奶奶跟前,可是,想到老师、同学对自己的期望,他_____,_____,一丝不苟地进行比赛。

这三个题目都是为了倡导"学以致用"的观点。孔老先生说"学而时习之"中的"习"不是"复习",而是"练习""应用"的意思。

第(三)题中的词语来自苏教版第五册课本,句子来自课外,第(四)题选自上一届学生的作文,无标准答案。

第(五)题旨在培养学生使用语言的自觉意识。这是积累、运用语言的"速效"法。

(六)作文

……

(七)附加题

根据图意写句子、成语、格言警句及诗句,符合一部分图意也可以,每个正确答案1分。

_____

_____

_____

_____

熟读背诵是学习汉语的重要途径,这已成为大家的共识。《语文课程标准》要求"在阅读中积累词语""积累自己喜欢的成语和格言警句""积累课文中的优美词语、精彩句段,以及在课外阅读和生活中获得的语言材料"。如何通过测试去引导学生背诵、积累呢?我个人认为,附加题比传统的"默写古诗""根据课文填空"能起到更好的导向作用,促使教师开发课堂资源,创造丰富的学习环境,给学生打开一个丰富多彩的文本世界,《语文课程标准》扩大阅读面的要求就会落实到实处。因为以往试卷中的"默写古诗""根据课文填空"会引导老师让学生反复背诵默写课本上的古诗、课文,用一个学期的时间去反复学习一本语文课本,我认为这是对时间的极大浪费。语文是一门实践性很强的学科,有一些知识不需要也不可能当时就学深学透。我们让学生反复咀嚼现有的知识,他们能不乏味吗?我们应该让学生有足够的时间拓展知识面,以知识的广度来达到巩固知识的目的,尽量避免单调反复的复习。

面对像第(七)题这样的题目,老师决不会抄下诗句的意思让学生背。这种题目同时考查了学生的日常积累情况,学生可以默古诗,可以写句子:"粮食来之不易。""中午骄阳似火。""刚出土的禾苗翠色欲滴。""烈日烤得禾苗奄奄一息,农夫心急如焚。""农夫用辛勤的汗水浇灌禾苗茁壮成长。"也可以写名言警句:"一分耕耘,一分收获。""人生在勤,不索何获。"这样的题目分数是不确定的,如果学生能写100个正确答案,就这一个题目让学生得100分又何妨?

所有题目都重积累、运用,而不是重理解、概括。"读准是基础,理解是本能""淡化理解,强化朗读"一直是我进行海量阅读教学的重要理念。

所有考试题型的研究都不如不研究,像北京亦庄实验小学,直到六年级才参加常规考试,给老师们进行大量阅读创造宽松的、自由发展的空间才是最理想的。

二、夯实写字基础

平日边阅读边夯实写字基础。所以我当年的学困生上中学后竟然有能力进入全班前20名,我不解地问他:"难道你们班同学都像你一样是'错字大王'吗?"孩子告诉我:"韩老师,上小学时,跟咱们班同学比,我是错字大王,但进入中学后,我发现,错字比我多的同学有很多,跟他们比,我早已不是'错字大王'了。"大量阅读确实是惠及自身、泽及众人。学生的字写得扎实,与我平日尽量不让学生做卷子,而是把精力放到了练习写字上关系密切。

◎ 高效省力的写字教学 ◎

在一年级进行海量阅读,写字教学是关键。低年级的写字教学贯穿于整个学期,比阅读、识字慢两拍,但与常规的写字教学相比,我还是想方设法在夯实基础的前提下提高写字教学的效率,以节省出时间进行"课内海量阅读"。

指导一年级学生写好字是难中之难。认识笔画名称,教了20遍学生还记不住;认识田字格,几条线就得教大半节课;引导学生观察每一笔在田字格中的位置,老师一边板书,一边回头瞧谁在捣蛋……好累!课间还要往黑板上画田字格,等铃声响了再去教室,保准手忙脚乱。我讨厌这些活——干脆都省掉得了!

于是,我不再单个笔画教,而是在教基本字之前,把汉字的基本笔画编成儿歌诵读,这是借鉴辽宁东港实验小学的经验。

◎ 汉字笔画名称表 ◎

背诵笔画歌,把表格中的空心字相应的笔画描出来。

笔画	名称	例字	笔画	名称	例字
丶	点	下 头	㇋	撇折	云 东
𠃍	横折	口 片	㇀	提	地 提
丨	竖	中 门	亅	弯钩	了 子
乛	横钩	皮	㇋	横折折撇	及
𰀁	竖提	长 瓜	㇞	横折弯钩	九 几
𠃊	竖折	山 牙	㇈	横斜钩	飞
乚	竖弯钩	儿 巴	㇋	横折提	说
一	横	土 日	㇄	横折弯	殳 没
㇄	竖弯	四 西	㇅	竖折折钩	马 鸟
丶	捺	入 木	㇆	横撇	叉 鱼
㇂	斜钩	戈 我	㇄	卧钩	心
亅	竖钩	小 水	㇌	横撇弯钩	阳 那
𠃋	撇点	好	㇏	竖折撇	专
㇆	横折钩	也 力	㇉	横折折折钩	场 乃
丿	撇	人 禾			

附：笔画名称歌

点横折，竖横钩，

竖提竖折竖弯钩。

横竖弯，捺斜钩，

竖钩撇点，横折钩。

撇撇折，提弯钩，

横折折撇，横折弯钩，横斜钩。

横折提，横折弯，竖折折钩。

横撇，卧钩，横撇弯钩。

竖折撇，横折折折钩。

笔画名称歌视频

教学时，把笔画抄写在长条纸上，贴到黑板上方，教师指着笔画有节奏地领学生念笔画名称，从一行一行地教，到从头念到底；从每节课都念到一日一念，再逐渐减到一周一念。学生晃着脑袋念，摇着身子念。看着黑板念是好学生，闭着眼念也不受批评。说这是"机械"也罢，"死记硬背"也罢，但学生无一例外地都会按顺序念了。识字教学开始后，每学一个新笔画，就不用一遍一遍告诉学生笔画名称了，只要用教杆往长条纸上相应的笔画一指，学生便念念有词，从"点横折"念到那个笔画时兴奋地大呼笔画名称，喊叫声此起彼伏，犹如发现了新大陆，叫一百遍都不嫌累，早找到的孩子兴奋地叫，晚找到的孩子也觉得自己本事挺大。这样的教学效果与老师声嘶力竭地一遍遍教的效果能一样吗？这是孩子们自己的发现，不是老师告诉他们的结果。

◎ 笔顺的教学 ◎

笔顺教学是一块难啃的骨头，如同鸡肋——"食之无味，弃之可惜"，三年级后考试基本不考，一、二年级考得也很少，最难办的是课堂教学对那些不抬头、不张嘴的学生基本无效。因为考试占分太少，但教学难度大，有的老师便任其自然发展。即使是鸡肋，在孩子初学写字的一年级，教师也应该尽力让孩子学会正确下笔。

先让学生自己观察课文后面的"笔顺"，苏教版在笔顺的安排上有利于培养学生的自学能力。学生自己观察，伸出手指在桌子上划字。可以要求同桌互相检查，但一年级孩子合作意识淡薄。然后教师在黑板上示范书写，学生书空。找一部分学生到黑板上写生字，全班学生一起当检查员，发现笔顺错误马上纠正，让出错的学生当众在黑板上重新写。这一步有利于及时地大面积地纠正笔顺错误，但坐在座位上的学生往往不按要求观察同学写字，课堂秩序不容易控制。所以要想扎实、高效还要与家长共同夯实基础。

初学汉字阶段，有些字的笔画、笔顺，就连学历比较高的家长也搞不懂。我通过公开信的形式把课本中易错的字"教"给家长。

这个星期开始写生字，教学的重点是生字的书写，尤其是笔顺，尽管老师一再强调、反复示范，但有的学生还是不知道先写哪一笔再写哪一笔。班级人数多，关注每一个学生是很难实现的教育理想，尤其是字的笔顺，老师不可能看着每一个学生动笔写，恳请家长盯着孩子写写上课学的字。

"集中识字1"（59、61、63页）的生字在"练习1"（64、65页）上，其他在每一课的后面。部分字的笔画名称是：

59页：四（第4笔竖弯）、五（第三笔横折）、七（第二笔竖弯钩）、九（第二笔横折弯钩）

61页：小（第一笔竖钩）、鸟（第2笔横折钩、第4笔竖折折钩）、牙（第2笔竖折），注意"火"的第2笔是短撇，第三笔是长撇。

63页：水（第2笔横撇）、山（第2笔竖折）

……

对笔画少的、易写错笔顺的字，可让学生书面一笔一笔拆开写，但笔画多的字不适合一笔一笔拆字,那样做太费时间。在课堂上大面积了解学生的笔顺情况的方法是做"描出某一笔"笔顺练习题:打印出空心字,标明让学生描第几笔。这项练习题目好出,但很难批阅,不像字、词、句、段练习那样一目了然,老师批完整个班的几十份笔顺练习后还记不住答案。学生10分钟能交卷,老师要用60个10分钟才能批阅完。要想及时批阅,老师就要事先做出几张答案,学生交卷后,找几个做得快的、成绩优秀的"小老师"对照答案批阅。"小老师"边批边发给学生,老师负责批阅改错,描错的字要一笔一笔拆开改正。这样每一个学生的笔顺错误都能当堂得到纠正。

如果遇到生源好的学校,家长对学生关注多一些,请家长"盯"着学生写字是最省力高效的。

这张拆字的纸,学生描过之后,主动写给家长看,家长在上面签写"某某主动给家长写这一页的字,笔顺正确"。家长的签字可以给学生挣印章,这一页纸,家长可以隔一个星期签一次字,一共可以签三次。用家长的签字来挣印章,这对孩子来说是多么便宜的好事啊!孩子就会主动写给家长看,家长则会促使学生把笔顺写正确。

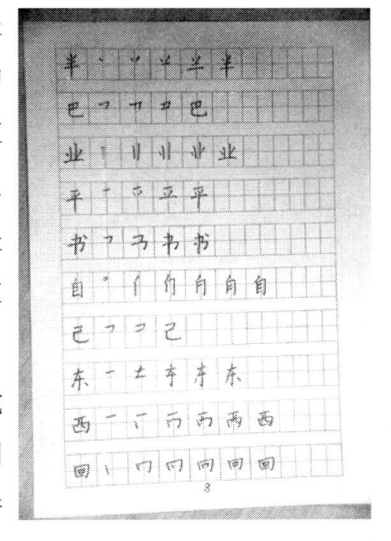

2014级学生学的是人教版教材,学完之后,我又教苏教版教材,两本教材要求写的字不一样。周一,有九个家长根据我的要求签了纸条说明已盯着孩子写字,笔顺正确,我突然有些不放心。对打算教到六年级的学生,就像对待自己的子女,生怕他们基础打不牢固,以后没法建起"高楼大厦"。于是,我把教材中容易错的字提前写到小黑板上,挂到黑板上端,把这九个学生请上讲台,我念一个字,让他们写一个字,全班学生当考官,笔顺错了就下台,结果写到最后,还剩三个,这三个就成了检查笔顺的"小老师"。

我把苏教版、人教版中笔顺易错的字设成空心字打印成小条：

北我南好放蚁浪阴交写长青
面北毛知丰从说时见里地背车
泉厅乐渔河对认字先书和树出
沙蚂也听许点公开村头你来去
的在火牙鸟正么子方

三个"小老师"一人教会一个"学生"，"小老师"就由三个变六个，然后由六个变成了十二个……"小老师"每教会一个学生都要把"学生"带到我面前，找我再次检查，我抽几个难写的字让学生写一写，然后根据正确率奖给"小老师"1—5个印章。有的"小老师"提前把书面作业在家写完，在上课写作业时间主动问我要"学生"教。一开始"小老师"稀缺，很快，"小老师"就过剩了，我有意把"学生"给那些从来没当过"小老师"的孩子教，让他们也体验一下成功的感觉。就这样一对一地教，两天时间，全班52个学生都通过了笔顺的检查。

◎ 描红、空心字帖 ◎

至于在田字格中写字就更不用费心劳神了，将来学生写字是要离开田字格的。30年前我上一年级时老师就教我们在田字格中写字。效果如何呢？我自己的字是无论怎么练都不见效，错过了幼时练字的时机，现在是朽木难雕。怎么办？照搬古人的办法吧！很简单，描红！我把课本的生字打印到一页纸上，字大大的，楷体。就蒙上薄纸描吧，兴致勃勃地描吧！孩子们把透明度相当高的薄纸蒙在"韩氏"字帖上大描特描。对描字描图上瘾大概是小学生的年龄特征吧，鲁迅小时候不是也偷着描"绣像"吗?

就这样描来描去,我没有让家长给孩子听写过一次生字,但期末试卷上竟然没出现几个错字。其他班的教师还赞扬我班学生字写得好。可谓"四两拨千斤"!

到了一年级下学期,我把全册的汉字组成词,设成30号楷体,到印刷厂用厚纸印成描红"词"帖。这样学生可以一边描字,一边记忆词汇。

可能由于电视、电脑普及的原因,现在的小孩子视力越来越差,于是我把字帖、词帖设成空心字,空心字只能用一次,是奢侈品,放到公共邮箱中,让家长自己印。每当在书店里发现给幼儿描字用的字帖,我也建议家长多买几本,那些幼儿字帖中的字一般是蓝色、绿色、红色,并且线条是虚的,孩子们描起来方便。

描红是练字的好方法。本来可以让家长从书店里买字帖给孩子描,但有不少买的字帖虽然美观但不规范,还有很多没有教笔顺的字也出现在字帖上。描电脑上的正楷字有一个缺点,可能字写得有些"死板",但对小学生来说,规范是第一位的。写一手中规中矩的好字,是学生必须练就的一项基本功。

◎ 自在、快乐的写字课 ◎

写字课上,在《春江花月夜》《高山流水》《梁祝》的旋律中,学生静静地写字,老师轻手轻脚地巡回指导,弯下腰轻轻提示:"孩子,挺起胸写字。""这一笔写得不对,看老师怎么写。""哇,写得这么漂亮,真了不起!"有时,我也坐在讲桌前,头正、胸直、足安,以和学生一样的姿势优哉游哉地练字。学生交上作业时,我边批改边表扬:"恬恬的字写得真好,老师看了真舒服。""这次虽然写错一个字,但写得这么认真,也能上光荣榜了,下次不能再写错了。""徐亮亮写得这么好啊,长大了成了书法家,记得要送给韩老师一幅作品啊!"这样的表扬只是师生两人之间的私语,不需要郑重其事地告知全班学生。写完作业的学生呢,自然畅游书海了。自由阅读成为我班一道亮丽的风景,孩子们已在白纸黑字中找到了快乐。

教室后面的书架上已有几百本图文并茂的图书,写完作业的学生可以借书自由阅读。这种不求甚解、不求明察的自由阅读所蕴含的甜蜜、宽松对每个孩子都是一种诱惑,在好玩、没有负担的阅读中,书中的养料被孩子们愉快地吸收。当然,差学生依然还有,但是他们一天比一天好,学生的变化是显而易见的。"一年之计在于春",百年人生在童年。给孩子一个美好甘甜的童年,给自己一个愉快轻松的心态,别跟学生太较真,因为有了"海量阅读"为基奠,再差的学生也能学好语文。用薛老师的话说就是"鱼养到大海里,想小都难啊"!

三、保证考试成绩的三项练习

"海量阅读"会不会影响考试成绩?家长们担心,有志于进行这项实验的老师也担心。读书多的孩子理解能力强,做试卷上的阅读理解题比其他学生容易得分,这一点毫无疑问。然后再把字、词这些最基础的知识学扎实,考试成绩就得到了保证。在低年级,只需给学生出两份练习,一份是词语表,一份是看拼音写汉字,再加上"临阵磨枪"做卷子,考试成绩绝对差不了。

◎ 抄写"词语表" ◎

同事小王给一年级的儿子辅导作业时,一边查字典一边大呼小叫:"组个词怎么这么难?'小鸟'的'鸟'学了吗?'小孩'的'孩'也没学!'小床'的'床'学过吗?也没有!都没学怎么组词啊?"全办公室的老师一起帮忙才给"小"组了"大小""小人"两个词。看到这个难倒大家的组词作业,大家感慨万分:一年级学生会写的字太少,苏教版第一册学完仅会写129个字,所以组词不但难倒学生和家长,也给教师自己找了许多气。因为学生常用同音字组词,"小河"写成"小和","再来"写成"在来"……更可笑的是学生常把课本上挨在一起的两个字随意截取下来当作一个词。有个流传很广的笑话:用"天"组词"天真",再写成句子"今天天真热啊"。学生李浩冉用"长"组成词"一长",我给他打叉后,他兴师问罪："老师，'一长'为什么错了？课文上明明写着：'日子一长,怀素竟然把木板写穿了。'怎么会错了呢？"我哑口无言,只能蛮横、武断地告诉他不准写这个词。

既然组词难就别让学生组词,照着课本抄写生字就行了,作业中的错误便减少许多,教师也少生很多气,而且提高了学习课本的速度。考试怎么办？两全其美的方法是在学完整册课本后,绞尽脑汁地把每一个生字都与学生会写的字组成三个词,打印出来,让学生反复认读,抄写两次,考试前再抄写一个词,多次练习再加上"临阵磨枪"的效果,足以应对考试了。

下面是"词语表"：

第7页　　秋收　金秋　秋风　秋高气爽

　　　　烟波　烟火　香烟　过眼云烟

　　　　芦苇　芦花　葫芦

编辑词语表的注意事项有：①标注每一课开头的页码,便于学生查找;②第一个词尽量从课文中找,有些孩子糊涂到不知道哪是一个词,写课文中的词容易加深印象;③前三个词尽量是两个字的,方便抄写;④组成词的字不要由容易错笔顺的部件组成,尽量不用教学生就能照着写;⑤所组的词尽量容易理解。

◎ 反复练习看拼音写词 ◎

第二份练习是"看拼音写词"：

第7页　　qiū gāo qì shuǎng　　jīn qiū　　qiū shōu　　qiū fēng
　　　　（　　　　　　　）（　　　　）（　　　　　）（　　　　）

上面的音节就是根据词语表中第7页的词输入的,顺序略有不同。有的中高年级学生连音节都拼错,从一年级就学拼音,学了五六年拼音还拼不出来,岂非咄咄怪事？但现实就是这样。如果从一年级开始,在引导孩子读书的同时多做一些"看拼音写词"的练习,而不是做那些稀奇古怪的"破题",那些慢孩子、懒孩子的拼读能力就会得到很大提高。当学生拼不出来时,可以自己拿出词语表找答案,对错马上知晓,有错立即就改,而不是留给老师判断对错。老师经常提醒学生:"做完后,对照词语表检查,全对的有奖。"这样减少了学生作业中的错误,也减轻了老师批作业的时间,老师当堂就能批完,学生也能当堂改对。比起让学生自己组词,学习效率不知高出多少。

当同样一份"看拼音写词"做两三遍之后,学生的思维已形成一定的定式,老师再调整音节的位置,让学生再做一次,拼读、写字的能力又一次得到训练。批阅这样的练习不费吹灰之力,优秀学生转眼间就做完交上,找几个全对的学生当"小老师"围着讲桌站一圈一块批阅,其他学生如果能找出老师、小老师的批阅错误,老师就修改批阅结果。于是下课时,师生都完成任务,下课铃一响,我常说的话是:"喝点水,然后到操场上晒太阳去。"孩子们嘻嘻笑着到院子里享受阳光、新鲜空气、玩耍的快乐,老师悠然自得地做自己的事情。学生玩得欢快,老师一身轻松走进办公室。

看了我的"应试高招",尤其是让学生抄词,有的老师可能想:"这样也太'机械'了,不给学生自由发挥的机会,是不是堵塞了学生的创新之路呢?"

上一轮实验,我对组词(认读的词,而不是此文中要求抄写的一类字组成的词)的改革表现在把常见的"口头扩词"改为"大量读词":在屏幕上出示大量词语、句子、段落让学生认读。这一轮实验中我不再边查字典边搜肠刮肚往电脑上敲词让学生念,只念出现在教材中的词。至于书写生词,一年级上学期从10月至12月中旬,我潇洒到一个词也不叫学生写。因为我有坚实的后盾:一学期领学生读熟了400多首儿歌,并认读其中的生字。学生通过大量阅读在具体的语言环境中逐步掌握了越来越多的词汇。在不久的将来,这帮"小不点"学生就会"胸藏万卷",他们在阅读中就能无师自通地学会比较、挑刺、和作者抬杠、在课堂上各抒己见。至于现在,我首要的工作是高效率完成教学任务,尽可能引领学生多阅读、多识字。老师的工作是往学生的脚下垫石头,而不是教学生如何成功地摘取月亮。

◎ 及时批阅、改正"看拼音写词" ◎

低年级写话之所以难度大,我认为有两个原因。一是学生"读"不流利,"写"自然就词不达意;二是不会写的字太多,手写的速度跟不上思维的速度,还不具备熟练运用汉字表情达意的能力。所以在低年级作文"早起步"的结果,是出现了一部分作文方面的差生。我在二年级大量练习"看拼音写词",就是为了让学困生熟悉生词的写法,避免以后错别字连篇。在低年级,优秀学生能写很长的一段,甚至成篇写,但差生因为懒惰,因为能力差,仅仅能写几句话。最让老师头痛的是差生的写话作业很难批阅,改错更是麻烦。时间一长,就出现两极分化现象。而"看拼音写词"的作业量是一样的,不会写的时候,可以查对答案"词语表",差生也具备当堂写完、改完的条件。

为了批阅得及时、仔细,我找学生当"小老师"批第一遍。

◇ 争当"小老师"

低年级小孩子写作业错字很多,并且一次一次改不对,老师批阅任务很繁重。加上了"小老师"这一关,很多学生的作业能一次"过关"。而且当"小老师"有名有利,可以挣小奖状,调动了包括几个懒孩子在内的一部分学生的积极性,他们偶尔几次认真、提前写完作业的目的,都是为了拿到那支象征着权力的红笔。

老师给学生的课堂时间足够写完当天的"看拼音写词"。为了当上"小老师",有的孩子愿意提前写作业,这样老师批阅作业的时间就分散开了,避免挤到一节语文课上没有时间仔细批阅。每天早上,我就能收到十几个"要求进步"的学生的"看拼音写词"作业,我早早批阅,学生早早改错,那些错误少、书写认真的学生的"大名"就登上了黑板一角,成为当天的"小老师"。

◇ 批阅方法

下面以贺文迪当"小老师"为例说明批阅方法。

贺文迪批完一份作业之后,用红笔写上"迪"。如果作业全对了,学生找老师检查,老师如果没有发现错误,就在作业上盖印,并根据学生书写工整程度写上"1+3""1+2"……前面的分数(小奖状)是给"小老师"的,后面的分数是给学生的。

如果学生有错字,学生改错后再给"小老师"看,"小老师"批完改错再加一个字,写成"文迪"。学生如果一次又一次改不对,贺文迪就需要不断地加字,写成"贺文迪""贺文迪迪""贺文迪迪迪"……"小老师"签的字越多,说明学生改错次数越多。直到改对了,"小老师"才能打上对号,学生才能找老师检查。

"小老师"批阅改错的次数越多,得到的分数就越多,但学生改错次数太多就得不到分数了。为了避免"小老师"滥用职权,老师还要再次批阅,发现"小老师"没有检查出的错字,"小老师"和"学生"都得不到分数。"学生"必须告诉"小老师":"老师给我检查出这个字,所以没有给你奖状。"这样就避免"小老师"下次再批错,而且对这些字的印象格外深刻。在我20多年的教学生涯中,虽然能力有限,但我一直为学生着想。让"小老师"参与批阅"看拼音写词",加快批改速度,全班受益,他自己也能受益,和老师偷懒不批作业而让学生批完全不是一回事。

◎ 为了大家的幸福只考五分钟 ◎

向来不爱做监工,最讨厌的活是监考。如果监考时做事呢?那是对监考工作的不负责任;如果不做事呢,看着学生答题,自己转来转去,浪费时间虚度光阴的感觉会很不舒服。平日按部就班地上课,学生安安稳稳,一考试就浮躁,考试结束后集体兴奋莫名,真讨厌考试!可身为教师,不得不组织这令人生厌的考试。

在二年级时,我们反复做"看拼音写词"的练习,为了摆脱"监工"身份,我一律开卷练习。为了促使学生自觉做到"不会再看答案,看答案的字词要用彩笔做上记号,经常写一写",我准备了一张"每日5分钟微型测试卷"。每天下午的写字时间用5分钟测试,在这5分钟里,我的四只眼睛(连眼镜算上)瞪得大大的,小朋友一个字也偷看不着,而且同桌前后桌四个人的题是不一样的,想偷看也找不着地方。于是"懒蛋"的狐狸尾巴当天就会露出来。

"每日5分钟微型测试卷"是怎么来的呢？家长、老师都没有时间全程监督,了解我的做法之后,家长们也可以学这一招吓唬你家宝贝。我把"看拼音写词"改了"页面设置","纵向"换成"横向",分四栏,印出来之后,一张A4纸剪成四小条,就是前后左右四个学生的卷子。这样一分割,一小条的内容不到原来一页纸的1/4,孩子不到5分钟就能做完,老师20分钟就能批完全班学生的小卷子,每次都错得多的学生当然要"吃不了自己兜着走",老师也送他一份"大礼"——一份空白练习,还要再写。全对的学生当天就能得到奖励,没有作业。

得过且过的学生及时受到惩罚,是为了他能早一天对自己负责,对自己负责才能掌握自己的命运,才能得到真正的幸福。

这样的方法也能让老师、家长早一天摆脱"监工"这个出力不讨好的角色,做一个成功而又幸福的教育者。

◎ 临阵磨枪,既快又光 ◎

师生远离考试煎熬的关键在一年级上学期,万事开头难。从9月份入学一直到12月中旬,我把与考试相关的题型练习全部排除在我们师生的生活之外。

指导一年级学生做卷子简直苦不堪言,老师声嘶力竭,学生却一点也听不懂,真是高耗低效。即使用实物投影仪给学生讲解试卷,还是有学生一脸茫然。老师只好再个别指导,学生好不容易明白过来,下次还是不会。学生的自信、教师的耐心都被卷子、题型给挤到了九霄云外。我的解决办法是尽量晚一些做题型训练。

新生入学后,我带领学生一直在读书认字,期中考试也取消了。直到过了元旦才让学生做第一张卷子——教研室发的单元测试题,每个题目上都带有注音。我没有"先扶再放",而是让他们自己独立完成,如果不知道怎么做可以向老师询问,询问之前先把题读熟练。于是教室里热闹起来,孩子们有的一边写一边念,有的念半天还皱着眉头思考,有的跑到老师面前问:"老师,'先加偏旁组成新字,再组成词'这个题我不会,我不知道什么叫'偏旁'。"遇到这样的题,我便抄写到黑板上让学生先念熟题目再讲解。

有了"海量阅读"垫脚,对付考试临阵磨枪也不晚,而且又快又光。

所以,即便是在复习考试的日子里,师生们依旧在课外阅读的海洋中遨游,而全然没有了以往复习迎考的焦虑辛劳。那些低级的苦不堪言的作业,那些把美好的文字肢解得支离破碎的习题,由于有了阅读的滋润变得不那么面目可憎。灿若群星的世界文化能挤进课堂,让求知若渴的学子一睹为快,为幸福的书香人生打下坚实的基础。

4 澳大利亚考察报告《东西方母语教学现状比较》

2012年9月,我们齐鲁名师一行22人在毕主任的带领下到南澳洲参观学习20天,团队中从小学到高中各个学科的老师都有。我是一直工作在教学一线的小学语文老师,观察的重点自然放到了澳洲的母语教学(澳大利亚是移民国家,官方语言是英语,所以在此所说的西方母语教学及澳洲的母语教学都指的是英语)上,对东西方母语教学的现状做了一番比较。

一、夹缝中的汉语教学

◎ 汉语教学越来越受轻视 ◎

我当了25年小学语文老师,对当前母语教学的现状越来越失望。母语教学的空间已经相当逼仄。就小学语文的教学时数而言,现在,五、六年级每周6节语文课(低年级8节,中年级7节),一节课有的是40分钟,有的是30分钟。一个学期最多20周授课时间(每节算40分钟),总共授课时间不到100个小时。那么一学年用来学语文的时间也就5个昼夜而已。所以,任何一个有理智的人都该知道,如果没有课后的补充,任你老师分秒不停地讲或是学生屏息凝神地学足这5个昼夜,也不可能提高母语素养。而另一个不可忽视的真实情况是:一个人的母语习得课程基本集中在小学阶段,中学的语文课为每周5节课,大学除中文系之外,基本不开设正规的语文课。也就是说,照目前的情形,6年,只凭30多个昼夜,只在那12册教材里掘井,依纲靠本地"深挖教材,讲透教材",期望蓄足一个人一生所用的母语能量,怎么可能呢?

在澳洲的20天,我跟同团的各学段、各学科老师聊过现在学生的汉语水平,大家都感到学生的理解、表达能力越来越差,与十几年前的水平不可同日而语。课改喊了十多年,实际上教学理念、方法并没有明显的改变,还是一本课本学到底,仅仅是课文内容换了一些。并不是说课改使汉语教学的水平下降了,而是汉语教学的课时少了,学生的汉语水平自然下降。

◎ 外语教学越来越被强化 ◎

现在,中国人已把外语(英语)抬上了天,许多学校在一年级开设双语教学,六岁的孩子,母语的词汇尚且少得可怜,还要再学习一门语言。倘若仅仅是练练口语,倒也未尝不可。然而,现在英语每个星期有4个课时,拼音可以忘记,但是,英文字母要求牢记,很多家长给学生报英语班,有没有报语文班的?耗费大量的精力,耗费母语的黄金学习期,就为了记住几个英语单词。许多人一厢情愿地以为学好了英语,我们的科技能力就会有突飞猛进的提升,我们的强国梦就会很快实现。这种自欺欺人的愚见竟然被普遍认可,这真是不可思议。他们拿印度为航标,认为印度的电脑技术之所以比中国强,就是因为他们是英文国度。有时候听到这样的言论,真是觉得可笑。英文国度就一定行吗?尼泊尔紧邻印度,也是英文国度,怎么就不一样呢?日本是全世界外文水平最低的国家之一,他们当中,许多能考入日本重点大学的大一学生还不会基本的英文对话,为什么他们的科技水平无几能敌?

为什么我们让孩子多读一点生涩拗口的古文就总是遭到批评,认为把不懂的东西强硬地灌给孩子是揠苗助长,那些奥数呀、英文单词呀,哪一个是孩子真正自通的?那些乱七八糟的课程一节接着一节,难道比体味汉语的美妙更重要吗?我们费了那么大的心力让孩子们学了一些什么?所谓的奥数,就是把初中可以用方程解答的题目非得让小学生列式推算;所谓的英语水平,就是把在具体语言环境下可以半年学会的日常口语用十几年时间来死记硬背。

我定点听课的玫瑰小学有400多名学生,西方学校每个班的学生人数少,全校约20个教学班,只有一个老师教全校的外语课(日语)。澳洲的老师工作量很大,每周要上足25节课时才算满工作量,如此计算,每个班一周只上一节外语课。我们听了他们半节低年级的外语课,先学了几个中文、日文

在日语课上玩的低年级学生

词汇,然后就让学生画画、折纸,玩起来了。正巧看到于伟利老师寄宿的那个上海家庭的小姑娘,我问她:画画和学日语有关系吗?她说不知道。通过翻译跟教日语的老师聊天,他说通过7年(澳洲1—7年级为小学)的外语学习,学生能说简单的、常用的日本话,但不能达到自由阅读日语的程度。我听了不禁哑然失笑,中国的英语课时如此之多,照样不能自由阅读英文。母语根基尚浅就强化外语教学,跟不会走路就学跑步有什么区别?

二、对洋人的母语教学心向往之

9月1号,我们踏上了去澳大利亚的路途。说句实话,对这次出远门,几年

前我就视之为畏途，因为我在家睡眠尚可，一出门就难以入睡，即使旅游也失眠，到澳洲20多天，异国风光虽美，但这么长时间失眠如何受得了？况且我信奉"不出户，知天下，不窥牖，见天道"。中国人有数千年汉语教学的经验，我们还没有了解多少，需要不远万里向西方学习那些被众人喊成了陈词滥调的观念吗？

但全盘西化的旋风席卷了五千年中华民族的风采，传统的教学理念被视为落后、腐朽，国人天天挂在嘴上的"人家美国的教育如何如何，人家西方的教育多么先进……"西方真有那么好吗？这次有机会亲眼目睹西方时尚文化，于是欣然前往。

无数次听好友陈琴描述她在西方国家的见闻，说到西方学生对阅读的喜爱，说到广场上、车站里那些席地而坐的阅读者，从她的描述中，我隐约感到在遥远的大洋彼岸，澳洲的老师正在实践着我心目中的理想教育。没有课本的母语教学少了很多限制，令我心向往之。

就这样，怀着向洋人要答案的期盼踏上了澳大利亚的阿德莱德。洋人会不会给我一个满意的答案呢？

三、重视学以致用的澳洲教育

首先在南澳教育部听几个官员讲澳大利亚的教学大纲。第一天就亲耳听到了我最希望听到的，和我的理念、做法相符合的话：

"澳大利亚没有统一的教材，教学大纲只规定框架，如何达到教学大纲的要求，老师自己探求合适的教学内容。教育部只制定最终目标，怎么达标是老师的工作。老师的工作是创造性地把大纲要求的知识、能力等教给学生。

教学大纲重视语言的应用，学生在学习语言的过程中提升自己。

考试评估由老师决定，只有到了12年级学生才参加全国统一的考试。"

这些话让我兴奋极了，洋人这里有我的海量阅读实验最肥沃的土壤，我最讨厌一本课本学到底和以课本为内容的考试,束缚了我的手脚,尽管我两个星期教完教材能省出相当多的课堂教学时间用于读课外书,但期末考试前还要复习两个星期课本。按照语文课本的难度,用一个星期来学完足矣,但就因为那是课本,大家要教一个学期的课本,所以我要用四个星期的时间来与它纠缠。在澳洲就没有这样的烦恼了。

考试评估由老师决定,评估细则要公开给学生和家长。在后来的参观学习过程中,我无数次听到这样的介绍。我的海量阅读教学也是这样做的,在共读一本书前,我公布星级评价标准,共读过程中不断修订评价标准,学生根据自己的能力选择适合自己的标准,他们十分明确自己的达标情况,老师随时把评价的结果反馈给家长。

学以致用更是我语文教学一以贯之的做法。

"少小离家老大回,乡音无改鬓毛衰。"81岁高龄的夏衍来杭州主持"金鸡奖"颁奖典礼,带着儿子到严家弄忆故园之情,会旧时好友,慰游子之心。

短短的路仿佛没有尽头似的,近乡情更怯,我可受不得"儿童相见不相识"的苍凉。

中秋佳节,"海上生明月,天涯共此时",海外华人华侨的心都紧紧地联结在祖国母亲上。

"江畔何人初见月,江月何年初照人。"时光的流淌造就了人世间多少的沧桑和无奈,岁月看似无情,其实有情。

这是我正在编排的唐诗书稿中的答案。

我教学中的学以致用比起澳洲教学的学以致用实用性明显是小巫见大巫。在澳洲的小学、初中、高中,学生是为了应用才去学习,比如他们的戏剧表演课是语言类的课程(类似语文课),学生在排练话剧的过程中学习语言,语言就不只是写在纸上的字,而是具有了声音、感情等因素,这比起我写在纸上印在书上的学以致用实用价值更高,对学生潜力的开发更明显。我绞尽脑汁整理学以致

用的句例是在有限的语文教学空间内孤军奋战的无奈之举。澳洲的教育是一个完整的体系,各科老师相互合作:

孩子们从小就有机会在课堂上、从实际生活中的事物去学习、触摸、接触,自然而然在历经中小学、职业教育甚至是高等教育的过程中,借着接触新的事物,培养出启发、思考与创造的能力,进而对我们生活周遭的环境与动物产生理解与认同。澳洲的各个产业,努力地将各自繁复的专业,化为简单的课程,落实在孩子们的教育中。

仔细观察澳洲整合课程的规划,的确运用了不同的方法与多元的模式,引导孩子们从兴趣中了解不同学科与学习领域的内容,让整个教学过程,能更务实地贴近日常生活,当然也更合乎人性。

虽然语言不通,但在澳洲的日子里,我真真切切地感受到上面摘录的《没有教科书,给孩子无限可能的澳洲教育》中这段话的内涵。各科教学都重视实用性,重视母语教学,所以澳洲学生没有课业负担,却人才辈出,区区2200万人口的国家,却出现了26个诺贝尔奖得主。

四、雾里看花的澳洲英语教学

◎ 到底有没有课本 ◎

没有课本的母语教学,可以大展手脚,我举双手赞成。第一周参观了数所学校,大部分是完全高中(初中、高中),每到一处学校,我先观察有没有学生在学习课本。12年级(高三)有两个班在学习数学,校长说高考前半年为了备考才学课本,其他年级的学生都在探讨问题,比如有个班的学生在研究某块地要不要开矿,学生扮演不同的角色:在那块地旁准备开商店的小商贩、当地居民、政府环保官员、矿业主……这样学生就这块地要不要开矿,从不同的角度进行论证,在论证过程中会遇到数学、物理、化学等各种学科的知识,通过实地调查、查找资料、向老师同学请教等方式解决问题。

在另一所学校也见到两个学课本的班级,课本都是旧的,听南澳教育部陪同的王老师说,澳洲学校的课本都是放在教室里的,如果教学需要用课本,学生就从教室里拿着用,下课时再放回教室里。如果需要带回家,就到图书馆借用。澳洲的课本价格相当高,学生都不买课本。根据我的提问,王老师接着告诉我:澳洲考试不考死记硬背的知识点,考试题都是开放性的题目,学不学课本与考试成绩无关。在中国发行量众多的教辅资料,在澳洲没有一点儿市场。

澳洲到底有没有课本?到澳洲的第一个星期,了解到两个不同的答案,我越来越糊涂了,但有一点是越来越确定,不论有没有课本,在澳洲,没有人拿课本当回事。第二周,我住在一个香港人家中,这个香港家庭有一个女儿上小学,一个女儿上高中,他们证实了学生书包里没有课本之说,学校里有课本,但不常用,没有人拿课本当作一定要学扎实的"圣经"。我的课内海量阅读教学在中国被视为非常规的个性化教学,在实验过程中,我备尝心酸,饱受争议,如果在澳洲,那就再正常不过了,数亿中国学子死读课本的教学才是不正常的。

◎ 面对统一考试为什么不紧张 ◎

还是从我关注的阅读开始谈统一考试的话题。先从《没有教科书,给孩子无限可能的澳洲教育》中摘录下面一段话:

2006年,澳洲统计局公布了一份针对15岁以上的澳洲人所作的统计报告,报告显示,有多达62%的澳洲人,把阅读当作他们最喜欢的活动,而不是冲浪,不是打高尔夫球,不是品酒。其中,阅读最频繁的,竟然是45岁到65岁的人。

澳洲人认为"阅读"是攫取知识的基本要件。养成阅读习惯,人才能吸收与理解资讯,再进一步整合成自己的知识,通过口语表达出来。因此,"阅读"可以说是一切学习的根本。那么,澳洲人为什么这么喜欢阅读呢?

澳洲阅读风气的引导,除了有赖于早期西方教育中对阅读的重视与训练,澳洲政府与民间各种机构的合作与带动是相当大的推手。1998年,为了提高澳洲全民的读写与数学能力,中央政府与各州政府联合推动"国家读写与数学计划",政府编列37亿澳元预算,逐年拨给各州政府与各级学校,优先作为各学校购买书籍与培训老师专业教学能力之用。

白花花的银子拨下去,自然要验收成果。2008年,全国性的"国家读写与数学测试"开始启动,每年在同一天,统一针对全国中小学三、五、七、九年级的学生作检定,结束了各校各自评鉴、标准不一的情况。当然,国家读写与数学测试的执行宗旨在网站上写得清清楚楚、明明白白,测试的目的,主要是了解学生的学习情况,以供师生作为改进教学与学习的参考。

第一天听教育部的官员介绍,澳洲12年义务教育过程中只进行一次全国统一考试。教育部的另一个官员又说,为了让全国的年轻人享受平等的教育,从2011年开始实施教学大纲,这是澳大利亚第一部在全国实施的教学大纲。教育部官员和校长解释,实施统一的教学大纲是因为人口流动性大,为了贯彻平等、卓越的教育原则,让所有年轻人享受世界级的教育。

中国的老师一听考试就心烦,一个人的学习过程是经不起折腾的,就像煮饭,如果没有熟的时候总是揭开盖子去看,这个饭绝对是夹生饭,而且煮到最后都很难熟,也没有味道,就得让它焖着,一直焖,焖到最后才揭开盖子看,这个饭绝对是好的。不断检测孩子,容易让孩子心理疲惫。作为中国的老师,大家最痛恨、最无奈的就是统一考试。澳洲怎么比中国还过犹不及,搞这么多次统一考试?

怀着这样的疑问,我不断地找人询问,先问一个有着四个孩子的妈妈,一个团员寄宿家庭的女主人,我们猜测她可能是法国或德国移民,颇具贵族气质。她说:"如果考坏了,会影响到给学校的拨款数额,考得不好学校得到的拨款少,有的家长也不喜欢这种考试。"我太吃惊了,与拨款联系在一起,这比中国还厉害,为了取得好成绩那还不得拼老命了?可我所见到的澳洲的师生很自在,没有什么课业负担,怎么回事呢?难道是翻译错了?问南澳教育部的中国籍官员老王,估计老王已经被我的这个问题搞得不耐烦了,两个星期以来,我从不同的角度、对不同的人反复询问这个话题,游玩的时候也抓着老王问。老王是三个孩子的父亲,第一个孩子上小学一年级时移民到澳大利亚,他又是教育部的官员,因此他对澳洲教育了解颇深,这次再问,他说:"学校愿意参加统一考试就申请,不愿参加也不能强行要求,自由得很。"周五晚宴时,正巧和一个中学校长同桌吃饭,那个中学校长说:"如果哪个学校通过测试的学生比例低,政府会增加投资。"和家长说的正好相反,到底谁说得对?让翻译再问,晚宴已到了高潮,那些洋人校长和官员们也像中国人一样到处碰杯,翻译找不到机会再问这种与酒宴气氛不相称的严肃话题。问我寄宿家庭中的香港移民林先生和他上七年级的小女儿,人家回答说不知道有统一考试这回事。看来中学校长的回答是正确的,哪个学校考得不好,政府就多给钱,所以没有人对考试感到紧张。面对统一考试,澳洲人不需要折腾,能折腾的还是中国人。

五、至高无上的母语教学

◎ 阅读等级测试配备完善 ◎

寄宿家庭的小姑娘要到学校排练节目,男主人林先生提前一个小时把我们送到学校,教师休息室里人来人往,我担心人家会问什么,我像个傻子一样一句听不懂,就抱着书在校园边走边看。草地边一个中国男人和一个澳洲老师在谈话,他们老远就朝我打招呼,中国男人有两个孩子,都在我听课的学校上学,小女儿上一年级,每天的作业是回家读一本小薄书,余外没有其他家庭作业。晚上校长邀请我们和寄宿家庭的家长吃饭,我跟于老师寄宿的那家上海籍家长谈起小孩子的家庭作业问题,她说她上一年级的女儿上学一段时间后每天带回家一本五页左右的小薄书,到了下学期,孩子每天带回家一本20多页的书读。书的封面上贴着数字,那是阅读等级,老师要测试学生的阅读情况。老师怎么测试呢？于老师寄宿的那家的家长也不知道，就替我请教她身边的校长，校长说："学前班到2年级的阅读等级分30级，1—5级达标速度慢一些，他们玫瑰小学的学生阅读水平普遍高一些，一年级学生到下学期末基本能达到25级，就能自由阅读了，就不再需要老师进行过多的指导检查了。"我又问读哪一类的文章，那位上海籍家长说五花八门什么都有。校长说莎士比亚等经典作品，初中有专门的文学课，小学不读经典。校长让我们第二天去观看老师检查学生阅读的情况。

第二天早上第一节课，我们来到一个低年级教室，老师先发给学生一篇文章，把其中的部分单词贴到黑板上领学生读，让学生从文章中找出这些单词读一读，然后布置学生分组活动。老师和一个学生坐在教室中间的椅子上一对一地检查。

学生拿着一本薄书读，老师手中拿着一页复印的A4纸，上面的文章与孩子读的书中的内容一样。老师一边听一边在纸上做记录，虽然语言不通，但我能猜得出意思：有的单词，孩子读错了，老师标出来教他读；有的句子孩子读得不熟练，老师标出来让孩子再读一次。读完后，老师翻过做记录的那页纸，纸的反面有问题，老师让学生口头回答。

低年级的老师在做阅读测试

最后，老师统计读错的比例，并通过翻译告诉我们，这个在我看来读得并不流畅的学生读错的单词并不多，老师认为他通过了这一级的阅读测试。老师复印的阅读检查记录纸是哪儿来的呢？那位和气的、胖胖的女老师抽出一本书翻开给我们看，原来有"教学参考书"可以拷贝。老师又指了指教室四周文件盒中的图书告诉我们，分级达标的图书都在盒子里放着，学生可以在学校读，也可以借回家读。中午这位热心的老师又领我们到教师休息室旁一个开放的小资料室，那里有老师们的备课，也有供学生分级阅读过关的图书。

 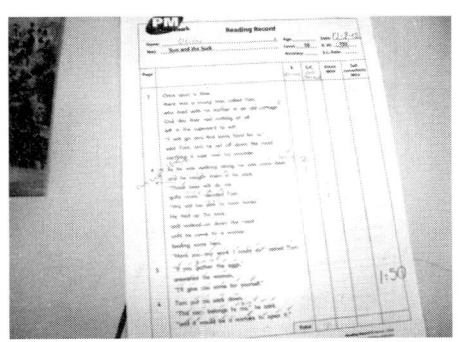

这是学生在课堂上读的2级图书　　　这是英语老师的阅读检查记录

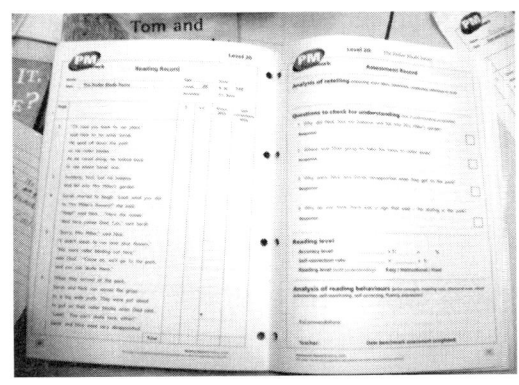

老师用的阅读检查记录来自这本"教学参考书"，一面是文章，一面是问题。

老师随手拿过一盒2级阅读　　　低年级教室四周的桌上放着数盒
过关的图书给我们看　　　　　　达标用的图书

开放的小资料室中有各级达标图书

同一编号的数盒图书放在一起

当我看到这些无人管理的、完全开放的分级达标资源时，禁不住出声感慨："在澳洲当语文老师真幸福啊！在这里进行课内海量阅读真是方便极了，哪像我，先要寻找适合学生阅读的图书，还要整天趴在电脑前为学生准备阅读材料，累得头晕眼花腿抽筋。"一个学前班老师还告诉我们，学校每年给每个班2000澳元，用于老师自行购买教学资料。在澳洲真好，可以花公家的钱为自己的学生买资料。

我一下子理解了在教育部培训时听到的那句话："考虑到各种学生的需要，并配齐所有资源。"

◎ 美术作业中渗透母语教学 ◎

在一个教室中看到低年级学生正在画画，学生画画的纸上有一句话，或者一段话。如：

上面两幅图的大意分别是:

1. 花随风在跳舞……

2. 风吹得很厉害,花瓣掉了,种子掉到地上,很多小种子随风飘荡……

我一看乐坏了,这不是用美术课来教学英语吗?这种形式,我直接可以拿来应用:明年教学一年级时,设计各种类似的"阅读配画",在纸下面配上各种好玩的文字,生字要注音,喜欢画画的学生可以在上面的空白处画画,贴在教室的墙上展览。

◎ 科学课上贯彻英语教学 ◎

第一周参观时,我问过几个校长:"学生在各科的课堂上自由阅读的时间有多长?"有两个校长告诉我:"没法准确计算,大约每天都会给学生2个多小时的时间自由阅读、查阅资料,有时是查阅书籍,有时是用电脑上网阅读。澳洲的中小学教室里都有给学生准备的笔记本和充电设备,教室里可以无线上网。"

第二周在玫瑰小学,我听了一节说不清是英语课还是科技课的课,大概是澳洲课程表上叫作"探索"的科技课。

老师先发给两个学生一堆卡片,这卡片是加了塑料薄膜的成品,这一点儿让我无限羡慕,这些材料都是现成的。这些卡片有的只有一个单词,如"下雨、海啸、龙卷风……"有的卡片上有一段话,是对那些单词所写的自然现象的描述。两个学生紧张地排列着那些卡片,排完的找老师检查,检查合格后,老师给学生一本小书,先阅读再做题目。人家的科学课与语言课有什么区别?仅仅是读的内容是科学的内容而已,这样的科技课比阅读课的效率还要高,作为语文老师,我只能羡慕嫉妒恨啦。

学生趴在地上排列卡片

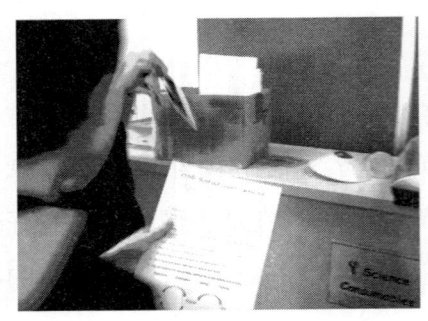
排完卡片的学生再领新任务

排完卡片的学生领到一本写天气的小薄书阅读

与成绩优秀的印尼籍学生(右)合影

◎ **宽松自由的图书馆课程** ◎

玫瑰小学每周有一节课在图书馆里上,老师带学生到图书馆,学生可以看书,可以借书。有的孩子一进图书馆就来在门口的一排电脑前刷码借书或还书。

第四章 ○ 语文课本的教学

墙角的坐垫坐上去很舒服啊！

趴在地上的小男孩，问他可不可以照相，他不理睬。

在玫瑰小学的一个星期，我们经常路过图书馆，多次看到孩子们读书的情景。他们不需老师管理，自己借书、还书、看书。图书馆里的书单从数量来说，比国内学校的许多图书馆少，但能看得出，书都被学生多次借阅过。

这是学校发的通知，打印成很大的字贴在墙上，也成为阅读教学的组成部分，完全没有中国的学校中大喇叭不断广播下通知的吵人场面。

2007年暑假，我曾苦读了20多本英美国家的教育译作，后来又把美国的畅销书《朗读手册》反复阅读数遍，知道美国的教育把阅读教学放到高于一切的高度，甚至当作改变一个国家风气的举措来做，这次亲眼目睹澳洲教育对母语的重视，面对中国汉语教学的式微，我更感觉到一个语文老师的责任重大，中文教学的危机已到了非重视不可的程度，错过了童年和青少年时期的阅读，对阅读缺乏发自内心的喜爱，已是目前绝大多数中国人终生的痛，更是身为教书者的老师的硬伤——教书的人没有对阅读痴迷，怎么能期望学生爱上阅读？汉字是世界文明古国所产生的原发性文字中唯一还在使用的文字，是世界上唯一高度发达的表意文字,我们怎能视之如敝屣?在对待母语的态度上,我们真的应该向西方人学习。

20天的澳洲之行很短暂,再加上语言不通,对澳洲教育的了解仅仅是蜻蜓点水而已。但最起码知道了西方教育的先进之处并不像大家传言的那样仅仅是在玩中学习,不能以道听途说的"义理"对待汉语教学。

澳洲的水和天好蓝,澳洲的草地好绿,澳洲的空气好清新,在学习和游览的日子里,我的包里一直装着一本书,在欣赏美丽的异国风光之余读上几页,醇美的文字在青山绿水的浸润中格外令人迷醉。阿德莱德的草地,堪培拉的公园,都是我阅读的理想之地。

母语是一个人的思维语言,母语贫乏意味着思维受限,母语枯竭就意味着思维枯竭。在孩子的黄金年龄,一定要夯实母语教学的根基,澳洲的学校把英语课排在早上第一节,其他学科的教学都倾向于母语的教学,这就是在做夯实根基的事。而我们呢,却把母语教学踩在了脚下。我们要敞开胸襟,学习西方之长,同时也要固守本元,了解传统之后再比较鉴别,而不是一味地质疑,恨不得换掉自己的血液。

全国推动读书十大人物 韩兴娥
课内海量阅读丛书

基础教育国家级教学成果一等奖
"小学语文课内海量阅读教学研究与实践"项目组推荐用书

让孩子
踏上阅读快车道
Rang Haizi Tashang Yuedu Kuaichedao

韩兴娥/著

下

江西人民出版社
Jiangxi People's Publishing House
全国百佳出版社

目录

第五章 二、三年级海量诵读白话文

1 略读白话文   217

一、"主题学习"丛书口头填空题的选择   217

二、"主题学习"丛书等略读书目的学习助力系统   220

三、背诵比赛显本事   223

四、在欢声笑语中学习《成语笑语》   225

2 读准是基础　理解是本能   230

一、《成语词典》教学札记   232

二、诵读儿歌轻松掌握226个多音字   240

三、诵读《中华成语千句文》积累成语了解万史   246

第六章 白话文言同步推进

1 趣味盎然学古诗   257

一、古诗集体预习没有预设也精彩   257

二、古诗学习"胡乱理解"是妙招   261

2 200首宋词之旅 　　　　　　　　　　　　267

一、故事引路走进浪漫长短句　　　　267

二、"引读"使宋词教学踏上快车道　　275

三、"走进苏轼"专题研究课例三节　　282

3 名言警句教学　　　　　　　　　　297

一、准备　　　　　　　　　　　　　297

二、疯狂语文　　　　　　　　　　　299

三、滚雪球　　　　　　　　　　　　300

4 白话文言同步推进：案例《骏马的悲歌》　304

一、原文举例　　　　　　　　　　　304

二、印发给学生的自学材料　　　　　307

三、课堂教学　　　　　　　　　　　310

5 二教《中华上下五千年》　　　　　314

一、第一次教学《中华上下五千年》　314

二、第二次教学《中华上下五千年》　320

6 按历史顺序学习成语　　　　　　　331

一、为了学生沉思静读　　　　　　　331

二、《读历史　学成语》基本教学方法　334

三、《读历史　学成语》教案、课堂实录　338

7 二教《论语》 353
一、第一次教《论语》边读边教 353
二、第二次教经典 完善《读论语 学成语》 366

第七章 作文教学

1 低年级写话晚起步 375
一、一年级家长代子捉刀写"学以致用" 375
二、认识段落 377
三、改错方式 378
四、抄课文与"处女作" 379

2 中年级作文起步写游戏 381
一、三年级上学期作文教学计划 381
二、作文起步教学案例：三次成语接龙 384
三、教师"下水"，激发练笔兴趣 391

3 中高年级轻松作文 393
一、弱化写前指导 393
二、讲评课上成读书课 396
三、写提纲事半功倍 399
四、写着玩的循环日记 401

五、如何写好记叙文　　403

六、阅读量变引发作文质变　　406

第八章　家校沟通营造阅读"巴学园"

1 沟通要客观、及时　　413

一、写公开信　　414

二、秘密信件　　423

2 打造儿童阅读环境　　427

一、"诱惑"家长"亲子共读"　　427

二、组建班级图书超市　　432

三、雷区穿行——推荐图书　　434

四、"小豆豆"在海读中转变　　436

五、润物无声　化育无形　　444

05

第五章

二、三年级海量诵读白话文

全班学生如何在一节课内共读数十页书?如何集中快速积累词语?

海量阅读的教学目标不是以一节课、一篇文章为单位来设定,而是以一本书、一个年龄段为单位来设定的。我把小学六年分为三个阶段:一年级在海量阅读中识字,二、三年级主要在海量阅读中诵读、积累,四、五、六年级大量诵读经典。

一年级诵读近千首儿歌,学生就能过了识字关,那些认字模糊的孩子在阅读过程中可增加识字量。二、三年级的重点是海量诵读、积累白话文语言,为口头、书面表达打下基础,使每一个孩子能流畅地表达见闻感受,达到"保底"的要求。这个"保底"的要求不高,对没有智力缺陷的孩子来说,这是很容易达到的要求,但如果不把大量读物引入课堂,每个班就会有几个孩子不会写"人话"——文不达意,句不通顺。这也是十多年前,我按常规进行课本教学,无论多么努力也无法逾越的"天堑"。所以,二、三年级,我先通过海量诵读、积累白话文语言,把这一难关攻克。

◇ **流畅朗读**

二、三年级练习朗读的首选读物是各种版本的教材,教材都配有录音带或MP3录音。上课时,学生听着录音,看着课本,精力可集中了,每一篇课文对他们来说都是一个新鲜的故事。听完录音孩子们自己读一遍,对于难读易错的生字、生词、句子,老师或打印出来,或写到黑板上,或投影到屏幕上,大家一起读。

带着故事的《三字经》《弟子规》《唐诗故事》《宋词故事》《成语故事》《中华成语千句文》是适合二、三年级学生阅读的书。韵文、诗词要在课堂上引导学生反反复复地读,以至熟读成诵,这是文言文启蒙阅读,这个阶段以阅读白话文故事为主,古代诗词占的分量比较少。韵文、诗词下面带的故事是用来练习朗读的。课堂上只安排集体读一遍的时间,老师通过一些奖励手段,引导孩子主动提前阅读,引导亲子共读,家长多听孩子念,孩子念错了纠正读音。老师则在课堂上领读故事中易错的词语,为学生清除阅读的障碍。

◇ **积累语言**

翻阅自己以前的教学笔记,发现有些教学方法只适合彼时彼地,随用随丢,但有些教法一直使用。比如要求学生在略读全文的基础上诵读部分句段的做法,是从初为人师就开始并一直采用的。

最初,我不留课本上的家庭作业,给学生留出充足的时间自由阅读,但要求学生"不动笔墨不读书",可以在书上勾画,可以选择精彩片段写到读书笔记本上,并大体背诵。老师每天检查学生的读书笔记和积累、背诵的情况,检查的形式也不固定,有的全查,有的查几句,有的让学生之间互相查。根据积累的质量、数量给予学生适当的奖励。

这样的方法简单易行,适合所有的班级。在进行海量阅读之前的十多年来,我一直这样做,只不过当时学生没有共读同一本书。我任教的班级出现了很多出色的学生,经常发表文章。2000年之后,我蹒跚着走上全班共读一本书的海量阅读之路后也是这样做,全班学生的整体语文素养(主要外化为朗读、作文、口语表达)明显高于平行班。

但懒学生专拣最简单的句段背诵,欣赏水平差的学生找不出最好的句段,于是我开始给学生出口头填空题(自学材料)背诵,这样,全班学生都必须诵读文中表现力最强的句段,而且学生背诵口头填空题的速度比背诵句段的速度快很多,在背诵过程中学生还能连蒙带猜地理解所填的词语。

下面以三个填空题为例说明。

_____是专管_____天气的。_____能够_____电视、电话、广播信号。

_____过一座小丘,_____过一道山谷。蝴蝶_____着跳舞,松鼠_____着脚步;小树_____着绿叶,绿叶_____着露珠;露珠掉在林中,变成朵朵蘑菇;阳光_____着鸟声……

我真希望,烟囱里_____出来的,不是_____的黑烟,而是_____的云彩。我真希望,烟囱里_____出来的,不是_____的粉尘,而是_____的泉水。

"气象卫星是专管预报天气的。通信卫星能够传送电视、电话、广播信号。"能让学生记住一些科技知识。

"翻过一座小丘,穿过一道山谷。蝴蝶追着跳舞,松鼠数着脚步;小树亮着绿叶,绿叶托着露珠;露珠掉在林中,变成朵朵蘑菇;阳光和着鸟声……"句中平平常常的动词在具体的语境中用得精妙极了,这很难用语言分析透彻。对低年级小孩子来讲,他们也不愿长时间听老师分析,让他们背诵之后略略一分析就行。

"我真希望,烟囱里<u>飘</u>出来的,不是<u>浓浓</u>的黑烟,而是<u>轻盈洁白</u>的云彩。我真希望,烟囱里<u>喷</u>出来的,不是<u>灰灰</u>的粉尘,而是<u>清澈晶莹</u>的泉水。"

"飘"与"喷","浓浓"与"轻盈洁白","灰灰"与"清澈晶莹","浓浓"与"灰灰","轻盈洁白"与"清澈晶莹"的对比运用精确至极,这些精妙之处,如果老师通过语言来分析会非常烦琐,非把学生分析得睡着了不可,而孩子边做动作边背诵是多么有趣、有效的学习方法。

让学生背诵填空题,带一点"逼迫、强制"的意味。当了这么多年老师,对存在于小孩中的"人性的弱点"多少有一点了解,人都贪图安逸,所以都存在不同程度的懒惰。我曾要求三年级学生每天摘抄背诵一百字左右好词好句,内容自选。于是种种懒惰之态就呈现在我面前了:有的学生不去把宝贵的时间用在背诵值得背诵的句段上,而是哪句简单背哪句;也有的学生懒得去满书上找"值得背诵"的句段,而是从头开始背,背了一年时间,还是在一本书上打转转。不经过训练,小学生还不具备找"值得背诵"的优秀段落的能力。

期盼学生们能自觉地边读书边记诵那些有价值的句段,每发现一句美文就像在路边发现宝石一样,马上标出来,并"刻"在心里,生怕以后没有机会见到它似的。要想达到这种境界,除了通过口头填空去"逼迫、强制"训练外,更好的办法是倡导家庭读书竞赛,同读一篇文章之后,家长和孩子比比谁记住的妙词佳句多。

有些老师没有从一年级教起的机会,从中高年级"半路出家"进行海量阅读的班级,就从最简单易行的背诵优美句段开始,从权威机构推荐的读物开始阅读。

海量阅读起点很低,只要肯尝试,"一般老师、一般生源、一般学校"人人可为。当师生一步一步走向优秀之后,当考试不再成为阻碍,当学生作文水平遥遥领先之后,当学生的语文素养达到一定水平,就可以大量诵读经典了。

略读白话文

一、"主题学习"丛书口头填空题的选择

白话文的阅读内容,细读的是各种版本的语文课本,课本的语言是最规范的。低中年级,凡是我能找到的带录音的课本版本,我们尽量多读。潍坊市的"主题学习"丛书在我的阅读系列中是略读书目,没有时间一篇一篇仔细讲解,但也不能只让学生看看了事。囫囵吞枣地默读、浏览是我一生最深刻的教训,因为缺少诵读,所以语文是我学生时代最差的学科。回顾我学生时代的阅读经历,深知朗读、背诵的重要性。为了让学生在短时间内大量吸取书中语言的精华,准备口头填空题是我备课的重点。填空题的内容分为两大部分,记诵语言是重中之重。如:

再听那格凸之水来到这里,经过二十多米宽,五十多米长的窄行之后,像一群脱缰的野马,便各奔东西,环石而过,穿岩而行,或跌入深潭,或串入幽谷,雷鸣般的怒吼,怒吼般的雷鸣,似狮子在吼叫,似雄鹰在哀鸣,你追我赶,又消失在黑黑的洞府,不得而知。听其声,观其行,不禁令人心惊胆战,毛骨悚然。

学生读这些段落,他们看不出有什么"好词好句",但一经背诵,"环石而过"与"穿岩而行","跌入深潭"与"串入幽谷"中的两个动词形成对比,学生就能慢

慢体会到用词的恰当,并在写作中运用。

还有一部分填空题字数较少,主要来自故事,或童话、寓言、神话故事,或励志故事。这部分填空题要在原文的基础上略加改动,达到概括主要内容、总结一个道理的目的。比如根据下面一段话进行改动:

经过这几次打击和折腾,他人生中最美好的年华已消失殆尽。这年,他65岁,已身无分文,他拿到了生平第一张救济金支票,金额为105美元。然而,他并未死心,他手里还保留着极为珍贵的一份专利,就是从前那份赖以生存的炸鸡秘方。他又一次打起精神,开始他的再次创业。5年后,出售这种炸鸡的餐馆遍布美国和加拿大。在他70岁时,这种名叫肯德基的连锁店在全美达5000家,海外达4000家。而他,就是肯德基炸鸡的创始人——哈兰·桑德斯。

改成下面的填空题:

肯德基炸鸡的创始人_____经过数次打击和折腾,65岁的时候他_____,他人生中最_____的年华已消失殆(dài)尽。但他靠着从前那份赖以生存的炸鸡秘方,70岁的时候创业成功。

再如:

因为在雪地中所受的屈辱,希尔顿立下宏愿,从此之后,他不断地努力工作,存下他所赚得的每一分钱,终于创立了第一家"希尔顿大饭店",并进而扩充成为全世界最大的饭店之一——希尔顿饭店集团。

改成:

因为在雪地中所受的屈辱,_____立下宏愿,他不断地努力工作,终于创立了第一家"_____",并进而扩充成为全世界最大的饭店之一——_____。

这两段填空题都强调人名,因为对于故事情节学生一看就懂,但对于一些名称却往往记不住。

他就是后来在美国历史上解放黑奴、结束南北战争,创造丰功伟绩的亚伯拉罕·林肯。

改为：

美国历史上解放＿＿＿＿＿＿、结束＿＿＿＿＿＿战争，创造丰功伟绩的亚伯拉罕·＿＿＿＿＿＿，曾经受过失业、竞选＿＿＿＿＿＿、企业＿＿＿＿＿＿、未婚妻＿＿＿＿＿＿等多次失败。

回答这样一份口头填空题要从全文中找答案，学生也从中记住了重要的历史事件的名称。

科学童话的填空题也是从大段的文字中提炼出来的，答案都在文章中，学生只要读懂了文章，不用"寻找"就能自然而然地填上。

一只小蝙蝠展开那一对黑翅膀，不停地飞呀飞呀——动物界兴起了"寻根"热，它也要去"寻根"呢！

"小蜜蜂，我们都有翅膀，一定同宗同祖，是吗？"蝙蝠来到一株野花前，碰到了一只贪玩不归的蜜蜂。

"不是啊，我们都有翅膀，但我是昆虫家族，像蚊子、苍蝇才是我们同宗同祖呢！你的脸蛋很像鼠，去问问它们吧！"小蜜蜂委婉（wǎn）地告诉了小蝙蝠。

上面的段落提炼成下面的填空题：

一只小蝙蝠要去"寻根"，他和蜜蜂都有翅膀，但蜜蜂和蚊子、苍蝇等属于＿＿＿＿＿＿家族。

寓言、民间故事类文章要表达的主要意思在文章中一般能找到原文：

这个愚蠢的妻子对旧裤子全盘照搬，结果弄巧成拙。

略加改动就是这个故事要提示的道理：

对事物全盘照搬，结果＿＿＿＿＿＿，自己害自己。

还可以选择一个重点填空。比如下面的文章：

鹅毛大雪纷纷扬扬地飘舞着，寒风放肆地呼啸着。"当——"已经12点钟了，早已疲倦的我伸着懒腰，这么晚了，爸爸还没有回来，我焦急地拉开了书桌前的窗帘。

大雪被寒风吹得乱舞,迷蒙了我的双眼,小街上的路灯还亮着,我忽然发现路灯下有一个人影在徘徊,这身影是如此熟悉,真是太熟悉了。像爸爸,太像了,可是爸爸不是去朋友家做客了吗?那身影突然停了下来,仰头向我的小阁楼上望着……

……

我的眼睛湿润了,泪水在眼里打着转转,我强忍着不让它流出来。外面的雪似乎又大了起来,爸爸还在路灯下徘徊,他不停地咳嗽,咳得很厉害,我只看见他的肩膀在不停地颤抖着。他搓着手,跺着脚。

改成下面的填空题,重点强调天气,让爸爸给女儿一个安静的学习环境而受冻这件事充分感染读者。

鹅毛大雪纷纷扬扬地_____着,寒风_____地呼啸着。

大雪被寒风吹得_____,_____了我的双眼。

我的眼睛_____了。

整理这份填空题耗费了老师的大量时间,但在诵读过程中学生的理解、背诵、表达能力都得到了提高。对优美的句段、有一定难度的文字,老师改编成大字,在上课时通过屏幕集体学习。

二、"主题学习"丛书等略读书目的学习助力系统

"主题学习"丛书是潍坊市教育局向中小学生推荐阅读的一套书。假期中拿起三年级上学期的两本主题学习书来细细阅读。这本拿在手中感觉轻柔的书足有200页,字数超过课本最少十倍。为备课而进行的阅读显然不像读小说那样迅速,读完这两本书需要相当长一段时间。我这样的急性子,如果两天读不完一本,就容易产生厌烦感,何况还要一边阅读一边考虑教法。第一本《走进美妙的世界》竟然一半是写景的文章,根本无法提速。在学生时代,我读到写景的段

落一向是跳跃过去的,名气再大的作家也无法吸引我。为备课进行的阅读得仔仔细细地读,边读边考虑教学方法,于是我犯愁,如何让三年级小学生在一到两个星期内读完,并且要有成效地读完?

如果只让学生自由阅读,学生对这些文章的兴趣远不如那些荣获世界金奖、银奖的流行小说,更不如那些色彩缤纷、装帧精美的童书。必须给学生加上一个动力系统,才能使他们兴致盎然地、仔仔细细地、自动自发地读。这个动力系统就是竞赛。李白坚教授把作文教学加入了游戏、竞赛的成分,学生马上瞪圆了眼睛,阅读也是如此。

阅读竞赛以四人合作小组为单位,可促使学生之间互相督促、帮助,还可以带动阅读能力差的学生。每天学习30页左右,写景的文章学得慢一些,小故事学得快一些,学生的预习尽量提前。《走进美妙的世界》共15页填空题,每天背诵不少于两页。具体进度先上两节试试再定。课堂教学分两个大环节,一是阅读理解,二是诵读竞赛,各占半节课。

◎ **阅读理解** ◎

学生拿到书会先预习,课前学生边读边画线,用铅笔把口头填空题用括号和横线画出来;把文章的中心思想用曲线或方框圈出来,也可以写几个字或一段话。

画口头填空题是照本宣科,不用教。下面举例重点说明如何画理解性的问题。我要求学生在略读的过程中"画理解性的问题"。段意、中心思想等理解性的问题都暗含在文章中间,仔细阅读都能找得到,但小孩子或者因为能力尚差,或者没有掌握方法,这成为阅读理解的难点。

比如《内蒙风光》,可以圈画出"幽美、淳朴、绿",这是内蒙风光的特点,也要圈画出"小山、河、花、路上",这是所描写的景物。在《小溪流的清婉美》三段中分别画出:"溪水叮咚的响声,更能激起人的无限柔情。""幽静如画的景色使人得到美的教育和启迪。""小河、溪流能使自己在极平凡的景色中寻找出魅人的神奇美。"这是三段的段意,是用每一段中的词凑起来的。

小组交流阅读理解题是课堂教学的第一个环节。每个小组成员各拿出5分奖状,合起来共20分摆在桌子中间。根据每个成员"奉献"答案的多少,决定这20分的重新分配。这种小组交流也许从课前,从早上到校时,从前一天就开始了。

老师一边提问,一边讲解,每个组问一个学生,很可能问那个最懒的学生,"懒蛋"的回答决定他们小组是从老师这里"挣分"还是交"罚款"。

学生自告奋勇谈老师没有讲到的问题,根据问题的价值奖励个人。

◎ 诵读竞赛 ◎

首先学生自己背诵填空题,然后集体看屏幕"开火车"背诵,背诵过程中老师提问讲解一些有助于理解的问题。

"开火车"背诵都通过的小组,下课时组长拿着小组成员的四本书找老师在目录上盖章,表示今天所学的页码已通过背诵检查。"开火车"没有通过的小组,下课单独找老师检查。因为与课本相比,主题学习丛书内容更深一些,填空题数量多,整本书的填空题一起检查的难度大,所以就分散检查每天所学的文章。如果家长已在家检查,就在目录相应的页码边签字,可以有效防止滥竽充数。分散检查的缺点是边背边忘,这不要紧,曾经背过的文字虽然忘记了,但都会内化为学生心中的种子,自然而然地外化为自由流畅的表达。如果有的孩子背诵整本书的口头填空题,那么,他在得到应得的奖励之后,老师还"白送""百元大钞"。

略读的书无法逐篇细读,我也从来不用"学一篇带多篇"的教法,我用这种平推式的教法给学生的自由阅读加上一个动力、助力系统,使他们边读边思的成果能够有一个展示的舞台。对那些懒孩子来说,他们也被全班滚滚前进的洪流推动着、拖拉着跌跌撞撞地被迫前进。每个孩子都能受益,都在眼下受益,一直是我教学的追求。

三、背诵比赛显本事

注音版的《小学生拼音报》有儿童报刊的特点:篇幅简短、内容有趣、形式多样。在一年级时,我们先通过齐读、领读进行学习。到了二年级,学生有能力自学,报纸内容能吸引住学生。所以我通常找一个语文课较多的下午发报纸,学生已完成了当天的学习任务,这时候发给他们,既有读着玩的感觉,又可以比赛"谁读得快"。根据学生抢答情况给予个人相应的奖励。

这是记录第一次比赛情况的《今日课堂》:

发下报纸。给了他们整一节课自由阅读,纪律好得出奇,老师也乐得享受教学相长的乐趣,坐讲桌前读报纸。下课前五分钟进行读报竞赛,我根据内容提几个问题,学生抢答。每提出一个问题竟然有一片答题声,尤其是那个精力过剩的刘星辰。晚上一家三口进行读报竞赛吧!做事要趁热乎啊!

报纸本身的吸引力,再加上比赛的促进,学生会主动阅读报纸的内容,但要逐渐养成边读边背的习惯,提高抓住重点的能力,还需要第二天的课来巩固。第二天上课时,比赛"谁能抓住重点、背诵速度快"。

这是记录第二次比赛情况的《今日课堂》:

周四上课读拼音报的口头填空题,在此之前,口头填空题学生都没有见过。先让孩子自己读第45期报纸,然后出示口头填空题,谁会背谁就背,同一个题目可以背三次,再齐读。

台浩文的背诵速度最快,经常是一出现题目,他就站起来背诵。其次是郭葳蕤、王容容,这两个孩子也抢答了不少题,王容容上课后才拿到12月份的报纸,他完全是现场发挥,一点准备也没有。吴静琨、张益嘉、张学博、宋佳怡也抢答了几个题目。

背诵能力强是聪明的一大标志。先天资质无法改变,差一点的孩子只有靠日有所诵的习惯来提高背诵速度。这几个孩子之所以背得快,是因为他们已能够抓住文章的重点,知道老师会出什么样的口头填空题。这种能力不是靠听讲得来的,而是靠自己悟出来的。只要具备了这种能力,学习语文简单至极。

孩子到家后,家长拿口头填空题测试一下,如果能背诵一半,说明他背诵速度尚可。如果基本没背过,那就说明孩子上课东张西望了。

有一部分学生很喜欢在比赛中显示一下本领,一听竞赛就睁大眼睛。但在二年级,能够快速理解背诵的学生比较少,大部分学生缺乏"用武之地",于是我就允许学生把同一个题目背诵三次,第一个学生抢答之后,谁记住了答案可以抢答第二次、第三次。到第三次时,一片站起来抢答的学生,大部分学生就当堂背过了。

放学前,我出的口头填空题已发到公共邮箱中,学生到家后就能拿到题目。题目已公开,比赛的时机已过。第三天,就按座次背诵,会的站起来背诵,不会的可以跟着背诵第二次、第三次,这次的奖励要看全组的表现,这样就充分调动了全体学生上课学习的积极性。有些口头填空题只要背过就行了,有些则需边背诵边引导学生理解。如:

细雨_____夜_____,_____进我门。腹内诗书_____,床头金银_____。

出门_____黄尾犬,越墙_____兰花盆。天寒_____,忙趁月色_____。

这是《郑板桥吟诗退贼》中的一段话,边背诵边提问:"细雨蒙蒙夜沉沉,梁上君子进我门。""梁上君子"是什么人?二年级的学生真不知道那就是指小偷,老师还得解释一下这个词。

"腹内诗书存千卷,床头金银无半文。"说明郑板桥的生活怎样?

"出门休惊黄尾犬,越墙莫损兰花盆。天寒不及披衣送,忙趁月色赴豪门。""赴豪门"做什么?

再比如背诵《小北极熊溜冰》中的"北极熊的手掌和脚掌像船桨,适合划水,不适合溜冰"。接着背诵《南极最大的陆地动物》"南极洲有150多种陆地动物,但大多数是海鸟和海兽身上的寄生虫,并非真正的陆地动物。真正的南极陆地动物是昆虫,它们中个头儿最大的是无翅南极蝇,只有3毫米长"。

背诵之后让学生说说还知道哪些南极、北极动物,然后分析为什么北极的陆地动物那么大,而南极的陆地动物那么小。别看二年级小学生年龄小,孩子还真讨论出一个合理的解释:"北极主要是一片海洋,能储存夏季的热量,用以减弱冬季寒冷的程度,南极地区是陆地,储存热量的能力很差,环境比北极恶劣得多。"

四、在欢声笑语中学习《成语笑话》

2013年暑假逛北京图书大厦时,书架上的一套《看笑话 学成语》进入我的视线,随手翻开,只看了一眼就断定——这就是我们的书!是为"海量阅读"量身定做的书!让孩子在笑声中学习成语,多么巧妙的构思!真佩服邹敦怜、林丽丽两位台湾作者,没想到海峡对岸的同胞竟然跟我如此心有灵犀!于是,毫不犹豫地买下一套,又邀请几位好友改编和试教。(目前这套书已授权大陆出版,"海量阅读"团队进行了改编,更名为《成语笑话》)

一个笑话中只有四个成语,太少了!我们绞尽脑汁地加成语、改笑话,希望用最短的篇幅给予学生尽量丰富的语言,同时又不失原有的妙趣横生。"成语意思猜一猜""成语运用猜一猜"两项练习,让学生在具体的语言环境中反复练习,以求熟练掌握成语。

食人族的菜单

在一架豪华客机上,**不苟(gǒu)言笑**的食人族国王也是乘客之一。乘务员**彬彬有礼**地询问:"先生,您的午餐吃什么?牛排好吗?"

国王面无表情地摇头。

乘务员**和颜悦色**地再问:"鸡排好吗?"

国王仍然**不置可否**。

乘务员**不厌其烦**地再问:"先生,您究竟想吃什么?"

国王**不动声色**地说:"请拿旅客名单来给我看看!"

乘务员一听**面如死灰**,**心惊胆战**地瞅了一眼**大腹便(pián)便**的食人族国王,半天说不出话来。

(一)成语意思猜一猜

1. _____:脸色惨白,如死灰一般。形容因沮丧、病痛、惊惧等而面色灰暗。

2. _____:和蔼的脸色,喜悦的表情。形容态度和蔼可亲。

3. _____:肚子肥大的样子。

4. _____:不随便说笑。通常用来形容人一板一眼,严肃而不易亲近。

5. _____:形容文雅而有礼貌。

6. _____:既不说行,也不说不行。指不明确表态。

7. _____:不嫌麻烦。

8. _____:形容极其惊慌害怕。

9. _____:不让感情、想法从说话声音、语气和脸色上流露出来。多形容态度镇定。

(二)成语运用猜一猜

1. 爷爷总是_____,大家都不敢亲近他。

2. 看到车祸现场的惨状后,他_____地愣在原地。

3. 每次弟弟犯错,妈妈总是_____地跟他说道理。

4. 汶川大地震后,余震不断,使得当地的居民都_____。

5. 这个_____的男人特别贪吃。

6. 这道题,他总是不懂,老师_____地讲给他听,他终于弄懂了。

7. 他对人总是_____,笑脸相迎。

8. 看到小偷在偷东西,爷爷_____地报了警。

9. 他_____地一笑,转身走了,我们都不知怎么办才好。

改编工作持续了两个暑假。伴着腰酸背痛,我们美滋滋地憧憬:等到我们把这套"不用老师教,学生就能自学"的书呈现在孩子们面前时,他们边笑边读,边读边笑,阅读的快乐将弥漫整个教室。

改编后的新书《成语笑话》(共六册)首先进入了我们自己的课堂。果然,我们欣喜地看到,孩子们一会儿哈哈大笑,一会儿沉思静读,沉浸在书香墨韵之中。看到这套书给孩子带来的欢声笑语,给老师带来的轻松愉悦,我们所有的辛苦皆化作了云烟,杳然无踪。

为了使全班资质、基础不同的所有孩子都"课内海量读"起来,我们制订了分级达标标准:

一星目标★:流畅朗读笑话。

二星目标★★:看着笑话口述两个"猜一猜"练习。

三星目标★★★:看着答案中的成语创造性复述笑话。

四星目标★★★★:用篇目学过的成语创作笑话。

在教学过程中,我们注重"在阅读与写作之间架起一座桥梁",培养学生使用语言的自觉意识和强烈欲望。通过学习,能够使孩子们达到这样一种状态:学了成语,仿佛新获宝剑,时刻捕捉战机,一有机会,即用之而后快。于是,每学一组笑话就当堂安排口头运用练习,一组学多少个成语故事呢?老师可以根据整个班学生的阅读能力来确定。学习几组笑话或一本书后,就安排一次"阶段书面运用竞赛":合作小组四个成员看着答案中的成语,在限定的时间内用老师给出的成语写句子或段落,一共能运用多少个成语,小组就能得到相应的分数。于是学生竞相应用,合作小组成员主动交流如何学以致用,以求自己的小组得到高分。

在此书的教学实践中,我们形成了简洁有效的课堂流程:

1. 预习：老师提前给合作小组排出讲课表，小组成员在课前演练如何讲课。可以轮流上台复述故事；可以全组成员分角色朗读，或者表演读……老师鼓励学生提前用大纸或在黑板上板书笑话中的成语和生疏的字词，便于边讲边指着这个词领其他同学读。这些板书可以保存起来，等待进行"阶段运用竞赛"时用。

以合作小组为单位在课前演练
如何上台讲课

2. 讲述：上课时，各小组上台采用不同的形式讲笑话。鼓励学生不仅要把这个笑话中出现的成语都用上，还要尽可能地增加成语。同时，要把"笑点"讲明白，还可以向台下学生提问，台下学生也可以质疑问难。

3. 自测：学生自测一组故事中的"成语意思猜一猜""成语运用猜一猜"。

合作小组成员上台以不同的形式领
其他同学学习一个笑话故事

学生自测一组成语故事中的两个"猜一猜"练习

4. 强化：把一组笑话中有一定难度的"猜一猜"打乱顺序投映到屏幕上，进行强化练习。不经常使用多媒体的老师可以每周集中一节课进行强化练习。

5. 运用：把当堂所学的成语排列在黑板或屏幕上，也可以看着书后面答案中的相关成语，让学生说几句或一段话，试试学生能用上其中多少个成语，以小组为单位计分。

利用屏幕进行强化练习　　　　学生口头运用当堂所学成语

6. 阶段练习：每学几组笑话或一本书，可以组织一次"阶段书面运用竞赛"。

写句子竞赛

课堂上要挤出时间给学生展示：学生可以创作图片让大家猜成语；可以找一找本组成语的同义或者反义成语；有的学生写日记运用学过的成语，有的小组合作写循环日记运用所学成语……

期盼着孩子们笑着、读着、表演着、创造着……

2 读准是基础　理解是本能

"学校为了惠及更多的北海学子,配备了供学生集体阅读的书,为不知 餍 足的儿童提供了大量的精神 饕餮 。"

读这句话,可能很多人不认识加了框的三个字,但意思都能猜测出来:为不知满足的儿童提供了大量的精神食粮。在阅读中根据前后文猜测意思是读书人的本能,每一个具备识字读书能力的人都有这样的体验。但字音需要我们去学习。一般查字典的习惯很难养成,如果不是因为当老师,我读书一律猜着读,不管字音是什么。由于做老师不能胡说八道,所以才被迫无奈去查字典。我不奢望学生能养成查字典的习惯,作为小学语文老师最重要的责任之一是通过大量诵读让学生读准字音,读准字音是语文教学的基础。

猜测词义是人在阅读中的本能行为,本能行为是不用教的,家长、老师完全不用着急,只要读准了字音,在以后的阅读中,孩子们就会本能地理解其义。老师、家长要教的东西实在简单得很,除了读准字音外,再就是断句,古人叫"句读(dòu)"。以前我曾写过《泡汤的现场会促生海量阅读》一文,大意是我的第一轮大量实验进行到二年级下学期,一个副局长告诉我,让我两个月后带学生到全省的创新教育现场会上展示学生的朗读水平。我听后真感到头痛。尽管我的学生朗读水平比同龄学生高一些，但他们还有许多常用字不认识，读儿童故事还可以，其他材料读得少，而且其中笨嘴拙腮的学生为数不少。于是，我带学生以秋风扫落叶的速度，一个星期读10万字，用一个多月的时间把三、四、五年级语文课本"扫"了一遍。滕欣云校长安排我的二年级学生与高年级学生比赛读书。比赛过程中我发现二年级小孩子输在不懂哪是一个词，把一个词读破了，句中停顿的地方不对。于是我就把高年级课本中的词单独写出来让学生事先读一遍，结果我的小弟子们就转败为胜了，读得比高年级学生还要好。所以尽管语文教育界一直倡导"字不离词，词不离句"，但有时"孤立"地读词也是一种学习语言的好办法。所以，我一直垂青于和学生读《成语接龙》。很多时候，家长和老师的教不应该拘泥于流行的理念，有时，从自己家一个孩子身上更能发现真理。王生雨的妈妈跟我说："有些词孩子读时感觉不明白意思，但读熟之后，再在某个故事中发现这个词时，就能一下子大彻大悟，而且运用得很恰当。"王生雨妈妈的发现跟我不谋而合，关键在于读熟，读熟是基础。

关于"理解是本能"的论述，华南师大郭思乐教授在其文章《是教本能，还是依靠本能》中讲得深入浅出，非常透彻。摘录几段：

我们的教育教学可能在追逐着、热心着、集体无意识着，去教孩子们本能就可以知道的事物，踏破铁鞋，去寻觅得来全不费功夫的东西。我们对孩子们自己就学得会的东西，在他们生命中就蕴含的东西，偏要去教。

我们可以给人以文字符号的启蒙，从深的层次说，却不需要也不可能教人怎样阅读，教人写作，教人如何解释词语，教人悟到一个新的难题的解法，除非教他依葫芦画瓢，因为这些都是涉及本能的疆域。

孩子们对这些词语只使用而不解释，让他了然于胸，让他在不用的时候，由着本能把它放在什么地方——"千条线，万条线，落到河里都不见"；如果要用，思如泉涌，感而悟之。

就像我们发现在我们所站的地方居然是一个巨大丰饶的矿藏,我们所教的学科,居然都有学生的相关本能可以依托,我们依靠学习者的本能就已经可以过日子了,这当然是令人惊诧的。只要"无为"就足够了。当然,这种无为不是不要做什么,我们处在社会之中,需要为孩子们作出教育教学规划,要给予组织和帮助,"无为"是指对于人的生长机制的无为,即尊重、保护和依托。我们要最大限度地发挥对方的自主的活动可能性。

或许我曲解了郭教授的意思,反正当时在淄博的一所学校看到此文时就向校长讨要了那本杂志,以此作为我奉行的"读准是基础,理解是本能"的理论根据,也为让学生在课堂上学习一本又一本《成语接龙》,甚至学完一本《成语词典》找到了理论依据。

一、《成语词典》教学札记

◎ 先入为主 ◎

我的很多教学内容、方法都来源于自己的经验或教训。比如,我固执地认为,字音的教学应该是小学语文的重点,而词的意思是可以在课外阅读中无师自通的。这是从我个人的教训中得来的理念。我的学生时代,虽然家境贫寒,但由于哥哥比我大十多岁,我是家里唯一的小孩子,所以长辈对我比较娇惯,经常给点儿零花钱,那些钱我都用来买了书,于是读了很多小说。对词义能理解,但字音都是蒙的,当了老师后整天查字典纠正,但付出百倍的力气也收不到一倍的效果,有些字音顽固地纠正不过来。《新华字典》我读过三次,《成语词典》读过两本,书橱里有个旧本子,上面记录着我容易读错的字词,隔段时间我就拿出来读一读,但我很失望地看到,年少时瞎蒙的那个读音在脑子中已深深地扎了根,几乎没有纠正过来的可能。教训深刻,而且不是我一个人的教训,很多人的床头柜上都放着几本或专业的或休闲的书,但很少有人放一本字典,遇到不认识的字就连蒙带猜,因为这并不影响对文中意思的理解。因为随时查字典很难成为习惯,所以不要让孩子们重蹈覆辙的愿望一直在我的心底深处盘旋。

　　暑假时新华书店卖打折书,我看到一本十年前出版的《成语词典》只要三块多钱一本,就买下了60本。别看是旧书,但商务印书馆的辞书无论装订质量还是内容都是一流的,对照新版的《成语词典》《现代汉语词典》《新华字典》,从中只查出一两个错误。读完这本词典,正确的读音在学生头脑中先入为主,对提高当下的考试成绩没有多大作用,但对未来的高考,尤其是对他们一生的口头表达能力,都会产生事半功倍的作用。

◎ 方法简单 ◎

　　成年人和孩子有很多不同点,也有很多相同点。我作为老师读词典是自觉认真的行为,绝不会像小孩子一样被动应付,但我独立阅读时也会有习焉不察的错误,所以我期盼教学生读词典,这里面包藏着"教学相长"的私心——当我念到自己察觉不到的错误时,学生会给我纠正;那些我读不扎实的词在检查学生的过程中一遍遍得到强化;在听学生读的过程中会发现自己一直读错的读音。

　　当教师的行为只有"教"的时候,课堂会成为一潭死水,教师的"学"在很大程度上比"教"更重要,因为会"学"的老师是在水里游泳的"教练",而不是只会在岸上讲道理的"叫练"。我读词典的方法如果能成为学生的自觉行为,那读完这本4000多个词条的《成语词典》绝对不是一件难的事情。我读过两本成语词典,一本是收入成语4500条的《小学生成语大全》。暑假中我每天早饭前到河边散步的1个多小时里,边走边看,有时在寂静的地方坐着看,看了一个多星期,总计大约10个小时。第二本读的就是学生手中的这本《成语词典》。在医院陪母亲的一个星期天,刚好没有七姑八姨的亲戚来访,一个上午,加半个下午,大约6个小时读完了这本词典。阅读方法很简单:第一遍速读,那些很熟的一眼扫过,不熟的多读两遍,读错的、生疏的用铅笔画上线,画线的反复读。再读这本词典时,每次都从第一页翻起,第一遍读对的地方不用再读,只读那些画线的,对顽固的读音再做醒目的标记,并抄写在本子上,注上音,天天读。本子左边写词,右边写拼音,用手一掩拼音,自测很方便。

但学生似乎很难有这样的自觉性,于是我提醒:"这个词容易读错,我要考的,画上线。这个词韩老师也记不住,没事的时候多考考我,考住老师有奖。遇到不会的在认读材料(打印的没有注音的成语)上注音,在本子上写下注音,注音的词如果忘记怎么读,老师可以适当原谅几次⋯⋯"这是为了促使学生像我一样采用简单却有效的学习方法。

◎ 同伴学习 ◎

6个小时读会4000多个成语靠的就是这最简单的方法,我知道学生不会像老师这样自觉,就请宇虹的妈妈把这些词全部输到电脑里(制作认读材料),我把认读材料发给家长,方便学生注音。如果学生自觉,光靠一本字典也能学得很扎实,不用印认读材料。有的学生已经体会到了自觉学习的快乐,比如常博宇,他除了自学,还知道和同学一起读,一起读容易发现自己易错的读音,于是博宇、学博"强强联合",坐在了一起。他们就在第一排,在我的眼皮底下,一会儿齐读,一会儿对照拼音互相纠正,那声音如同天籁,两个小脑袋挤在一起的样子使我沉醉。他们自己读会了,稳居强者时还主动听差学生读,多几个这样的学生,当老师该多幸福。贺文迪的小组也是如此,力争上游其乐无穷。

学习差的孩子之所以差,是因为他们尚且处于等待"喂养"阶段,没有"自我寻食"的意识,没有耐力对着词典的拼音一个词一个词地读。我曾叫三个最慢的学生在我身边念,三个人经常念错,我一次又一次地纠正,他们根本没有画上线并在认读材料上注音的想法,不呵斥几句,他们根本不拿我说了不下十遍的学习方法当回事。纠正了几个习焉不察的错误后,他们终于知道看看拼音了。不时还听到三个人争论的声音:"你念错了,打开词典看看拼音。"我倡导那些先行一步的孩子在当"小老师"的时候时刻记得"打开词典看看拼音",那是对别人负责、对自己负责的态度,有了这样的态度,"小老师"才能在教别人的同时学得更扎实,才能摒弃"好为人师"的浮躁之气,才会成为"不耻下问"的践行者。

为了促使形成同伴学习的风气,除了奖励个人外,还奖励小组。速度最快的博宇小组四个人团结一致,在全班集体教学结束之前全组都通过了检查。每个成员都得到30分奖励,博宇得到60分奖励。这当组长的,不论是奖还是罚,都是双倍。小组其他三个成员都过关时,三个催一个,三个教一个,不会的早晚会急的。当然也会出现个别太差的,只有交给家长了,如果家长没有时间、没有能力教,就让学生在家完成课堂书面作业(课堂书面作业是固定的"看拼音写汉字"),利用在校时间,老师用小奖状"诱惑"小老师和他一起读。同伴学习的力量如星星之火,很快形成燎原之势,30年前的革命口号"一帮一,一对红"真的是正确无比。

◎ 还原生活 ◎

我喜欢看到孩子们现学现卖,对成语的解释注重"还原生活"。词典的解释不倡导学生读,字小伤眼,内容也乏味,但老师要反复读那些自己不熟悉的词语解释,才能给学生深入浅出地解释。

尝试过很多教法,最后的教学流程如下:先齐读一页,学生读哪个词时声音小了、错了、慢了,我立即拿铅笔画线。然后强调哪个词是多音字,容易读错;哪个词韩老师也是刚刚学会的,一定要考同学们……对这些强调的词领读三遍。对多音字,有时建议学生伸出手来比画声调,读二声时手挑上去,读四声时手劈下来……课堂上基本以读为主,为了集中注意力,我要求孩子用手指着词,学生时时有事做,除了少数几个习惯走神的学生外,大部分精力都比较集中。

为了调剂一下课堂气氛,更是为了解释一些难度大的词,我喜欢"举例说明"——经常拿学生开玩笑,通过还原学生的生活来达到理解的目的。比如把同桌两个学生的头轻轻往中间一推,解释了"耳鬓厮磨"。让一个学生搂住另一个学生,解释了"亲密无间",并指出"间"读四声,是"缝隙"的意思。扯自己的一根长头发往"亲密无间"的学生中间一插,就解释了"间不容发","间"是一声,"发"是四声,"中间容不下一根头发"。学"功亏一篑"时,以表姐妹为主人公瞎编了一个故事:"雨婷的妈妈在家织毛衣,差一针就织好了,心怡的妈妈叫她逛商店。小猫自己在家玩起了毛线,等雨婷妈妈回家时,差一针就织好的毛衣全成乱七八糟的毛线了。妈妈生气,雨婷说了一个成语告诉妈妈要怪就怪自己,不能怪罪小猫。这个成语是什么?"

课堂上倡导学生"接话茬儿"——说出意思相同或相近的语言。这个过程对有些孩子来说其乐无穷,显示一下自己的能耐多有趣,老师也会偶尔发个小奖烘托一下气氛。

◎ 现场奖惩 ◎

语文课上竟然读词典,如果让那些善于引经据典的饱学之人知道了,最大罪过就是"脱离语言环境孤立地学词"。在他们想来,一定是乏味的。可第一天,我们读得不亦乐乎。照例是一个接一个"开火车"读,机会均等,不偏爱任何一个。学生读错的词,老师领读三遍;老师认为应该重点强调的词也读三遍。声音大,读得准确的小组当场领奖。读得好的小组成员格外高兴,读得差的学生自己觉得灰头土脸。虽然有人欢喜有人忧,但不可预知、现场奖惩的特点让学生对结果充满期待。前两个星期不断地变换教法,后来确定为先齐读再重点读,但"现场奖惩"保留了下来。先齐读再重点读,吃的是"大锅饭",老师只能了解全班学生对知识的掌握程度,却分不清哪个孩子读得怎么样。于是每学完100页,就用简易多媒体读"易错词",屏幕上出示八个词,同桌或小组四人一起读,互相纠正,然后老师任意指定一个小组成员读。上这样的课没有一个学生敢走神,他们都知道,万一走神,老师是要"株连九族"的。那些现场教一遍二遍学不会的学生这时候急得冒汗了,为时已晚的感受不知经历多少次,他们才能未雨绸缪。

世上那些懒人并不是不明白"成功只眷顾有准备的人",而是他们宁可忍受手忙脚乱的难堪,也不愿早出点儿力气做准备。期盼那些懒孩子早日走出这种得过且过的状态,家长、老师、同学帮他们一把,让他们体验成功的快乐。"失败是成功之母"对那些有过成功体验的人来说是金玉良言,但对那些整天失败的人来说,他们更需要成功。成功的感觉、当好孩子的感觉总是快活的,每个人都乐于再次体验成功,"成功是成功之母"是懒孩子变勤孩子的法宝。

◎ 同步诵读 ◎

懒变勤的过程充满汗水,并不是教导几句就能见效的。关键在于每一天的同步诵读。平日不及时复习,到必须过关检查时攒在一起诵读,在孩子心里会形成一种沉重的心理负担,而且学得不扎实。上学两年了,有的孩子不再需要"一对一"的辅导,当家长的只要适当关注就可以了。有的孩子还是天天混日子的"寒号鸟",如果家长也放手让他们自学,那就可能前功尽弃了。

"背词典是博宇最喜欢的事,每早起床后自己到阳台上背,还时常拿一些难读的考我,我要是不会,'请教'他时,他特别得意。"

博宇妈妈的智慧、博宇对学习的热爱尽在这句话中。其实博宇的出色表现也是"同步诵读"的结果。

在检查前100页《成语词典》的过程中,艺馨给我印象很深刻。这个好动的孩子读得特别扎实,不但早早地通过了检查,而且一字不错。这都是同步复习的结果,同步复习、多次复习是最有效的学习方法。同步诵读一旦成为孩子的自学行为,那他的学习成绩一定会突飞猛进。

除让学生和家长明确进度,做到同步诵读,还要制订星级目标,在学习词典的过程中让人人能达标,人人有事做,没有一个闲人。

一星级目标★:把读错、生疏的词在词典上画出来,写在本子或在认读材料上注上音,能看着拼音读。

二星级目标★★:看着认读材料(打印出来的没有注音的成语)能念准。

三星级目标★★★:盖住后两个字能念词。

四星级目标★★★★:盖住前两个字能念词。

五星级目标★★★★★:盖住后三个字能念词。

看到这样一级一级像台阶一样的目标,几个懒蛋也豪气冲天,纷纷表示争取通过三星级目标。孩子心中有一股向上的劲头,有奔头的日子才是幸福的人生。

◎ 在比较中掌握成语 ◎

在教学《成语词典》过程中,用一个多月的时间读熟4000多个成语,对老师来讲不是难事,因为大部分成语是以前很熟悉的。虽然熟悉,但我也从中学习了不少知识,收获最大的是在比较中理解了很多字。为什么我的老弟子们到中学后觉得"语文太简单,老师细细地讲解太烦人"?原因是"见多识广"的"比较猜词义法"比起常规的背诵词义效果更扎实、持久。我把这个方法教给了三年级的小学生,学生们一旦自觉运用这种方法,学习语文当然轻而易举。比如:

"吐刚茹柔"和"茹毛饮血"的"茹"一比较就猜出了是"吃、喝"的意思。"茹毛饮血"的意思是人们熟悉的,两相比较猜出"茹"的意思之后,就知道"吐刚茹柔"是欺软怕硬的意思。

"日薄西山"的"薄"是什么意思,我一直不知道。读《成语词典》时,不到一分钟的时间内读到"日薄云天"和"日薄西山"两个词,两相一比较,我牢牢地记住了"薄"的意思是"接近"。

学到"外顺内悖"时,我照例问学生"悖"以前在哪个词中学过,与"并行不悖"一比较,学生就明白"悖"是"违反"的意思,自然不会再读成"bó"。

在比较中,我和孩子们记住了"邂逅相遇"的"逅"与"蓬头垢面"的"垢"字形不同,虽然不能准确分辨出字义的区别,但知道了"辶"和"后"组成的字与

"走路、相遇"有关,"扌"和"后"组成的字与"土、肮脏"有关。老师只需特别提醒字音不同,分别读"hòu"与"gòu"。

"相忍为国"与"相机行事"的"相"分别读"xiāng"和"xiàng",打开《新华字典》,很容易查出它们的意思分别为"互相"和"看"。《成语词典》上列着一串同音的成语,一声的有"相辅相成""相依为命"……四声的有"相见使舵""相机而动"……学生自然从这诸多的词语中掌握了不同的读音和字义。

"纤芥之疾"与"癣疥之疾"在《成语词典》中的位置相隔不远,不等我开口引导,习惯于进行比较的学生就主动分辨起它们的字形、字音、字义。我让小巧可爱的一个小姑娘伸出手指,又让一个胖孩子伸出手指,"纤纤玉指"中"纤"的意思就显现在学生的视野之中,不用讲解学生也明白了。芥菜的种子研成粉末就是我们吃的调料"芥末","芥末"方言发音与普通话区别很大,学生听后做如梦初醒状。平日从来不争不抢的贺文迪张口就说"癣疥之疾"的"癣"是"牛皮癣"的"癣"。这样一联系、一比较,学生扎扎实实地记住了这两个字的读音分别是"xiān jiè"和"xuǎn jiè"。有的学生忘记"纤芥之疾"的读音,我就伸出小手指;忘记"癣疥之疾"时,我就提示"牛皮癣",学生很轻松读准这两个词。

像"踌躇(chóu chú)不前"与"踟蹰(chí chú)不前"字音、字形的区别;"好高骛远"的"骛"与"趋之若鹜"的"鹜",字音相同,字形略有区别,字义相差很大……类似这样成语细微的异同之处,我做了20多年语文老师竟然一直没有弄清楚,如果不是和学生共读一本《成语词典》,对于这些知识或许终生稀里糊涂。"教学相长"是教师这个职业最有趣的特点,拿着工资学知识是教师最得意的事情,一本课本啃半年的老师怎么有机会体验这种乐事,只能早早陷入"职业倦怠"的泥淖不能自拔。

这些知识,如果照常规教学的速度,慢慢悠悠的,对每一个词语都深钻细研,恐怕真的一辈子也弄不明白。"不求甚解""鲸吞牛食"对成年人尚且有如此明显的效果,何况对于正在日新月异成长的孩子。

二、诵读儿歌轻松掌握226个多音字

　　玄老师寄来了他以前的一本书,书中有200多首多音字儿歌,我一看,为我的六年级学生叫屈,这么好的儿歌,我的学生怎么能不读呢?于是马上让美华输入电脑中,印发给我的六年级学生读,用一个多星期读完这200多首儿歌,就掌握了200多个多音字,到大学才能学会的多音字,我的学生用一个多星期就学会了。学生得意扬扬,到处以考倒别为人乐事。冠伊跟我聊她家的事,我说让妈妈写写心得。说实话,冠伊考妈妈的很多读音,我也读不准,现搬词典查。你说冠伊小朋友费了多少心思才编出这么难的考题,难倒爸爸,难倒当过播音员的妈妈,也难倒了教了20多年语文的韩老师。

　　这是闫冠伊妈妈写给我的:

从我做起学好多音字

　　朋友,当您读书阅报时遇到不认识的字,您会去查字典吗?我想您一定回答"会!",但当遇到您认为烂熟于心的字还会去查字典吗?您一定要说了:"肯定,认识的字谁还会去查字典呀!"那我可要告诉您了,往往就是这以为肯定认识的字还真就常常读错了!

　　近期,冠伊总是抱着一本《多音字儿歌200首》在读。一天,吃午饭时,冠伊对我和她爸爸说:"我考考你们多音字吧?"冠伊爸爸爽快地说:"小菜一碟,没问题。"冠伊问:"妈妈经常买的'南方黑芝麻糊'怎么读?"冠伊爸爸说:"南方黑芝麻糊(hú)。"冠伊又说:"妈妈您说怎么读。您干过播音员,应该知道。"我回答:"就是黑芝麻糊(hú)呀。"冠伊说:"妈妈,如果您还干着播音员的话,按照央视规定,念错一个字工资可要被扣50元钱了。应该念'南方黑芝麻糊(hù)'。"第一题考砸了。接着冠伊继续提问:"我们看的宫廷剧里侍奉皇上的太监怎么读?"冠伊老爸抢先回答:"太监(tài jiān)。"冠伊又问妈妈:"您有不同意见吗?"

我认真考虑了一会儿回答说:"'监'应该是轻声吧!"冠伊说:"妈妈,您又被扣掉50元钱了。应该读监(jiàn)。"老天,接连回答错误,我这脸上真挂不住了。考试还在继续。"我们说的扎风筝的扎怎么读?"冠伊老爸胸有成竹地回答:"就是扎(zhā)风筝。"这个字我很有把握地回答:"应读(zā)。"因为以前在电视台担任播音员时常用到,我查过。总算回答对了一个。考试仍在继续,冠伊问:"渔父和金鱼的故事的'父'怎么读?"冠伊老爸:"渔父(yú fù)。"冠伊又问我,我想了想回答:"没记着'父'也是多音字啊!"冠伊说:"再扣50元。应读(yú fǔ)。"老天,四字才对一个,让我在冠伊面前可真是颜面扫地。

饭后,考试又升级了。只见冠伊拿来一张纸,上写:

我经过时,他正在用抹子抹墙,抹下脸来不帮他干吧,又觉得抹不开,便拾起块抹布来边欣赏天边那一抹晚霞,边抹抹窗台,转弯抹角少干点儿。

要求把上段文字中的所有"抹"字注音。

真要命,九个"抹"字,要想读对可不容易,与其让冠伊笑话,直接弃考吧。冠伊像念绕口令一样公布答案:

我经过时,他正在用抹(mǒ)子抹(mò)墙,抹(mā)下脸来不帮他干吧,又觉得抹(mò)不开,便拾起块抹(mā)布来边欣赏天边那一抹(mǒ)晚霞,边抹(mā)抹窗台,转弯抹(mò)角少干点儿。

接着冠伊又拿来一张纸:

天刚蒙蒙亮,那位蒙古族兄弟就来告诉我说,他被那个男人蒙骗,他在被蒙汗药弄蒙后蒙受了洗劫。

把文中所有的"蒙"字注音。

看着这题比上一题容易些,硬着头皮答。冠伊纠正了一个错误,说其他的答对了。她读了一遍:

天刚蒙(mēng)蒙(mēng)亮,那位蒙(měng)古族兄弟就来告诉我说,他被那个男人蒙(mēng)骗,他在被蒙(méng)汗药弄蒙(mēng)后蒙(méng)受了洗劫。

阿弥陀佛！总算还有对的！已经被冠伊考得汗流浃背了。接着又一张：

你别看他现在大大落落，想当初家贫时很是落魄，经常穿着落色衣服，哪会有心思听什么《莲花落》？现在跟他比起来，我们可是落下一大截了。

把文中的"落"注音。

看完后，我只对最后的"莲花落（lào）""落（là）下"有把握，其他都拿不准。哎！还是认输吧。想不到以前干播音员时一本字典不离手，今天却在多音字前错得一塌糊涂。

听听冠伊的答案：

你别看他现在大大落（luō）落（luō），想当初家贫时很是落（luò）魄，经常穿着落（lào）色衣服，哪会有心思听什么《莲花落（lào）》？现在跟他比起来，我们可是落（là）下一大截了。

您看这"糊、监、扎、父、抹、蒙、落"哪个字不是烂熟于心的字，为什么就读错了呢？究其原因主要是我们对这些自认为认识的字就不会去查字典，忽视了汉字在特定组合中的特殊发音。早就听说过学汉语的外国人被汉语中的多音字弄得晕头转向，看来，并非外国人被难倒，就连我们中国人也要认真对待才不会闹笑话。打开电视，荧屏上的"某牌黑芝麻（hú）"广告依然在热播，宫廷剧里的太监（tài jian）们依然在忙忙碌碌，多音字被读错还真是个普遍性问题。

作为中国人，学不好自己的母语，一张口，老是跑错别字，还真是不应该！还等什么，赶紧恶补多音字吧。

《多音字儿歌200首》虽然是儿歌，但不倡导一年级学生读，应该把常见的读音在孩子头脑中打下牢固的基础后再学相对生僻的读音。我们北海学校二年级学这本书的班级最多，三、四、五年级都有把这套书搬到课堂上集体共读的老师。三星标准分别是读儿歌、读词例、口述单元练习。

226个多音字，几乎囊括了所有能用到的多音字，数量足够大，其中的读音很多老师读不准。如：

叨

老猫设宴先叨叨，（dāo）

叨唠半天真可笑，（dāo）

笑得老高大声叫，

惊醒梦中小花猫。

小猫抱怨没睡好，

叨咕半天怨老高。（dáo）

老高听后才知晓，

发誓下次不叨扰。（tāo）

　　这首儿歌中的多音字，我在各国各地讲座时讲过数十次，能读准的老师很少。学生通过背诵 200 首儿歌，就能轻而易举地学会大学生都不明白的多音字。小学二年级的孩子在背诵方面是天才，背过这 200 首儿歌，就为牢固掌握 226 个多音字打下了基础。然后可以再读词，读句子。

读准词语：

dāo 叨叨　叨唠

dáo 叨咕

tāo 叨扰　叨光　叨教

读准句子：

上了年纪的老人总是爱叨唠，叨咕起来没完没了，给别人造成好大的叨扰。

　　每首儿歌下面有"词例"，前面是音节，后面是扩充的词语，用手一盖音节，学生就可以自测，老师就可以检查，非常方便学习。五首儿歌一个单元练习，先是"读准词语"，就是把五首儿歌中的词语打乱顺序排列在一起让学生读。然后是"读准句子"，通过读句子，强化记忆五首儿歌中出现的多音字。

《多音字儿歌200首》下册第28单元教案

（一）复习上节课学习的儿歌

（二）新授儿歌

一、抹

屎壳郎，忙又忙，
抹完桌子又抹墙。
抹完墙，叫小羊，
涂脂抹粉比漂亮。
比漂亮，比不上，
哭天抹泪怨老娘。
怨老娘，想算账，
拐弯抹角去草场。

1. 今天第一个来我们课堂做客是一只——屎壳郎。
自读，拿起铅笔画出不同的读音。
2. 领读（去拼音）"抹"有几个读音？领读词例。
3. 这只屎壳郎在忙什么？你喜欢屎壳郎吗？
4. 快快读。

二、哪

哪吒哪吒飞上天，
老鼠见了高声喊：
兔子们哪！快来看哪！
哪吒哪吒飞上了天。
飞上天空可不简单哪！
不管哪里都敢钻哪！
钻天入地斗坏蛋哪！
哪怕砍头也不眨眼哪！

1. 生字：哪
《西游记》中有一个古灵精怪的小孩，脚踩风火轮，手拿乾坤圈，读哪吒钻天入地的故事。
2. 小组读（去拼音）。
3. 从儿歌中你看到了一个怎样的哪吒？
4. 拍手读。
5. 生活实例：哪里来的哪吒？

游戏：摘星星

三、难

小猫小狗斗狐仙,
大难临头去避难。
难兄难弟闯难关,
闯过难关进深山。
进了深山很困难,
克服困难把家安。
安家度日更艰难,
艰难也难不倒英雄汉。

1. 今天的第三首儿歌,同桌合作读读,看有哪些好玩的多音字。
2. 领读(去拼音);你发现了哪几个音?读词例。
3. 男女合作读。

四、宁

湖边很宁静,
宁静的湖边飞蜻蜓。
蜻蜓的生活很安宁,
安宁的生活引来鹰。
老鹰飞来逼蜻蜓,
逼着蜻蜓偷风铃。
蜻蜓坚决不答应,
宁死不屈顶老鹰:
我宁肯一辈子都受穷,
我宁可搭上一条命!

1. 领读:小猫小狗了不起,蜻蜓的故事也很惊心动魄,怎么回事?
2. 火车领读。你发现了哪两种读音?读词例。
3. 男女擂台。
4. 你怎么评价蜻蜓?
5. 拍手读。

游戏:狐狸跳台阶
游戏闯关:摘苹果读句子
游戏闯关:砸金蛋赢奖杯

总结:孩子们,这节课我们又认识了四组多音字,你们的表现精彩极了,相信在今后多音字儿歌的学习中会收获更多的欢声笑语!

(潍坊北海学校语文老师 臧运红)

三、诵读《中华成语千句文》积累成语了解历史

《中华成语千句文》是我最喜欢的集中积累语言的书,文字是押韵的,读起来朗朗上口,还能从中学习历史知识。我安排在三年级学习,因为需要边诵读边给学生解释大体意思,低年级学生理解起来比较困难。

我们这样给学生编排阅读材料:

一、民族神话

hóng méng wèi pì, yǔ zhòu hóng huāng.
鸿 蒙 未 辟, 宇 宙 洪 荒。

yì wàn sī nián, sì jí bù zhāng.
亿 万 斯 年, 四 极 不 张。

pán gǔ kāi tiān, zhuó chén qīng yáng.
盘 古 开 天, 浊 沉 清 扬。

tiān gāo dì hòu, qián kūn lǎng lǎng.
天 高 地 厚, 乾 坤 朗 朗。

rì yuè jīng tiān, xīng xiù liè zhāng.
日 月 经 天, 星 宿 列 张。

jiāng hé xíng dì, hào hào shāng shāng.
江 河 行 地, 浩 浩 汤 汤。

nǚ wā bǔ tiān, rì yuè chóng guāng.
女 娲 补 天, 日 月 重 光。

kuā fù zhú rì, xuè qì bēn zhāng.
夸 父 逐 日, 血 气 贲 张。

jīng wèi tián hǎi, dàng qì huí cháng.
精 卫 填 海, 荡 气 回 肠。

hòu yì shè rì, gōng dé wú liàng.
后 羿 射 日, 功 德 无 量。

shén huà gù shi, yì wèi shēn cháng.
神 话 故 事, 意 味 深 长。

mín zú jīng shén, jī hòu liú guāng.
民 族 精 神, 积 厚 流 光。

（一）韵文诵读试一试

太古时代，天地尚未开辟，宇宙混沌一团。盘古一斧子把天地劈(pī)开，清而轻的元气上升形成天，重而浊的元气下沉形成地。天地广大，政治清明。

太阳月亮每天都行经天空，星宿像阵列一样在天幕张开。长江大河永远在陆地上流动，水势汹涌，广阔浩大。

女娲补天、夸父逐日、精卫填海、后羿射日等神话故事，含意深远，耐人寻味，表现了我们祖先改造自然的坚强意志，体现了中华民族勤劳勇敢、积极乐观的民族精神，这是华夏子孙宝贵的精神财富。

（二）根据解释记成语

亿万斯年：形容无限长久的年代。

盘古开天：指人类开始有了历史。

天高地厚：原形容天地的广大，后形容恩德极其深厚。也比喻事情的艰巨、严重，关系的重大。

日月经天：太阳月亮每天都行经天空。比喻事物历久不衰，永恒久远。

江河行地：江河永远在陆地上奔流。比喻事情明显，毋庸置疑，颠扑不破。

浩浩汤汤：水势汹涌，广阔浩大的样子。

……

（三）词语注解

鸿蒙未辟：指宇宙形成之前的混沌状态。

宇宙洪荒：指太古时代。

四极不张：天还没有四个顶点，天地尚未开辟。极，顶点、终点。

（四）成语运用猜一猜

1. 他们的光辉业绩如_____，似_____，是我们后代敬仰的楷模，学习的典范。

2. 从古至今，这断崖寂然壁立_____，只有他在这里感受到了诗意。

3. 世界的潮流＿＿＿＿＿＿＿＿，我们必须跟上它的步伐，才不至于落后，而屹(yì)立于民族之林。

4. 人生在世，如＿＿＿＿＿＿＿＿，不可能直奔向前，直通大海，必然要弯弯曲曲，七拐八扭，依据地势形貌而行，方能通畅流动……

5. 等这一曲＿＿＿＿＿＿＿＿、气势恢宏的近千人大合唱结束，大家的情绪都被调动起来了。

……

把整本书分成十几部分，大约200个词分为一部分，具体是200多个，还是不足200个词为一部分，还要参考原书中具体章节的划分。学生找老师检查时最少检查一部分，一次让老师多检查几部分的可以"赠"星。

首先要反复诵读原文，能正确诵读原文得一颗星；能看着每行开头两个字背诵得两颗星；"韵文诵读试一试"是看译文背原文，理解力差的孩子宁可死记硬背，也不愿意根据译文背诵，所以能看译文背诵得三颗星。能"根据解释记成语"得一颗星，可以用书签把左边的成语挡住，看着意思说出成语，这也是对孩子阅读理解能力的训练，对二、三年级孩子来说，有一定难度；能口述"成语运用猜一猜"得一颗星，对孩子来说，应用比解释容易得多。

这样，每学一部分成语，学生可以根据自己的能力分别挣1—5颗星。学完整本书，最少的可以挣到100多颗星，能力强、勤奋的孩子可以挣到几百颗星。上课时，再穿插竞赛和讲故事，全班学生都会喜欢上这朗朗上口的韵文。

到了五年级学习《中华上下五千年》时，还要再把《中华成语千句文》复习一次，主要是背诵，并结合着《中华上下五千年》的故事诵读。

下面是一堂公开课的教案，既讲解了字理知识，也解读了成语千句文的意思。这是2007级学生在升三年级的那个暑假讲的课，和我平日的课相比，显得花样繁多。但重视学以致用、重视诵读的特点还是和平日的课一样。我们每个老师都有或自愿或被迫盛装出场的时候。盛装出场时虽然是打扮过了，但依然不失本真。

《中华成语千句文》(秦皇汉武)教案

【教学内容】

1.《中华成语千句文》第9课前24个词:

秦皇嬴政,前无古人。席卷八荒,整顿乾坤。
中央集权,雷厉风行。设郡立县,同轨同文。
师心自用,独断专行。焚书坑儒,万马齐喑。
万里长城,蛟跃龙腾。气势磅礴,横亘古今。
佞臣赵高,利令智昏。巧言令色,借刀杀人。
指鹿为马,包藏祸心。生灵涂炭,民怨沸腾。

2. 现场互动,做"找朋友"的游戏,即听课的老师当场说成语、名言警句等,学生说出相关的词语。

【教学目标】

1. 当堂背诵24个词语。

2. 大致理解词义。

3. 把已学过的语言"归类",力求牢固记忆、灵活运用。

【教学过程】

(一)解题

今天我们学习第9课,读题目。"秦皇"指的是谁?"汉武"指的是谁?

第9课里的"秦皇汉武"讲的是秦、汉两个朝代的事情。

(二)简略解释词义

老师领读一行四个词,学生跟读;然后,教师解释字理,领读易错、难懂的词,学生跟读三遍。

1. 先说秦始皇,他为什么能够留名青史?他做的最大的、最有名的事情是什么?

领读第一行:秦皇嬴政,前无古人。席卷八荒,整顿乾坤。

"嬴"是生字,"秦皇嬴政"读三遍。

(出示彩色生字卡片,"乾"字中的"日"涂成红色)"日"头挂在哪里?天上。"乾"的意思是"天"。

(出示彩色生字卡片,"坤"字中的"土"字旁涂成土黄色)有"土"的地方在哪里?"坤"就是"地"的意思,"乾坤"是"天地"的意思。"整顿乾坤"读三遍。

2. 秦始皇废除了以前分封诸侯的制度,建立郡县制,就像现在有省,省下再分市一样,都归中央领导,最高权力在中央。看第二行,领读:中央集权,雷厉风行。设郡立县,同轨同文。

秦始皇把诸子百家的书烧了,把敢说话的读书人活埋了,哪个词说的就是这个意思?"焚书坑儒"读三遍。

哪个词说秦始皇还统一了道路的宽度和文字。"同轨同文"读三遍。

3. 现在秦始皇自己说了算了,读第三行:师心自用,独断专行。焚书坑儒,万马齐喑。

以自己的心为师,也就是把自己当成全天下的老师,哪个词说的是这个意思?"师心自用"读三遍。

(出示彩色生字卡片:"喑"涂成红色,嘴唇的颜色。)"喑"就是口发不出音来,嗓子哑了。连马都不敢叫了,人都不敢说话了,讲的是哪个词?"万马齐喑"读三遍。

4. 秦始皇还做了一件事,就是修长城,看第四行,领读:万里长城,蛟跃龙腾。气势磅礴,横亘古今。

修长城加重了百姓的负担,但是也留下一个非常壮观的工程。哪个词说长城的样子就像一条蛟龙在奔腾跳跃一样。"蛟跃龙腾"读三遍。

(出示彩色生字卡片,"磅礴"中的"石"字旁涂成石头的颜色。)我们到长城游览时,感觉长城的气势非常宏大。"磅"还读什么?也读英美制重量单位的"磅"(bàng)。读"páng"的时候,可以理解成一块大"石"头,从山崖"旁"边落下来,这劲头好大,砸在"薄"的东西上肯定要砸得稀巴烂。"气势磅礴"读三遍。

(出示彩色生字卡片,"亘"字上面的"一"涂成天蓝色,中间的"日"涂成红色,下面的"一"涂成土黄色。)这三个部件分别是什么意思?"亘"的意思是像天空、太阳、地面一样。它们共同的特点是什么?永恒存在,延续不断。"横亘古今"读三遍。

5. 秦始皇很伟大,但秦朝只存在了十几年,灭亡得很快,因为他不允许百姓说话,只听奸佞小人的话。看下面两行如何写佞臣赵高的。

领读第五行:佞臣赵高,利令智昏。巧言令色,借刀杀人。

(出示彩色生字卡片,"佞"中的"仁"和"女"分别涂成不同颜色。)男人怎么害人?古代柔弱的女人怎么害人?男人害人用刀,女人害人用舌头,巧言谄媚、搬弄是非的女人不仁义,"佞"的意思就是"巧言谄媚"。"佞臣赵高"读三遍。

6. 领读第六行:指鹿为马,包藏祸心。生灵涂炭,民怨沸腾。

赵高为了掌握谁不愿跟他一起说假话害人,就把一头鹿说成马,这是什么故事?"指鹿为马"读三遍。秦始皇、秦二世听佞臣的话,老百姓生活得很苦,像在烂泥和火坑中生活一样,哪个词说的是这个意思?"生灵涂炭"读三遍。

(三)分组诵读

1. 大组顶针读。

如一组读"秦皇嬴政、前无古人",二组读"前无古人、席卷八荒",三组读"席卷八荒、整顿乾坤"……

2. 男女接力慢读,男女接力快读。

(四)背诵

屏幕上分别出示原文的前两个字、后两个字、前一个字和第一个词,学生看提示先自己背诵,再"开火车"背诵。

如:秦皇_____,前无_____。席卷_____,整顿_____……
　　_____嬴政,_____古人。_____八荒,_____乾坤……
　　秦_____,前_____。席_____,整_____……
　　秦皇嬴政,_____。_____,_____……

(五)评价秦始皇

如果我们能穿越时间隧道见到秦始皇的话,你想告诉他什么?

1. 统一中国

秦始皇统一中国的确很了不起,在他统一中国之前,中原大地已经混战了几百年。第5章是怎么说的?

(东周王权,有名无实。礼崩乐坏,鞭长莫及。五霸七雄,各行其是。喧宾夺主,比权量力。厉兵秣马,攻城略地。远交近攻,弱肉强食。)

2. 中央集权

在秦始皇之前的夏、商、周都是采用分封诸侯的制度,比如姜太公是立了大功的人,第4章是怎么说姜太公的?

(太公钓鱼,相机待时。老而弥坚,择主而事。飞熊入梦,左辅右弼。明君贤相,匡国济时。)

他被分封在齐国。他的后代齐桓公开始拉开了诸侯争霸的序幕。

分封制的确是造成动乱的一个原因。秦始皇之后的皇帝,有的也缺乏他这样的远见卓识,比如后来明朝就有一个亲王夺得皇位的例子,记得《三字经》上是怎么说这件事的吗?

(太祖兴,国大明。号洪武,都金陵。迨成祖,迁燕京。十六世,至崇祯。)

燕王朱棣夺了他侄子的皇位,成了明成祖。

3. 残暴独断

秦始皇实行郡县制,眼光非常高远,所以说他"前无古人"。但秦朝灭亡得特别快,回忆一下前面的夏、商、周分别存在了多少年。《三字经》上学过。

(夏传子,家天下,四百载,迁夏社。汤伐夏,国号商,六百载,至纣亡。周武王,始诛纣,八百载,最长久。)

秦朝为什么灭亡得这么快?

"防民之口,甚于防川",可见独断专行的结果很可怕。比较一下,在秦朝建立之前,人们有言论自由吗?

(《中华成语千句文》的第6课:诸子百家,应运而生。百花竞放,百家争鸣。各抒己见,异彩纷呈。畅所欲言,众说纷纭。)

(六)根据意思猜成语

屏幕上先出现词语意思,学生猜测讨论之后出现答案,齐读答案。

_____:像卷席一样把天下一切都卷进去。指吞并全中国各地。
(席卷八荒)

_____:自己不出面,借别人的手去害人。　　　　　　(借刀杀人)

_____:指只凭主观,自以为是。　　　　　　　　　　(师心自用)

_____:因贪图私利而使头脑发昏,不辨是非,忘乎所以。(利令智昏)

_____:比喻有意颠倒黑白,混淆是非。　　　　　　　(指鹿为马)

_____:肚子里藏着坏主意。　　　　　　　　　　　　(包藏祸心)

_____:行事专断,不考虑别人的意见。　　　　　　　(独断专行)

_____:形容执行政策法令等严格而迅速。　　　　　　(雷厉风行)

_____:人民群众怨恨和反抗的情绪达到顶点。　　　　(民怨沸腾)

_____:从来没有人做过的,空前的。　　　　　　　　(前无古人)

_____:花言巧语,一副伪善的样子。　　　　　　　　(巧言令色)

_____:人民像掉进了烂泥、火坑一样。形容人民处于极端困难痛苦的境地。　　　　　　　　　　　　　　　　　　　　　　　(生灵涂炭)

_____:形容民众沉默不敢讲话,也比喻沉闷的局面。　(万马齐喑)

(七)成语运用猜一猜

1.秦始皇的_____之举造成了那一时期中国文化万马齐喑的沉闷局面。(焚书坑儒)

2.新上任的市长办事_____,很快就把积累多年的事情处理清楚了。(雷厉风行)

3. 他回忆自己一生为了_____,呕尽一腔热血,感到无愧于祖国母亲的养育之恩。(整顿乾坤)

4. 这条几乎_____的道路要想走通绝不是一件容易的事。(前无古人)

5. 公元208年,曹操率大军以_____之势南下,结果在赤壁被孙刘联军打得大败而归。(席卷八荒)

6. 从善如流容易成功,_____容易失败。(师心自用)

7. 在当今的法治社会里,如果还有_____这样的故事重演,将是一件很悲哀的事情。(指鹿为马)

8. 他平时不讲民主,做事情常常是_____。(独断专行)

9. 贪官_____,为个人升官发财而牺牲民众的利益。(利令智昏)

10. 他是一个_____的小人,阿谀奉承、挑拨离间是他的拿手好戏。(巧言令色)

11. 清朝统治者为了巩固统治,大兴"文字狱",一时间出现了_____的局面。(万马齐喑)

12. 走到壶口瀑布边,看到_____的黄河水飞泻而下。(气势磅礴)

13. 万里长城这一_____的千年屏障凝结着中国古代劳动人民的血汗和智慧。(横亘古今)

14. 统治者任意欺压百姓,使得_____,人民纷纷起来反抗。(民怨沸腾)

15. 这个家伙非常卑鄙,就爱使用挑拨是非、_____的手段。(借刀杀人)

16. 你一个人出门在外,与人相处要多留一个心眼,谨防那些_____的人。(包藏祸心)

17. 赵高采用_____的办法来测试群臣,达到铲除异己的目的。(指鹿为马)

18. 那时候,军阀(fá)连年混战,国家内忧外患,_____,物产尽毁,真令人不堪回首。(生灵涂炭)

第六章

白话文言同步推进

小学生如何轻松学习文言文？小学阶段把大量的时间用于文言文的教学，学生阅读白话文的能力如何提高？

1 趣味盎然学古诗

一、古诗集体预习没有预设也精彩

这个星期学习区教研室发的20首古诗。

三节学习古诗的课,因为种种原因,老师和学生都没有做好准备。上第一节课时,大部分学生还没有把古诗打印出来,我也担心自己读得不够熟练,所以让提前背过的宋佳怡上台领读,效果蛮好。佳怡小朋友比录音机要先进得多了,她先念题目和作者,全班学生跟读三遍;再念诗句,全班学生再跟读三遍。老师呢,转来转去,看哪个小朋友的嘴巴没张开,或口形张得不对,立即把耳朵靠近他的嘴巴。在老师的"火眼金睛"下,没有一个小朋友捣蛋、走神。读完之后,老师再把易错的字强调一番,再让学生跟读三遍,最后问个简单的问题帮助学生理解。语文课上应该让孩子反反复复朗读,他们有事可做就不会感到累;相反,长时间地听讲对学生来说才是劳累的根源,不论是老师还是学生讲,即使讲得天花乱坠,也只会是事倍功半。靠听是学不好语文的,语文课上,应该拿出大量的时间让孩子大声去读,然后略作讲解、讨论。这样既可以让学生的嘴巴略作休息,也可以让孩子了解大意,增加趣味。以下是我惯用的几种指导学生理解的方法:

(一)归类诵读

春雪 唐·韩愈(yù)

新年都未有芳华,二月初惊见草芽。

白雪却嫌春色晚,故穿庭树作飞花。

读后问学生:"韩愈写什么季节的景色?"学生东一句西一句地凑明白了:"写的是早春季节""新年过后""草芽刚刚冒出来的时候""雪花还在飘飞的时候"。

不等老师开口,孩子们就知道我会问什么,主动归类诵读:

"'早春呈水部张十八员外 唐·韩愈 天街小雨润如酥,草色遥看近却无。最是一年春好处,绝胜烟柳满皇都。'这首诗也是写早春景色。"

"我们以前也学过韩愈的诗……写早春时节的诗还有……写晚春时节的诗有……"

山中问答 唐·李白

问余何意栖(qī)碧山,笑而不答心自闲。

桃花流水窅(yǎo)然去,别有天地非人间。

"诗仙李白喜欢隐居生活,还有谁也喜欢?"

"王维!"孩子们略一思考就叫起来,刚叫完马上跟着背诵,"山中 唐·王维 荆(jīng)溪白石出,天寒红叶稀。山路元无雨,空翠湿人衣。"

"苏轼也很喜欢隐居生活,刚学过的一首词写他羡慕王维的生活,是哪一首?"

"青玉案 宋·苏轼 辋(wǎng)川图上看春暮,常记高人右丞句。作个归期天定许。春衫犹是,小蛮针线,曾湿西湖雨。"

(二)学以致用

问刘十九　唐·白居易

绿蚁新醅(pēi)酒,红泥小火炉。

晚来天欲雪,能饮一杯无。

我从艺璇桌上拿了一个水杯,举到她同桌孙陶面前说:"艺璇准备了新酿的米酒,把小火炉烧得殷红。天快黑了,大雪要来了,孙陶同学,愿意来喝一杯吗?"孙陶嘻嘻笑着,我又把杯子举到家铭面前作起诗来:"问家铭,绿蚁新醅酒,红泥小火炉。晚来天欲雪,能饮一杯无?"聪明活泼的弟子们把杯子举到了同学面前作起了诗:"问……绿蚁新醅酒,红泥小火炉。晚来天欲雪,能饮一杯无?"

(三)比较辨别

1. 前段时间,我和学生用了三节课专门了解苏轼生平,孩子们对苏轼仕途中遇到的一些重要人物都有所了解。在学习这20首古诗的过程中,我又引导学生联系起来进行比较。

"苏轼为什么一再遭贬,以致病死途中?"

"因为无论是以王安石为首的新党,还是以司马光为首的旧党,苏轼对他们的一些不合理的做法都反对。"

"王安石很固执,人称拗相公。他当姥爷时,在外孙面前拗不拗?"

"不拗!而且很宠孩子,要梨给梨,要栗给栗……"接下来当然是争先恐后地背诵:

赠外孙　宋·王安石

南山新长凤凰雏,眉目分明画不如。

年小从他爱梨栗,长成须读五车书。

2. 儒家十分讲究礼仪,孔子就曾责骂上课睡觉的学生是朽木和粪土之墙;到了宋朝,这种情况更是变本加厉。宋朝的理学家们往往一本正经、严肃刻板。但刻板的理学家也有贪玩的时候,你看程颢在大好春光中不好好读书,而是玩去了:

春日偶成　　宋·程颢

云淡风轻近午天,傍花随柳过前川。

时人不识余心乐,将谓偷闲学少年。

3. 这20首诗中哪两首诗有特殊的含义?

过华清宫绝句(其一)　　唐·杜牧

长安回望绣成堆,山顶千门次第开。

一骑(jì)红尘妃子笑,无人知是荔(lì)枝来。

华清宫的门一扇接一扇地打开,骑手们飞奔而来。他们这样劳师动众、劳民伤财不是为了传递紧急公文,只是为了让杨贵妃吃到新鲜的荔枝。"无人知是荔枝来"就暗含了讽刺的意思。还有一首诗也存在言外之意,是哪首?

玄都观(guàn)桃花　　唐·刘禹锡

紫陌红尘拂面来,无人不道看花回。

玄都观里桃千树,尽是刘郎去后栽。

作者把玄都观里的千棵桃树比作朝廷中的新贵,大家争相奉迎。

(四)不求甚解

前两节课上,佳怡领读了三遍,对不易理解的地方进行了简单的讲解,对易读错的诗句反复领读,保证了学生人人能读正确、读流利。第三节课学生根据老师的提问诵读。

"放爆竹、喝屠苏、换桃符,这都是古人过春节的习俗。"

学生有的背诵,有的翻页寻找,教室里"蛙声一片"。

元日　　宋·王安石

爆竹声中一岁除,春风送暖入屠(tú)苏。

千门万户曈(tóng)曈日,总把新桃换旧符。

哪首诗写轻松畅快、心旷神怡的旅途?

襄邑(xiāng yì)道中 宋·陈与义

飞花两岸照船红,百里榆(yú)堤(dī)半日风。

卧看满天云不动,不知云与我俱东。

两岸飞花,满堤榆树,一片轻帆,顺风百里,多开心!

哪首诗写宫女孤独无聊的宫廷生活?

秋夕 唐·杜牧

银烛秋光冷画屏,轻罗小扇扑流萤。

天阶夜色凉如水,坐看牵牛织女星。

老师提问、学生背诵这种形式适用于同桌之间,并评选出"优秀问答同桌"。这样加大了训练的密度,三节课后有30多个学生背过,再加上两节自习课,除个别外,大部分学生都能看着译文背诵。

这三节课师生都感觉很轻松,效率也挺高,读得也开心。可以说是"没有预设的精彩",原因是我们的教法和学法都已形成了套路,操作起来熟门熟路。

二、古诗学习"胡乱理解"是妙招

办公室的门被推开了,几个月没有见过的那个熟悉的场景出现在我眼前:武老师走进来,热烈拥抱之后是唾沫飞流直下三千尺的激动万分的谈话,谈话的主题自然是她的女儿、我的弟子馨婕。假期中我和田老师带着女儿去上海世博会玩,不断地收到同事人事变动的消息。刚进家门就接到武老师电话,她说要去新建的实验学校工作,馨婕担心妈妈会让她转学正急得哭呢。我说:"你到哪里都行,只要不带走我徒弟就行。"武老师说当然不会舍弃让孩子受益终生的"海量阅读"。这学期,武老师在新建学校辛苦工作,没有时间管孩子,全靠馨婕自学。昨天晚上,馨婕被爸爸强行带到饭店后埋怨不止,回家后一定要背过40首古诗才睡。尽管夜已深,但小姑娘有妙招:胡乱理解的基础上背诵速度很快。"胡乱理解"是我教学古诗的怪招之一。馨婕妈妈的话使我的心情像映照在花瓣上的温柔晨光,明亮起来,充满着细碎、跳跃的喜悦。

诗词教学的首要任务是让学生读得字正腔圆。所以,我首先安排了几节课集体预习,并且预习了两遍。第一遍"开火车",学生按座次一人念一首诗,全体跟上齐读两遍。学生念错的地方,老师领读三遍。每读完一首,老师加几句话吊吊学生胃口,比如读完《江南逢李龟年》时说:"杜甫在江南遇到李龟年后为什么百感交集?自己到'相关链接'中看。"这样,用了整整三节课集体预习完一遍,还是担心有的学生读得不准确,又用一节课第二次"开火车"。这次速度快,全体齐读题目、作者,按座次一人读一行,半节课就读完了40首诗。这两遍都是"开火车"读与齐读相间,这是我的教学常规,阅读课上时刻书声琅琅,"听、读、看"间隔进行,嘴、眼、耳协调活动。课堂纪律不是靠老师讲道理来维持,而是让学生时刻有事情做,不给他闲着捣蛋的机会。

正式的唐诗教学分三个环节:第一,依纲据本理解诗意;第二,扩充归类;第三,根据译文背诵。

(一)依纲据本理解诗意

比如,这节课学习第五至第十首诗,写旅途寂寞的是哪首?学生迅速找到:

题金陵渡　唐·张祜

金陵津渡小山楼,一宿行人自可愁。

潮落夜江斜月里,两三星火是瓜洲。

从哪里看出作者"孤单凄凉"的感受?几年的潜移默化,学生早已学会了老师倡导的"胡乱理解",学生一时想不到如何"胡乱理解",老师率先"胡乱理解":

"金陵津渡小山楼",这地方挺偏僻的。

"一宿行人自可愁",一个人睡当然愁了,如果妈妈搂着就不愁了,如果刘星辰、张学博哥们几个又打又闹又说笑也就不愁了。

睡不着觉,想家想得失眠了,当然愁了。"潮落夜江斜月里",潮涨潮落、月亮西斜的过程张祜都看得很清楚,可见他愁思够深的了。如果像小明那样吃了晚饭,妈妈刚让他学习,他就趴沙发上睡着了,那就不愁了。同学们,你们愁不愁?

"我是小猪,我贪睡!我不愁!"胖胖的小明和没有失眠经历的小朋友如是说。

往周围看看,只看到"两三星火是瓜洲",太寂静了,当然愁了。到上海世博会上,人挤人就不愁了。

这就是武老师从女儿身上看到让她欣喜不已的"胡乱理解"。

再举一例:

桃花溪　唐·张旭

隐隐飞桥隔野烟,石矶西畔问渔船。

桃花尽日随流水,洞在清溪何处边?

从哪里看得出诗人陶醉的心情?

"隐隐飞桥隔野烟",那桥是海市蜃楼啊!云遮雾罩的像电视剧《西游记》中的仙境一般。那飞桥的形状一定像彩虹!

"桃花尽日随流水,我想跳下去洗桃花浴!""小科学家"丁乐腾叫道。

"洞在清溪何处边?"沿着溪水走,一定能找到一个山洞,这个山洞一定隐藏在茂密的青枝绿叶中,很难找。如果找到了钻进去,就能看到桃花林了!

(二) 扩充归类

扩充归类就是联系以前学过的诗,从诗的作者和内容等方面进行扩充归类。这是我的惯用教法,已经成为部分学生的思维常态。

比如:

春草　唐·唐彦谦

天北天南绕路边,托根无处不延绵。

萋萋总是无情物,吹绿东风又一年。

还有哪首诗词说草是"萋萋无情物"的?于是学生背诵:

草 唐·白居易

离离原上草,一岁一枯荣。野火烧不尽,春风吹又生。

远芳侵古道,晴翠接荒城。又送王孙去,萋萋满别情。

蝶恋花 宋·苏轼

花褪残红青杏小。燕子飞时,绿水人家绕。枝上柳绵吹又少,天涯何处无芳草!

墙里秋千墙外道。墙外行人,墙里佳人笑。笑渐不闻声渐悄,多情却被无情恼。

草绿了、花开了都让人感到时间过得真快,催人想家。还有什么诗也写这样的情感?

绝句 唐·杜甫

江碧鸟逾白,山青花欲燃。

今春看又过,何日是归年?

再比如《金陵图》:

金陵图 唐·韦庄

江雨霏霏江草齐,六朝如梦鸟空啼。

无情最是台城柳,依旧烟笼十里堤。

金陵现在是什么地方?南京。

南京是六朝古都,东晋时叫建康,我的弟子在三年级读过四本《成语故事》,东晋的人和事他们知道一些,王导、王羲之、谢安、谢道韫、淝水之战等都略知一二。

凭吊六朝古迹的诗词有哪些?

乌衣巷 唐·刘禹锡

朱雀桥边野草花,乌衣巷口夕阳斜。

旧时王谢堂前燕,飞入寻常百姓家。

石头城　唐·刘禹锡

山围故国周遭在,潮打空城寂寞回。

淮水东边旧时月,夜深还过女墙来。

对这三首诗进行粗略比较之后,老师又谈到这些诗充满对六朝兴亡和人事变迁的慨叹,悲凉之气笼罩全诗,都是触景生情,借景怀古,表达往事如梦,富贵不长久,或者物是人非的感慨。还有哪些诗词也表达这样的情感呢?

念奴娇·赤壁怀古　宋·苏轼

大江东去,浪淘尽,千古风流人物。故垒西边,人道是,三国周郎赤壁。乱石穿空,惊涛拍岸,卷起千堆雪。江山如画,一时多少豪杰!

遥想公瑾当年,小乔初嫁了,雄姿英发,羽扇纶巾,谈笑间,樯橹灰飞烟灭。故国神游,多情应笑我,早生华发。人生如梦,一樽还酹江月。

永遇乐　宋·苏轼

彭城夜宿燕子楼,梦盼盼,因作此词。

明月如霜,好风如水,清景无限。曲港跳鱼,圆荷泻露,寂寞无人见。紞如三鼓,铿然一叶,黯黯梦云惊断。夜茫茫,重寻无处,觉来小园行遍。

天涯倦客,山中归路,望断故园心眼。燕子楼空,佳人何在,空锁楼中燕。古今如梦,何曾梦觉,但有旧欢新怨。异时对,黄楼夜景,为余浩叹。

赤壁　唐·杜牧

折戟沉沙铁未销,自将磨洗认前朝。

东风不与周郎便,铜雀春深锁二乔。

这里归类得似乎有点远了,但总有相通之处,最重要的是达到了归类复习的目的。学生的大脑像仓库,学习的知识在大脑皮层中是一个个孤立的点,这些点极容易消失,要不断地理顺归类。教师要有意识地帮助学生采撷同类内容构成语言系统,使新学的知识进入已有的认知结构,在大脑皮层构建新的联结,产生新的系统,从而融会贯通,牢固掌握。否则到了箧丰匦满时,就成了乱七八糟的死知识,永远消失在大脑仓库某个隐蔽的角落。

（三）根据译文背诗句

学生能自己做的事情，老师不讲。古诗下面带着译文，学生能自己看得懂，上课时，老师不必再逐句解释，如果要解释，也应该是更加通俗、好玩地"胡乱理解"。那些懒学生，那些习惯仰着脖子死记硬背的学生有没有看译文呢？"根据译文背诗句"既是督促措施，又给学生增加了复习背诵的机会。当堂学习的几首诗的译文放在一起背，背完一遍之后，屏幕上出现再次打乱顺序的译文：

那些茂盛的春草真是个无情的东西，总是催人想家啊，不觉又过了一年，可我什么时候才能回家啊？

江上的春雨霏霏，岸边的青草离离。

六朝的往事像刚刚做了一场梦一样，一觉醒来，眼前却只剩下了春鸟在那儿孤零零地悲啼。

……

出示屏幕上的译文之后，先让同桌互相练习，老师站在讲台上估计学生背完一句了，就点击鼠标换下一句。因为奖惩"株连"是我的一贯做法，学生脑中已有思维定式，所以同桌之间互帮互学很热闹，没有一个学生偷懒。练习完一遍后，屏幕再回到第一句译文，学生"开火车"念，其他学生也不能成为"看客"，比如"开火车"的学生根据译文背诵"旧时王谢堂前燕，飞入寻常百姓家"，全体跟着喊"堂前燕啊，百姓家"，边喊边活动身体，摇摇头、耸耸肩、伸伸手都行，也可以喊"堂前燕啊"时起立，喊"百姓家"时坐下。看起来有些乱，但学生的注意力都很集中，"玩"得很开心。

根据译文"开火车"时背诗句，只有极少数学生不会，老师要求孩子告诉家长，家长写条告知。让家长及时了解有哪些孩子上课跟不上进度，达不到最起码的要求，从而有针对性地辅导，如果家长不闻不问，就"株连"同桌和小组。最差的孩子也有能力达到这个要求，只是他懒。一节课之后，学生都摸到了老师的教学思路，懒蛋们也会尽量稍稍付出一点努力，尽量不再去做这种让大家讨厌的事。

200 首宋词之旅

一、故事引路走进浪漫长短句

2007级学生在三年级学的第一本宋词是《宋词故事》,共40首宋词,附带"注释、故事、拓展思考",所有的字都有注音。有的孩子主动阅读,当然孩子对宋词本身没有多大兴趣,会跳过宋词看故事。我一直没有考虑好教法,这么美的文字,如果仅仅是读读背背,那真是大煞风景、暴殄天物。我买了几个朗读光盘,打开一听,都是小孩子奶声奶气的声音,白白浪费了钱。暑假大众日报社刘同贵主任发来短信,说他在北京,问我要什么书,愿意代买。我茅塞顿开,这位高高大大、衣着随便的刘老兄诗词功底深厚,而且品位高雅,他手中一定有值得一听的宋词朗读光盘,于是讨来一盒,MP3格式,共200多首词,能录到手机上听,假期经常和女儿步行上街买东西,路上听的比在家多。在路上听时没有文字可看,耳机中念了些什么,我都似是而非。但是当我再看到这些词时,竟然有印象,耳边回响起耳机中的声音。我古文功底浅薄,对古典诗词没有多大兴趣,因为听录音,开始痴迷宋词。刘主任送给我的那盒光盘少了一张,配的书也因找不到了没有给我,我重新从网上订购了一盒。若雅妈妈听完录音后,嫌光盘上的朗读老声老气,缺乏韵味,便费了好多时间从网上下载了一些录音,发给家长。

准备就绪,三年级下学期,花两周学完课本,在明媚的春光中开始了我们的宋词之旅。

◎ 经典诵读与白话表达一举两得 ◎

容容妈妈对我说:"在放学路上遇到宋佳怡,佳怡一放学就叫她妈妈买看着玩的书,因为她早已把《宋词故事》上的词提前背过了,按惯例,她上课有时间轻松阅读自己喜欢的课外书。"我想,如果孩子乐于读那种文字优美的诠释宋词的书,乐于朗读,乐于在课堂上展示他的宋词知识,那么孩子的写作就会有后劲,品位也会不俗。

诠释宋词的书,总是写情啊爱啊的,总感觉不适合孩子看,《一生最爱宋词》结合词作介绍词人,词人多风流事,总怕孩子读后问这问那,成人不好回答。但介绍作者的书,这算是文字比较好的。叶嘉莹所著的《北宋名家词选讲》《南宋名家词选讲》也是讲作者,但给孩子看可能深了一些,家长们可以读一读,书放在那里,孩子也可能会翻看,尤其是当第二天要学习某位作者的词时,孩子可能翻看其中一章。叶先生学贯中西,底蕴深厚,写的内容客观一些,侧重于对词的鉴赏。因为是演讲稿,语言平实,容易理解。暑假读过她的《唐宋词十七讲》,知道叶先生对诗词很有研究。《一生最爱宋词》侧重于词人生平的介绍,语言华丽优美,小资情调浓厚,有的孩子会喜欢。我买了不少有关宋词的书,加上以前买的,十多本书同时阅读,哪一本都让我痴迷不已。

我在课堂上一"忽悠",佳怡已等不及了,埋怨妈妈为什么不直接到新华书店买,网上购书要等好几天呢。见到馨婕妈妈,一介绍,她也痴迷这种书,打算上网买。受《诗经》《楚辞》熏染的中国人,血液中都流淌着浪漫情怀。

上届一个女学生喜欢阅读这种诠释经典的书,从而深深受益。那是一个曾经让老师、家长头疼的孩子,在诵读经典的过程中,她不断地写出那些让我自愧不如的文字,最初以为她是抄袭,后来发现她在课堂上也能立马写出佳作,尤其是上初中后,她的文字更让我不得不佩服。

很多同行知道我和上届学生通读过《论语》《道德经》,就误以为高年级学习的重点是经典。实际上,阅读诠释经典的书更能提高对白话文的理解能力和自我表达能力,想读得懂,并在课堂上小露一手,不能像读小说那样一目十行。在诵读经典的过程中提高白话表达能力是一举两得的好事。

◎ 强化朗读 ◎

我们的课堂直播到网上后,我能猜想会受到同行的议论,有的老师,尤其是擅长讲公开课的老师,可能认为把这么美的宋词当成快餐消化掉不合适。那么我们反过来思考,如果用整整一节课的时间教一首诗词,那么,孩子在连同初中在内的九年义务教育阶段能学多少首诗词?熟读《唐诗三百首》或《宋诗三百首》有没有实现的可能?如果篇篇精讲,语文教学如何使学生"胸藏万卷凭吞吐",没有"读书破万卷",怎么会"下笔如有神"?20世纪50年代之后,中国很少出现影响大的作家群体,与语文课上阅读量不够有没有关系?

略读过程中如何理解诗词,最实用、最简单的办法就是朗诵。理解后带着感情朗读,不理解的情况下模仿着朗读,对孩子来说都是有效的。在读李清照的《如梦令》时,因为刚刚在《一生最爱宋词》中读过词人的生平,知道少女时代的李清照活泼可爱,并没有一般大家闺秀的娇羞,也并不像我们想象中的那样柔弱。喝酒、游玩是她常做的事,给人感觉有点"野"。跟学生这么一说,"争渡,争渡,惊起一滩鸥鹭"的味道就读出来了,一边朗读一边想象那个坐在船上乱划一气的朝气蓬勃的姑娘。

朗读比理解重要得多,朗读会深入学生的血液,在他们成年后,甚至在他们垂暮之际,只要见到朗读过的文字,童年时的此情此景就会再现,大家会回到与老师、同学、父母共读宋词的无忧的童年时光。

所以,诗词教学的重点是朗读。在反反复复朗读的过程中,孩子不但能背诗词,诗词的意境也会随着声音留在脑海中。

◎ 在比较中理解 ◎

除了读诠释宋词的书外,我还翻看了几本传记,林语堂的《苏东坡传》深受几个朋友的喜欢。我发现林语堂对王安石的评价很差,甚至把他当小人看待,当作品格有问题的人。读过这本传记的一位朋友也憎恨起王安石来。可我尽管佩服林语堂的文字,却无法认同他对王安石的评价,只因为在学生时代读过柏杨的《丑陋的中国人》,柏杨称中国人除王安石外都是"酱缸蛆",是老顽固,只有王安石才是伟大的改革家。两个作家不同的观点在我的大脑中产生碰撞,于是我有了自己的思考和观点。孩子的阅读也是如此,读的书多了,不同的观点就会促使他去思考,在思考的基础上去实践,就成了创造。如果缺少阅读,对一个少年儿童的成长是釜底抽薪;如果缺少阅读,对学生的个性养成是致命的一击。书读得多了,自然就学会了比较,学会了挑刺,学会了暗地里和别人"抬杠"。"海量阅读"是创造精神的源泉。

"一个人不读书,他的见解就常常是从众的、被动的、缺乏分析的。一个民族不读书,这个民族的文化就丧失了创造性、批判性,个人就会被群体所淹没,当今正是个鼓励冒险、创新,让世界跟着自己走的时代。"一个人至少要有一百部经典作品的阅读量,这些经典可以是文学的,也可以是哲学、艺术、心理学、历史的……否则这个人在精神层面上很难具有独立的视角,很难对这个世界产生灵敏又丰富的回应。

我们的"海量阅读"教学刚刚开了个头,学生阅读的书也并非都是经典,但有了这个良好的开端,离百部经典的阅读量就近了许多,期盼着孩子们向着兼容并蓄、吐故纳新的方向发展。

在课堂上学宋词,要想学出诗词的意境难度很大,对老师的个人素质要求很高,备课更要下很大功夫。但再精美的食品,因为量过少,成长中的孩子还是会缺乏营养的。所以"海量"对学经典来说也是必要的。十分钟学完一首词,要让学生大概背过,还要适当理解,以避免不容于正统的教学理念,还要让那些捣蛋的孩子有事做……还真有点难度。

比较成功的教学方法是"比较",这也是我的惯用手法。比如学李清照的《武陵春》,和她少女时代写游玩的词比较,和年轻时的闲愁比较,和辛弃疾"欲说还休"的愁绪比较……

这天学习欧阳修的《生查子·元夕》:

去年元夜时,花市灯如昼。

月上柳梢头,人约黄昏后。

今年元夜时,月与灯依旧。

不见去年人,泪湿春衫袖。

有个学生背了这首诗:

"去年今日此门中,人面桃花相映红。人面不知何处去,桃花依旧笑春风。"

"人面不知何处去,桃花依旧笑春风。"人去景在,在诗人的心中引起了难言的惆怅、失落乃至悲凉。可桃花却浑然不察,依旧笑对春风!喜滋滋、乐呵呵,多么不合时宜的笑,多么不解人意的笑!"今年元夜时,月与灯依旧。不见去年人,泪湿春衫袖"也是如此,在对比中产生强烈的情感。诗词学得越多,学生越爱进行比较,他们的大脑已形成一个固定的思维,每每学了新知识,就会横向、纵向进行比较,于是,宋词的学习渐入佳境。

◎ 渐入佳境 ◎

孩子渐渐能谈出对词的理解,朗读也颇有水准。若雅、佳怡、葳蕤、倩雯的朗读为课堂增添了亮丽的色彩,不爱朗读的容容竟然也自告奋勇,读得有滋有味。

潍坊学院的几个大学生不知通过什么途径找到我要求听课,我的同事、两位准妈妈——数学老师赵志军、语文老师郑丽萍也来听宋词课,课后开玩笑说来进行胎教。郑老师特地表扬了容容等几个学生,说:"孩子们都背得挺熟,听宋词录音对小朋友成长有利。"她还表扬朱颜、咏晖等学生理解得挺深。学诗词就是这样,有的孩子理解能力迅速提高,有的孩子只会跟着背诵,再差点儿的只能读熟。虽然面对网络直播,我上课最重视的还是实效,鲜有花样繁多的形式。跟着录音读,自己读,听同学读,在读和听的过程中,所有的学生都读得滚瓜烂熟。

《宋词故事》这本书教学到还剩最后四首词时,我才灵光一现:从网上下载词的赏析文章读。我把自己读的赏析文章发到邮箱中,孩子读还是不读都任其自然,但我每学一首都给学生一个展示的机会:"同学们,谈谈你们对这首词的理解。"这个环节发言的学生并不多,尤其是在刚刚学这本《宋词故事》的时候。虽有曲高和寡之嫌,但我顽固地保留着这个教学环节,并随时奖励,这是鼓励学生"冒尖"的机会。一个班级,如果没有一部分学生乐于自由地发表自己的"高见",就等于缺乏自由活泼的"学术氛围"。我虽然不属于耐心和蔼型的老师,但学生无论在多么大的会场上,都乐于质疑我的观点,纠正我的发言,指正我的失误。这些没有师道尊严概念的、富有主见的学生是最令我自豪的弟子。慢慢地就有部分学生愿意"啃"难读的文章,并且边阅读边打算在课堂上说点儿什么,那么他的阅读效率就高了。很多好文章自己欣赏十遍,不如当老师"讲一遍给别人听"的印象深。所以,"同学们,谈谈你对这首词的理解"就成为固定的教学环节。现在按书的编排,一首一首地学习,任由孩子们东拉西扯。以后,我还会一个专题一个专题地引导孩子们研究苏轼、李清照、辛弃疾……

之后,我还要串讲。如何"串讲"?我会结合《走进苏轼》详谈。

家长们也同学生一起走进浪漫的长短句。

◎ 大家都爱宋词 ◎

结束《宋词故事》这本书的教学时进行了一次调查,从家长的回信中了解到孩子喜欢朗读宋词,都能读熟宋词,背诵一部分,愿意有感情地朗读,这就足够了,能不能背诵并不要紧,有印象就行了。在学习语文课本和《成语故事》等书的过程中,大部分孩子在学完整本书前就完成了任务。但背诵宋词的难度大一些,周五结束这本书的教学时,背完的不足20个学生,过了双休日后一共有34个学生背完整本书40首词。两个星期的宋词课程,最大的收获是我们师生都爱上了宋词。

春季的宋词旅行

郭葳蕤的妈妈

在春天里,能和韩老师一起学宋词,是一次重读经典的经历。

美文,让我们的审美更加高雅,让我们在烦琐不堪的生活中,能以一种诗意的眼光去重新看待我们的生活,感受季节的交替,感悟人生的种种。

尤其是跟孩子一起学习,你可以通过孩子的眼光,重新审视我们的生活。

一开始学习宋词,郭葳蕤就开始不停地看书。孩子的学习,不仅仅是背过宋词,还认真地看宋词背后的介绍。

前几天,坐公交车的时候,郭葳蕤看见车窗外的春色,开始背起关于春天的宋词,背了很多首。车上很多人都回头惊奇地看着孩子。

"春无踪迹谁知?除非问取黄鹂。""若到江南赶上春,千万和春住。"在孩子一阕阕的宋词中,感觉春天以一种诗情画意的气息徐徐展开。

郭葳蕤现在一开口就是宋词。"婉约流畅,朗朗上口,便于有感情地朗读。"这是郭葳蕤评价宋词的原话。

爱宋词,读宋词,是小郭同学现在的生活状态。

看见月亮,马上就是苏轼的"月有阴晴圆缺";看见星星,就是秦观的"飞星传恨,银汉迢迢暗度";看见白浪河,是"大江东去浪淘尽,千古风流人物"。

现在孩子可能还不是很理解宋词里面的意境,但是优美的文字已经使孩子感受到了经典的魅力。

感谢老师,能在春天里和孩子一起进行一场美丽的文字旅行。

我们一家都爱宋词

宋佳怡

爸爸每天都泡脚,他说泡脚也不能浪费时间,上网玩游戏吧!玩了半天,他无精打采地走出书房,说:"我的视力一定下降了!电脑一点也不好玩儿!"发现我不理他,一看,哦!原来我在读《人生自是有情痴》呀,老爸说:"这是不是关于宋词的书?"我说:"当然。"老爸一拍脑瓜说:"我怎么忘了!泡脚时上网看宋词不很好吗?"从这以后,老爸每天都说"这首词真好"之类的话。

我妈妈呢?她呀,总是说:"小孩子为什么能背完这么一大本《宋词》呢?我为什么一篇也背不过?"我说:"老妈,您都30多岁了,也想像苏老泉一样27岁了,始发愤,读书籍吗?"但妈妈的阅读速度很快,所谓"一目十行"嘛,妈妈把《人生自是有情痴》看完了,开始看《一生最爱宋词》了!

我们都爱宋词

张益嘉

我们班里的人都喜欢背诵宋词,甚至连一些家长都喜爱上了宋词。最让我不可思议的就是宋佳怡的妈妈,她居然把铃声都改成了宋词录音,我暗想:"如果有电话来了,那宋佳怡的妈妈不就光听录音不接电话了嘛!"

王馨婕的妈妈早上吃饭时,也听着宋词的录音。尹浩全在家里天天读给他妈妈听,有时甚至还打起了快板。

有一天,吴静琨和她的妈妈、妹妹去人民广场玩,吴静琨随手拿了本《宋词故事》,她们边走边看,不知不觉吴静琨还背诵起来了。

这些同学都让我非常佩服,看来我也不能落后了。

这样的文章还有很多,三年级初学作文的孩子写的文章虽然短小,但是内容各不相同,都是写自己家真实的学宋词故事,表达自己学第一本宋词的感受。

二、"引读"使宋词教学踏上快车道

凤凰出版社出版的《宋词》共172首,是我们班学习的第三本宋词,在此之前大约学过100首,这172首包含一小部分以前学过的词。到了四年级,学宋词的速度大大加快,大约每节课学10首,最快的一次连复习带新授,一节课学了15首,这节课挂在"课堂直播系统"上,供大家随时"点播",一点水分也没有,我们师生一起在阅读快车道上玩得不亦乐乎。这样快的学习速度,老师不可能逐句解释译文,也不会逐字逐句引导学生直译,而是直接"引读"原文。要让学生学得扎实,"引读"是最高速、高效的教法。

◎ **自学译文** ◎

书上有对诗词的直译文字,老师不讲解,学生不读译文怎么办?这一点儿不用担心,因为我们学习诗词有个常规标准。一星标准是"看译文念准原文,调序译文、原文对号入座"。达到一星标准的学生虽然没有背过诗词,但必须自己安安静静地阅读原文,理解大意,老师指着某句译文时,学生能找到原文朗读。二星标准、三星标准都是遮挡起原文,看着译文背诵原文,达二星标准可以背诵得不熟练,达三星标准要求熟练背诵原文。看译文背诵虽然减轻了难度,但促进了学生对诗词的理解。下面举例说明:

宋词原文:

> **6. 菩萨蛮**　温庭筠
> 小山重叠金明灭,鬓云欲度香腮雪。懒起画蛾眉,弄妆梳洗迟。
> 照花前后镜,花面交相映。新帖绣罗襦,双双金鹧鸪。
>
> **7. 更漏子**　温庭筠
> 玉炉香,红蜡泪,偏照画堂秋思。眉翠薄,鬓云残,夜长衾枕寒。
> 梧桐树,三更雨,不道离情正苦。一叶叶,一声声,空阶滴到明。
>
> **8. 望江南**　温庭筠
> 梳洗罢,独倚望江楼。过尽千帆皆不是,斜晖脉脉水悠悠,肠断白蘋洲。

变序译文：

> 6.7.8
> 　　懒懒地起身画细长弯曲的眉毛，缓缓地打扮。
> 　　她秀眉上所画的翠黛色已淡了，如云的鬓发散乱了，长夜是如此漫长，更让人觉得被子、枕头寒冷，难以入眠。
> 　　上千只船儿过去了都不见自己的爱人，只有日落前的余晖含情凝视着悠悠江水，让人愁肠寸断于白蘋洲头。
> 　　美人重重叠叠的头发中的金背小梳在日光的照射下闪烁不定，像乌云一般的头发轻拂着雪白的脸庞。
> 　　玉炉的香，烟雾缭绕，红烛上的蜡烛油如泪水般流淌，烛光照在华丽堂舍中这个秋思正浓的人身上。
> 　　梳洗化妆已罢，独自倚靠在望江楼上眺望。
> 　　将画好的新帖绣在短袄上，图案是成双成对、难以分离的金鹧鸪。
> 　　潇潇秋雨敲打着一片片梧桐叶，再滴到台阶上，一声又一声，一直到天亮。
> 　　拿前后两面镜子照看头上的花饰，花与容颜交互辉映在镜子里。
> 　　堂舍外的梧桐树，三更时分的秋雨，全不管离情别绪让人多么愁苦。

译文完全由学生自己理解，不需要老师帮助。

◎ 引读是高效的学习方法 ◎

　　课堂上集体学习的主要任务是读熟原文并进一步加深对诗词的理解。首先学生按座次轮流上台对着话筒领读，保证大家能听清楚读音。领读声音刚落，全体齐读一遍。这是我们惯用的学习程序。第三步是老师边提问边"引读"。先看《望江南》的教学过程：

望江南　南唐·李煜

　　多少恨，昨夜梦魂中。还似旧时游上苑，车如流水马如龙。花月正春风。

　　李煜做了一个什么梦？学生齐读两遍："还似旧时游上苑，车如流水马如龙。花月正春风。"

他做梦回忆以前当皇帝时游玩的热闹情景,好梦带来什么心情?学生齐读两遍:"多少恨,昨夜梦魂中。"

为什么?学生七嘴八舌地说诸如"梦境越是美妙,梦醒后越是悲凉,用欢乐反衬凄凉,用盛况反衬孤寂"之类的话,说得是否准确并不要紧,不求甚解的理念应该是小学语文教学的"原则"。最后给学生当堂背诵两遍的时间,大部分孩子都当堂背过了。这首短词的教学时间大约两分钟,学生听一遍,读、背五遍。

《踏莎行》的教学过程也和上面的《望江南》一样,学生听、读、背六遍诗词原句。只是在"引读"过程中开了个玩笑,加了点儿现代生活气息,以调节气氛。

踏莎行　宋·欧阳修

候馆梅残,溪桥柳细,草薰风暖摇征辔。离愁渐远渐无穷,迢迢不断如春水。

寸寸柔肠,盈盈粉泪,楼高莫近危阑倚。平芜尽处是春山,行人更在春山外。

行人离家时的景象如何?学生读"候馆梅残,溪桥柳细,草薰风暖摇征辔。离愁渐远渐无穷,迢迢不断如春水"。

行人越走越远,心情越来越愁苦,他想象妻子在家做什么?怎么思念他?学生齐读两遍"寸寸柔肠,盈盈粉泪"后,老师引导学生议论:"假如那时有电话,行人就问:'老婆,你心情如何?'妻子说:'我正哭得一塌糊涂呢!'行人会怎么劝说妻子?"学生齐读两遍:"楼高莫近危阑倚。""为什么劝说妻子不要到高楼上远眺?"学生齐读两遍:"平芜尽处是春山,行人更在春山外。"

下面的《采桑子》学生们也学得兴味盎然。

采桑子　宋·吕本中

恨君不似江楼月,南北东西,南北东西,只有相随无别离。

恨君却似江楼月,暂满还亏,暂满还亏,待得团圆是几时?

这个吕本中好像说话前后矛盾,先说:"月亮,月亮,我爱你!"为什么爱月亮?因为月光常照。学生齐读:"恨君不似江楼月,南北东西,南北东西,只有相随无别离。"吕本中一会儿又变了,说:"月亮,月亮,我恨你!"为什么恨月亮?因为月有圆缺。学生齐读:"恨君却似江楼月,暂满还亏,暂满还亏,待得团圆是几时?"

老师在说"月亮,我爱你……我恨你"时,夸张的语气、动作、表情使教室里一片笑声。

教师是完整地"引读"较长的句子,还是细碎地"引读"只字片语,要根据具体内容决定。

生查子　宋·欧阳修

去年元夜时,花市灯如昼。月上柳梢头,人约黄昏后。

今年元夜时,月与灯依旧。不见去年人,泪湿春衫袖。

哪儿写去年约会?学生齐读:"去年元夜时,花市灯如昼。月上柳梢头,人约黄昏后。"

哪儿写今年失恋?学生齐读:"今年元夜时,月与灯依旧。不见去年人,泪湿春衫袖。"

老师两个问题,学生两次齐读,就完成了这首诗的教学。

蝶恋花　宋·欧阳修

庭院深深深几许?杨柳堆烟,帘幕无重数。玉勒雕鞍游冶处,楼高不见章台路。

雨横风狂三月暮,门掩黄昏,无计留春住。泪眼问花花不语,乱红飞过秋千去。

这首词中的主人公是什么人?学生大多能答出是个女子。这个女子的住处很封闭,在哪里?学生齐读:"庭院深深深几许?杨柳堆烟,帘幕无重数。"她的丈夫到哪里去了?学生齐读:"玉勒雕鞍游冶处,楼高不见章台路。"

丈夫在秦楼楚馆肆意寻欢,妻子在重重深院独守空房时面对的是什么?学生齐读:"雨横风狂三月暮,门掩黄昏,无计留春住。泪眼问花花不语,乱红飞过秋千去。"

这首词中三问三答,学习的速度也比较快。

下面的《桂枝香》很长,理解起来有一定难度,便采用多问多答的方式"引读":

桂枝香　宋·王安石

登临送目,正故国晚秋,天气初肃。千里澄江似练,翠峰如簇。归帆去棹残阳里,背西风,酒旗斜矗。彩舟云淡,星河鹭起,画图难足。

念往昔,繁华竞逐。叹门外楼头,悲恨相续。千古凭高对此,漫嗟荣辱。六朝旧事随流水,但寒烟,衰草凝绿。至今商女,时时犹唱,后庭遗曲。

老师往讲台上一站,伸长脖子远眺,问王安石在做什么?学生齐读:"登临送目,正故国晚秋,天气初肃。"他先看到江水,学生读"千里澄江似练",又看到山,学生读"翠峰如簇",又看到船,学生读"归帆去棹残阳里"……

这种"引读"法教学的好处很明显:一是学生在短时间内读的次数多,所有学生都能够当堂熟读,部分学生能当堂背诵,目标的达成度很高;二是老师"引读"的语言帮助学生进一步理解了诗词。

这种几分钟教完一首诗词的做法与常规的文本细读差别很大,表面上看,不如一两节课的精读扎实,但实际上,短时间内不求甚解地学习大量诗词,学生的理解能力提高很快,背诵能力也明显提高,这是精读所望尘莫及的。也有人会说,面对曼妙优雅的诗词,如此快速地学习,会不会失去审美情趣?不会的,反而在大量诵读过程中,学生深刻感悟到了诗词的韵律美,读得越多,越感到口齿生香,美不胜收。那铿锵的声韵,那华美的词句,可以让人感觉到不可名状的快慰,学生的用词能力、语言的表达能力在潜移默化中提高。当学生像阅读白话文一样轻松阅读古诗词时,他们的阅读范围扩大了,阅读兴趣提高了。他们开始喜欢读诗词作者的传记,如李白、杜甫、苏轼、陆游、辛弃疾等人的传记,由此延伸到喜欢读历史书籍,还喜欢读诠释诗词的书。这些并不是自然状态下小学生喜欢读的书,而是大量诵读诗词的过程中会对高产作家的身世进行探讨,会牵扯到历史故事等。历史课告诉学生显性的史实,祖国的文化是要从古人的诗文中体会的,读多了、读懂了,就找到了我们的"根",学生就成了有根的人。有了历史之根,才能结出未来之果。读多了,孩子们猛然发现,经典并非曲高和寡,并非高不可攀,不知不觉间,他们已经熟读或背诵了200多首宋词,已经成为"腹有诗书"的才子才女。

◎ 学以致用的学生 ◎

班里有几个同事的孩子十分优秀,尤其是武老师的孩子馨婕。武老师作为学校的教导主任听过我无数次课,我也就无数次欣赏过武老师听课时发自内心的笑容和开心得手舞足蹈的姿态。武老师一直是海量阅读的支持者,馨婕一直是海量阅读的受益者。

学完宋词后进行书面调查,从家长的回信得知给家长讲宋词的学生人数很多。武老师特地打电话说馨婕给家长讲课的劲头十足,说到孩子的表现,电话里传来咯咯的笑声。有同事如此,有家长如此,真是温暖!幸福!

言归正传,天天给家长讲宋词的馨婕平日说话也是"满口景德镇的瓷器——好词"。贪玩的馨婕,还没有具备坚强毅力的馨婕为什么能学以致用?因为她乐于讲给别人听。听十遍不如看一遍,看十遍不如讲一遍,老师对此感受深刻。如果只是看看,理解记忆的效果绝对不如教一遍。

我的两大担心事

王馨婕

我最担心的一件事是我的身高,再一件是我的牙齿。这两项都是容貌的大忌。

先说说我的身高,猜猜人生最大的苦事是什么?是一个大高个和一个小矮个同桌,唉!我现在正遭受着这种痛苦。我的同桌丁丁是我们班海拔最高的,有160厘米呢,而我呢,却只有134厘米。虽然说人有早长晚长之分,但每一次看丁丁我都要仰起头来,那真是"别有一番滋味在心头"啊!每次我要求丁丁守纪律时,他都叫我"小矮子",就在刚才,我还以老虎下山般气势瞪着他,他一声"小矮子",我就如霜打的茄子,蔫了!

每当我觉得自己长高了,就兴致勃勃地跑去测量,当爸爸把测量结果报出来时,我就干什么都无精打采了。什么多种营养片、蛋白质粉我都吃了一堆了,还是"无可奈何花落去",大个子在我眼前一晃,我还是"触目柔肠断"。

第二个令我烦恼的是我的牙齿,小时候我有一口令人羡慕的好牙齿,结果自己总是偷偷地吃糖,好像一下子虫牙就出来了,连饭都吃不好,吃含纤维多的东西总是塞牙,一到体检的时候就害怕,害怕医生看我的牙,看到别人一口皓齿,我只能"试问闲愁都几许?一川烟草,满城风絮,梅子黄时雨"。

我爱宋词

王馨婕

宋词是中华民族的瑰宝,是文坛永远不会磨灭的一颗璀璨明珠。它的音律、意境都非常美。细细品读让人感觉口齿留香,回味无穷。宋词好像有魔力,一开始觉得看不下去,后来一品就觉得"沉醉不知归路"。一次,我正在品味宋词那"柔美的身姿",妈妈正在煮牛肉,牛肉伴着妈妈"银铃般"的歌声飘进本小姐的"闺房",可我没有发觉,连"吃饭了"的声音都没有听到,因为我正在宋代旅游呢。幸亏妈妈今天心情好,要不,可怜的我一定会死无葬身之地。妈妈又叫了好多遍,实在忍不住了,开始"火山爆发",启动"河东狮吼"程序,足可以把我们家的屋顶震下来,这才把我从宋朝拉了回来。要在平时我一定会像小猫一样静悄悄地溜到餐桌旁吃饭,但现在我读了"竹杖芒鞋轻胜马,谁怕?一蓑烟雨任平生",便昂首阔步大步流星地走了过去。

宋词吸引我的地方还有它的意境,短短几句话就能勾画出一位英俊潇洒的少年形象,单单几个词语就能描绘出一位少女忧愁的双眸。一位位优秀的词人好比一个个手艺精妙的画工,不,他们比画工的功力更强!

我们中华民族是一个有着悠久历史的民族,流传下来的宋词价值连城,我们应为自己有机会品读人间珍宝而自豪。

三、"走进苏轼"专题研究课例三节

在学过一本有40首宋词的《宋词故事》之后,我和一群三年级小朋友开始了"苏轼专题研讨"。我们共上了三节课,每节课学两首词,以苏轼生平为主线,把以前学过的和新学的诗词串成了一条线,让知识产生"超链接"。

这三节课有几个共同的特点:一是理解不求精确,能理解大意即可。二是以读为主,开始先听三遍录音,学生跟读;学生自由发表对词意的理解后,每串讲一句,都跟上齐读三遍;最后屏幕上出示提示语言,再背诵三次。加上学生的自由朗读背诵,每首词最少读背十遍。三是建立"超链接",把学过的苏轼的诗词,还有其他相关的诗词串起来。四是在教师的引导下,力求对苏轼的一生有一个全面的认识,当然,这是最高的目标,不要求全体学生都掌握。

注:加方框的字是幻灯片中的文字。

◎ 第一节 ◎

1. 时代背景

苏轼(1037年—1101年)

苏轼生活的年代离我们大约多少年?

山雨欲来风满楼——苏轼生活的时代环境

"山雨欲来风满楼"是什么意思?我们在《成语故事》中学过一句类似的诗——"满城风雨近重阳",有哪两层意思?"山雨欲来风满楼"喻指北宋内外交困、四面楚歌。

赵匡胤:黄袍加身、杯酒释兵权

澶(chán)渊之盟:白银十万两、绢二十万匹(辽国、西夏)

2. 家庭环境

> 一门父子三词客——苏轼的家世　　苏洵

《三字经》上怎么说苏洵？

苏洵应试铩羽而归，苦读自己喜欢的《论语》《孟子》《韩非子》等圣贤文章，并和儿子一起读，苏轼还抄书。

> 少年喜奇迹，落拓（tuò）鞍（ān）马间。纵目视天下，爱此宇宙宽。

父亲苏洵除了喜欢读万卷书还喜欢做什么？（行万里路）所以苏轼的文章就有什么与众不同的特点？

> 大略如行云流水，初无定质，但常行于所当行，常止于不可不止。

从上面的文字能猜出苏轼文章的特点吗？（不受拘束、自然流畅、淳朴自然）

苏轼的文章在对付考试上并不沾光，但他有幸遇到了一位优秀的主考官，在《宋词故事》中，我们学过这位主考官的两首词，老师曾说想不到文坛领袖还写这么缠绵的词，他是谁？写过什么词？

（欧阳修，《生查子·元夕》"去年元夜时"，《蝶恋花》"庭院深深深几许"）

3. 人生经历

苏洵带着21岁的苏轼和18岁的苏辙进京参加进士考试，第二年，他们都考中，文章震动朝野。但苏轼因为性格豪放不羁，对看不惯的事咄咄逼人，不假辞色，说话、做事、写文章都得罪了当权者，结果一生仕途坎坷，我们看他对自己一生的总结。

> **自题金山画像**
>
> 心似已灰之木，身如不系之舟。
> 问汝平生功业，黄州惠州儋州。

> 初涉仕途

苏轼在陕西凤翔做签判四年,做了几件深得民心的事情,如免除百姓的积欠等,写下了表达报国之志和忧国之心的文章,表现了一个青年政治家和文学家的才华。这期间加上给父亲、母亲服丧各三年,苏轼已到了三十多岁。

> 外任杭、密、徐

苏轼回到京城,对新党王安石、旧党司马光的政治主张都提出了不同看法,为众人所不容,于是自己要求外任,到了杭州做通判。

谈谈你对杭州的了解:

(柳永赞美过杭州:《望海潮》

苏轼也写了赞美西湖的诗:《六月二十七日望湖楼醉书》《饮湖上初晴后雨》)

今天新学一首苏轼在杭州作的词:

少 年 游

润州作,代人寄远。

去年相送,余杭门外,飞雪似杨花。今年春尽,杨花似雪,犹不见还家。

对酒卷帘邀明月,风露透窗纱。恰似姮娥怜双燕,分明照,画梁斜。

这首词是苏轼以妻子的口吻写的,听录音跟读三遍。读一读自学材料,看看意思。(学生自学后谈理解,然后通过各种形式练习背诵)

先根据对词意的提示背诵:

少 年 游

(去年相送的情况)_____,_____,_____。(今年回家了吗?)_____,_____,_____。

(孤独的妻子在做什么?)_____,_____。(姮娥有没有接受妻子的邀请?)_____,_____,_____。

再根据前半句背后半句,或根据后半句背前半句。

少 年 游

去年相送,_____,飞雪似_____。今年春尽,_____,犹不见_____。
对酒卷帘_____,风露透_____。恰似姮娥_____,分明照,_____。

少 年 游

_____,_____门外,_____似杨花。_____,_____似雪,
_____还家。
_____邀明月,_____透窗纱。_____怜双燕,_____,画梁斜。

同桌互相背诵。

苏轼在杭州时,在自己力所能及的范围内为老百姓做了很多实事,如疏通六口水井。后来他希望离弟弟任职的济南近一些,他调到了哪里?

外任杭、密、徐

我们先到密州:

(1)到了密州后,发现密州蝗灾严重,他就收养孤儿,治理灾害……我们学过他写密州的哪首词?

(《江城子·密州出猎》:老夫聊发少年狂。左牵黄,右擎苍……)

(2)我们还学过苏轼在密州思念7年未见的弟弟写的哪首词?

(《水调歌头》:明月几时有?把酒问青天。不知天上宫阙,今夕是何年……)

(3)苏轼调任徐州之前,和弟弟苏辙得以相聚,他们兄弟在徐州同住三个月,我们在二年级时学过一首表达珍惜之情的诗。

(《阳关曲·中秋月》:暮云收尽溢清寒,银汉无声转玉盘。此生此夜不长好,明月明年何处看。)

苏轼到任三个月后,灾难降临徐州城,黄河在徐州以北约 50 里外向东方决口,淹没了几百里。苏轼防洪抗灾,筑堤、引黄河水通过旧水道入海,表现了他在水利方面的才华。徐州柴贵,苏轼带人在城南发掘煤矿,表现了他在地质方面的才华。他还结识并推荐了秦观、黄庭坚等人才。但是,此时一个阴谋编织的网撒到了他的头上,即乌台诗案。经过了五个月的文字狱后,苏轼被贬到了黄州。

黄州谪(zhé)居

他在黄州写了很多诗词,我们今天学其中的一首:

满 庭 芳

蜗角虚名,蝇头微利,算来著甚干忙。事皆前定,谁弱又谁强。且趁闲身未老,尽放我,些子疏狂。百年里,浑教是醉,三万六千场。

思量。能几许,忧愁风雨,一半相妨。又何须,抵死说短论长。幸对清风皓(hào)月,苔茵展,云幕高张。江南好,千钟美酒,一曲满庭芳。

苏轼想做什么?不想做什么?谈谈你的理解。

学《宋词故事》时我跟同学们说过,苏轼的思想是儒、释、道兼容贯通的,这首词体现了他的宗教思想:物我两忘,身心皆空;一念清净,染污自落。我们还学过一首词,也体现了苏轼的这种思想,即把世间的一切都看得很淡,无论是鸿运当头,还是厄运降临,他都不在意。

定 风 波

三月七日,沙湖道中遇雨。雨具先去,同行皆狼狈,余独不觉。已而遂晴,故作此词。

莫听穿林打叶声,何妨吟啸且徐行。竹杖芒鞋轻胜马,谁怕,一蓑烟雨任平生。

料峭春风吹酒醒,微冷,山头斜照却相迎。回首向来萧瑟处,归去,也无风雨也无晴。

苏轼的思想是儒、释、道兼容贯通,他的思想行为更是体现着儒家的思想。儒家倡导知其不可而为之,他很快化解灾难,超脱出来。我们还学过他的一首词,词作乐观地表达了作者珍惜时间的思想。

浣 溪 沙

游蕲水清泉寺,寺临兰溪,溪水西流。

山下兰芽短浸溪,松间沙路净无泥,潇潇暮雨子规啼。

谁道人生无再少?门前流水尚能西!休将白发唱黄鸡。

我们还学过一首词,在词中,他想像古代英雄那样为国家建功立业。

念奴娇·赤壁怀古

大江东去,浪淘尽,千古风流人物。故垒西边,人道是,三国周郎赤壁。乱石穿空,惊涛拍岸,卷起千堆雪。江山如画,一时多少豪杰!

遥想公瑾当年,小乔初嫁了,雄姿英发。羽扇纶巾,谈笑间,樯橹灰飞烟灭。故国神游,多情应笑我,早生华发。人生如梦,一樽还酹江月。

附:印发给学生的材料

忆 山 送 人

少年喜奇迹,落拓(tuò)鞍(ān)马间。

纵目视天下,爱此宇宙宽。

自题金山画像

心似已灰之木,身如不系(xì)之舟。

问汝(rǔ)平生功业,黄州惠州儋(dān)州。

少 年 游

去年相送,余杭门外,飞雪似杨花。今年春尽,杨花似雪,犹不见还家。

对酒卷帘邀明月,风露透窗纱。恰似姮娥怜双燕,分明照,画梁斜。

今译:去年送别,是在杭州的城门外,当时飘洒的飞雪像春天的杨絮。今年晚春时候,杨絮纷纷扬扬像雪片,他还没有回家。

举起酒杯卷起窗帘邀请明月,春风甘露透过窗纱悄悄进了屋。这正像嫦娥也爱双栖(qī)燕,偏偏明亮地照在画梁上。

满 庭 芳

蜗角虚名,蝇头微利,算来著(zhuó)甚(shén)干(gān)忙。事皆前定,谁弱又谁强。且趁闲身未老,尽放我,些子疏狂。百年里,浑教是醉,三万六千场。

思量。能几许,忧愁风雨,一半相妨。又何须,抵死说短论长。幸对清风皓(hào)月,苔(tái)茵(yīn)展,云幕高张。江南好,千钟美酒,一曲(qǔ)满庭芳。

今译:小如蜗牛角的虚名,微似苍蝇头的薄利,想来有什么值得白费力昏忙?万事已由因缘决定,还争什么哪个弱哪个强?姑且趁无官一身轻年纪未老,放松自己,少些拘束多点豪放。在一百年里面,让我每天都在醉中,一共醉他个三万六千场。

思量人生,能有多少欢喜?人世风雨带来忧愁,还把其中一半毁伤。又何必总是认那个死理,非要论定谁短谁长?幸好面对清风拂拂明月朗朗,绿草青苔无际,云幕高高张挂天上。江南如此美好,让我斟尽千盅美酒,再把一曲《满庭芳》来高唱。

◎ 第二节 ◎

(一)回忆

我们先回忆苏轼的经历:

外任杭、密、徐

在杭州做属官,被派往外地,他写了一首思念妻子的《少年游》。

在密州治理蝗灾之后,他写了:倾城随太守打猎;思念七年未见的弟弟;兄弟相聚三个月,表达珍惜之情(此生此夜不长好)。

苏轼在徐州做了一件拯救百姓于水火的大事,是什么?抗击洪水四十五天。水退后,他建堤坝,还在东门建了一座百尺高的黄楼。

(二)新授

永 遇 乐

彭城夜宿燕子楼,梦盼盼,因作此词。

明月如霜,好风如水,清景无限。曲港跳鱼,圆荷泻露,寂寞无人见。紞(dǎn)如三鼓,铿(kēng)然一叶,黯(àn)黯梦云惊断。夜茫茫,重寻无处,觉来小园行遍。

天涯倦客,山中归路,望断故园心眼。燕子楼空,佳人何在,空锁楼中燕。古今如梦,何曾梦觉,但有旧欢新怨。异时对,黄楼夜景,为余浩叹。

看看解释,说说你读懂了什么。

谁知道关于燕子楼和盼盼的故事?(唐朝徐州守将张愔与小妾关盼盼)

燕子楼外景色如何?(美、静)

在这样的美景之中,苏轼睡着了,美丽而痴情的盼盼可能出现在他的梦中,但他为什么醒了?醒了之后做了什么?(好梦难圆,怅然若失,踏遍小园寻梦)

他在小园中转来转去,思绪万千,他想到了什么?

(1.想家,外任已七年。2.佳人盼盼杳无音信,这段凄美、真挚的感情早已化为尘土,由盼盼的旧欢新怨想到自己的旧欢新怨,发出了人生如梦的慨叹。3.多少年之后,他死了,有人到黄楼上感叹苏轼也会想到人生如梦。)

人生如梦的感觉还在哪首词中出现过?(《念奴娇·赤壁怀古》,这首以豪放著称的词也在写这种空漠之感)

苏轼一生有两个阶段比较得意：一是在徐州，政绩斐然，高朋满座；二是神宗死后，高太后掌权，任杭州太守。也有两个阶段比较倒霉，都在诗中写着："心似已灰之木，身如不系之舟。问汝平生功业，黄州惠州儋州。"一是乌台诗案，黄州谪居。二是高太后死后，从颍州、定州一路贬到惠州，直到海南岛的儋州。

> 黄州谪(zhé)居

在黄州，苏轼写了很多诗词，上节课我们学过一首《满庭芳》。

在《满庭芳》中，苏轼想做什么？（"百年里，浑教是醉，三万六千场。""幸对清风皓月，苔茵展，云幕高张。江南好，千钟美酒，一曲满庭芳。"）

我们跟着苏轼继续一醉方休。

（三）新授

> **临江仙·夜归临皋(gāo)**
>
> 夜饮东坡醒复醉，归来仿佛三更。家童鼻息已雷鸣。敲门都不应，倚杖听江声。
>
> 长恨此身非我有，何时忘却营营？夜阑风静縠(hú)纹平。小舟从此逝，江海寄余生。

苏轼喝得多不多？真的醉得不省人事了吗？"抽刀断水水更流，举杯消愁愁更愁。"

忘记荣辱，看淡一切，在另一首词《定风波》中也有体现。

苏轼的思想是儒、释、道兼容贯通的，他的许多作品体现了他的宗教思想：物我两忘，身心皆空；一念清净，染污自落。

在黄州，他还写过什么？（《浣溪沙》）

附：印发给学生的材料

永遇乐

彭城夜宿燕子楼,梦盼盼,因作此词。

明月如霜,好风如水,清景无限。曲港跳鱼,圆荷泻露,寂寞无人见。紞(dǎn)如三鼓,铿(kēng)然一叶,黯黯(àn)梦云惊断。夜茫茫,重寻无处,觉来小园行遍。

天涯倦客,山中归路,望断故园心眼。燕子楼空,佳人何在,空锁楼中燕。古今如梦,何曾梦觉,但有旧欢新怨。异时对,黄楼夜景,为余浩叹。

【注释】

彭城:今江苏徐州。

燕子楼:唐徐州守将张愔为其爱妾盼盼在宅邸所筑小楼。

紞:击鼓声。铿然:清越的音响。

梦云:夜梦神女朝云。云,喻盼盼。

惊断:惊醒。心眼:心愿。黄楼:徐州东门上的大楼,苏轼任徐州知州时建造。

【译文】

明月如霜般洁白,好风就如同清水一样清凉,清新静谧的夜景真是怡人。弯弯的水渠中,鱼儿跳出水面,圆圆的荷叶上,露珠随风落下。但夜深人静,这样好的美景却无人欣赏。三更鼓声,声声有力,响彻夜空,一片树叶悄悄落到地上,清音竟惊断了我的梦。夜色茫茫,再也见不到黄昏时的景色,醒后我寻遍了小园,处处都无痕。那长期在外地的游子,看那山中的归路,苦苦地思念着故乡家园。燕子楼空空荡荡,佳人已经不在,空留着那双燕子在楼中的画堂。古今万事皆成空,还有几人能从梦中醒来,只有些怀念旧日情感,不禁惆怅长叹。今天我在这里凭吊燕子楼,想起了关盼盼。他日有人来到我建的黄楼上,也会感叹我这历史的过客吧!

临江仙·夜归临皋（gāo）

夜饮东坡醒复醉，归来仿佛三更。家童鼻息已雷鸣。敲门都不应，倚（yǐ）杖听江声。

长恨此身非我有，何时忘却营营？夜阑风静縠（hú）纹平。小舟从此逝，江海寄余生。

【注释】

宋神宗元丰五年（1082）九月作于黄州。临皋：临皋亭，乃长江边的一个水驿官亭，在黄州朝宗门外。作者元丰三年（1080）由定慧院移居于此。

东坡：本为黄州城东的旧营地。作者于当年春天在此开荒植树，仰慕白居易在四川忠州东坡躬耕之事，遂名此地为"东坡"，并取以为号。又建雪堂，其时堂未建成，故仍回临皋止宿。

恨：感到缺憾。营营：为名利所纷扰。

夜阑：夜深。縠纹：喻指水面上细小的波纹。縠，有皱纹的纱。

【译文】

夜深在东坡的寓室里宴饮醒了又醉，回来的时候仿佛已经三更。这时家里的童仆早已睡熟，鼾声如雷鸣。轻轻地敲了敲门，里面全不回应，只好独自倚着藜杖倾听江水奔流的吼声。

经常愤恨这个躯体不属于我自己，什么时候能忘却为功名利禄钻营奔竞！趁着这夜深、风静、江波坦平，驾起小船从此消逝，泛游江河湖海寄托余生。

◎ **第三节** ◎

（一）回忆

外任杭、密、徐

在杭州做属官，被派往外地，他写词一首思念妻子——《少年游》。

密　倾城随太守打猎——《江城子·密州出猎》。

徐　夜宿燕子楼,作《永遇乐》:古今如梦,何曾梦觉,但有旧欢新怨。

在徐州遇上春旱,苏轼去徐州石潭祈雨,得雨后,又谢雨,写了五首《浣溪沙》,我们学过其中一首《浣溪沙》。

乌台诗案　黄州谪居

他被发配到黄州后,自己先找了一个可以住的地方,然后家人再来。最先住的地方就是黄州定慧院。

(二) 新授

卜算子·黄州定慧院寓居作

缺月挂疏桐,漏断人初静。谁见幽人独往来?缥缈孤鸿影。

惊起却回头,有恨无人省。拣尽寒枝不肯栖(qī),寂寞沙洲冷。

这首词出现了幽人、孤鸿两个意象,看看解释,"幽人"是谁?"孤鸿"是什么?词的开头为"幽人、孤鸿"的出场营造了一种什么氛围?

"幽人"在做什么?"孤鸿"是什么情况?(缥缈高飞、形单影只)

"幽人、孤鸿"的处境有很多相似之处,从下片中找一找。

孤鸿惊起的原因可能是什么?(疾风暴雨、有人捉它、有人用箭射它、有人拿石头砸它……)它从温暖的窝中惊起的心情如何?(惊恐万状,心怀幽恨)

它有没有随便找个地方栖息下来?无论新党、旧党,苏轼都没有屈从。四十几年的政治生涯中,他转徙四方州郡,尝尽流离奔波之苦,但他一生不做圆滑的官吏,不肯做没主见的庸吏,不徇私、不盲从,表里如一、光明磊落,表现了儒家知识分子舍生取义的凛凛气节。就像词中孤独、漂泊的大雁一样,归宿荒冷的沙洲,不肯与世俗合流。

苏轼临死前在自己的画像上题诗,对自己做了怎样的总结?(心似已灰之木,身如不系之舟。问汝平生功业,黄州惠州儋州。)上节课我们谈到苏轼有两个阶段比较得意：一是在徐州，政绩斐然，高朋满座；二是神宗死后，高太后掌权，任杭州太守。而他为什么会写倒霉时的"黄州惠州儋州"？（在黄州时创作颇为丰富，他一生最精彩的四篇文章都是在黄州写的——《念奴娇·赤壁怀古》《前赤壁赋》《后赤壁赋》《记承天寺夜游》）

跟同桌数一数，我们学过哪些苏轼在黄州写的词？说说词名、背一两句都可以。

有"一醉方休"的两首——《满庭芳》《临江仙》；有忘记荣辱、看淡一切的《定风波》；有从打击中挣脱出来，劝人珍惜时间的《浣溪沙》；有希望像古人那样建功立业的《念奴娇·赤壁怀古》……

神宗很欣赏苏轼的才华，调他到离京城较近的汝州。赴任途中，苏轼游览了庐山，写下了《题西林壁》。

神宗去世，十岁小儿当皇帝，高太后掌权，苏轼任职翰林学士，是皇帝最亲近的顾问兼秘书，参与朝廷机密大事，并起草有关文件，有"内相"之称。他反对司马光全面废除新法，与旧党发生矛盾。他与理学家程颐发生矛盾，要求外任，54岁时出任杭州知州，与第一次任杭州通判相隔16年。16年前他写过赞美西湖的诗——《六月二十七日望湖楼醉书》《饮湖上初晴后雨》。他治理西湖时，"苏堤春晓""三潭印月"就出自他的手笔。遇上旱灾、水灾、瘟疫流行，他建医院、平价出卖官米等，帮助百姓度过灾年。朋友苏伯固一直在帮助他，苏伯固要回自己家吴中去了，苏轼写了一首送别诗。

青玉案·送伯固归吴中

三年枕上吴中路，遣（qiǎn）黄犬，随君去。若到松江呼小渡，莫惊鸳鹭，四桥尽是，老子经行处。

辋（wǎng）川图上看春暮，常记高人右丞句。作个归期天定许。春衫犹是，小蛮针线，曾湿西湖雨。

伯固终于能回家了,苏轼是什么心情?(高兴、留恋、羡慕)

伯固回家和王维有什么关系?回忆王维的诗:

《鸟鸣涧》:人闲桂花落,夜静春山空。月出惊山鸟,时鸣春涧中。

《山居秋暝》:空山新雨后,天气晚来秋。明月松间照,清泉石上流。竹喧归浣女,莲动下渔舟。随意春芳歇,王孙自可留。

《鹿柴》:空山不见人,但闻人语响。返景入深林,复照青苔上。

《竹里馆》:独坐幽篁里,弹琴复长啸。深林人不知,明月来相照。

《山中送别》:山中相送罢,日暮掩柴扉。春草明年绿,王孙归不归?

附:印发给学生的材料

卜算子·黄州定慧院寓居作

缺月挂疏桐,漏断人初静。谁见幽人独往来?缥缈孤鸿影。

惊起却回头,有恨无人省。拣尽寒枝不肯栖(qī),寂寞沙洲冷。

【注释】

定慧院:在湖北黄冈县东南。

漏断:漏壶水滴尽了,指时已深夜。漏,古代盛水滴漏计时之器。

幽人:幽居之人,苏轼自谓。

省:明白。

【译文】

残月高挂在稀疏的梧桐上,滴漏声断了,人群开始安静。谁能见幽居人独自往来徘徊?唯有那缥缈高飞的孤雁的身影。

它突然被惊起又匆匆回首,心里有恨却无人能懂。它拣遍了寒冷的树枝不肯栖息,却躲到寂寞的沙洲甘愿受苦。

青玉案·送伯固归吴中

三年枕上吴中路,遣(qiǎn)黄犬,随君去。若到松江呼小渡,莫惊鸳鹭,四桥尽是,老子经行处。

辋(wǎng)川图上看春暮,常记高人右丞句。作个归期天定许。春衫犹是,小蛮针线,曾湿西湖雨。

【注释】

伯固:苏坚,字伯固,作者的友人。吴中:江苏吴县。

呼小渡:招呼小船摆渡。四桥:在苏州。

老子:苏轼自称。

辋川图:辋川在陕西蓝田,王维曾隐居于此,并在寺壁绘《辋川图》。

高人:指伯固。

右丞:王维曾任尚书右丞,故称王右丞。

小蛮:白居易的侍妾,此处指词人侍妾朝云。

【译文】

我们相识三年,你对归还吴中(苏州)的路魂牵梦绕。如今你回故园,我有心打发黄狗跟随在你身边,以便来来往往把相互的音信递传。如果到松江渡口招呼渡船,不要惊动那里的白鹭双鸳,因为他们都是我旧时相识。那里的四桥、那里的山山水水都是我足迹曾经踏过的地方。

如今我只能在王维画的《辋川图》中欣赏春天,常记王右丞的诗句中那些美丽的山山水水。作个归期吧,老天爷定会准许。去时带上那件春衫,它是朝云为我亲手缝制的,上面还有那曾打湿春衫的西湖雨。

3 名言警句教学

名言警句是"海量阅读"系列不可缺少的一部分,同样遵循着由易到难的顺序,第一本读物一定是带故事的,故事是小孩子学习的润滑剂。带故事的名言警句可以从二年级开始阅读。名言要熟读成诵,故事要读流畅。

年级高一些的学生学习的速度明显加快。四年级上学期学完课本后,9月中旬,我们开始了《名句》的学习。

我们用6节课学了134句古代名句,学生百分之百地通过了过关检查,我不禁为弟子们自豪,也为自己的教学理念和教学方式沾沾自喜。

一、准备

这本定价6元的《名句》,是上届学生在2005年用4元钱买的,他们毕业前写上赠言送给了我当礼物。我曾借给女儿的同学读过,借给晓明的学生读过,六年之后还剩三十几本。宏伟校长说:"这本书为什么这么面熟?是不是韩姐姐曾送过我一本?三年了,儿子都上初二了,还没有读完。"我不禁得意而又怅然叹曰:"在自己的课堂上能让学生百分之百读完一本又一本,但在家里指挥孩子的力度明显不够,因为课堂才是教学的主阵地。"

我打算配齐60本放在学校图书馆里,供一个班的学生阅读,但搜遍当当网、卓越网、淘宝网,一本也没有,只好让学生轮流阅读。春节前请孙陶妈妈照着书把原文、译文输入电脑,我在此基础上整理成三个文档:

名句电子书:原文跟着译文,原文中的部分字注音。如:

1. 风萧(xiāo)萧兮(xī)易水寒,壮士一去兮不复还!

风声呼啸啊,易水寒冷。壮士一去啊,再也不会回来!

2. 天下兴亡,匹夫有责。

国家兴衰,普通百姓也有责任。

原文:删除了译文及注音,只剩原文。如:

1. 风萧萧兮易水寒,壮士一去兮不复还!

2. 天下兴亡,匹夫有责。

调序译文:在一定范围内把译文顺序打乱。如:

爱国修身篇1—23

国家兴衰,普通百姓也有责任。

风声、雨声、读书声,都愿意听到;家事、国事、天下事,都应该关心。

一寸国土就像一寸黄金一样宝贵。

自古以来谁能够不死,要留下一片丹心光照史册。

这本书的星级评价标准是:

一星目标★:读熟原文,能看着译文迅速找到对应的原文。

二星目标★★:看着译文背诵原文,能背60%即可。

三星目标★★★:看着译文背诵原文,熟练程度高。

春节前,按完成学习任务的先后次序,部分学生拿到了书自学,书上原句全部注音,除了译文还有对字词的解释,以及"解说",即进一步诠释。

对于任何一本书的教学,我首先重视的是学生个体的自由阅读,书上有的内容不作为上课检查、讲解、讨论的重点,自己阅读的效果要比听老师讲解的效果好,这是我坚信的理念。无论是名句还是唐诗宋词,书上及我整理的电子文档都有译文。不检查也不用担心学生不读译文,因为通过抽查"调序译文"中的部分句段可以敦促学生阅读全部译文,以达到"模糊理解"的目的。看译文背诵是检查的主要方式,课堂上我对古文的讲解都不是照本宣科,而是经过演绎后的深入浅出。

二、疯狂语文

每一节课都有一个相同的程序:学生"开火车"读句子,全班跟读两遍;师生讨论后再齐读两遍。尽管学得很快,一本书用六节课就学完了,但每句话都在课堂上听两遍、读四遍,孩子都能把没有注音的文言"原文"读熟,这是我提出的最低要求,也是通过课堂教学人人能达到的要求。如果达不到最低要求,那绝对是孩子上课贪玩了,我依据惯例会跟家长交流。和我共同度过近四年时光的学生(尤其是那些上学前不知什么原因造成难以集中精力的学生,让他们上课张开嘴念书,需要一个漫长艰难的历程),都已深深知道:从他们入学第一天起,无论学什么,我永远不变的理念就是让课堂上书声琅琅,学生不停地在课堂上朗读。我所实践的"课内海量阅读"力求把大量阅读教学落实到课堂上,《名句》教学的过程是一个很好的体现。

一位"独立大队的光杆司令"调位后坐在前排,他充耳不闻的行为总是惹得我上课伊始就火冒三丈,在"全国人民乃至全世界人民"都能看到的课堂直播前败坏我和他的形象。还有那两位被称为"南拳""北腿"的武林高手也总惹得我瞪眼,面对摄像机也表现出那种"神色像晚娘,语气像泼妇"的小学教师的"恶劣"形象。其实孩子们一直在进步,在朝着老师和家长期待的方向前进,几个捣蛋鬼其实也为学校生活增添了很多乐趣。只是我太缺乏舞台意识,这么大年龄了还改不了急性子。这样"丑化"几个孩子只是为了说明,让孩子不停地读书,既是提高学业成绩的必要,也是防止学生"神游"的手段。

苏州工业园区文萃小学的陶亮俚一直跟着我听了两个月的课,他有一个很恰当的评语:"疯狂英语的教法!"疯狂英语的教学法能学好英语,更能学好语文。母语比英语好学,但国人母语水平普遍下降,是什么原因?因为大家忘记了学习语言的基本途径:多练习,举三反一而不是举一反三。

三、滚雪球

第一节语文课先学《名句》——爱国篇的12个句子:

1. 风萧萧兮易水寒,壮士一去兮不复还!
2. 天下兴亡,匹夫有责。
3. 以国事为己事,以国权为己权,以国耻为己耻,以国荣为己荣。
4. 风声、雨声、读书声,声声入耳;家事、国事、天下事,事事关心。
5. 先天下之忧而忧,后天下之乐而乐。
6. 一寸山河一寸金。
7. 苟利国家生死以,岂因福祸避趋之。
8. 捐躯赴国难,视死忽如归。
9. 位卑未敢忘忧国。
10. 人生自古谁无死,留取丹心照汗青。
11. 生,亦我所欲也;义,亦我所欲也。二者不可得兼,舍生而取义者也。
12. 鞠躬尽瘁,死而后已。

第一句:

风萧萧兮易水寒,壮士一去兮不复还!

先听一遍,齐读两遍,然后讨论:"抗日战争时期,日本鬼子的凶残是中国人亲身经历过的,狼牙山五壮士决心把敌人引上绝路时,他们心里怎么想的?"

提示学生用书上的话回答,孩子们齐呼:风萧萧兮易水寒,壮士一去兮不复还!

王二小打算把鬼子带进八路军的埋伏圈时,心里回荡着一曲祖先吟唱过的歌:

学生答:风萧萧兮易水寒,壮士一去兮不复还!

我们一起唱响祖先唱过的歌:风萧萧兮易水寒,壮士一去兮不复还!

这一句在课堂上齐读了五遍。

当学到第十一句"生,亦我所欲也;义,亦我所欲也。二者不可得兼,舍生而取义者也"时,老师问:"我们的祖先对待'死亡'持什么态度?"

10.人生自古谁无死,留取丹心照汗青。

8.捐躯赴国难,视死忽如归。

7.苟利国家生死以,岂因福祸避趋之。

1.风萧萧兮易水寒,壮士一去兮不复还!

孩子们你吟我诵,把刚刚学过的句子现学现卖。

为了鼓励学生前后联系所学知识,我只得使出"绝招"——复习《集锦》(以前学过的内容)及四年级、五年级的古诗有奖励,复习两本奖百元大钞(奖状)。复习不是简单的重复,新旧结合的复习才是最有效的。

比如常博宇、张梦溪、张艺馨等最近发言很积极,两个小宋以及小张、小郭等一直乐于发言。他们的发言体现了我的教学理念:让所学知识融会贯通,以期达到活学活用的效果。《名句》是我教过一遍的书,内容很熟,但我每天晚上都要把明天要学习的内容前后翻一翻,把《集锦》及学过的诗词也看一看。上课引导学生串成串,学以致用。

最初的几课,大多是在我的提示下,学生前后联系,但"雪球"越滚越大,后面的几课,学生学到新的名句时,都主动联系前面学过的句子。发言最积极的是插班生浩然,往常同学们背诵一至三年级学过的内容时,这个孩子会流露出怅然若失的表情,现在她一次一次抢着起立发言,开心得不得了,我也不像看到小宋等老弟子抢答过多时那样提醒:"把机会让给其他同学。"

现在学习的《名句》中的知识和下一步要学习的《穿越唐诗宋词》,与将来学习的经典都有联系。

古董要为我所用才有价值。期盼孩子们小学毕业时不但满腹经纶,而且真正成为孔子所推崇的君子。

附:陶亮俚的听课笔记

新的教学,老的课程

昨天韩老师用将近两周的时间结束了语文课本的教学,今天开始教授新的内容——《名句》。

这本书分"爱国篇""修身篇""孝亲篇""立志篇""勤学篇""自强篇",共100多句,大多选择哲理性强,与少年儿童成长密切相关,有益少年儿童健康成长、生活和学习的经典名句。

上课铃一响,韩老师破例多说了几句学习的注意事项。接下来的学习过程极其简单,每句都采取以下"三部曲"方式。

1. 朗读积累。

先按小组的顺序指名读,要求声音响亮,读准字音,然后全班齐读两遍,接着教师正音范读,最后全班再齐读两遍。不过教学有法,教无定法,一切都随教学内容和学情而定。像"鞠躬尽瘁,死而后已"这种学过的句子一般指名读一遍,全班跟读两遍即可。但遇到如"天将降大任于斯人也……增益其所不能"的长句子会多读几遍,直至读得通顺流利为止。

由于大部分学生在课前读过,所以站起来都能流畅准确地朗读。即使个别同学没有预习,课堂上读了至少四遍以上也能把句子读好。所以此环节的朗读重在积累,培养语感。

2. 迁移拓展。

学生根据名句的意思、作者,调动平时积累的知识,在脑海中快速搜索与之相关的内容。由陆游的"位卑未敢忘忧国"想到《卜算子·咏梅》,想到《示儿》,想到《秋夜将晓出篱门迎凉有感》,想到"天下兴亡,匹夫有责",想到"先天下之忧而忧,后天下之乐而乐"……由文天祥的"人生自古谁无死,留取丹心照汗青",想到本句出自《过零丁洋》,想到"人固有一死,或重于泰山,或轻于鸿毛",想到"宁为玉碎,不为瓦全"……虽然有的内容联系得不是很恰当,但是学生都能积极地打开思维的雷达,说到相关的诗词也能脱口而出,这样足矣。

读书重在思考,并把自己积累的知识连成一片,互相启发,这种被钱锺书先生提倡的"打通"的方法在这一环节被淋漓尽致地体现出来。不但趁机复习了旧的知识,而且在相互联系中加深了对原句的理解,由此在学生的语言思想系统中织就了一张又一张网。

3.学以致用。

老师通常会根据句子的意思创设一个个情境,让学生根据具体的语境运用句子。学习"风萧萧兮易水寒,壮士一去兮不复还"时,老师联系王二小的故事讲道:"当王二小被敌人杀害,那真是——"学生说:"风萧萧兮易水寒,壮士一去兮不复还。"老师联系狼牙山五壮士的故事激动地说道:"当五壮士跳下悬崖的那一瞬,我们会说——"学生接:"风萧萧兮易水寒,壮士一去兮不复还。"而讲到"富贵不能淫,贫贱不能移,威武不能屈"时,老师索性编了一个以学生为主人公的故事。学生在轻松愉悦的氛围中理解了句子的内涵,遇到具体语境,相应的语句脱口而出。

无论是朗读积累,还是迁移拓展,学生习得的是语言,语言是思维的载体,制约着思维,甚至决定着思维。没有足够的语言积累,思维便无法安家。但语言只有进入运用层面,在具体语言实践中得以运用,生成的才是言语。言语承载着作者的情感思想,而语言则没有。这一环节无疑让孩子的言语进行了有效的生成。

一节课,韩老师按照这样的流程带着孩子学习了23个句子。这些名句炫转荧煌、简练生动、言简意赅、整齐和谐、易读易记,可以极大地提升学生说话为文的言语品质,也可以很好地提高学生的思想道德修养,具有极高的艺术价值和思想价值。

4 白话文言同步推进：案例《骏马的悲歌》

《骏马的悲歌》一书是中学生读物，内容很深，我教得累，学生学得也累，家长也喊："家长都看不懂的书，为什么要让四年级的小学生读？"当初选择这本书，就是因为这本书体现了我的理念："白话文、文言文同步推进。"本来这本书可以等到五年级或六年级再学，但身边有个小跟班——戴建荣的徒弟陶亮俚从开学就听我的课，大有一个学期都待在潍坊的架势，我就赶紧抓他干活，整本书的口头填空题都是他按我的要求整理的，很费工夫。第二天要学习的文章，我要提前一天阅读不下10遍，第二天才能做到深入浅出地引导学生理解，这本书教得真累，但开弓没有回头箭，四月份《小学生拼音报》报社要召开一个大型的"韩兴娥教学艺术研讨会"，会议通知已发，只能往下学。

一、原文举例

4月中旬，会议召开前，我们正学习《穿越唐诗宋词》的第二部分《怅望千秋清歌醉吟》，有"诗家天子王昌龄"，有"寄李白"，有"怅望千秋一洒泪——杜甫"，有"骏马的悲歌——李贺"，有"独钓寒江雪——柳宗元"。每一篇文字都冲击着我的心灵，我为古代文人的那种责任感而肃然起敬。会务组要求我们五个上课老师发教案，我决定发原文，方便参会老师了解上课的内容。我选择"骏马的悲歌——李贺"一文，是因为这篇文章最短，在会议手册中占的篇幅尽量少一点儿。

附:原文

骏马的悲歌
李元洛

一提到中唐诗人李贺,众人总不免要想到他寻诗觅句时,那头曾和他形影相随的蹇驴……

……

"马"确实是使人一见就豪情陡生的动物……它们的蹄声该曾敲响过李贺年轻易感的心弦,它们那强悍骁勇而魁伟俊逸的形象,在灯光薄暗草药香浓的寒宵,该常常像一阵烈风扫过李贺的心头,使得病体支离形容消瘦的他,不禁热血沸腾而眼睛发亮!不然,这位多病多忧不第不达的诗人,整天抱着药罐,怎么能喑呜叱咤出 23 首咏马的诗章?

这一大型组诗的第四首,我总觉得应该排为开宗明义的"其一",但现在是退而居其四,不知这是出自诗人自己当年的手订,还是他人的编排,那已经不得而知了:

此马非凡马,房星是本星。向前敲瘦骨,犹自带铜声。　　　　——其四

……

李贺生当安史乱后的中唐时代,盛唐如日中天万邦来朝的威仪与光荣,已经只能从史籍和记忆中去追寻了,李唐王朝其时所唱的,已是江河日下的悲歌。不过,李贺乃唐代宗室之后,他一厢情愿地自认他瘦弱的双肩,也应该承担振兴大唐的重任,何况濡染了儒家传统教育的读书人,更以为天下兴亡,匹夫有责,不能不管人间的沧桑和家国的盛衰。于是,李贺的马诗,强烈地表现了他建功立业实现人生价值的渴望:

大漠沙如雪,燕山月似钩。何当金络脑,快走踏清秋。　　　　——其五
催榜渡乌江,神骓泣西风。君王今解剑,何处逐英雄?　　　　——其十
不从桓公猎,何能伏虎威。一朝沟陇出,看取拂云飞。　　　　——其十五

李贺说自己"少年心事当拏云",他时时以骏马与神骓自许,他不仅想立德立言于庙堂之中,也欲效命立功于沙场之上。应该附带一笔的是,除民间蓄养外,唐代的官马数高达七百万匹,这对李贺咏马是启示也是刺激。李贺是病夫一

个,也为马中之龙,乃书生一介,也系非常之人,他羸弱的胸中容纳的是天下和苍生,在煎熬汤药的炉火之旁,他怀的是驰骋沙场置身青云的梦想。

……

……壮志干云而年轻多病的李贺,生命意识分外强烈,对时间特别敏感,他之多用"白"字,是否又表现了他对时间的留恋和对生命的珍惜?他笔下的马,也常常是白马或白蹄之马,如"青袍度白马""马蹄白翩翩""将军驰白马""槭槭银龟摇白马",而翻开《马诗二十三首》,在我们眼前掠过的,竟然也是一道闪电般的白光:

龙脊贴连钱,银蹄白踏烟。无人织锦韂,谁为铸金鞭? ——其一

奇才贵质却生不逢辰,正好建业立功却时不我待。"无人""谁为"的有疑而问,透露了李贺内心深处如同寒冬一样的肃杀与悲凉,他已预感到他的天生我材,他的壮怀热血,恐怕都会白白地付之东流了,如同古往今来的许多有志之士一样。

别无选择的时代,诡不可测的命运,加上大约是与生俱来而每况愈下的身体,共同联手制造了李贺的悲剧。李贺生当中唐,内有藩镇割据,宦官弄权,外有吐蕃东侵,南诏北扰,正值内忧外患之日,国家多事之秋……

……

从古到今,官运亨通而文章不朽的究竟曾有几人?如果李白供奉翰林后从此青云直上,如果杜甫献三大礼赋后一朝飞升,他们后来的作品怎么能落笔惊风雨,诗成泣鬼神?对于一个民族,值得顶礼的不是帝王的陵寝,将相的门第,官员的高位,富豪的财宝,而是千秋盛业的文化和光照百代的文学的星斗。对于一位真正的诗人,世俗的荣华富贵如同过眼的烟云,只有诗章传诵于后世,才是永恒的安慰与丰碑。一千年后,和李贺同时的帝王将相达官贵人富商巨贾都到哪里去了?一抔黄土,蔓草荒烟,长满霉苔的名字只能到尘封的史册中去翻寻,往日的炙手可热气焰熏天,顶多只剩下墓前零落的石人石马的冰凉冷寂。而李贺,他扩大了唐诗的边疆,成为自己的国土的无冕之王,他的洗尽俗调炫奇翻异的诗歌,至今仍然活在众生的心中和代代相传的记忆里。

二、印发给学生的自学材料

给学生编写自学材料,并印发纸质文本,是为了便于学生按惯例自学。复制原文后,我从三个方面进行编写。第一是选择适合学生诵读的句段,选择有积累价值的词语做成口头填空题。第二是补充字词的解释或句子的解释。《骏马的悲歌》原文中没有诗的译文,作者以深厚的功底读唐诗如读白话一样轻松,但小学生不容易理解唐诗的字面意思,所以我加了字词的解释和诗句的解释。第三是给学生可能不认识的字注音。我的学生在一年级下学期平均能认识2 000字,已能够阅读无注音的书,但一直到三年级,在课堂上我和学生共读的都是注音读物,因为学生在阅读课外书时很少主动查字典。我们并不是不提倡查字典,只是即使提倡查字典,并在课堂上经常引导学生查字典一时也很难养成习惯。当学生读得很开心,而且提倡默读的速度比较快时,对字音和字义自然而然地就连蒙加猜了。字义是完全可以通过大量阅读猜对的,但字音不能猜,必须准确。所以我编写自学材料时遇到学生可能不认识的字就注音,尤其对多音字,更需要反复注音。按理说,生僻字、多音字及其他易读错的字的注音应该出现在原文中,但出书的人不考虑读者的实际情况,要么全文注音,书的容量自然就少了;要么一个注音也没有,不管读者认识不认识。所以我只得反其道而行之,在自学材料上注音,便于学生读准。

附:自学材料

骏马的悲歌

李元洛

一提到_____诗人李贺,众人总不免要想到他_____时,那头曾和他____的蹇(jiǎn)驴。

……

它们的蹄声该曾敲响过李贺____的心弦,它们那强悍(hàn)骁(xiāo)勇而____的形象,在灯光_____草药_____的寒宵,该常常像_____扫过李贺的心头,使得病体_____形容_____的他,不禁热血沸腾而_____!不然,这位多病_____不第_____的诗人,整天抱着药罐,怎么能喑(yīn)呜(wū)叱(chì)咤(zhà)出23首咏马的诗章?

……

李贺生当安史乱后的中唐时代,盛唐_____万邦来朝(cháo)的威仪与光荣,已经只能从史籍和记忆中去_____了,李唐王朝其时所唱的,已是_____的悲歌。不过,李贺乃唐代_____之后,他_____地自认他瘦弱的双肩,也应该承担_____的重任,何况_____了儒家传统教育的读书人,更以为____,_____,不能不管人间的_____和家国的_____。于是,李贺的马诗,强烈地表现了他_____实现_____的渴望:

大漠沙如雪,燕山月似钩。何当金络(luò)脑,快走踏清秋。——其五

在燕山大漠,明月如银钩,在月光照耀下,沙尘像雪片纷纷扬扬。何时能够骑上我的铁甲快马,在清秋时节任意驰骋。

催榜(bǎng)渡乌江,神骓(zhuī)泣(qì)西风。君王今解剑,何处逐英雄?

——其十

前两句写的是兵败后的项羽把乌骓马送与他人,而乌骓马却依恋故主,故而"泣向风"。后两句表达了对乌骓马今后状况的同情。是作者代替马说出的辛酸的话,充满着无限悲情。英雄已逝,乌骓马失去了知已,充满了无处依托的迷茫。

不从桓(huán)公猎,何能伏虎威。一朝沟陇(lǒng)出,看取拂云飞。

——其十五

你如果不是跟随了桓公,焉能有降龙伏虎的赫赫伟绩。有朝一日,我从沟壑(hè)中腾空而出,自让你见识掠云飞驰的雄姿。

李贺说自己"少年心事当拏云",他时时以骏马与神骓自许,他不仅想_____于庙堂之中,也欲_____于沙场之上……李贺是病夫一个,也为_____,乃书生_____,也系非常之人,他羸(léi)弱的胸中容纳(nà)的是天下和_____,在煎熬汤药的炉火之旁,他怀的是驰骋(chěng)沙场_____的梦想。

……

壮志干(gān)云而年轻多病的李贺,_____分外强烈,对时间特别_____,他之多用"白"字,是否又表现了他对时间的_____和对生命的_____?

龙①脊贴连钱②,银蹄白踏烟。无人织锦韂③(chàn),谁为铸金鞭。

——其一

①龙:健壮的马。②连钱:形容毛色斑点状如连接的铜钱。③韂:也叫障泥,垂覆在马腹两侧以遮挡泥土的布帘。

马的脊毛图案像连接着的铜钱,银蹄奔驰时白色一片如踏着云烟。可是没有人为它编织锦绣障泥,又有谁肯为它铸就饰金的马鞭。

这首诗开头一个"龙"字写此马非比寻常,又有背脊连钱图案之奇特外观,银蹄踏烟之矫健体格,定是良马。可纵是良马,无人赏识,织得锦韂,铸成金鞭,又有何用,徒悲而已。诗以龙脊银蹄的骏马自比,慨叹纵有千里马但没有爱惜良马的人,抒发了怀才不遇,抱负不能施展的抑郁与愤懑之情。

奇才贵质却_____,正好建业立功却_____。"无人""谁为"的有疑而问,透露了李贺内心深处如同寒冬一样的_____与_____,他已预感到他的_____,他的_____,恐怕都会白白地_____了,如同_____的许多有志之士一样。

_____的时代,_____的命运,加上大约是与生俱来而_____的身体,共同联手制造了李贺的_____。李贺生当中唐,内有藩(fān)镇_____、宦(huàn)官_____,外有吐蕃(bō)东侵、南诏(zhào)北扰(rǎo),正值_____之日,国家_____……

……

从古到今,官运亨(hēng)通而_____的究竟曾有几人?如果李白供奉翰林后从此_____,如果杜甫献三大礼赋后_____,他们后来的作品怎么能_____,诗成_____?对于一个民族,值得_____的不是帝王的陵(líng)寝(qǐn),将相的_____,官员的_____,富豪的_____,而是_____的文化和_____的文学的星斗。对于一位真正的诗人,世俗的荣华富贵如同_____,只有诗章_____于后世,才是永恒的_____与_____。一千年后,和李贺同时的_____将相_____贵人_____巨贾(gǔ)都到哪里去了?一抔(póu)_____,蔓(màn)草_____,长满霉苔的名字只能到_____的史册中去翻寻,往日的_____气焰熏天,顶多只剩下墓前_____的石人石马的_____。而李贺,他扩大了唐诗的_____,成为自己的国土的_____,他的洗尽俗调_____的诗歌,至今仍然活在众生的心中和_____的记忆里。

三、课堂教学

用于课堂教学的课件内容,也就是映到屏幕上的内容,从自学材料上选择一部分。

> 一提到_____诗人李贺,众人总不免要想到他_____时,那头曾和他_____的蹇驴。

驴和李贺是什么关系?刚背过上面的句子,学生自然能不假思索地回答。

> 他为"马"反之复之地_____了23回,不是_____,而是_____。这在西方诗歌中未曾得见,在中国诗歌中似乎也是_____。

马和李贺是什么关系?朗读、背诵下面这首写马的诗,谈一谈你的理解。

> 此马非凡马,房星是本星。
> 向前敲瘦骨,犹自带铜声。

看作者对这首诗的理解:

> 李贺认为自己绝非_____。论家世,他是天潢贵胄,_____……论才情,他七岁能_____,文采与壮志_____的15岁,便以乐府歌诗_____,韩愈和皇甫湜闻名联袂造访。

从哪句诗看出李贺认为自己绝非凡俗之辈?

> 如此_____觉通于_____觉与_____觉的_____妙句,其所表现的_____,令我们_____仍宛然可想。李贺为什么如此热衷于_____马并以马自_____?

"视觉通于触觉与听觉的通感妙句"指的是哪句诗?我们通过视觉、听觉、触觉了解到马的什么特点?

他_____地自认他瘦弱的双肩,也应该承担_____的重任,何况_____了儒家传统教育的读书人,更以为_____,_____,不能不管人间的_____和家国的_____。

李贺为什么把自己当成骏马？濡染了儒家传统教育的读书人认为自己应该承担什么重任？

对这个问题,有的学生照本宣科：

天下兴亡,匹夫有责。/要管人间的沧桑和家国的盛衰。/要建功立业实现人生价值。

有的学生用以前学过的名句回答：

士不可以不弘毅,任重而道远。/以国事为己事,以国权为己权,以国耻为己耻,以国荣为己荣。/先天下之忧而忧,后天下之乐而乐。/君子之立志也,有民胞物与之量,有内圣外王之业,而后不忝(tiǎn)于父母之所生,不愧为天地之完人。/为天地立心,为生民立命,为往圣继绝学,为万世开太平。/穷则独善其身,达则兼善天下。

学到这里,掀起一个回答问题的高潮,回答问题的学生不用老师指名,此起彼伏地抢答,这都归功于以前的积累。

我们看下面三首诗是不是蕴含着李贺的远大志向？

| 大漠沙如雪,
燕山月似钩。
何当金络脑,
快走踏清秋。 | 催榜渡乌江,
神骓泣西风。
君王今解剑,
何处逐英雄？ | 不从桓公猎,
何能伏虎威。
一朝沟陇出,
看取拂云飞。 |

朗读、解释这三首诗后,我提问：这三首诗,无论是在大漠燕山中驰骋,还是期盼遇到项羽、桓公那样的明君,都表达了诗人怎样的志向？学生很自然地答出：建功立业。看作者的理解：

他羸弱的胸中容纳的是天下和_____,在煎熬汤药的炉火之旁,他怀的是驰骋沙场_____的梦想。

学生诵读。再学一首诗:

> 龙脊贴连钱,银蹄白踏烟。
> 无人织锦韂,谁为铸金鞭?

读读背背之后,看作者对这首诗的理解:

壮志干云而年轻多病的李贺,_____分外强烈,对时间特别_____,他之所以多用"白"字,是否又表现了他对时间的_____和对生命的_____?

诗中哪里写"白"字?学生读"银蹄白踏烟"。

"无人""谁为"的有疑而问,透露了李贺内心深处如同寒冬一样的_____与_____,他已预感到他的_____,他的_____,恐怕都会白白地_____了,如同_____的许多有志之士一样。

这句话解释了哪句诗?学生读"无人织蹄韂,谁为蹄金鞭?"李贺的天生我材,李贺的壮怀热血,是不是真的付之东流了呢?我们来看真实的情况:

_____的时代,_____的命运,加上大约是与生俱来而_____的身体,共同联手制造了李贺的_____。

别无选择的时代是什么时代?诡不可测的命运是什么命运?这两个问题的答案就在文章中:

内有藩镇割据、宦官弄权,外有吐蕃东侵、南诏北扰,正值内忧外患之日,国家多事之秋。

因父名"晋肃",嫉妒排挤他的人交相攻击,认为"晋""进"同音犯讳,不能参加进士考试,即使仗义而爱才的韩愈为他写了篇《讳辨》,也无法改变他的命运。

一心报国的李贺终究无法实现自己建功立业的人生理想。你知道历史上还有哪些人怀才不遇吗?

> 从古到今,官运亨通而_____的究竟曾有几人?如果李白供奉翰林后从此_____,如果杜甫献三大礼赋后_____,他们后来的作品怎么能_____,诗成_____?

像怀才不遇的李贺、壮志未酬的李白、穷困潦倒的杜甫……你希望他们官运亨通生活幸福呢,还是历经坎坷文章不朽?

当这一节课就要结束时,我提出这个问题,学生们就刹不住车了,因为他们在这本书中刚刚"认识"了王昌龄、李白、杜甫;因为他们之前从三本书上学了200多首宋词,"认识"了很多词人。于是,他们开始妙语连珠,纵论天下:

我希望杜甫实现他"安得广厦千万间,大庇天下寒士俱欢颜"的理想,而不是"让贫穷让饥饿让病痛让屈辱,让夏天的溽暑冬日的严寒一起来煎熬他的暮年"。

李白在盛唐痛苦地走一回,他正是因为壮志未酬才使得文章不朽,否则只能写《清平调》那样的吹捧文章。

因为这是一节型的公开课,我才会适当地设计"濡染了儒家传统教育的读书人认为自己应该承担什么重任?""你希望他们是官运亨通生活幸福呢,还是历经坎坷文章不朽?"这样的发散性问题,让听课的老师看到"海量阅读"的效果。但在"家常课"上,我还是会把学生的精力集中到朗读、背诵上,不会用这么长的时间让学生发言。

5 二教《中华上下五千年》

2004—2005年,我的第一届"海量阅读"实验班的学生用一年的时间学习了《中华上下五千年》。7年后(2006年、2007年都教一年级),2012年,我的第二届"海量阅读"实验班的学生上五年级时阅读同一版本的《中华上下五千年》,仅用了不到四个月的时间。第二届学生之所以学习的时间更短了,学习的效率更高了,是因为老师把握教材的能力提升了。

一、第一次教学《中华上下五千年》

2004年6月,李希贵局长来到青年路小学调研,他问我:"你的学生已经学完小学课本了,上高年级后学什么呢?"我回答说:"我可以给学生借初中语文、地理、历史课本,按我们的学习速度,两年时间能学完初中这三科教材,学生可能得不了高分,但考70分左右是没问题的。"李局长说:"什么年龄读什么书,不要提前读中学课本,可以读《中华上下五千年》。"这样,我就开始了《中华上下五千年》的教学。在学《中华上下五千年》的过程中,我指导学生学习了一些文言文,发现学历史为学文言文开辟了一条康庄大道。有了这60多万字的《中华上下五千年》垫底,学生理解文言文变得轻而易举。

◎ 浮光掠影　回头再读 ◎

我们读的《中华上下五千年》分为上、中、下篇,共271个故事,每个故事前面附有一段引文,多是选自《史记》《资治通鉴》中的一小段文言文。尽管我买了大量的书苦读,但在学习过程中,我还是遇到了当老师最尴尬的事:《中华上下五千年》中的文言引文没有译文,而且存在不少印刷错误,书中许多文言词句的意思、字音无从查证,而我个人对文言知识知之甚少,除了上学时在课本中学的那十几篇古文外,很少读古文。于是我们师徒见到"拦路虎",略微一"过招",只要一看难以"取胜",就立即绕道而过。五年级上学期重点读白话故事,文言引文只能粗略地、不求甚解地学习,自然学习的速度较快,半年时间,我们就粗略地学完271篇。这时,我们师生发现,当时搞不懂的地方竟"无师自通"了——给学生一篇陌生的文言文,全班每个学生都能比较流利地读出来,并能解释大体意思。下学期我们有了"深钻"文言引文的能力,于是又把这套书学习了第二遍。

我本来提倡学习语文不打"攻坚战",学习《中华上下五千年》时的做法实在是无奈之举,没想到后来竟成了我惯用的手法、自觉的行动。有些问题即使我知道答案,也不急着告诉学生,让他们自己去读、去找,随着阅读和思考的深入,总有豁然开朗的那一天。离开了老师也能进行的学习,这才是学习。作为老师,我要做的就是把大量思想、文字俱佳的文章放在学生面前,为他们"吞食"提供条件,"反刍"则是他们的本能行为。那种把每一句话都挖地三尺,把每一个词语都挖得冒出火星的精雕细刻式的备课、讲课方法我是不会采用的。让学生的目光集中在铅字上,让耳朵沉浸在书声里,让心灵和大脑震荡在感动和思维中,这才是一个语文老师最重要的责任所在。

◎ 探索求真　师生共进 ◎

老师对所学知识不精通当然不是好事,但在共同探讨的过程中,培养了学生的民主意识和求真观念。我们师生之间、同学之间平等相处,学生对教师只有师生情,没有敬畏感;教师对学生以诚相待,更多的是欣赏。在课堂上互相争论、思辨,分不清是教师教学生,还是学生教教师,课内与课外、教学与学习交织在一起,师生共同进步。

学习成语"解衣推食"时,我把成语的出处"解衣衣我,推食食我"映在屏幕上。部分学生读作"解衣(yī)衣(yī)我,推食(shí)食(shí)我",几名学生马上站起来反驳,认为应当读作"解衣(yī)衣(yì)我,推食(shí)食(sì)我",并且引经据典来印证自己的观点,还解释出了前后两个"衣""食"意义上的不同。我对于此类情况一般不急于下定论,说句实话,有时候自己也并不十分了然,但没有关系,留给学生辩论好了,他们各自或者小组会去查询、求证、核实,直到弄清楚才罢休。师生经常在这样的氛围中教学与学习,不盲目崇拜权威,善于质疑,用证据说话,追求真理,成为我班典型的学风。

3月中旬,我们第二次学习《中华上下五千年》,读到战国七雄时,我突发奇想,翻开《古文观止》中的《过秦论》找几个学生朗读、解释。他们竟然解释得非常准确,这使视读文言为一大难事的我非常吃惊,也让我认识到,学生的潜力真的很大。我们的课堂上不但演绎着孔老夫子"教学相长"的古训,还呈现了韩愈"师不必贤于弟子"的教育景观。

魏书生老师说,他带领学生跑步是用公家的时间锻炼自己的身体。我也是自得其乐,用上课的时间读课本以外的书,还有一群不用付钱的"小老师"在天天指导我,做这样的老师倒也其乐融融!

◎ 读史学文　一举两得 ◎

我忘不了自己是语文老师,在阅读历史故事的过程中学习语言。我的主要办法是通过多媒体出示一些练习,以丰富学生的语言和历史知识。

以学习《中华上下五千年》中的《晁错削地招祸患》为例:

汉高祖分封的同姓王到景帝时发展得像皇帝一样富有,他们目中＿＿＿,狂妄＿＿＿,特别是吴王刘濞竟然＿＿＿得从来不到长安朝拜景帝。景帝推行＿＿＿的政策,任用＿＿＿的晁错。

上面的片段是本文第一段的几句话。让学生明确汉景帝时发生"七国之乱"的原因,从而把历史事件记扎实。

官员贾谊写《治安策》给文帝,文中说:"高祖封的诸侯已严重威胁中央政权,那种认为天下太平的人就好像'抱火厝之积薪之下,而寝其上'。"

厝火积薪:潜伏着极大的危险。厝:放置。

上面讲述的是"厝火积薪"这个成语的来历和意思,与《中华上下五千年》中晁错的故事有关。

晁错让景帝削弱诸侯的势力,诸侯说:"'舐糠及米',这样下去,我们的利益都会失去。"

舐糠及米:比喻由表及里地逐步侵入。

上面讲述的是"舐糠及米"这个成语的来历和意思,与《中华上下五千年》中晁错的故事有关。

晁错身穿什么衣服?被处死在哪里?

东市朝衣:比喻大臣无辜被杀。

上面讲述的是"东市朝衣"这个成语的来历和意思,与《中华上下五千年》中晁错的故事有关。

除此之外,我还带领学生结合历史知识学习一些经典古文。如学完战国这一段历史,我领学生学习《过秦论》《六国论》;学完"安史之乱"一节后,我们师生一起学习杜甫的《茅屋为秋风所破歌》等。

我还下载选编了一部分古文,文中出现的易读错的字我都注了音。比如,

"被(pī)明月兮珮宝璐(lù)""虽有(yòu)槁(gǎo)暴(pù)""君子生(xìng)非异也""所以动心忍性,曾(zēng)益其所不能"。但学生没有按注音读,更没有考虑意思。我责备学生的眼睛不仔细看注音,读时又不动脑筋。批评几句之后,我想指责学生也不能解决问题,关键不在学生身上,而是我们老师没有找到好办法。于是我做了如下改动:"被(披)明月兮珮宝璐(lù)""虽有(又)槁(gǎo)暴(曝)""君子生(性)非异也""所以动心忍性,曾(增)益其所不能"。学习效果立竿见影。

拥有某种令学生赞赏、倾慕的真功夫、真本领,从而让学生自觉产生仿效欲望,并主动"从而师之",这是每个教师的追求。但我们如果不具备才高八斗、学富五车的才华也不要紧,古今中外的名师名作数不胜数,我把这些优秀作品推荐给学生,让他们"取法乎上"地阅读,我这个不懂诗也不会作诗的老师麾下竟也涌现了一批小诗人。

屈　　原

刘若凡

残阳如血映身影,猿穴鸣啼伴君行。
昏君不识臣子忠,落得悔恨满腔胸。
汨罗叹息谁撷取?独守忠贞望月星。
世事浑浊谁知我?满腔热忱无处鸣。

过　秦　论

马光杰

秦欲虎口吞山河,重才用贤灭六国。
仁义不施天下乱,陈涉揭竿将其破。
欲建千秋万世业,不爱万民怎奈何?

读《阿房宫赋》有感

六国破灭四海一,始皇渐生骄奢心。

一声雷鸣建阿房,万人齐工使辉煌。

一宫之间气不同,长桥横卧似蛟龙。

阿房建时蜀山兀,楚人一炬为焦土。

读《归去来兮辞》有感

人非天地能万寿,滚滚红尘留身后。

自古帝王求仙丹,只为留恋人间暖。

笑谈生死人间事,寄情山水最无憾!

说　唐
魏　榕

李渊建立唐王朝,太宗领导有新招。

国富民强天下平,唐与吐蕃议和亲。

文成远嫁天之角,吐蕃人民皆欢晓。

武后称帝国号改,建立周朝奠国基。

武后去世国动乱,睿宗李旦把位禅。

玄宗即位搞发展,心满意足不向前。

杨家有女名玉环,一日选在君王侧。

春宵苦短不早朝,终究兵变断情缘。

魏 孝 文 帝
管　潇

大刀阔斧改革风,百姓安居乐业中。

汉人鲜卑速融合,民族团结文帝功。

上面的诗是孩子们学《中华上下五千年》时的感想,无限地相信书籍的力量吧!

一代新人的成长,将受益于千古美文的文学滋养——"天下为公"的理念;"宁为玉碎,不为瓦全"的风骨;"先天下之忧而忧,后天下之乐而乐"的胸怀;

"富贵不能淫,贫贱不能移,威武不能屈"的操守;"位卑未敢忘忧国"的精神;"无为而无不为"的智慧;"己所不欲,勿施于人""己欲立而立人,己欲达而达人"的道德原则……这一切,都将成为新一代中国人重建人生信念的重要精神资源。

——中国青基会社区与文化委员会主任　陈越光

陈越光先生阐述了经典对陶冶青少年品质的作用。我的学生在学习《中华上下五千年》的过程中也受到了深刻的爱国主义教育,欲亡其国,先亡其史,斯言善哉,闻者足戒。这部沧桑的历史,浓缩了中国几千年丰厚的文化积淀,抒写了多少悲壮和雄奇。屈原、苏武、司马迁、范仲淹、陆游、辛弃疾等人伟岸的形象立在了学生头脑中,爱国主义教育及对中国古典文化的热爱之情无声无息地潜入学生内心。看看学生写的感想,你就会感受到文化人的力量。我的学生诵读了无数的爱国诗篇,他们心中屹立起无数华夏儿女的高大形象,他们能不热爱伟大的祖国吗?他们爱得能不深沉吗?

二、第二次教学《中华上下五千年》

第二次教《中华上下五千年》之前,我再次校对修改古文的注音、注解。这个工作在 2005 年教上一届学生时已做过一次,当时我把注音、注解写在了书上。当年暑假我把它们输入了电脑,费了不知多少光阴,查了不知多少次《古代汉语词典》,但还是有许多古文的意思不明确,所以在全班集体学习之前还要再次做订正。尽管如此,一想到我的辛苦付出会为孩子们的学习提供方便,我就干劲十足。

魏人范雎做秦相

范雎者,魏人也,字叔……须贾为魏昭王使于齐,范雎从。……齐襄王闻雎辩口,乃使人赐雎金十斤及牛酒,雎辞(推辞,不接受)谢(谢绝,拒绝)不敢受……魏齐大怒,使舍人笞(chī,用竹板或荆条打人)击雎。……范雎既(已经)

相（xiàng，辅佐）秦，秦号曰张禄，而魏不知，以为范雎已死久矣。魏闻秦且东伐韩、魏，魏使须贾于秦。

——《史记·卷七十九·范雎蔡泽列传第十九》

一篇又一篇这样编排的古文出现在我的电脑上，集体学习之前印发给学生。

上一届是怎么教《中华上下五千年》的，尽管陶继新老师的文章在网上广泛流传，尽管在我2009年出版的《让孩子踏上阅读快车道》上有所描述，但还要重新确定教法。通过两个星期的思考、实践，我形成以下相对固定的教学模式：提前把重点词句写在黑板上，边指着黑板上的词语讲解历史故事，边领读重点词语，最后用黑板上的词造句达到复习和检查的双重目的。

◎ 教师初探教学模式 ◎

如学习《秦始皇嬴政》一文，先从文中找出下列词语板书：

嬴政　功高盖世　励精图治　丞相王绾　郡县制　度量衡　焚书坑儒　禁锢　危崖边缘

老师指着板书的词语边领读边概括故事大意：

公元前238年，秦王嬴政亲政。他认为自己功高盖世，称始皇帝。秦始皇励精图治，解决了一系列诸侯割据时的弊病。丞相王绾（wǎn）劝谏秦始皇在离咸阳很远的燕、楚、齐三国封诸侯王，李斯建议在全国各地设立郡县。秦始皇决定废除奴隶社会的传统分封制，改用郡县制。他还统一了度量衡，派蒙恬率领大军抗击匈奴的侵略，并征召几十万各地民夫建造长城。

秦始皇为了巩固统治，下诏将除了医药、种植等书籍以外的书全部烧掉，并不准私下谈论这类书，否则满门抄斩。后来，秦始皇下令将460余名说他坏话的儒生全部活埋，一时间咸阳城内到处是焚书之火，埋人之坑，很快波及全国，这就是历史上有名的"焚书坑儒"。秦始皇想以严刑酷法禁锢人民的思想，反而激起民愤，把秦朝推向危崖边缘。

"嬴政、郡县制、度量衡、焚书坑儒"与历史故事关系密切,边讲边领读,起到了强调的作用。

"丞相王绾、禁锢"两个词中含有生字,领读时强调读音。

"功高盖世、励精图治、焚书坑儒、危崖边缘"这几个词要引导学生说符合文中意思的句子,要求意思完整,语言精练。

比如,"秦始皇妄想通过焚书坑儒禁锢人民的思想",有的学生还能联系《国人暴动》,说:"秦始皇不懂'防民之口甚于防川'的道理,通过焚书坑儒加速了秦朝的灭亡。"

通过这个造句练习可以训练学生的概括能力,检查学生的预习、听讲情况。

教法基本确定了,但我总感觉不满意,因为学生不如学习唐诗、宋词时发言面广。学习唐诗、宋词时,学生七嘴八舌谈各自的理解,谈以前学过的与此相关的诗词,场面非常热烈。而学《中华上下五千年》时,学生的回答基本禁锢在书本的范围内,即使有的孩子知道这本书之外的历史故事,也是一人讲,众人听,无法形成众说纷纭的局面。我还有一点儿烦恼,就是每次上课前都要板书大量的词语,没有足够的时间写不完。如果上午第一节课上语文尚且有时间提前板书,如果第二节课上语文,短短的课间十分钟来不及做课前准备。教室里的电视屏幕不但面积小,而且在黑板上方,位置太高,想指着领读很不方便。

带着这些烦恼我来到了成都。罗义蘋带我逛金沙遗址、吃火锅,跟我手拉手、头对头地东拉西扯,谈得最多的当然是各自的学生。义蘋爱说:"实行海量阅读,我的学生可不得了,我这老师当得可轻松了,一人一课,都由学生备课、上课……"她那30个学生的故事一大筐,听她眉飞色舞地一一道来,我无限神往。

我一向过分勤快,从来没有让学生自己讲过课。这次感觉无论怎么讲也无法呈现精彩的课堂,于是我想能否也借鉴罗义蘋老师的做法,而且这本书的备课很简单,只需要反复阅读故事,然后提炼概括即可,一般不需要查找资料,我相信学生只要耐得下心来,都能成为优秀的"小老师"。于是,我决定这上、中、下三册271个历史故事就由学生以合作小组为单位讲课。

◎ 学生探索教学模式 ◎

最初上台讲课的学生都很羞涩,急急忙忙讲完历史故事就交差了,他们写在大纸上的那些词语还要我亲自出马领读三遍。轮到马一鸣小组上台当老师的时候,小马在讲解过程中领读了一个词,同学们像没有反应过来似的,有气无力地跟读了三遍。于是我逮着这个正面典型,大加表扬,从此以后我讲课的特点——不间断地让学生张开嘴巴出声读,就被弟子们发扬光大了。

这天早上第一节是语文课,若雅、婷婷在黑板上画了几个圆圈,擦擦画画地忙得不亦乐乎。上课时,漂亮的小姑娘指着《魏人范雎做秦相》的这段话念道:

张禄马上说:"听说大王要派穰侯攻打齐国,齐国距离秦国甚远,就是能够收复齐国,恐怕也很难以此壮大秦国,而且中间还有韩国、魏国,想直接控制齐国很难,我认为大王应该改变作战方略,最好用'远交近攻'的方法。"

原来,她们要解释"远交近攻",画图是为了便于说明哪个国家离秦国近,哪个国家离秦国远。我茅塞顿开,我们所阅读的《中华上下五千年》上没有地图,而我一向自鸣得意的语文、历史、地理"整合"的教法难以实施。事实上,暑假时我就抱着女儿的初中历史教材和地图册研究怎么把小地图画成大地图;国庆节假期还把办公室里的薄纸、大纸都抱回家,试图画一幅大地图,但无从下手。这么"复杂"的、想了好几个月都没想明白的事,赵若雅赵老师在黑板上画几个圈,在圈里写上几个字就解决了。所以我在给家长的公开信中称赞若雅颇有名师风范。若雅的这一妙招在我不断地表扬强化过程中被同学们发扬光大。

《萧何月下追韩信》中讲道:"项羽在灭秦之后不但不去完成一统天下的大业,反而将本来统一的中国分封给十八个诸侯国,自立为西楚霸王,把西楚的都城建于彭城,就是今江苏徐州市。"我问:"同学们认为他应该把都城定在哪里?在项羽之前或之后那些有远见卓识的统治者在哪里定都?"学生七嘴八舌发言之后，我指指黑板上挂的中国地图，从盒子中抽出几张"十元钞票"诱惑着："谁能一手指徐州，一手指咸阳或长安的大体位置，这一把'钱'归谁。"韩佳俊同学飞奔上讲台，略略一看就指准大体位置。五年级小朋友对中国地图这么熟悉让我颇感意外，于是大发"真男人爱江山"的感慨，激发男学生的英雄气概，希望学生主动看地图，让文字和地图产生联系。一旦这些小子们爱读书了，那班级就安稳了。还有几个"小爷们"，我教哪本书，"小爷们"讨厌哪本书。《中华上下五千年》一学，这些"小爷们"终于自觉看起书来。

"下一本书学什么？"

"小爷们"喊："《世界上下五千年》！"

"上下五千年，纵横数万里，男子汉都应该知道。"

郭葳蕤的小组讲第40课《李斯辅秦王》时补充了"仓鼠之志"等自学材料上没有的成语。李斯有治国之才，但他做出了帮助胡亥继位的大逆不道、祸国殃民之事，这与他的"仓鼠之志"关系密切。"郭老师"补充的这个成语使第40课与第45课《三人合谋篡王位》产生内在联系，也使我产生了灵感，学第45课时可以提问：与李斯相关的成语有哪些？这样的问题便于弟子们回家考倒家长，增加自信。

轮到宋佳怡的小组讲《荆轲刺秦王》了，小宋上台第一句话就说："今天请大家跟我一起走进公元前230年，探寻荆轲刺秦王的悲壮史实……"哇，《百家讲坛》听了不少，那可是大师风范，一听便让人感觉"宋教授"的学问很大啊。"燕国太子丹曾经在秦国做过人质，非常了解燕国若与秦国正面交锋，结果是以卵击石。"我赶紧搬起书来找，"以卵击石"这个词书上没有，那是"宋教授"的创造。"风萧萧兮易水寒，壮士一去兮不复还……"俺活了四十多岁就只知道《易水歌》有这两句，今天又跟"宋教授"学了后面两句："探虎穴兮入蛟宫，仰天呼气兮成白虹。"小宋指着课前写在黑板上的词又是解释又是领读，哇！俺可真跟着长见识了。

为了让"宋教授"在课堂上展现她渊博的知识,家长给她买了一套200多元的《吴姐姐讲历史故事》。这套书实在很有吸引力,我和许多学生也如饥似渴地读了起来。课内读60多万字的《中华上下五千年》,课外读220多万字的《吴姐姐讲历史故事》,我们这种"课内外"结合的阅读,不仅使学生的阅读量猛增,还使学生的阅读水平明显提高。

轮到田欣怡小组讲《陈胜吴广揭竿而起》了,小田讲完后看了一眼贴在黑板上的大纸接着说:"……这就是著名的陈胜、吴广起义,下面我给大家讲一个陈胜起义之前的故事……"我一看,黑板的大字中间有几行小字,具体是什么字一个也看不清。我联想到自己做的投影上也有很小很小的字,那是提示自己的话,以免"卡壳"。这一点虽然不值得提倡,但足以看得出小朋友的智慧无穷啊。

周一,丁乐腾拿刚从网上购买到的《史记》在我眼前晃了晃,于是教室里又响起了小丁读古文的声音,赛过任何美妙的音乐。我一向讨厌声音,在家不开电视,不听音乐,唯有学生读书的声音,无论多么嘈杂,传到我的耳朵里都如同天籁般悦耳。轮到小丁的小组讲课,小丁同学给大家念了《史记》中一长段完整的文字。说实话,不看着字,只听声音,有些地方我也没有听懂,但能感觉出小丁停顿得恰当。什么叫语感?就是听得多了,念得多了,对古文的感觉就有了。如何停顿(古代叫"句读dòu"),就是凭着感觉就能读正确。只要学生上课跟着念,能达到"合格"要求(参看下文"达标要求")就能有收获。

下课时,我正在往墙上贴孙陶从家里带来的中国地图,文睿凑过来说:"我正在和杜金慧研究丝绸之路。"瞧瞧我的学生,"正在研究",多么有气势的语言,说不准将来文睿真的"研究"出什么,我期盼着。文睿边说边伸手从兰州划到印度。"宝贝,张骞走的不是直线。这儿有地图册,对着书上的文字再找一找路线。"我晃了晃初中地图册,又在教室后面墙上贴了一排放大的地图。各科知识如果能融会贯通,那孩子们学习的劲头会多足啊!有弟子如此,做教师多幸福!

学生以小组合作的形式在讲课的过程中不断积累经验,慢慢地确定了基本

的教学模式:

第一个组员讲解故事,边讲边领读重点词语。

第二个组员专门领读词语。这是最简单的活儿。

第三、第四个组员合作,一个学生念一部分古文,另一个学生做相应的解释。解读完之后,再由其中一个学生把本课的古文完整地领读一遍,全班齐读三遍。全班齐读的过程中,下一个小组上台做准备。老师用下列表格给每个小组的授课情况打一个分数。为了取得高分,他们会在讲课前用心准备。比如,为了得到"换人"这一项的分数,小组四个人会轮流上台承担最艰巨的工作——讲故事。为了使小组中较弱的孩子讲好故事,他们会集体备课,一对一、二对一、三对一地教那个孩子。这种学习的效果是全班集体教学无法达到的。

_____组	故事3	古文1	解释2
板书2	大声4	换人1	奖罚

每开始学一本书时,我都会把学习方法、达标标准告诉学生和家长;每学完一本书,都会把检查结果反馈给家长。

附:《中华上下五千年》达标要求

学习《中华上下五千年》想达到两个目的:一是继续诵读白话文,积累语言和历史知识;二是学习文言文。正常进度为每天四课。上册预计一个月学完,我倡导学生一次通过整本书古文和口头填空的检查,这样老师轻松,学生要反复复习,才能把整本书的内容记住。弱一些的孩子在学到24、53、84课时,分三次检查。检查次数越少得到的奖励越多。

1.《中华上下五千年》每天固定作业

预习:每天预习四课,读故事、猜测古文大意。

复习:给家长讲解当天所学的故事,朗读并讲解古文。

2.达标标准

合格:按时完成预习、复习作业。在书上画出填空题。

一星★:正确朗读古文、填空题,知道故事大意。

二星★★:速读古文,解释大意,基本能背诵口头填空题,检查时可以忘记少部分。

三星★★★:速读古文,解释大意,并解释字义,熟练背诵填空题。

◎ 改编《中华上下五千年》◎

在引导小学生"海量阅读"的过程中,我发现市面上很少有适合师生在课堂上共同阅读的书,比如这套《中华上下五千年》就存在很多问题:古文没有注音、注解,学生朗读、理解起来有一定困难;古文和白话文故事不完全相符,有些文言文的意思在白话文故事中找不到译文,造成学生理解困难。还有一个问题是我一贯重视的,就是要让学生学有所得,一定要注重背诵积累,所以要求白话文故事写得要有文采,但这套书的故事显然过于平铺直叙。所以,我跟朋友重新创作了《中华上下五千年》,让文言文翻译镶嵌在白话文中,并设计口头填空题、古文自测等练习。为了让学生更好理解古文,我有幸请到我的朋友、古诗词吟诵专家陈琴的优秀弟子彭弘,录制了歌诀体古文音频,赠送给广大读者。这样改编之后,不用老师教,学生也能自学。课堂上,小组轮流讲课,三本书都由学生展示他们探讨的成果,老师只负责评判、引导。

下面是新编《中华上下五千年》上册中的一篇:

贯一仁周游列国,订六经垂范千秋

孔子病,子贡请见。孔子方负(依恃,凭仗)杖逍遥于门,曰:"赐,汝来何其晚也?"孔子因叹,歌曰:"太山(指泰山)坏乎!梁柱摧(cuī,破坏,折断)乎!哲人萎(wěi,干枯衰落,引申指病危)乎!"

——《史记·孔子世家》

孔子,名丘,字仲尼,出生于鲁国陬邑(今山东曲阜东南,陬 zōu),思想家,教育家。

孔子曾简单地总结自己的一生。

他说:"我十五岁时,始有志于学。到三十岁,便能坚定自立。到四十岁,遇事通达不再有疑惑。到五十岁,能够知道何为天命。到六十岁,凡我听到的,都能明白贯通,不再感到心有违逆。到了七十岁,我放任心中所欲,却不会有逾(yú)越规矩的地方。"

且让我们沿着这一脉络,浮光掠影地认识一下他。

孔子早年生活困苦。在他三岁时,父亲便已去世。之后,他随母亲居住在山东曲阜。幼年时,他对古礼表现出极大兴趣,经常在和伙伴们嬉戏时,将玩具作为祭器陈列摆放,并模仿成人模样祭天祭祖。待年龄稍长,他便致力于学习,精通当时君子须掌握的六艺,即礼仪、音乐、射箭、驾车、书写、计算。随着他声名渐起,有很多人不远千里来拜他为师,学习传统文化。孔子来者不拒,并说:"我教诲人从未觉得疲倦。"相传孔丘一生之中有弟子三千,其中尤为著名的则有七十二位。

待到中年,孔子确立起自己的政治见解和理想。他十分推崇西周之初,由周公制定的那套君臣上下的礼乐制度,认为尽善尽美。因而,他终其一生的理想,便是再现当时盛况。但在那个逐渐礼崩乐坏的春秋时期,这无疑是不可能的。因而,孔子怀揣(chuāi)着他的政治理想,就那样不合时宜地四处碰壁。

虽不能实现理想,孔子却始终百折不回。在五十五岁时,他开始了长达十余年的漫游,周游列国,去实现他的政治理想。孔子就那样带着弟子们,坐着牛车,风尘仆仆,一路向西,兜(dōu)转于卫国、曹国、宋国、郑国、陈国、蔡国之间,不厌其烦地向君王们宣扬他的治国理念,但彼时,各诸侯国都忙于攻城略(抢,掠夺)地。他们喜欢能够迅速富强壮大的见解,而孔子的那些治国理念在他们眼中显得迂腐,且需要漫长时日才能实现。因此,无人采纳孔子的政治见解,更谈不上重用他。

周游列国之路,孔子经历诸多挫(cuò)折。他曾经在陈国、蔡国之间断粮,数日不曾进食,又曾经被误认作坏人困于匡(kuāng)国。孔子一心为天下苍生谋幸福,不但得不到君王的重用,甚至连一些隐士也不理解他。曾有一位隐士楚狂接舆(yú),跑过孔子乘坐的车,唱道:"凤呵,凤呵,你的德行为何衰退了呢?过往之事无法挽回,但未来之事犹能做好。算了吧,算了吧!如今的当政者皆危殆,不足与有为。"他是在用歌声规劝孔子,不要在这污浊尘世中挣扎,而要洁身自好,隐居不出。但孔子的心愿是为了使天下重归正途,让老者能够安居,朋友互相信任,幼童有人关怀。他颇为感叹地说:"若天下有道,我也不至于如此颠沛(pèi)流离。"但他的叹息无人理会,他的理想无人欣赏。就这样,孔子虽满腹才华,却不被重用;虽周游列国,却一无所获;虽奔波劳苦,却不被人理解。

待到晚年,孔子不得不拖着疲惫的身躯,回到鲁国。在生命的最后时光,他将精力用于教育弟子和整理文化典籍上。他整理修订了古籍《周易》《礼记》《乐经》《尚书》《诗经》,编订了史书《春秋》,这些典籍为世人提供了一片繁茂精深的精神栖息地。

一代宗师孔子的晚年,不能不说有些凄凉。他唯一的儿子孔鲤去世了,他最钟爱的弟子颜渊英年早逝,他最亲近的弟子子路在卫国被杀了,而他的身体亦渐渐变得衰弱。公元前479年某个春日的清晨,子贡前去探望孔子,发觉他负手拖杖,徘徊在门前。远远地,子贡听到孔子唱道:"泰山要崩塌了吧?梁木要腐朽了吧?哲人要凋落了吧?"日光清凉,细密地落在孔子的白发和衣衫上,他的声音有些哀伤,但面容却显得肃穆而高洁。子贡听到歌声,忍不住自语:"若泰山崩塌,那么我们将仰望什么呢?若梁木朽坏,哲人凋落,那么我们将仿效谁呢?夫子大概要病了吧?"

果然,此后不久,孔子便与世长辞,时年七十三岁。

孔子生前遭遇种种挫折,理想得不到实现,但他构建的以"仁"为核心的儒家思想体系,却得到永久流传,润泽世人无数。

有人如此评价孔子:天不生仲尼,万古如长夜。意思是说:若无孔子智慧的照耀,漫长的历史将黑暗如夜。因为有了孔子,中国人才早早走出了巫术文化,走入文明。司马迁在《史记》中对他的推崇则更为明显。他说:"高山仰止,景行行止。虽不能至,然心向往之。"意思是说:孔子品德高尚,言行举止充满智慧,宛若巍巍高山,令人仰慕,又如通天大道,使人遵循。我虽然不能抵达这样的境界,但心里却充满向往。司马迁满怀感情地比较:天底下的帝王以及贤能的人很多,都是生前显赫一时,死后就渐渐被世人遗忘。唯独孔子,虽是一介布衣,却能光照后世,学者依然崇拜他。

的确,在中国历史长河中,孔子宛若一座巍峨山峰,再也难以有人逾越。

自测的练习有口头填空和填写成语,示例:

一、口头填空

孔子____的梦想,便是再现西周____的礼乐制度。但在____的春秋时期,他只能____地四处碰壁。他虽____,却不得重用;虽周游列国,却____;虽____,却无人理解。

孔子晚年整理的文化典籍为世人提供一片____的精神栖息地。

二、填写成语,并在文中找到出处

(　　　　):人在三十岁左右开始成熟,可以自立,有所成就。也作而立之年。

(　　　　):四十岁的代称。年龄已到意志坚定、学识广博的阶段,是不会被世事所迷惑的。

(　　　　):指人到六十岁时,便可从别人的言语中辨别是非真假,理解其中的深刻含义。

(　　　　):尊重老人,使其安逸;关怀年轻人,使其信服。

(　　　　):活着受人尊敬,死后有人哀悼。指为世人所尊崇爱戴,不因生死而不同。常用以称誉生前有卓越贡献的死者。

按历史顺序学习成语

一、为了学生沉思静读

我引以为豪的最大本事是选书,有家长评价:"韩老师选书的眼光相当厉害,但进了服装店眼神就不怎么的了。可能把选衣服的本事全用到选书上了。"家长开玩笑的口气中是不是透着庆幸?老师会选书对学生的成长有利嘛。但适合在课堂上共同阅读的书实在很难遇上。比如,全注音的读物字数少,同样花10元钱,读到的内容比非注音读物少很多;而非注音读物呢,一个字也不注音,阅读过程中遇到生字主动查字典的是少数人,遇到似是而非的字,大人孩子都喜欢瞎蒙,意思能蒙对,读音却不容易蒙对。再比如,市面上常见的成语故事,内容缺乏趣味。因为小孩子的头脑中时空概念很模糊,那些曲折的历史情节、复杂的历史人物,小孩子并不容易搞懂,所以对那些出自历史的成语故事,他们并不觉得有趣。但成语是应该尽量在小学阶段多学一些的,学习语言年龄越小越好。这个矛盾如何解决?文言文也应该在小学阶段大量"不求甚解"地接触,尽早形成对文言文的"语感"。基于这样的考虑,我选了一套带文言引文的《中华上下五千年》和《成语故事》来给学生阅读,因为小孩子喜欢故事,通过故事学文言,在一定程度上降低了学习的难度。但那两套书的文言引文和故事并不是对应的,文言的意思不能通过自己读故事来学会,而是还需要老师讲解,这就没法达到让学生"沉思静读、自求博取"的目的。

面对学生读物的种种让我不满意的状况,我决心编写《读历史 学成语》。编写这套书的想法是从2005年教学《中华上下五千年》时产生的,当时积累了一些与五千年故事相关的成语。2010年春节前,我的十位同事自愿报名按我的要求补充素材。有的章节,我亲自撰写修改,有的章节"逼"着同事反复修改。这是我的第一套原创书,是方便老师教、便于学生学文言文的书。

这套书给部分字注音,我估计小学高年级学生读不准的字就注上了音节。因为内容是与历史相关的成语故事和文言文,有些字音,我和同事们也搞不懂。我和两位大学中文系毕业,又教过中学语文的同事王欣香、臧运红利用两个暑假的时间,反复查证。

这套书每章分为"历史概述""相关成语""成语故事""成语运用"四个部分。

"历史概述"文字简洁,力求让读者以最少的阅读时间搞懂历史脉络。

"相关成语"也是占用最经济的篇幅和最少的阅读时间,让学生从中学到大量的成语。排版方式便于自测,学生用书签遮盖左边的成语条目,看着右边的解释就可以反复记忆这些成语。市面上所有的读物,没有一本是这样编排的。即使看起来再奇怪,我也要坚持这样做,因为我的50多个学生读这样编排的书稿最高效,最利于学生自学,最方便老师检查。学生在很短的时间内可以读到大量的成语,老师一句话不用说,完全靠学生自学即可。学生自学半天,老师只用几分钟时间抽查几个成语就知道学生是不是已经掌握了。

下面是第一单元《远古》部分的"相关成语":

1. 开天辟地:古代神话中盘古氏开辟天地,创立世界,开始有人类历史。比喻前所未有,有史以来第一次。辟:开辟。
2. 补天浴日:太阳女神的十个儿子每天轮流值班,女神常带儿子们洗澡,把太阳洗得明明亮亮的。"女娲补天"与"羲和浴日"两个神话组成这个成语。后用来比喻人有战胜自然的能力,也比喻极大的功勋(xūn)。

3. 三过家门而不入:禹为了治理洪水,三次经过家门而没有进去。比喻因公忘私的高尚行为。

4. 洗耳恭听:许由嫌尧让他当官是侮辱了他,于是到河边洗耳朵。现在形容专心而恭敬地听。常用作请人讲话的客气话。

5. 己饥己溺:孟子说:"稷(jì,谷神)和禹想到天下还有挨饿、落水的人,就当作是自己挨饿、落水,尽力去解救。"比喻对别人的痛苦感同身受,并把解除别人的痛苦当作自己的责任。

书中的"成语故事"单从趣味性上讲,内容一般。我不是作家,没有写作的才华,也没有太多时间去雕刻,所以故事写得不够精彩。但我把文言文的解释都蕴含在了故事中,尽量直译,不用老师教,孩子就能在故事中找到译文。做到这一点不容易,我和欣香、运红下了很大工夫。书中存在不足,但编写过程中,我们一心为老师的教、学生的学着想。

我是一个勤奋过度的老师,勤奋得有些偏执,但勤奋中蕴含着"偷懒"的心态。文言文的意思在故事中直译,就是为了教学时"偷懒"——不用老师教,学生完全能自学,更便于老师检查。懒孩子、慢孩子把译文找出来画上线,然后读熟即可;勤奋的学生把文言文遮盖起来,看着译文背诵原文。

"成语运用"是这套书的又一精华部分。大约每十个成语组成一组应用的例子,通过"不求甚解、强化朗读"方法加上运用"排除法",学生们个个能体会到运用的快乐。还是以《远古》部分的"成语运用"内容为例:

成语运用

1. 他在这里备受尊敬,所以当他开口说话时,人们总是_____。

2. 政府官员具有_____的精神,才会自觉关心群众的疾苦。

3. 我们乡里办图书馆,这是_____头一回。

4. 老张一心扑在工作上,都赶上_____的古代圣贤了。

"成语运用"和前面的"相关成语"的顺序并不一致,这方便学生自己动脑筋思考。

二、《读历史 学成语》基本教学方法

这套书成语含量很大,阅读时有一定困难。集体教学的首要任务是"读准",把成语、古文读正确,课堂上要反复领读,老师、学生领读都可以,力求每个学生都能正确朗读;然后才是"理解",理解主要靠学生自己通过反复研究阅读完成;在学生自己理解的基础上老师再带领学生"讨论"。后面所附的两个教案、一个课堂实录,都是我的同事在达成"读准""理解"两个目标的前提下进行的第三步教学:讨论。第三步的教学对老师要求高,最能体现老师的学问,最具有观赏性,很适合上公开课。但第三步如果省略掉,学生没有太大损失,如果前两个目标没有达成,学生就失去了一次提高阅读能力的机会。达成前两个目标,对老师来说,不需要多大的学问,只需要在全班学生读一读的基础上落实每一个学生的达标情况即可,老师能起到督促检查的作用即可。

◎ 星级达标标准 ◎

学生拿到书,首先应明确达标标准。

无论成绩好坏,全班学生一起在课堂上"海量阅读",这是我们崇拜的教育家苏霍姆林斯基推崇的教育理念。因为一个班几十个学生的能力有差别,勤奋程度也不一样,所以假如要做到全班阅读速度统一,就须制订不同的达标标准。这套书的达标标准是:

一星标准★:

读熟书中的文字即可。"历史概述""相关成语""成语故事"都要读熟。

在"成语故事"中画出文言文的译文。

在"成语运用"中填写答案,读熟句子。

二星标准★★:

"历史概述":读熟。

"相关成语":遮盖左边的成语,看着意思能说出成语。

"成语故事"：能读熟古文，遮盖故事中的译文，能解释古文。

"成语运用"：能看着前面的"相关成语"说出答案。

三星标准★★★：

"历史概述"：读熟。

"相关成语"：遮盖左边的成语，看着意思能说出成语。

"成语故事"：看着古文能解释意思，看着意思能背诵古文。

"成语运用"：能直接说出答案，不参考"相关成语"。

◎ **课堂教学** ◎

四人合作小组轮流上讲台讲课，老师站在讲台一侧，倾听、追问、评判。没有经过训练的班级可以由老师先示范几次，然后再由学生当"小老师"上台讲。合作小组四个人一起当"小老师"比学生一个一个上台当"小老师"更能保证教学的效果，因为合作小组的成员在备课时会互帮互学。

1. 历史概述

由一个或两个"小老师"轮流读一遍。每读完一段，把需要强调的词领读一遍，全班学生齐声跟读三遍。哪些是需要强调的词呢？一是生词，二是段落中的重点词。如《远古》的最后一段领读"禅让"。读完问学生：

舜让位大禹，后人把这种让贤行为称为什么？

2. 相关成语

"相关成语"中的成语，"小老师"全都领读一遍，全班齐读三遍。"小老师"可以选择部分生疏易错的成语重点领读。比如《春秋》部分：

"宁戚饭牛"中的"宁"读"nìng"，姓氏读四声。

成语解释由学生自己阅读，不需要上课一起读。"小老师"一次领读一页中的成语，不要一个词一个词地读，那样太费时间。领读完一页或两页可以提问题。比如《春秋》部分，大约读到 A 组"风马牛不相及"的时候提问："与春秋五霸之一的齐桓公相关的成语有哪些？"读完最后两组时请学生一起谈论"吴越之争"的历史。

3. 成语故事

"成语故事"主要由学生自己阅读,上课集体学习的只是文言文。讲台上两个学生当"小老师","小老师"甲领读文言文,全班学生跟读一遍文言文;"小老师"乙读解释,全班读文言文。还是以《远古》为例,"小老师"乙读成语故事中的译文:

禹哀痛父亲鲧治水无功被杀,因此劳身苦思,在外十三年,经过自己家门也不敢进。

全班学生齐读相对应的文言文:

禹伤先人父鲧(Gǔn)功之不成受诛,乃劳身焦思,居外十三年,过家门不敢入。

"小老师"乙继续读成语故事中的译文:

禹虽然吃穿都很简朴,但对祖先神明的祭祀却很丰厚尽礼。虽然自己居住的房屋很简陋,但不惜耗巨资致力于修渠挖沟等水利工程。

全班学生继续齐读相对应的文言文:

薄衣食,致孝于鬼神。卑宫室,致费于沟淢(xù,沟渠)。

这样读有点儿绕,主要是为了强化朗读文言文。我们在编辑成语故事时,力求在故事中直译文言文,这样,文言文的解释不需要老师教,学生完全可以自学。但是成语、文言文的发音要准确,这是课堂集体教学的重点。汉语是母语教学,从生活中学习口语,不需要解释,在反复听说的过程中自然就能学会;从书本上学习书面语言,也要淡化解释,强化朗读。语文老师的责任,先是让学生发准音,至于理解,学生会在"海量阅读"的过程中无师自通,而且,成语故事中对文言文的直译,已经给小读者提供了一个不会说话的老师。

4. 成语运用

"成语运用"部分完全由学生自学,上课集体学习不安排这部分内容。这部分二星、三星标准是一样的,很多学生在学习这本书时觉得这一部分最简单,尝试先自己猜测答案,再看一下前面的"相关成语",或后面的参考答案,两遍就能记住答案。"成语运用"为阅读与写作搭建了一座桥梁,把时间用到这里,比用在单纯地进行作文训练上效率要高得多。

5. 复习

每节课前20分钟,全班集体学习,后半节课和课外时间由学生自学。学完一个单元后进行总复习。总复习时老师把问题提前抛给学生,比如,《春秋》部分的问题是与春秋五霸相关的成语。上课复习时,先由两个学生分别在中国地图和黑板上贴上"齐、晋、楚、吴、越"的卡片,然后分别找出与齐桓公、晋文公、楚庄王、吴王、越王勾践相关的成语。回答完老师的问题之后,可以由学生随意提问,全班学生自由回答。

至于单元复习时提什么问题,老师通读整个单元后,自然就能提出涵盖范围比较大的、有助于理清历史脉络的问题。比如复习《战国》部分,可以让学生找与战国七雄相关的成语;复习《秦》部分,可以让学生找与秦始皇、项羽、刘邦、刘邦的大臣相关的成语;复习《汉》部分,可以让学生分别找与汉高祖、汉文帝、汉景帝、汉武帝、西汉末年皇帝、东汉光武帝、东汉末年皇帝相关的成语……问题都不难提,老师略知历史,仔细阅读完每一个单元,就能提出恰当的问题。"海量阅读"教学的优点就在于师生在阅读中共同成长。上海申莘小学的朱霞骏老师带领学生共读这本书的过程中,对这本书的修改提了不少建设性的意见,学生也写了很多应用成语的句子,例如:

○ 一次我数学考试考得不好,看到考试成绩时,我整个人都呆若木鸡。回到家后,奶奶看到了我的成绩后,开始了她的"考后训话十分钟"。"你看你,对数学一窍不通,考成这样!"我央求道:"奶奶,您就网开一面,这次就原谅我吧!我下次一定会考好!""你心里想的什么,我都洞若观火,你看看人家大数学家陈景润,每天夜以继日地苦学,多厉害呀!你要是有他一半勤奋,我也不会操那么多心了!"(陈珊琦)

○ 1948年,解放军全线反攻,使恶贯满盈的国民党土崩瓦解。(刘思怡)

○ 小雨偷了东西,还杀了人。被抓捕归案后,他向警察求饶,请他们从宽处理,可事情已经覆水难收,他也只能被判死刑。(夏培培)

……

三、《读历史 学成语》教案、课堂实录

第三单元 春秋

吴越之争

中华上下五千年,凝成了灿烂的文学奇葩。成语正是这些人物和故事最凝练的写真,今天我们就走进"吴越之争"学习相关成语。

1. 相关韵文

周辙东,王纲坠,逞干戈,尚游说。始春秋,终战国,五霸强,七雄出!

——《三字经》

越王勾践(jiàn),辱国丧师。卧薪尝胆,报仇雪耻。
西施浣(huàn)纱,仙姿玉质。范蠡(lǐ)携(xié)美,五湖隐迹。

——《中华成语千句文》

读了与吴越相关的韵文之后,你对这段历史了解多少?

2. 相关成语(14个)

芦中托渡　因地制宜　封豕长蛇　心腹之患　除恶务尽　抉目悬门
沉鱼落雁　卧薪尝胆　生聚教训　旅进旅退　吴越同舟　鸟尽弓藏
兔死狗烹　螳螂捕蝉,黄雀在后　食不二味,居不重席

成语分类:上面的成语哪些是关于越王勾践的?哪些是关于范蠡和文种的?哪些是关于伍子胥的?

3. 成语故事(3个)

太史公司马迁说:春秋区区不足三百年间,"弑君三十六,亡国五十二,诸侯奔走不得保其社稷者,不可胜数"。现在我们就来看看越王勾践复国的故事。

卧薪尝胆

《史记·越王勾践世家》:越王勾践反国,乃苦身焦思,置胆于坐,坐卧即仰胆,饮食亦尝胆也。

……

越王勾践归国后立志报仇雪恨,他睡觉只躺在柴草中,还在室内悬挂一个苦胆,坐卧时都能看到,每次吃饭前,都要去尝一尝胆的苦味……

小组讨论:找到成语故事中的译文。"越十年生聚,十年教训",给你什么启示?

抉目悬门

《史记·伍子胥列传》:必树吾墓上以梓,令可以为器;而抉吾眼县(xuán,同"悬")吴东门之上,以观越寇之入灭吴也。

……

吴王听信谗言赐剑给伍子胥。伍子胥临死前,告诉他的门客说:"一定要在我的墓上栽上梓树,用它作为我的棺材;挖掉我的眼睛悬挂在吴国的东门上,让我可以看到越国灭吴。"……

小组讨论:找到成语故事中的译文。学生补充想到的相关名言警句。

鸟尽弓藏,兔死狗烹

《史记·越王勾践世家》:蜚鸟尽,良弓藏;狡兔死,走狗烹。

……

越国相国范蠡退隐江湖,给文种送来一封信:"飞鸟打尽了,弹弓就被收藏起来;野兔捉光了,猎狗就被杀了煮来吃。"后来,勾践登门探望文种,临别留下刻有"属镂"二字的佩剑,文种只得引剑自尽……

小组讨论:找到成语故事中的译文。学生补充想到的相关名言警句。

总结:儒家提倡"穷则独善其身,达则兼济天下",舍生取义历来为人们所推崇;而我认为功遂身退更是一种智慧,佛称"涅槃",老子称"天之道也",看来,知进和知退都是博大精深的中国文化。

4. 成语运用

那女孩有着_____的容貌。

破坏社会治安的少数坏分子,是人民群众的_____。

对待恶事应该_____,才能消除后患。

……

小结:春秋时期有许多大家耳熟能详的成语和故事,时至今日,那些流传至今的成语故事仍旧闪烁着灿烂的光芒。经过春秋风起云涌的争霸战争,大部分小国被兼并,最后形成战国七雄对峙的局面。欲知后事如何,请听下回分解。

(潍坊北海学校语文老师 臧运红)

第六单元 汉

西汉风云

(一)导入

同学们,今天咱们继续学习《读历史 学成语》西汉部分。

(二)整体感知

请同学们认真读"历史概述",用简洁的语言概括西汉这段历史。

西汉,又称前汉,是中国古代的一个朝代,与东汉(又称后汉)合称汉朝,是中国第一个强盛稳固的朝代。西汉自前206年汉高祖刘邦自称汉王,前202年称皇帝,建立汉朝,至公元8年王莽称帝,改国号为"新",西汉灭亡,一共210年。共经历了12个皇帝。西汉是中国文化发展的一个高峰,社会经济、文化全面发展,对外交往日益频繁,成为当时世界上最强盛的国家之一。

西汉历史分为:

刘邦建国——吕后专权——文景之治——汉武盛世——昭宣中兴——西汉衰败

(三)学习历史和相关成语

1. 第一段历史

刘邦建国:论功行赏　运筹帷幄　群策群力　羞与哙伍

　　　　　萧规曹随　成也萧何,败也萧何

高祖在位七年间,为了削弱异姓王侯的势力,先后剥夺韩信、英布、彭越等大将的兵权与封号,加强了中央集权统治。同时制定一系列的"与民休息"的政治方针,巩固了自己的统治,为强大的汉朝盛世奠定基础。

2. 第二段历史

吕后专权:见利忘义

前 159 年,高祖薨,传位惠帝刘盈,但此时政权实际已掌握在汉高皇后吕雉的手中。吕后前后共掌权 16 年,是我国历史上为数不多的女统治者之一。她对刘家子弟赶尽杀绝,但对百姓,还是奉行"休养生息"政策。

3. 第三段历史

文景之治：厝火积薪　　投鼠忌器　　冯唐易老　　舐糠及米

　　　　　间不容发　　安如泰山　　东市朝衣　　柳营试马

前 183 年,刘恒即位,是为文帝,他与景帝刘启都继续执行高祖所制定的"与民休息"的政策方针,减轻人民赋税,使汉朝经济蓬勃发展,人民生活安定,国力大大增强,史家称这一阶段为"文景之治"。

4. 第四段历史

汉武盛世：强弩之末　　大谬不然　　一家之言　　卧雪吞毡

　　　　　雁足捎书　　功德无量　　桃李不言,下自成蹊

通过"文景之治",汉朝国力逐渐强大起来。前 141 年,景帝卒,其子武帝刘彻即位。刘彻也是我国历史上有名的皇帝之一,他在位期间曾使卫青、霍去病击败匈奴,扩大了西汉王朝的统治范围,保障了汉朝北方经济文化的发展。但多年的征战使国力下降,于是武帝在晚年停止征战,转而大力发展农业,使西汉的经济继续向前发展。武帝之子昭帝继承其父的方针,继续实行"无为而治"政治,发展经济,使西汉的盛世达到了顶点。

5. 第五段历史

昭宣中兴：芒刺在背　　不学无术　　百闻不如一见

经过昭帝、宣帝(前 73—前 48 年在位)两代 38 年的"与民休息"的政策的执行,大汉王朝的国力日益增强,但与此同时地方势力也随之强大,严重地影响了汉王朝中央的统治。

6. 第六段历史

西汉衰败：凿壁借光　　尸位素餐　　捕风捉影　　千人所指

自元帝起,至成帝、哀帝、平帝在位年间,皇帝对政权的统治力量已大不如前。及至刘婴即位,朝权已尽落于外戚王莽之手。公元 8 年,王莽篡夺皇位,改

国号为"新",至此西汉对中国的统治宣告结束。

（四）学习成语故事

桃李不言,下自成蹊

说说你对李广将军的认识。

不学无术

说说自己的感受。

强弩之末

说说你的外交观。

（五）总结

（潍坊北海学校语文老师　张小红）

第九单元　隋唐风韵

师:同学们,遥望中国历史五千年,其实我们会发现每个朝代和时期都有属于每个朝代的独特风情,比如说:秦时的明月、两汉的风云、乱世三国,还有前朝的旧事,这些或磅礴或灿烂的风景,记录着我们脚下这片土地沧桑的变迁,见证我们民族千古兴亡的历史。今天我们要学习的是隋唐风韵——(看大屏幕)。

生:齐读课题。

板块一:成语韵文话隋唐

师:这是关于隋唐五代的历史,前些日子我们通过成语韵文已经对隋唐的历史有了初步的了解。回想一下哪些人、哪些事依然还在拨动你的心弦?可以直接站起来谈一谈。

隋帝杨坚	吴带当风	唐宗世民	贞观之治
魏征直谏	开元盛世	安史之乱	武后建周
佛教西来	玄奘鉴真	唐诗奇葩	诗仙李白
诗圣杜甫	暴君杨广	盛唐气象	丝绸之路
文成公主	用人不当	杨家有女	南唐后主

——《中华成语千句文》

生：我想谈的是"南唐后主"，老师曾经带我们学过南唐后主李煜的很多诗词，现在还记忆犹新。

师：非常好，李后主的词不仅在隋唐时期首屈一指，在中国的文坛也颇负盛名。

生：我要谈的是"吴带当风"，我觉得吴带当风——非常生动地描写了画圣吴道子的高超技艺，唐代的绘画艺术也值得我们品味。

师：吴带当风——吴道子，他的画飘逸、洒脱，代表了隋唐五代画家的杰出风采。谁还有话要说？

生：我喜欢"杨家有女"，杨贵妃是绝代佳人，可以用"千娇百媚、国色天香"来形容她的漂亮。

师：的确，读过《长恨歌》的同学肯定会知道白居易用"回眸一笑百媚生，六宫粉黛无颜色"来形容她的容貌。爱美之心人皆有之，每个人都喜欢漂亮，不是吗？

生：我喜欢"贞观之治"，因为"贞观之治"展现了唐太宗李世民当年治国有方，百姓生活物阜民康。

师：说得非常不错，不过纠正一下发音。贞观（guàn）之治，贞观是唐太宗李世民年号。贞观年间，风调雨顺、路不拾遗、夜不闭户，可以看出当年李世民治国有方。还有没有其他同学想谈？

生：我想谈"丝绸之路"，丝绸之路上把许多遥远的国家像珍珠串联在一起，让我们都变成一家人。

师：很喜欢你的表达，"串联"一词说得极是。这条路不仅仅串联了我们中土和西域的文化，而且在这条路上还留下了许多可歌可泣的故事，西去印度的玄奘从这里走过，出使西域的班超也从这里走过。非常妙！一条路，一家人！还有没有同学继续来谈？

生：我喜欢"文成公主"，因为我记得西藏有一个布达拉宫，我还记得《中华成语千句文》有一句这样的描写："文成公主，和亲入藏，近悦远来，日使遣唐。"

师：把掌声送给她吧。"文成公主，和亲入藏，近悦远来，日使遣唐。"文成公主的和亲，也彰显了大唐近悦远来的辉煌，隋唐五代这段历史应该是中国历史上最为鼎盛繁荣的时代。同学们，我们先交流到这儿，我们在回顾《中华成语千句文》时又重温了那段历史。

板块二：成语故事解隋唐

师：今天我们还要继续来学习关于这个时代的一些成语和故事。学这本书有一个小策略，学习要讲求方法，好的方法往往事半功倍。哪个同学来读一读老师提供的方法？直接起来就好！

生：读准成语之音，记住成语之义，背诵成语出处。

师：那么我们准备学习隋唐五代的这些成语故事了，你准备好了吗？我给大家几分钟的时间再复习复习，过会儿等待老师的检验！好，下面的时间交给大家。把声音放开，大胆一点，可以朗读，也可以默读；可以自己读，也可以同桌读。（学生不出声）没有人会拒绝琅琅的书声。（学生声音渐起）

师：准备之后，有没有信心接受老师的挑战？这些成语，与哪个人有关，它背后的故事又是什么呢？

展示对成语"一衣带水"的见解。

生：一衣带水与隋文帝杨坚有关，杨坚建立隋朝后说："我是全天下的父母，不能因为像一条衣带那样窄的长江隔着，就看着南方百姓受苦而不去拯救他们。"

师：你从"一衣带水"中读出了什么呢？

生：我读出了他很顾及老百姓，他不因自己的权高而让他们受苦受难。

师：非常好，他不因自己的权高而让百姓受苦受难。她给我们开了一个好头，接下来请看第二个：十羊九牧。

生："十羊九牧"也是关于隋文帝的。隋文帝取代北周政权后，恢复汉制，把国土重新划分成很小的郡县进行管辖，造成官员成倍地增加，好像十头羊用九个人放牧。这样做的后果是官多民少赋税剥削很重，百姓无所适从。

师：是呀，"一衣带水"是讲他爱民如子，"十羊九牧"则是写他在政治上的策略。接下来，我们谈李世民，谁有话要说？

生：李渊说他的儿子有济世安民之事，于是李渊就给儿子起名李世民，比喻使国家得到治理，百姓安居乐业。从这个故事中我也想到了李世民名如其人，使国家得到了治理。

师:说得好！名如其人！

生:"罄竹难书"是关于李密和隋炀帝的故事。李密说:隋炀帝罪大恶极,用尽南山的竹子也写不完他的罪行,用尽东海的水也洗不清他的罪恶,从这里可以看出隋炀帝的罪行太多而写不完。

师:下一个是"一见如故"。

生:这是关于房玄龄的故事。隋朝末年,房玄龄看不惯官府的所作所为,毅然抛弃官职,去投奔举义旗的秦王李世民,两人一见如故,都有相见恨晚之感。老师我见到我的同学,也有一见如故的感觉。

师:很多时候相信缘分,人与人相遇也更是一种缘分。让我们精彩继续,再来看——饥寒交迫。

生:唐高宗李渊有一次审问贼人,贼说因为无衣穿,无饭吃,只好做贼,李渊就把那贼放了。我读出了贼的生活极其贫困。

师:呵呵,你读出了贼的生活极其贫苦,做贼也不容易是吧！哪位同学读出了不一样的观点呢？

生:我也读出了李渊的仁慈。

生:我还读出了李渊的爱心。

生:我还读出了李渊的恻隐之心。

师:是的！李渊的仁慈,作为一个皇帝要有一颗仁爱之心。自古行仁政者得天下,尽管这是一个小故事、一个小细节,但是我们也能感受到温暖。好,接下来是"房谋杜断。"

生:"房谋杜断"讲的是唐太宗的大臣房玄龄和杜如晦的故事。唐太宗与房玄龄商量事情,房玄龄能想出几个好主意;杜如晦能迅速分析房玄龄的计谋,做出决断。我能看出他们两个人配合得十分融洽。

师:是的,唐太宗十分信任房玄龄、杜如晦,他信奉"兼听则明,偏信则暗"。他还信任一个有名的大臣,有没有人知道这个千古佳话呢？

生:魏征。魏征告诉唐太宗,如果只听一面之词,就会做出错误的判断,只有广泛听取意见才能明辨是非。

师:唐太宗非常喜欢这个直言不讳的魏征,魏征去世时,太宗非常难过伤心,并说"以铜为镜可以正衣冠,以古为镜可以见兴衰,以人为镜可以知得失"。唐太宗把魏征看作一面镜子,这段佳话又让我们感慨万千。接下来是"一代楷模"。

生:这个成语讲的是李靖的故事。李靖不留恋权势,辞官回家。唐太宗评价李靖是"一代楷模",是人们学习的榜样。

师:在朝为官的择其长处而用之;想退隐江湖的,尊重他的决心。唐太宗李世民的处世之法真的让人景仰。继续学习"垂帘听政"。

生:"垂帘听政"写的是唐高宗李治。唐朝时期,唐高宗立武则天为皇后,由于唐高宗体弱多病,不能长时间处理政事,就在御座后挂条帘子,然后武则天坐在后面,参与唐高宗与大臣的政事。我从这里读出唐高宗李治也需要女人帮忙。(台下、台上大笑)

师:呵呵。每一个成功男人背后都有一个出色的女人。好吧,掌声送给他。"叱咤风云"又是怎样来描写武则天这位历史上唯一的女皇?

生:武则天登基后,改国号"周"。骆宾王写《讨武檄文》:"喑呜则山岳崩颓,叱咤则风云变色。""叱咤"的意思是怒喝一声,一声怒喝能使风云翻腾起来,可见武则天的气场不凡。

师:武则天真是很了不起。还有一个"火树银花",谁来说?

生:唐睿宗每年正月元宵的夜晚一定扎起二十丈高的灯树,叠起五万多盏灯。到处是火红的树、灿烂的花。这个成语形容灯火通明、到处是灿烂的夜景。

师:这么美丽的景色,我们一起读一下,"火树银花"预备起。

生:火树银花。

生:"炙手可热"讲唐玄宗宠信杨贵妃,任命她的哥哥为宰相,过着花天酒地的生活。诗人杜甫作《丽人行》讽刺杨家兄妹的荒淫无道:"炙手可热势绝伦,慎莫近前丞相嗔。"

师:一人得道,鸡犬升天啊。我们又怎样理解"文恬武嬉"?

生:"文恬武嬉"写的是唐玄宗让韩愈记事的事情。淮西之乱平息后,韩愈写道,文官追求安逸,武将只求玩乐,从而导致国家面临危险。读了这个故事以后,我感觉到淮西之乱后唐朝越来越腐败了。

师:很好,同学们已经对这些成语有了大体的了解,但读历史重要的不仅是读懂故事,更重要的是读出自己的思想来。让我们通过这几位皇帝了解一下唐朝的历史,你最佩服哪位皇帝?

生:我觉得我最佩服武则天,她是历史上唯一的女皇帝,她能做到这样就已经非常不错了。

生:我也喜欢武则天,因为自古至今,我觉得所有第一个吃螃蟹的人都是英雄。

师:这确实是亘古未有之事,也是中国历史上的一个奇迹!

生:我欣赏李世民,他在历史上开创了一个非常繁荣的历史时期!

师:李世民是中国历史上非常了不起的皇帝之一。

生:我最欣赏南唐后主李煜,因为李煜是一代才人,可是他却当了皇帝,我为他遗憾。像他这样的才人,应该当个风流倜傥的才子。

师:风流倜傥。说得好! 在中国的历史上,李煜并不是一个称职的皇帝,但他的文学成就却极高,前半生享尽荣华,后半生却雨恨云愁。有人说李煜的人生是失败的,也有人说李煜的人生是成功的,你怎么看待这个亡了国的千古词帝?

生:我认为他的一生是成功的。他虽然是一个亡国的君主,但是他后来又写出了很多很好的词,而且他一直不忘自己的国家。

生:我认为他是失败的,因为他不应该光为自己着想,而应该为人民着想。他在做皇帝的时候就应该为多数人着想,才能使国家得到更多的利益。

生:我认为他的一生是失败的。他的皇帝职位关系到整个国家的人民,而他的才华只是关系到自己,所以他应该先当好他的皇帝,然后再去发挥他的才华。

生:我认为他的一生是失败的。虽然他在沦为阶下囚以后卧薪尝胆,但他没有做出实际行动来拯救自己的国家。

师:"国家不幸诗家幸,话到沧桑语始工。"作为政治家,李煜是失败的;作为文学家,他赢得了后世的景仰和同情。下面我们一起在凄婉的词作里品味他的人生。

播放李煜的佳作配乐词《浪淘沙》《虞美人》《相见欢》,学生朗读。

学生背《浪淘沙》。

师:故国依旧,旧梦难就。他只能在春花秋月里独自感叹——生背《虞美人》。

师:西楼的明月仿佛故意惹动他那如丝如缕的国恨家仇——生背《相见欢》。

师：谈到词，自然想起诗。唐代那灿若繁星的诗歌创作，达到后世无法企及的高峰。一部唐诗三百，几多感动心头！多情的诗人们把生命的悲欢、命运的多舛、人事的兴衰全部融入了诗行里。在《隋唐五代十国》的"相关成语"里有一半以上源自诗歌文章。

板块三：诗句文言品隋唐

展示成语：如春风得意、青梅竹马、万里长征、人杰地灵。学生朗读，老师提问其出处。

生："天下三分明月夜，二分无赖是扬州。"这句诗出自唐朝徐凝的《忆扬州》，是为了表示扬州的繁华。

生："春风得意"源于唐朝孟郊的《登科后》。"春风得意马蹄疾，一日看尽长安花。"

生："青梅竹马"出自李白的《长干行》。"郎骑竹马来，绕床弄青梅。同居长干里，两小无嫌猜。"

生："前无古人"源自陈子昂的《登幽州台歌》。"前不见古人，后不见来者。念天地之悠悠，独怆然而涕下！"

生："一片冰心"源自王昌龄的《芙蓉楼送辛渐》。"寒雨连江夜入吴，平明送客楚山孤。洛阳亲友如相问，一片冰心在玉壶。"

生："万里长征"出自王昌龄的《出塞》。"秦时明月汉时关，万里长征人未还。"

生："曲径通幽"出自《题破山寺后禅院》。"曲径通幽处，禅房花木深。"

生："人杰地灵"出自王勃的《滕王阁序》。"物华天宝，龙光射牛斗之墟；人杰地灵，徐孺下陈蕃之榻。"

生："业精于勤"出自韩愈的《进学解》。"业精于勤，荒于嬉；行成于思，毁于随。"

师：（总结）除了贤君明相、诗歌繁荣外，隋唐五代还是一个英雄、人才辈出的时代。请默读下面的两则成语，你又会收获怎样的感动？

跟随屏幕了解一下："牛角挂书""呕心沥血"等故事。

牛角挂书

闻包恺（kǎi）在缑（Gōu）山，往从之。以蒲鞯（pú jiān）乘牛，挂《汉书》一帙

(zhì,书一函为一帙)角上,行且读。

——《新唐书·李密传》

呕心沥血

及暮归,太夫人使婢(bì)受囊出之。见所书多,辄(zhé,就)曰:"是(这)儿要当呕出心始已(停止)耳!"

——《李贺小传》

生:我从"牛角挂书"中看出了李密的勤奋,因为他赶路也不忘学习。

生:我非常喜欢"呕心沥血",因为李贺的生命虽然只有短暂的26年,却留下了240余首诗歌,这是他毕生的心血,可以看出他对诗词的喜爱。

生:李贺7岁开始写文章,说明他的资质不凡。

老师请学生朗读"牛角挂书""呕心沥血"的古文。学生领读,老师做解释补充。

师:你从古文中读出了什么?

生发表看法、背诵古文。

白云亲舍

荐授并州法曹参军,亲在河阳。仁杰登太行山,反顾,见白云孤飞,谓左右曰:"吾亲舍其下。"瞻怅久之。云移,乃得去。

——《新唐书·狄仁杰传》

一生读"白云亲舍"古文,一生读解释,配乐朗读。

师:你读到了什么?

生:我读出了狄仁杰的挂念和思念之情。

师有感情地配乐朗读。

师:此时,狄仁杰的亲人们在想什么呢?

生:可能他的双亲在想:"我的儿子什么时候才能回来呀?我好想见我的儿子一面。"

生:此时狄仁杰一定在想:"父母在,不远游,游必有方。"

生:此时他一定看到白发苍苍的母亲在村口翘首盼儿归。

师:自古忠孝不能两全,让我们再读一读文章,再次感受狄仁杰舍小家为国家的大情怀!

生:配乐有感情朗读部分古文。

板块四：妙用成语评隋唐

师：同学们，你们看，其实历史并不只是属于高高在上的统治者，属于灿若繁星的文化。其实一片土地的变迁也是历史，一个人物的悲欢离合也是历史，在历史的天空下，达官显贵抑或平凡百姓，他们都是历史的一部分。只可惜《中华成语千句文》在写作时只关注了前两者，后两者没有关注。下面请同学仿照《中华成语千句文》给下面的人物写一段简介或是评论，尽量也做到押韵——

师展示部分成语及与之有关的人物，师生共享与本课故事有关的人物。

牛角挂书——李密　　　一代楷模——李靖
饥寒交迫——李渊　　　回天之力——张玄素
白云亲舍——狄仁杰　　冰山难靠——张象
别开生面——曹霸　　　大放厥词——柳宗元
天涯海角——韩愈　　　素面朝天——　虢国夫人
将勤补拙——白居易　　兼听则明，偏听则暗——魏征

展示学生由学诗词而自创自作的感受佳句：

一代楷模李靖

大唐李靖，一代楷模，出奇制胜，以少胜多。
南征北战，战功赫赫，告老还乡，言辞恳切。
太宗世民，谓之贤能，豁达大度，正大光明。
德高望重，千古美名，中华儿女，代代传承。

李密牛角挂书

文人李密，功苦食淡，刻苦钻研，埋头苦干。
冬寒抱冰，夏热握火，口不绝吟，磨砺自强。
牛角挂书，勤学苦熟，十年寒窗，铁面枪牙。
手不释卷，学如不及，孜孜不倦，志坚行苦。

一代楷模李靖

景武李靖，善于用兵。精通谋略，惟多亡佚。
仪表魁伟，家教熏陶。满腹经纶，壮志未酬。
药师奉命，平定萧铣。佐助出师，安抚岭南。

锐意进取,富贵在身。识得大体,此为可嘉。
平定边疆,南征北战。赫赫战功,领军风范。
不问贤智,莫相自知。以少胜多,出奇制胜。
自知之明,急流勇退。知足恳切,解甲归田。
太宗观奏,感动颇久。一代楷模,铭之鼎钟。

虢国夫人　素面朝天

杨氏姐妹,倾国倾城。玄宗封赏,拜谢隆恩。
赏钱十万,脂粉之资。虢国夫人,天生丽质。
不施粧粉,自衒美艳。进宫免圣,淡扫蛾眉。
绝世佳人,身显名扬。窈窕淑女,君子好逑。
三姐自负,素面朝天。玄宗隆基,贪图美色。
沉迷后宫,无法自拔。昏庸无道,国势衰亡。

韩愈　天涯海角

大家韩愈	成就不凡	父母早逝	孤苦伶仃
哥嫂相依	十二郎殁	消息灵通	悲痛欲绝
病不知时	殁不知日	生不公居	殁不尽哀
一在天涯	一在地角	生影不依	死魂不接
日日想念	夜夜思念	一字一泪	读人心酸

狄仁杰　白云亲舍

狄公仁杰,德才兼备。清正廉洁,德高望重。
足智多谋,大义灭亲。口若悬河,铁面无私。
白云亲舍,百善孝先。斗南一人,天下无双。
济济多士,知人善任。赏罚分明,天下为公。

杨国忠　冰山难靠

唐宗隆基,特宠玉环。堂兄国忠,官运亨通。
选任官吏,私下决定。张彖友劝,拜见国忠。
官升财发,始终不去。反劝己友,勿靠杨山。
冰山而已,皎日既出。无失所恃,不知是好。

师:(小结)同学们,当我们带着无限的自豪和神往回首隋唐五代的灿烂文化时,我们不仅仅是要凭吊遗址、感受荣光,更重要的是要让那些凝结着爱与美、智慧和感动的品质内化成我们生命和生活的一部分。这样,我们的生命就因此而厚重起来!

下课!

(潍坊北海学校语文老师　王欣香)

这是一节"海量阅读"教学思想引领下的大语文教学课例,亮点如下:

1. 课程资源丰富鲜活。成语、故事、诗歌、古文有机地组合在一起。这种设计犹如一部历史电影,将古今文化串联起来,将一个又一个精彩的画面呈现在我们眼前,它没有高高在上的感觉,就如同你的朋友在亲切地与你谈话,让你有一种既温暖又亲切的感觉。

2. 注重学生语文素养的提升,时时处处渗透人文教育和美感教育。四个教学板块"成语韵文话隋唐""成语故事解隋唐""诗句文言品隋唐""妙用成语评隋唐"内容上层层深入,又侧重于学生听、说、读、写能力的强化。在引领学生与成语对话、与历史对话的同时,生成思维,关注个性化思考,让思考成为课堂的美丽风景!

3. 学生的百花齐放取代了教师的表演,主体地位得到了很好的呈现,妙语不断、引经据典,特别是用成语评品人物,学生笔底生花、精彩纷呈——李靖的功成身退、李密的志坚行苦、韩愈的情深意长、狄仁杰白云亲舍,联联精彩、句句铿锵!

4. 积淀、内化、释放是一个人走向厚重的过程,教学也是这样。一堂语文课成功还是失败,我们常常根据这堂课是否完成教学目标,是否突出了教材的重难点,教学方法是否多样而新颖,课堂气氛是否活跃等方面衡量。在新课程已经改革多年的基础上,语文课经历了从繁华热闹到返璞自然转变。我们是否应该相应地把研读教材的成功也纳入一堂好课的评价标准中呢?把听、说、读、写扎实地落实在课堂上,让那些日积月累的水滴,内化成学生生命、文化和精神的河床。

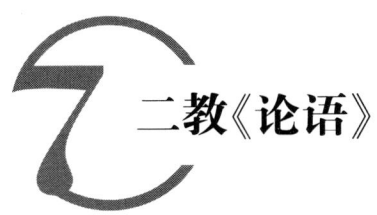

二教《论语》

一、第一次教《论语》边读边教

我们师生在六年级重点学习中国传统文化中的经典作品《论语》《道德经》,与经典同行,与圣贤为伍,给学生学习高层次文化的机会和权利。

2000级学生学习传统经典的时候,全国各地的同行纷纷来听课,很多老师问我为什么学经典。是不是因为我对经典有着深厚的感情,具备不俗的造诣。在此,我冒着被大家笑话的危险自曝内幕:我不懂经典。中专毕业的我除了读了一肚子小说外,诗歌、散文没背几篇。读小说只是为了看热闹,除了练就了一目十行的本领之外别无所得,对经典的了解水平绝对是"小儿科",除了中小学课本上的那点诗词之外一无所知。至于《论语》,竟不知何为"篇"何为"章",直到30多岁读古代蒙学作品《三字经》,从"论语者,二十篇"中才搞懂了这个常识性的概念。

不懂经典的人为何教经典?第一,我的四年级学生以两周学完一本课本的速度学完了我能搜罗到的所有的书报材料,包括高年级的课本。等学完《中华上下五千年》之后,我们陷入了"弹尽粮绝"的境地,没有书可读了。而《论语》《道德经》是最容易买到的书,书店里有各种不同的版本。第二,我的导师陶继新老师酷爱经典,陶老师那谦谦君子的学者风范令我高山仰止,"亲其师,信其道",我也读起了这些毫无趣味的"老古董"。

◎ 让圣人走进我们的生活 ◎

2004年之前,我对《论语》《道德经》这两部影响中国两千多年的经典只闻其名,未见其面。这种只有学者才读的书似乎永远与我这个才疏学浅的小学老师没有关系。2004年暑假,我看了王财贵教授的《儿童潜能开发与经典阅读》这个光盘后对《论语》产生了兴趣,就开始读,但一直觉得很乏味。字面意思读着很费解,言外之意就更看不懂了,但我还是皱着眉、咬着牙读了两遍,学习《论语》的确是件很乏味的事情。2005年暑假,我布置学生预习《论语》。我的学生刘佩瑶写了一篇日记,大骂孔子的弟子,说如果不是他们记录孔子那些莫名其妙的言论,韩老师就不会想出这么一个鬼主意,把死了两千五百多年的"老古董"翻出来"作践"她这位活泼可爱的小女生。潍坊有比我们学校早一步进行经典诵读实验的学校,我多次听到他们的家长表示不解:"大人都看不懂的东西,为什么让小孩子学习?"哎,怎样才能叩开"经典的大门"呢?

一天早上,我走进教室,看到学生都在认真地读书,我便背诵:"子曰:'予欲无言。'子贡曰:'子如不言,则小子何述焉?'子曰:'天何言哉?四时行焉,百物生焉,天何言哉?'""天什么话也没说,但四季照样运行,万物照样生长。老师什么话也没说,但同学们每天到校就读书,上课铃声一响,老师什么话也没说,同学们也照样读书……"我们班一个学生剪了头发,非常漂亮,我用《论语》上孔子弟子子夏诵过的诗评论她:"巧笑倩兮,美目盼兮。"潘林林爱说大话,我说:"先行其言而后从之。""古者言之不出,耻躬之不逮也。""君子欲讷于言而敏于行。"告诉学生边读边思、学思并重时,我说:"学而不思则罔,思而不学则殆。"评选班干部、三好学生前,我说:"举直错诸枉,则民服;举枉错诸直,则民不服。"这样在生活中尽量联系《论语》上的句子,学生在作文和言谈中也兴起了一股联系《论语》来阐述自己观点的风气,从而让学生认识到两千多年前的圣人之言,在今天还是至理名言。圣人渐渐走进我们的生活。冯雪、管潇等学生的家长也读起了《论语》，并常向孩子请教，让孩子过足一把"先生瘾"。

刘伟帅的家长对我说，孩子在家很贪玩，一让学习他就烦躁，还"教育"家长不要逼孩子，不要打骂孩子，要对孩子温柔一点，否则不是好家长。我对全班学生说："有的同学不听家长的话，不爱学习，还振振有词，竟敢'教育'家长。你要求家长做到温柔可亲，你是否做到了勤奋好学？如果没有做到，你就该挨骂！家长骂得太轻了，有的人骂得比他们还重呢。这个人是所有老师的老祖宗，知道是谁吗？他就是被称为'万世师表'的孔子。他的学生宰予大白天睡觉，老师孔子说：'朽木不可雕也，粪土之墙不可杇也。'腐朽的木头能雕刻吗？粪土垒的墙壁能粉刷好吗？伟帅，你的家长和老师说你是烂木头吗？说你是粪土垒的墙了吗？"

◎ 大量阅读，功到自然成 ◎

想让学《论语》的过程尽量轻松愉快一些，除了多联系生活外，还要做好一个准备，就是反复诵读《论语》，理清其中的人物关系，了解人物的性格特点，掌握孔子的生平事迹。学生在诵读过程中，教师可以帮他们理顺一下，增加一些趣味。最初我买了一本《论语问答》、一本《孔子·圣人风范》，再后来家里堆了一摞诠释书籍，读后我对孔子的生平、为人、观点有了一些了解。2005年秋季开学后，我把书店里诠释《论语》《道德经》的所有版本都买回来和学生阅读、讨论。读经典我们没有基础，但读白话文还是颇有兴致的，于是我们把曾让师生头痛不已的经典读得有滋有味。通过大量阅读，我们对经典的学习渐入佳境。孔子的高大形象、伟大人格、至理名言逐渐成为我们师生心中的一座丰碑。大量阅读又一次成为包治百病的良药，在书山经海中自由翱翔的结果是功到自然成。

2005年9月中旬，我们开始学习《论语》，还是采用我惯用的方法，第一遍粗略地不求甚解地读，搞不懂的就放过去。我们用了不到三个星期就学了10篇，学习的过程很简单：上课开始轮流读一遍，师生共同纠正错误读音，教师告诉学生哪几章是要求背诵的,哪几章是要求熟读的。然后,学生自己熟读、看译文背诵,同伴互查合格后找老师检查。学完10篇后进行复习。我把要求背诵的和要求朗读的以5篇为单位打乱顺序印成文本,学生复习熟练后用这个打乱顺序的文本进行自查,我再抽查。后面学习的速度越来越快,10月底便学完第一遍。

第二遍学习《论语》,重点是前后联系。具体来说,就是按照顺序逐篇逐章让学生交流自己的认识,学生通过前后联系,边翻书边交流。比如,学习"君子病无能焉,不病人之不己知也"时,联系"不患无位,患所以立;不患莫己知,求为可知也""君子求诸己,小人求诸人""不患人之不己知,患不知人也""不患人之不己知,患其不能也"。

第三遍学习《论语》,以归类总结为主要内容。比如,把孔子关于教学方面的章节一起呈现,引导学生总结孔子如何学习,如何教书育人。把有关"颜回、子贡、曾子、子路、子游、子张、子夏……"众弟子的章节一起呈现,把有关"管仲、子产、季康子、晏平仲"等历史人物的章节一起呈现,把谈论"仁道、君子、修身、为政、交友"等理念的章节一起呈现,引导学生去总结。学生们把手里几种不同版本的《论语》前前后后地翻阅,把书都翻烂了。

我们把《论语》20篇全学完后进行总复习。我惊奇地发现,当时只要求学生朗读的一些篇章,等学完全书后学生竟然能够轻而易举地背诵。全班学生都能正确熟读《论语》中的所有篇章,80%的学生能看译文背诵。

有了学《论语》的基础,六年级下学期学习《道德经》就轻而易举了。我们照例先熟读,然后找出部分章节看译文背诵并讨论。

读经典使我们收获的不只是知识和阅读文言的能力,还有思想道德的升华。当学生在课堂上读或说"上善若水""重为轻根,静为躁君""巧言令色,鲜矣仁"时,他们不只是在论证书上的观点,同时也是在进行自我教育。于是好学好动的学生慢慢安静下来,撒谎、浮躁等毛病自动远离了学生,孩子们一个个心态阳光,诚实自律。

"己所不欲,勿施于人""己欲立而立人,己欲达而达人",儒家思想中为他人着想的处事原则熏陶着我们;"老者安之,朋友信之,少者怀之"的伟大志向、"知其不可而为之"的顽强意志激励着我们;"人之生也直,罔之生也幸而免"的人生法则告诫着我们……道家的谦下养生,儒家的精进利生,涤荡着繁杂的工作带来的浮躁,滋养着我们师生的从容优雅。

◎ 学生参与备课 ◎

《中华上下五千年》《世界上下五千年》的备课是我们师生共同完成的:我在书上做好标注,几个学生敲字。《论语》《道德经》的原文、译文也是由杜槿、何晓樱、陈晨等学生从网上下载的。"寻找《论语》《道德经》中的成语"的备课过程,全班学生几乎个个参与。每个合作小组都查词典、翻书找与两部经典相关的成语,然后进行整理,编写相关练习,制成投影片。

第一种练习形式是:下面句子中藏着一个成语,你能找出来吗? 如:

子在陈,曰:"归与! 归与! 吾党之小子狂简,斐然成章,不知所以裁之。"——斐然成章

曾子曰:"慎终追远,民德归厚矣。"——慎终追远

第二种练习形式是:根据意思说成语。如:

形容品质极高,有着宽广的胸怀。——上善若水

形容很灵巧聪明而不夸耀,反而显得很笨拙。——大巧若拙

第三种练习形式是:下面的句子应该用哪个成语? 如:

爱国词人辛弃疾,虽_____,其爱国热情却至死不衰。——三仕三已

那种见利忘义、_____的人是不值得交往的。——患得患失

十年后,我和徐美华合作的《读论语 学成语》出版,这套书的原始素材就来自于2000级全体学生参与搜寻的这些成语。

按常规上课,我可以不去考虑阅读内容、学习方式学生是否乐于接受,不愿

接受也得接受,全中国的小学生都是这样学习的。但我在教改实验中进行的这种打破常规的教学方式,让学生学习这些艰涩的古文,就必须考虑学生的感受,时时刻刻警惕自己不能把教师的意念强加于学生。儿童的思想与我们成人总是存在一定距离的,因此在教学过程中我十分注重与学生"商量"。比如,《论语》《道德经》中哪些章节应该熟读,哪些章节应该背诵,我们师生都要"辩论"一番。如果学生说得有理,我就听他们的。哄着小孩子读书真的很好玩,为了能说服老师,他们查阅资料,寻找论据,往往还没有等集体学习,他们早就搞懂了。"好,就听你的了!"学生得意地笑了,为老师听从他的意见;老师得意地笑了,为掉入了"圈套"还在自鸣得意的学生们。

◎ 精彩的"生成"源自六年的大量阅读 ◎

2000级学生上六年级时,同行频繁地听我的课。2005年10月23日在东郊宾馆的校长培训班上我们展示了《论语——教学、治学之道》的学习方法之后,七中的于允锋校长邀请我们师生11月2日去上课。我当时感觉压力很大,一个小学老师怎么敢在高中老师面前班门弄斧呢。《论语》还没有深入地学习,而且连续上公开课,备课难度相当大,我感到上气不接下气了。有人劝我上旧课,但因为我从来没有上过"排练"过的课,反而没有胆量尝试,于是我绞尽脑汁,直到去七中的前一天才准备好一个勉强满意的课件。但学生没有充分的时间预习,对上课要讨论的章节很不熟悉。

当我带着身体上的疲乏和精神上的担忧来到七中时,我发现于允锋校长和他的领导班子正在门口迎接我们,教学楼的电子屏幕上显示着"欢迎韩兴娥老师和她的学生来七中"。面对这样隆重的接待,我意外、感动,心里一下子充满了阳光,多日来的辛劳与疲惫顷刻间烟消云散。整整一个下午,无论是我上课、介绍还是与七中的老师交流,于校长和他的领导班子一直静静地坐在那儿听着,用接待专家的规格来接待我这样一个小人物。我只是一个普普通通的小学教师,只是踏踏实实地工作,只是教出了一批不错的学生,便得到这样的礼遇,这种备受尊重的感受是我一生的精神财富。

感动归感动,但这节课能不能得到高中教师的肯定,我心里还没有数。我们来到多媒体教室,学生坐前四排,学生的后面便是听课的老师。教室不是很大,师生都没有用扩音器,我喜欢这种氛围,因为这种情况下听课教师的反应我随时能感受到。小学六年级的学生在高中教师的眼里可能小得可爱,他们笑眯眯地瞅着我们,听到学生大声清晰地回答问题,听到学生小小年纪满口"之乎者也",不时发出会心的笑声。和听课教师交流时,七中的一个副校长说:"这节课,韩老师的学生一共回答问题178人次。"一个男教师说:"孩子们恰如其分地运用了许多成语,前半节课没有记录,后半节课我在听课记录上记了60多个成语,请问韩老师是用什么办法让学生拥有这么丰富的语言?"高中的老师可真够"理性",没有他们的统计,我自己不知如何用数字说明学生的表现。最让我心头一震的是一个女教师问我作文教学的做法,她谈起我10月23日在东郊宾馆是如何讲作文教学的,10月27日初中的教师听课时我是如何说的,今天(11月2日)让我再谈谈作文教学的一些细节。我的天啊!幸好我没有为了喘口气而讲旧课,否则丢人现眼了。

10天之内上三节有关《论语》的课,如果我的学生没有六年丰厚的积累,即使"排练"过,也很难保证一下就有好效果。当然,我们课前也做了一定的准备:把要学的篇章都告诉学生;要求学生首先把它们读熟,记住意思;学有余力的学生会查一些资料,把新知识和旧知识联系起来谈理解。

大部分听课老师从学生的课堂表现切实感受到学生丰富的内涵,但也有人不相信。有的老师是临时打电话告知要来听课,突击"检查"的;有的坐在我们班里不走,趁体育课的机会翻遍学生的书包……这些人不相信真实的课堂会如此精彩。他们没有试过,不知道学生经过六年的大量阅读,结果理应如此,功到自然成。

附:教案、课堂纪实

《论语》教案——子贡

今天我们重点讨论孔子的弟子子贡。

1. 子贡是干什么的?他以什么为生?

11.19 子曰:"回也其庶乎,屡空。赐不受命而货殖焉,亿则屡中。"

2. 孔子有弟子三千,在圣人门下众多弟子中,子贡算得上好学生吗?

11.3 德行:颜渊、闵子骞、冉伯牛、仲弓;言语:宰我、子贡;政事:冉有、季路;文学:子游、子夏。

3. 子贡这个人有一大特点,请三位同学继续"开火车"各读一章,思考子贡这一大特点是什么?

5.15 子贡问曰:"孔文子何以谓之'文'也?"子曰:"敏而好学,不耻下问,是谓之'文'也。"

12.7 子贡问"政"。子曰:"足食,足兵,民信之矣。"子贡曰:"必不得已而去,于斯三者何先?"曰:"去兵。"子贡曰:"必不得已而去,于斯二者何先?"曰:"去食。自古皆有死,民无信不立。"

15.24 子贡问曰:"有一言而可以终身行之者乎?"子曰:"其恕乎!己所不欲,勿施于人。"

4. 君子一言以为知,一言以为不知。从一个人的言谈之中可以看出他的品德、学识,我们从下面的句子中探讨一下子贡的品德、学识以及他向老师请教带来的收获。

5.12 子贡曰:"我不欲人之加诸我也,吾亦欲无加诸人。"子曰:"赐也,非尔所及也。"

13.24 子贡问曰:"乡人皆好之,何如?"子曰:"未可也。""乡人皆恶之,何如?"子曰:"未可也。不如乡人之善者好之,其不善者恶之。"

1.15 子贡曰:"贫而无谄,富而无骄,何如?"子曰:"可也。未若贫而乐,富而好礼者也。"子贡曰："《诗》云：'如切如磋，如琢如磨。'其斯之谓与？"子曰："赐也，始可与言《诗》已矣，告诸往而知来者。"

6.30 子贡曰："如有博施于民而能济众，何如？可谓仁乎？"子曰："何事于仁，必也圣乎！尧舜其犹病诸！夫仁者，己欲立而立人，己欲达而达人。能近取譬，可谓仁之方也已。"

11.16 子贡问："师与商也孰贤？"子曰："师也过，商也不及。"曰："然则师愈与？"子曰："过犹不及。"

2.13 子贡问君子。子曰："先行其言而后从之。"

5.9 子谓子贡曰："女与回也孰愈？"对曰："赐也何敢望回？回也闻一以知十，赐也闻一以知二。"子曰："弗如也，吾与女，弗如也。"

15.10 子贡问为仁。子曰："工欲善其事，必先利其器。居是邦也，事其大夫之贤者，友其士之仁者。"

19.20 子贡曰："纣之不善，不如是之甚也。是以君子恶居下流，天下之恶皆归焉。"

17.24 子贡曰："君子亦有恶乎？"子曰："有恶。恶称人之恶者，恶居下流而讪上者，恶勇而无礼者，恶果敢而窒者。"曰："赐也亦有恶乎？""恶徼以为知者，恶不孙以为勇者，恶讦以为直者。"

5. 子贡是最接近孔子的一位学生，所以有人想了解孔子，常向子贡打听，子贡是如何回答的？他答得对吗？他的回答为什么不一样？

9.6 太宰问于子贡曰："夫子圣者与？何其多能也？"子贡曰："固天纵之将圣，又多能也。"子闻之，曰："太宰知我乎？吾少也贱，故多能鄙事。君子多乎哉？不多也！"

1.10 子禽问于子贡曰："夫子至于是邦也，必闻其政，求之与？抑与之与？"子贡曰："夫子温、良、恭、俭、让以得之。夫子之求之也，其诸异乎人之求之与？"

19.22 卫公孙朝问于子贡曰："仲尼焉学？"子贡曰："文武之道，未坠于地，在人。贤者识其大者,不贤者识其小者,莫不有文武之道焉。夫子焉不学?而亦何常师之有?"

6. 子贡虽然聪明,但也时常会有疑惑,咱们看子贡有哪些疑惑?他能搞懂这些问题吗?

15.3 子曰:"赐也,女以予为多学而识之者与?"对曰:"然,非与?"曰:"非也!予一以贯之。"

14.35 子曰:"莫我知也夫!"子贡曰:"何为其莫知子也?"子曰:"不怨天,不尤人,下学而上达。知我者,其天乎!"

17.19 子曰:"予欲无言。"子贡曰:"子如不言,则小子何述焉?"子曰:"天何言哉?四时行焉,百物生焉,天何言哉?"

7. 勤学好问的子贡有时候问的问题莫名其妙,他为什么这么问?

7.15 冉有曰:"夫子为卫君乎?"子贡曰:"诺。吾将问之。"入,曰:"伯夷、叔齐何人也?"曰:"古之贤人也。"曰:"怨乎?"曰:"求仁而得仁,又何怨?"出,曰:"夫子不为也。"

9.13 子贡曰:"有美玉于斯,韫椟而藏诸?求善贾而沽诸?"子曰:"沽之哉!沽之哉!我待贾者也!"

8. 子贡本身才华横溢、能言善辩,但他还是虚心求教,不断提高自己的道德修养与学识水平,因此他得到了孔子的高度评价。

5.4 子贡问曰:"赐也何如?"子曰:"女,器也。"曰:"何器也?"曰:"瑚琏也。"

9. 孔子的这位高足,也有受老师批评的时候,也有与老师意见不一样的时候。

14.29 子贡方人。子曰:"赐也贤乎哉?夫我则不暇!"

3.17 子贡欲去告朔之饩羊。子曰:"赐也!尔爱其羊,我爱其礼。"

10. 这有损于子贡的形象吗?

19.21 子贡曰:"君子之过也,如日月之食焉。过也,人皆见之;更也,人皆仰之。"

11.《论语》中记录子贡的有38章。他是孔子最活跃的一位弟子,他不但有万贯家财,而且品德、学识、社交能力、政治才能都很出色,在当时社会声誉很高。于是有人认为子贡贤于孔子,甚至诋毁孔子。这时子贡是怎么说的?他为什么那么说?

19.23 子贡曰:"譬之宫墙,赐之墙也及肩,窥见室家之好。夫子之墙数仞,不得其门而入,不见宗庙之美,百官之富。得其门者或寡矣!"

19.24 子贡曰:"无以为也……仲尼,日月也,无得而逾焉。"

19.25 子贡曰:"君子一言以为知,一言以为不知,言不可不慎也。夫子之不可及也,犹天之不可阶而升也。"

《道德经》第43章课堂纪实

(师:"天下之至柔,驰骋天下之至坚。无有入无间。吾是以知无为之有益。不言之教,无为之益,天下希及之。"请学生讨论)

秦亚群:水是最柔弱不过的东西了,却能穿山透地。水滴石穿这个成语,体现出了水的刚健。还有更强大的,例如,洪水可以冲毁房屋,海啸令人闻风丧胆。

张怡美:风也是看起来轻轻柔柔的,但是在龙卷风来临时,飞沙走石,树木被连根拔起,也说明了老子柔弱胜刚强的道理。

管潇:我认为"是以知无为之有益"是千古真理。在我们组里,如果学习好的同学好好学习,就会"其身正,不令而行",会带动起学习不好的同学的积极性,用无为的方式,换取整个小组爱学习的风气。

王志刚:子曰:"予欲无言。"子贡曰:"子如不言,则小子何述焉?"子曰:"天何言哉?四时行焉,百物生焉,天何言哉?"我们生活中也有行"不言之教"的例子,韩老师没对我们说什么,我们看见韩老师读书,我们也喜欢阅读。

韩老师:谢谢志刚。

何晓樱:孔子曾说过:"子帅以正,孰敢不正?"一个为政者如果加强道德修养,走正道,百姓自然也会跟着走。这句话和老子所说的"不言之教,无为之益"的意思一样。

胡皓:我们都听说过水滴石穿的故事。一滴水的力量微不足道,但日积月累就可以使坚硬的岩石穿孔,从这儿我可以看出水有着柔弱但神奇的力量。

韩老师:胡皓说明了水有力量的原因,是因为日积月累。

姜奕彤:"江海之所以能为百谷王者,以其善下之,故能为百谷王。"因为水具有无形、不争的特点,所以水聚在一起,会变得无坚不摧。老子看到了无为的益处是"天下希及之",所以提醒为政者要无为而治。

韩老师:水是柔弱的、不争的,它虽然无为但却无不为,因此老子告诉君主要无为而治。

宋爽:鹬蚌相争,渔翁得利。渔翁就是一个无为的人,他坐山观虎斗,坐享其成。

叶丽雪:水是流动的,所以不能说水是无为的。

韩老师:叶丽雪说流动的水不具备无为的特点,是不是什么事都不做才是无为呢?

姜奕彤:顺应自然之道便是无为,水一直顺应自然,有风它便流动,有低洼处它就流下去,所以水的确是无为的。如果违背了自然之道,即使什么都不做,也不能说是无为的。

李汝佳:水是以无为的方式去有为。

徐钊:老子在这里说的无为必须以有为为前提。汉朝曹参无为而治,就是因为萧何制定了完美无缺的法令。

韩老师:这个故事与什么成语有关?

全体:萧规曹随。

郭爽:老子讲的"不言之教,无为之益"并非倡导什么都不管,或刻意地放松管理。《哈佛女孩刘亦婷》一书中刘亦婷的母亲对她的学习、生活并不过多地干涉,但也绝不是什么都不管。她会常常与刘亦婷交流,并对她的想法加以引导,这便是"为无为",在"无为"中有所作为。

韩老师:就因为刘亦婷的母亲懂得"为无为",所以刘亦婷有了出色的成绩,于是许多母亲效仿刘母,刘亦婷的妈妈当年让孩子学什么,她们便让自己的孩子学什么,你评论一下。

学生:孩子的情况各不相同,生搬硬套便是强行妄为,与无为之道背道而驰。

曾祥君:"母亲与母亲彼此相像,如山脉之间的重重海洋。世上的山峰纵有千万,没有哪一座比得上您高尚。无论是欣喜还是悲伤,您总是我可靠的山峰。如今我凝视四面八方,到处呈现您的形象。您在百花盛开的大地,您在波光万顷的海洋。天空难容您的高尚,大地容不了您的慈祥……"天下最细腻柔弱的东西是母爱,但母爱同时也是坚不可摧的,母亲是最伟大的,她可以为我们遮风挡雨,任何蛮力也摧毁不了。

韩老师:这首诗是说,至柔的母爱是驰骋天下之至坚。

杜瑾:树枝和小草也是明显的一种对比。小草是柔弱的,树枝是强大的,但是当大风来临的时候,小草会迎风招展,跳着欢快的舞蹈,而树枝遇到大风,就会被折断。这也说明了强大处下、柔弱处上的道理。

陈晨:这句话和"弱之胜强,柔之胜刚"的意思一样,这都是老子柔弱胜刚强理念的体现。牙齿是坚固的,舌头是柔软的,到最后还不是齿亡舌存!所以又应验了老子的另一句话:"故坚强者死之徒,柔弱者生之徒。"

韩老师:请同学们看屏幕,老子通过"天下之至柔,驰骋天下之至坚"和"无有入无间"这两个现象得出"是以知无为之有益",它们之间有什么关系?

刘若凡:天下最柔弱的东西能穿透天下最坚硬的东西,空虚无形的东西可以进入没有间隙的东西中,依此类推,无为胜有为。

韩老师:刘若凡总结得很好,至柔胜至坚,无有胜于有,同样无为胜有为。

在我的电脑上保存的十几个课堂纪实中,《道德经》第43章是我参与讨论最多的一次。即便如此,讨论课上的话语权基本还是由学生掌握着。出示讨论的话题后,学生抢着发表个人意见。假如达不成共识就会引发争论,出现一个对几个、一组对一组这种自然形成的观点对立的辩论集团。他们各自引经据典,努力说明己方的观点和意见,试图说服对方。其间插嘴的、反驳的、补充的,叽叽喳喳;辩得清的、辩不清的、越辩越糊涂的,形形色色。我不轻易否定,也不急于下结论。对于连专家都众说纷纭的问题,我一个小学老师下什么结论呢?学生搞清楚了固然好,搞不清楚又有什么关系呢?课内不清楚课外再辩,现在不清楚将来再辩。关键在于学生的思维活跃起来,探求真知的程序启动了。翻工具书、查阅资料、上网搜索、向他人咨询,学生就是这么学习的,把主动学习、合作学习的理念与方法牢牢根植在心中。当学生眼中神采飞扬,脑中思维激越,口里妙语迭出时,老师不妨作壁上观。

二、第二次教经典　完善《读论语　学成语》

给2007级学生选择什么书用于课堂共读,我很谨慎,担心家长说:"大人读不懂的书为什么让孩子读?"所以我选了一本选读本的《论语》,类似连环画的形式,带着故事,浅显得很。我们师生仅用一个星期就完成那本《论语》的学习。同一版本的《诗经》《三十六计》《孙子兵法》也很快学完。然后我们开始了《读论语　学成语》的学习。这本书的难度不大,但教学的速度一直很慢,因为我边教边改,而且修改的速度慢。吴忠豪教授、《中国教育报》的专家都观看过我们师生学习这本书的情形。在《中国教育报》为我举办的"韩兴娥课堂教学艺术研讨会"上,我们师生在上千人的会场上解读《论语》,解读正气凛然的儒家精神。这堂课展示的不是我个人的教学艺术,而是对《论语》接地气的解读以及学生通过"海量阅读"所产生的灵气和正气。

◎ 学以致用让经典增值 ◎

关于该不该让小学生读经的争论由来已久,双方各持一端,赞成者说是传承文化之必需,反对者说是摧残学生之恶行。我本来就是不擅长思考与表达的头脑简单之人,再加上整天与小学生在3000个常用字中鏖战不休,实在没有能力搞明白是公有理,还是婆有理。但我知道,如果小孩子能把这些艰涩的"老古董"学以致用,这些"老古董"就会焕发出新的光彩,小孩子也会由此产生兴趣,古文教学之路会越来越宽广。

读经典与泥古不化总是存在千丝万缕的关联,读经与摧残学生总是如影随形。悠久的历史变成了沉重的包袱,传承经典文化成为一个沉重的话题。因为多数教师本身就是经典文化的门外汉,像陈琴那样随时随地活用经典、吟唱经典的老师凤毛麟角。由于缺乏深厚的传统文化底蕴,无论我们如何努力,总是难以达到一个高度。我的2000级学生在四年级时就通过了小学毕业测试,腹有诗书的他们到六年级学习《论语》时,也是经历了艰难的跋涉才柳暗花明。这一期间,如果有来自学生和家长的强烈反对,读经之旅就会搁浅。幸运的是,我和弟子们硬是啃下了《论语》《道德经》两部经典,其中几多欢乐几多愁。

再学经典时,我不想重复老路,那条路虽然已经有了可以沿袭的足迹,但依然是逼仄狭窄之途,我的教学环境也与上届大相径庭。上一届学生家长大多为工人或小商贩,他们任由老师瞎折腾;现在的家长多为公务员、大学教师,他们有自己独立的见解,也最看重孩子是否拥有欢乐的童年。他们不会允许老师为了不可预知的"未来前景"而牺牲孩子当下的幸福,于是我的读经之旅有了更多的顾虑。

400首焕发着童趣的儿歌使我的一年级小学生有了400个成语、歇后语的积累,小孩子的活学活用使家长们对我的经典之旅产生了初步的赞同。我请家长把孩子运用语言的例子记录下来,发到我们的班级网页上,我从中摘取一些搬到课堂上,让"学以致用"发挥辐射作用,惠及更多的孩子。但小孩子的那点儿活泼却不准确的例子对于我们的"海量阅读"教学来说是杯水车薪,于是我在成堆的书籍中、在资料如烟的网络上搜寻运用经典的例子,累得头晕眼花。无数次揉着发胀的双眼,想到朋友郑飞艺的博士论文中描述的"一个人的课改"时,阵阵寂寞清冷袭上心头。

　　那些署名的、匿名的朋友从我的邮箱中要走了一份又一份浸透着汗水的材料,我感谢他们的信任,但回赠者却寥寥无几。淄博的徐美华老师通过邮件、U盘,也要走了我的备课资料。奉送只是举手之劳而已,我也并没有想到回报,心想那些杂乱、零散的备课材料到了别人手中也没有多大用途,但没想到美华回赠我这样一份厚礼——《读论语　学成语》。我一向是"不求甚解"理念的践行者,"诵读为主""归类诵读""学以致用"是我阅读教学的法宝。《读论语　学成语》落实了这些理念,美华搜寻了近200个与《论语》相关的成语,并配上"例句",给学生一个学以致用的范例;"近义词、反义词"便于学生与其他知识"链接",使新学的知识进入已有的认知结构,在大脑皮层构建新的联结,产生新的系统,从而融会贯通,牢固掌握。

　　《读论语　学成语》让艰涩的经典有了现实的意义,"学以致用"让这些经典著作有了利用的价值。

　　我的2007级学生上六年级后开始学习《读论语　学成语》,我修改一篇,印发一篇。"不求甚解"的理念已贯彻了五年,到六年级了,学生能不能理解《论语》呢?我专找班里的"超级巨懒"检查,却惊喜地发现,通过海量诵读白话文、文言文,全班100%的学生能理解我和美华对《论语》的解读,并能结合自己的生活实际谈感悟。我们边学边修改,书稿蕴含着我和美华三届学生的智慧。因为担心两个小学老师解读经典可能会贻笑大方,所以,我第一次找陶继新先生写序言。陶先生通读全书之后给予了我们两个小学教师很高的评价。

　　我曾上过大型公开课《读论语　学成语》(六单元雍也篇),其教学设计如下:

《读论语 学成语》（六单元雍也篇）教学设计

【教学目的】

学习文言文，了解成语出处，能理解、运用成语。

1. 不迁怒，不贰过　2. 肥马轻裘　3. 箪食瓢饮　4. 中道而废
5. 行不由径　　　　6. 文质彬彬　7. 因材施教　8. 敬而远之　先难后获
9. 乐山乐水　　　　10. 从井救人　11. 中庸之道　12. 博施济众　能近取譬

【教学过程】

（一）今天我们继续学习《读论语　学成语》（雍也篇），先复习放假前学习的几篇文章，"开火车"读成语、读古文。

1. 不迁怒，不贰过

哀公问："弟子孰（shú）为好（hào）学？"孔子对曰："有颜回者好学，不迁（qiān）怒，不贰（èr）过。不幸短命死矣，今也则亡（wú，同"无"），未闻好学者也。"

不迁怒，不贰过：不将怒气转移到别人身上，不重犯同样的错误。迁：转。贰：重复一次。

......

8. 敬而远之　先难后获

樊（fán）迟问知（zhì，通"智"）。子曰："务（致力于）民之义，敬鬼神而远之，可谓知矣。"问仁。曰："仁者先难（劳苦）而后获（收获），可谓仁矣。"

敬而远之：尊敬他，但不接近他。表示尊敬却有所顾虑而不愿意接近。

先难后获：先劳苦而后才有收获。指只管自己努力的程度，而不计较得失。

（二）今天我们讨论后四篇：9—12篇。

9. 乐山乐水

（1）为什么知者乐水？（回答，齐读）水根据周围环境的不同变化变成不同的形状，总向低处流，的确是谦卑的。智者谦卑吗？（不耻下问）

知者乐（yào）水，仁者乐山。知者动，仁者静。知者乐，仁者寿。（物我两忘、心态平和，有利于长寿？乐而不淫、哀而不伤。）

（2）①李白看过"日照香庐生紫烟……"，看过"黄河之水天上来……"，看过"蜀道难，难于上青天"，所以才有"安能摧眉折腰事权贵，使我不得开心颜"的潇洒，才会有"天生我材必有用，千金散尽还复来"的豪爽，才能成为中国最伟大的浪漫主义诗人。

②杜甫曾领略过泰山的雄伟："岱宗夫如何？齐鲁青未了。造化钟神秀，阴阳割昏晓。荡胸生层云，决眦入归鸟。会当凌绝顶，一览众山小。"所以他才能在自己穷困潦倒的时候还有着心怀天下、心系百姓的宽广胸怀。他家的房顶被风刮跑了，但他还想着"安得广厦千万间，大庇天下寒士俱欢颜"。

③苏轼一心为百姓谋幸福，却遭遇了九死一生的文字狱——乌台诗案。他被贬到黄州后，最初也很沮丧，但黄州的山让他物我两忘、身心皆空，也无风雨也无晴。

莫听穿林打叶声，何妨吟啸且徐行。竹杖芒鞋轻胜马，谁怕，一蓑烟雨任平生。

料峭春风吹酒醒，微冷，山头斜照却相迎。回首向来萧瑟处，归去，也无风雨也无晴。

——《定风波》

黄州的水，就是长江的水，让他又产生了建功立业的雄心：

大江东去，浪淘尽，千古风流人物。故垒西边，人道是，三国周郎赤壁。乱石穿空，惊涛拍岸，卷起千堆雪。江山如画，一时多少豪杰！

遥想公瑾当年，小乔初嫁了，雄姿英发。羽扇纶巾，谈笑间，樯橹灰飞烟灭。故国神游，多情应笑我，早生华发。人生如梦，一樽还酹江月。

——《念奴娇·赤壁怀古》

10. 从井救人

（1）这一篇讲了孔子师徒之间的什么故事？宰我如果像其他同学那样问什么是仁，孔子会根据他的性情告诉他什么话？

君子耻其言而过其行。

有道德者必不多言，有信义者必不多言，有才谋者必不多言……夫未有多言而不妄者也。

宰我被骂"朽木难雕",但他为什么是孔门十哲之一呢?从这个故事中,你能看出孔子师徒之间的关系吗?(喜欢爱动脑、有独立思想的人)

(2)可欺而不可罔的君子不会做无谓的牺牲,而是善于保护自己。比如,宁武子,"邦有道则知,邦无道则愚。其知可及也,其愚不可及也"。

晁错、岳飞、于谦,他们都是好人不得好报,他们有没有意识到自己可能不得善终的命运?他们难道不是孔子说的可欺而不可罔的君子吗?

①七国联军杀向京城时打的旗号是"诛晁错,清君侧"。晁错有没有意识到自己可能不得善终的悲惨命运?

②岳飞被十二道金牌召回时说了什么?十年之功,毁于一旦,为什么不可以东山再起?他难道不知道宋高宗赵构不喜欢他把宋徽宗、宋钦宗迎回吗?

昨夜寒蛩不住鸣。惊回千里梦,已三更。起来独自绕阶行。人悄悄,帘外月胧明。

白首为功名。旧山松竹老,阻归程。欲将心事付瑶琴。知音少,弦断有谁听?

——《小重山》

岳飞没有知音可以诉说心事,他是不是知道宋高宗赵构不喜欢他把父兄迎回来?他为什么还要处处把迎回二帝的愿望说出来?

《满江红》:"靖康耻,犹未雪。臣子恨,何时灭?"这是国家的耻辱,岳飞忍不住呐喊。

③于谦更是意识到了明英宗会记恨他,他的《石灰吟》告诉我们,他不在乎自己粉骨碎身,打算"只留清白在人间"。

这些人虽然没有保护好自己,但他们并没有被愚弄。他们是正气浩然的君子,是勇于担当、杀身成仁的仁人志士,是中华民族永远的精神财富。

11. 中庸之道

(1)"中"就是不偏不倚,既无过头,又无不及。我们以前学过相关的两句话。(子张和子夏二人谁更好一些)

子贡问:"师与商也孰贤?"子曰:"师也过,商也不及。"曰:"然则师愈与?"子曰:"过犹不及。"

太刚则暴,太柔则懦,太缓则泥,太急则轻。……善为之者,损其有余,益其不足,抑其太过,举其不及,大要归诸中和而已矣。

曾参的故事也说明孝顺是好事,但不能太过分。关心孩子是好事,但不能太溺爱。

(2)这样说来,中庸之道是不是取中间的骑墙之道、掺和之道呢?只是不偏不倚这么简单?一件衣服,商家要1000元,你妈妈还价到200元,平均600元?

中庸之道是实行仁政和德政、建设大同社会的基础。什么是大同社会?

老有所终,壮有所用,幼有所长,矜(guān 同"鳏")、寡、孤、独、废疾者皆有所养……是谓大同。

老者安之,朋友信之,少者怀之。

这样的理想容易实现吗?岳飞、于谦牺牲生命也没有为百姓换来安定的生活;屈原上下求索,最终绝望投江;孔子一生"知其不可而为之",也没有实现理想……但儒家所描述的这个理想社会让我们无限向往,激励了一代又一代中国人。他们能有如此高远的理想,得益于儒家修身的法宝和最高境界——中庸之道。

(3)中庸之道除了不偏不倚,还有什么更有价值的内涵?坚持原则不动摇,坚守正道,坚守公理、常理。举例证明:

饥饿愁苦困不倒,声色货利侵不倒,死生患难考不倒,而人之事毕矣。

(4)大部分老师两节课教一篇课文,咱们班两个星期学完课本,一节课学一个单元,是不是太快了,快得过分了?是不是不符合中庸之道?

12.博施济众　能近取譬

如果我们像吴清亮一样家财万贯,也可以博施济众,造福一方。但如果我们没有这个能力怎么办?

能近取譬,能设身处地从身边的事情做起,也是实行仁的方法啊!

没钱没势的人能不能救百姓于水火?

墨家巨子,重厚少文。克勤克俭,身体力行。非攻兼爱,排难解纷。摩顶放踵,舍己为人。

墨子兼爱,摩顶放踵利天下(从头顶到脚跟都擦伤了)。

(潍坊北海学校语文老师　韩兴娥)

第七章

作文教学

作文晚写、少写,却能使学生写出高水平的文章,如何操作呢?

1 低年级写话晚起步

传统的中国语文教育讲究"阅读要早,开笔要迟"。曾国藩不让儿子过早地作文。他认为儿童的精力应花在读书和背诵上。书读多了,需要表达的时候,自然会表达的。我的作文教学一直奉行这样的理念,学生那些优秀的文章不是我"教"出来的,而是他们"读"出来的。

一、一年级家长代子捉刀写"学以致用"

一年级是孩子们学校生涯中的"婴儿期",他们会写的字太少,写话是一件很费力气的事。他们只管吃奶——阅读输入,不适合早劳作——写作输出。写话教学尽量延后,同时要在当下的"读"与将来的"写"之间搭建一座桥梁——家长代笔记录孩子们的"童言趣事""稚语集锦"。

2007级学生在一年级时,我在网易博客上建了一个题为《学以致用》的文档,将其"置顶",请家长以第三人称写孩子们在生活中运用语言的小故事,发在"评论"中。后来在我们的班级网页上专门设了一个"学以致用"栏目。别看孩子们囫囵吞枣、不求甚解地阅读,但他们运用得很恰当,小孩子似乎特别喜欢口头运用所学语言。这是四川地震期间家长记录的小故事:

○孙陶看抗震救灾的新闻,常常看得泪水涟涟。学校号召为灾区人民献爱心,孙陶说:"这叫一方有难,八方支援。"

○19日晚上,妈妈和赵若雅看新闻,看到前去灾区的解放军穿戴整齐,若雅说:"解放军叔叔都能做到冠必正,纽必结!"

○全家人聊四川大地震,爸爸妈妈说:"活着就是最大的幸福,钱再多也买不来生命啊!"丁乐腾说道:"钱财如粪土,仁义值千金。"

○韩佳俊看四川灾情直播时说:"只要我们齐心合力,一定会把家园建设得更美丽。"

○妈妈告诉尹浩全,不要听信地震谣言,但是学点防震知识还是有必要的,尹浩全说:"人无远虑,必有近忧,有备无患,防患未然。"

2014级学生家长直接在家长群中出"学以致用"的填空题互相"考":

○晚上九点了,熙晨还不睡觉。妈妈在客厅大声喊:"熙晨快去睡觉!"熙晨气呼呼地跑过来对妈妈说:"咱们家就你爱摆老资格,你这个样子就叫<u>老气横秋</u>!"

○初冬的午后,妈妈和雨诺在小区的花园里玩耍,忽然,雨诺在草坪里发现了一朵黄色的蒲公英花,她一边看一边兴奋地说:"妈妈,这里竟然还有小花,真是<u>不可思议</u>啊!"

○易冉今天在家学习,妈妈推门进她的房间,吓了她一跳,她自言自语:"我这是<u>胆小如鼠</u>。"

○欣冉元旦放假从老家回来累坏了。爸爸说不做饭了,收拾一下中午出去吃饭,欣冉高兴地喊:"<u>整装待发</u>喽!"

○晚上十一点多,奶奶发现宝月烧得厉害,便叫她起床吃药,宝月很不耐烦地说:"您<u>深更半夜三番五次</u>折腾我干什么?"

○彦林生病发烧,妈妈让他在家休息,他吵着要去上学,气呼呼地说:"不去上学我就没法听韩老师讲故事了,学习不是要<u>坚持不懈迎难而上</u>吗?"

二、认识段落

初学写话要教给学生"段"的概念,怎样才算一段呢?我给学生讲"每段开头的标记是空两格",但一年级学生对这么简单的一句话竟然听不懂,格式一片混乱。于是我给他们讲了一个故事:古时候有个万老爷,万老爷有个儿子,万老爷给万少爷找了一个老师,老师第一天教万少爷写"一",第二天教万少爷写"二",第三天教万少爷写"三"。万少爷学得不耐烦了,说:"一就是一根棍,二就是两根棍,三就是三根棍,这么简单!我都学会了!不用老师教了。"万老爷很高兴,就辞退了老师,让儿子给一个朋友写信,于是万少爷就开始写信。他要写的第一句话是"万老爷说"。"万"怎么写呢?这可费大劲了,第一天万少爷写了一段。

学生听到这里不禁哈哈大笑,我说:"孩子们,你们觉得万少爷笨吗?"

"笨!"

"别看万少爷笨,但他知道一段的开头要空两个格,后面的几行顶格写。同学们一定要记得,不然老师会说,这么聪明的郑小明怎么笨得像万少爷?"我摸了摸郑小明的头接着讲故事。

"第二天万少爷又写了一段,这段写得长。但还是开头空两格,后面不管多少行都顶格写。"于是,我写了半黑板"一",学生哈哈大笑。"第三天,万少爷写累了,这一段只写了一行半,但还是开头空两格,后面顶格写。后来万少爷说:'给姓万的写信真倒霉,什么时候才能写完呢?'同学们别看万少爷有点傻,但他知道什么是'一段',你知道吗?你写的小文章开头空两个格了吗?"

通过这个小故事,绝大部分学生掌握了段的概念。如果有的学生再犯糊涂,我一说万少爷的信,小朋友们立即表现出恍然大悟的样子。

每段开头空两格的道理好懂,但有的学生一下笔就忘。为了让学生养成每段开头空格的习惯,我设计了一张有趣的多幅"画配话"作业纸。在A4纸上画四个框,让学生在里面画画,每个框下面画两条横线,用来描述画的内容。横线限制了学生对图画的描写必须简短。如果他们忘记了在第一行空两格，我就要求他们擦掉重写，因为简短，学生对重写望而生畏的心理也就淡一些。这样有效地强化了每段开头空格的要求。

三、改错方式

低年级初学写作首先要养成及时改错的好习惯，我们的改错方式主要是"擦、描、抄"三种方式。

第一种是"擦"。"画配话"作业纸还有一种单幅形式，A4纸横排，左边是一个画画用的方框，右边是写字用的方格。"画配话"单幅作业纸只有方格，不像学生日记本那样有横格，所以改错的方式是"擦"——擦掉在原地方改。学生日记本的横格比较窄，小孩子写字大，见到错字我也不圈出来，而是在下面画条短线，学生擦掉错字并改正，改完后，老师在横线上加条斜线就变成了对号，再在分数旁（不是百分制的分数，而是标明得了价值几分的奖状）盖奖杯或五星印章，表明这一篇日记合格了，可以领奖状了。

第二种是"描"。比如缺了标点，老师给加上了，在老师加的标点上用铅笔描一描。

第三种是"抄"。丢字、添字、不通顺的句子，老师修改后，要求学生照抄那个句子。

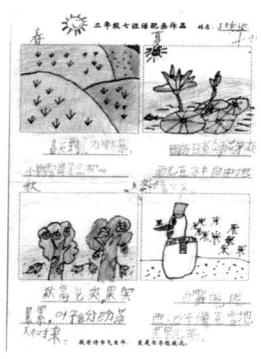

多幅"画配话"作业纸

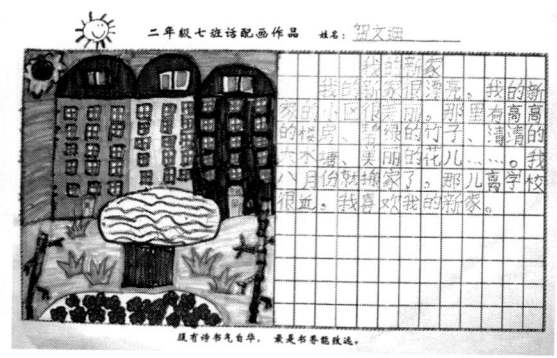

单幅"画配话"作业纸

四、抄课文与"处女作"

我平生最不爱做的事情就是批改那些语句不通的作文,对批阅低年级学生的小文章更是头痛。如果孩子的文章仅仅是错了字,改错还算容易;如果句子不通顺,就必须面批,因为集体讲解后学生照错不误。标点符号的运用更是一大难题,标点符号分标号和点号,"点号"(顿号、逗号、分号、句号、问号、叹号)不能写在每一行的第一格,如果上一行没有格子了,就挤着写到格子外面。书名号、引号(标号)的前半部分(《、")不能写在一行的最后一格,书名号、引号的后半部分(》、")不能写在第一格。即使讲几百遍,有的小朋友还是会出错。简单一点儿的知识,比如标点占一格,或者每段开头空两格,有的学生也不会。一想到学生马上要上三年级了,作文不得不写了,我的头就晕了。

为了清除作文道路上的障碍,我首先教二年级学生抄课文。我选了《狐假虎威》《会走路的树》这两篇段落短、对话多的课文,让马丽华老师在学生的作业本上抄写并复印,给每个学生一份复印件照着抄写。用这种方式形象地告诉孩子们写作的格式,这是第一步"照葫芦画葫芦"。

学生用的练习本是每行8格的,我用电脑画每行9格、10格、12格的纸再次让学生抄写这两篇课文,有几个学生掉进了糊涂阵,格式乱了套。大部分学生能够"由此及彼"。这是第二步"照葫芦画瓢"。

第三步"照葫芦画瓢"的难度更大了——不再照格子纸中的课文抄写,而是照着书上的文章抄写。这样抄来抄去,就是想让学生在具体的文章中明白作文的格式。对那些不会"照葫芦画瓢"的学生,就给他一份正确的作业再次"照葫芦画葫芦"。无论阅读还是写作,我相信举三反一的效果。

抄了几个星期课文之后,我终于忍不住想看看"实战"的效果。3月20日,我让学生写《春天来了》,对全班学生来说,这是第一次集体写作,是孩子们的

"处女作"。我很高兴地看到,我的小弟子们个个是中国人,人人会写中国话。格式正确,语句通顺,尤其是标点写得相当规范,还能自觉地分几个自然段,相当养眼。没有一个汉字是用音节代替的,有的学生在写的过程中问我某个字怎么写,但询问的人次不多,没有把我忙糊涂,我心情愉悦地把学生们询问的汉字写在纸上。学生的小文章虽然短,但很少有错别字。我把学生的"处女作"装订好放在桌上,一看到,甚至一想到,我就心花怒放。没有当过语文老师的人也许有这样的疑问:看到这些小文章仅仅做到了"通顺"就犯得着这么兴奋吗?

20多年的教学生涯中,我常常为了批改学生的作文而苦恼。有些文章错字连篇,添字漏字,读老半天也不知所云。提起笔来,耐着心性一句一句向下顺,十几分钟批改不出一篇,那滋味就如同喝中药,不得已忍受着,一口一口慢慢喝,苦不堪言。我揉着因看作文而酸痛的双眼,苦着脸对学生说:"你还是中国人吗?会运用中国的文字吗?"

如今,我终于摆脱了这种折磨,能不高兴吗?在未来的四年中,孩子写得轻松,我批得轻松,这样的日子才有奔头。

在集体写作前,我让郑丽萍老师把笔顺易错的字都抄写下来,给每个学生复印一份,不管学生是不是认识那些字,我让学生抄了一个星期。于是,汉字的笔顺就全部解决掉了,这样,清除了习作道路上的又一个障碍。在二年级下学期的课堂上,我偶尔打算让孩子们写篇小文章时,教室里都会响起一阵欢呼声,写作文不再是难事,而是孩子们的期盼,因为写作文对他们来说就像在畅通无阻的大道上行走,那是一件多么快乐的事。

2 中年级作文起步写游戏

三年级一入学,我教完课本后不急于阅读其他课外书,而是集中时间让学生把课本上要求写的生字写扎实,如果有书的话,可以提前用很短的时间通读一遍三年级下册和四年级的教材,并照生字表练习写字。这是为了让学生会书写更多的字,避免写作文时有太多不会写的字。如果让我谈什么是理想的"海量阅读"环境,就是一、二、三年级都不考写话及作文,师生在课堂上少写字、多读书。我把主要时间放到阅读上,使学生发展的潜力更大,作文用的时间尽量少。三年级上学期是我在作文上下功夫最多的时段。

一、三年级上学期作文教学计划

我一直不愿让学生写作文,除了信奉"劳于读书、逸于作文"的古训之外,揭秘内心深处,恐怕是"倦怠",职业"倦怠"——对批阅作文已厌烦透顶。为此,我先让学生海量读背,期望他们在此基础上能写出通畅的文章。但阅读和写作之间有一道"坎",如何迈过去,我一直思考着。

幸运的是,当我的三年级学生到了必须写作文的时候,我认识了一位作文教学的"另类"专家——上海大学文学院的李白坚教授。国庆节前收到他寄来的一包书,我先读《21世纪我们怎样教作文》。这位上海市写作协会副会长、大学老师,教起小学作文来果然与众不同,他的"快乐大作文"句句切中肯綮,没有那些让我厌烦的作文教学的老套子,使我很多朦胧的想法明晰起来。我边读边思考:怎么把他的理念用到大班教学中。

◎ 作文游戏 ◎

每次作文都设计一个游戏。这是李教授作文教学的常规做法。游戏其实是很简单的,苏教版第六册教材中的作文和口语交际很多可以设计成小游戏:

第一单元:随便写。

那我们就不写了。随便写看起来容易,其实反而无事可写。就像女人面对一衣橱的衣服,反而觉得没有衣服可穿。

第二单元:《我的自画像》。

1. 带面小镜子,边照边写,练练"写生"的本领,这样学生言之有物。写完外貌的学生可以写写自己的性格、爱好、事情等。

2. 学生上台蒙着眼,找几个学生上台让他摸摸,写出被摸同学的特点及名字。说准特点有奖励。

3. 写完后,作文汇总到组长手中,老师任意指定一个组员,任意读一篇文章,大家猜猜写的是谁。

4. 这是谁?

带自己一张婴幼儿时的相片,放投影仪上让学生猜,猜对的说出猜测依据。

口语交际《当有人敲门的时候》:先模拟表演再写。

第三、四单元:景色。

1. 在书上先画画再写,课本上的设计不错。

2.带着外出游玩的相片或写生画,先说给同学听,再写。这要得到家长的帮助,更适合在家里练口头作文。请家长近期带孩子外出边观察边口头作文,可以先写日记。

课堂作文的内容是观察校园。

口语交际《学会自救》:看相关视频之后再写,容易言之有物。

第五单元:动物名片设计大赛。

准备:带动物玩具、图片、资料或实物。

1.全班猜动物。请几个学生上讲台背对着同学,面向黑板。座位上的学生自告奋勇手拿一个动物玩具,描述这种动物的特点,让面向黑板的同学猜。

2.同桌互相描述、猜测。猜测之后拿出相片、实物等资料讨论如何写出动物的特点。以同桌两人的作文成绩作为奖励依据,内容不同的文章得分更高,这样每个学生书面写一篇,但口述两篇。

3.讲评:学生念自己的作文时故意不念动物的名字,让全班同学来猜。

第六单元:写文具。

讲桌上摆几个文具,小组合作先说再写,比比哪个组写得形象生动,然后各人写各人的文具。

第七单元:摆玩具编故事。

1.编故事接龙:学生自告奋勇上台一人接一句编故事,接不上的下台。

2.四人小组合作编故事,小组成员边摆玩具边编故事,可以编得慢一些,把故事情节推敲得合理一些。四人可以写同样的情节,但不能抄袭。写完后小组内"朗读讲评",选出最好的四人,准备参加全班的竞赛。这样促使弱一些的学生从同学的文章中受益。

3.讲评方法:老师从每组中找一个学生读全组最好的文章。每一排三个组进行比较,这三个组中朗读的学生都是每个组中同一水平的,给每个组一个公平竞争的机会。

◎ 按时完成 ◎

限定时间,按时完成,李教授称之为"煎逼"。单项练习一分钟不等,综合练习当天上午交的一行得一分,下午交的两行得一分。初写作文,不论内容如何,给学生一个先入为主的理念:当堂完成,不拖拉。我也会像批"看拼音写汉字"一样,当天批阅完毕,学生当天改完错。

为了快速批阅,先不用本子,给孩子准备稿纸写,尽量不要用红格的,红格的纸容易模糊老师的批改。我设计的作文用纸,格子大一些,横格宽一些,方便学生在原地改错。右边的空格可用于在不方便面批的时候进行眉批。

在"收卷"前五分钟老师提醒学生,学生可以迅速结尾。有空着格等待查字典的字可以适当延长时间,这样鼓励学生一气呵成,写完之后再查字典。

二、作文起步教学案例:三次成语接龙

尽管提前读写是诸多同行成功的教学实验,但我不喜欢在低年级提前进行起步作文教学,教材上要求的写话也不让学生写。因为小孩子写字太慢,不会书写的字太多,低年级小学生写作文时遇到生字要么用拼音代替,要么查字典耽搁时间,要么围着老师问,总之,跟朗读教学相比效率低多了。我的弟子们升入三年级后的第一个月,我先用两周时间结束课本的阅读教学,把生字写一写。尽可能地让学生多掌握一部分字的书写后再作文。然后开始作文起步教学,连续进行了三次成语接龙游戏。

◎ 第一次成语接龙 ◎

今天是第一次正儿八经地教作文。学生做课间操时,我在黑板上写了这样两句话:

丁乐腾写上"唉声叹气",其他三位同学分别写:"气象万千、千方百计、计上心头。"

王朱颜忘了"头头是道"的"道"怎么写,梁家铭说:"'头头是道'的'道'就是'道路'的'道'。"并写在纸上让她抄写。

上课铃声一响,我先让学生读这两句话,告诉孩子们:"有的词需要引起读者的注意,所以要加引号强调。双引号中的词需要强调时,要加单引号。"这个知识点在前期学习课文时反复强调并书面练习过。这次作文还是一个难点。

然后讲游戏规则:"一个组用一张纸,全班八个组分别以'一、二、三、四、五、六、七、八'开头进行成语接龙,在规定时间内,能写几个得几分。书写不认真不得分。"

学生以四人为小组做游戏。

到了时间交上后,我问路欣毅的小组为什么写得那么多,原来,他们分工合作,有人写,有人查词典。我又问常博宇:"同学在写词时,你的屁股为什么没有在凳子上?"他说:"我急得在跳!""你或同学还有谁像博宇那样,在做游戏的过程中有引人注目的表情、动作?"这是在引导学生写细致。小孩子初写作文,老师、家长不要告诉他"中心明确、详略得当"之类的知识。这些写作知识会框住孩子的思维,他们只管放开手脚大胆地写。如何做到详略得当,写《成语接龙》时,能写一写表情、动作、心情就行了。在批阅时,画曲线的文章都加了分。

我的批阅自然不会篇篇写评语,学生改完作文后,我像以前批改写字作业一样盖上印章,并及时给学生与奖励分数相对应的小奖状,下午放学前作文都已发到学生手中,方便家长查看。我在当天的博客上写明:

这次作文得分,从 1 分没得到 20 分不等。最差的就是今天没交、没改对的。没有改对的(看印章)要改正确,无法在原句上改就重抄写。明天交改错时同时交"罚款"——10 分。没有交的(没有批阅的痕迹),明天交上"罚款"20 分。没有小奖状交的家长写条说明。得分依据是:"写一行得 1 分,错一处扣 1 分,一个好句子奖 2 分。"明天再写《成语接龙》,严格按这个标准加分、扣分。辛苦惠加、星辰、怡心、姝慧、晓榕、冠伊、晓宁、益嘉的家长把作文拍成照片发到家长群中。

10月9日第一次写作文,效果不错。中午我端着午饭到办公室"吹嘘"一番,跟马丽华这个唯一的听众交流。刚"吹"完,郑丽萍走进办公室,要求我再次"演讲",我干脆"现场办公",带她俩到七班教室看我写在黑板上的句子,又到我的办公室看学生的作文,最后郑老师拿走了李教授的两本书,并记录了《21世纪我们怎样教作文》中的一些片段:

孩子们写作文时想的是把那么热闹、那么有趣的游戏场面记录下来;把自己的快乐写下来,告诉别人。千万别牵挂着写多少字好交差;千万别想着老师说过"文章一定要开门见山";也千万别想着老师教导的"文章一定要首尾呼应"。

通过竞赛、猜测、模拟,作文的艰苦和困难在游戏的外衣下变得温和起来,变得被学生接受了。

小学三、四年级时主要怕他不写,怕他写不长。写废话?不要紧;写"流水账"?不要紧……只要他写得多,写得自如就好。就好像孩子学走路,走得摇摇摆摆不要紧,走得滑稽可笑不要紧。只要孩子肯走就好!就要夸奖。

学生作文层次不清的话,可以要求学生多分自然段,而且必须分自然段。

在我们的"快乐大作文"课堂上,总有一个环节,叫作"出什么题目好",鼓励学生争先恐后上黑板写。

悄悄地批评,狠狠地表扬。

老师或者家长只指出有错字,而把具体的查找工作放给孩子,就让孩子产生了一种压力,他必须对自己的行为负责,此外还增强了他们检查自己错误的能力,这才是最重要的啊!

让学生了解什么是不正确的,而不要给学生造成"只有什么才是正确的"感觉,否则容易限定学生的思维空间和想象能力。最稳妥的办法是在他们不太通顺的语言下面画线,让他们自己去订正。

后来李教授到潍坊来听了我们师生的阅读课,并给孩子们上了一节课,小朋友们都很开心啊。

◎ 第二次成语接龙 ◎

第二次写《成语接龙》，接龙的形式换了换，我让几个学生上讲台进行口头接龙，方便台下学生观察他们的表情、动作。如何具体生动地描写，有大量阅读的功底，这对我们的学生来说轻而易举。再加上我每次都给画曲线的妙词佳句加分，学生们很乐于表现自己的文字功底。今天讲评时，学生又念了念画曲线的句子，不但露了脸，而且又得了一次奖，名利双收的小学生乐晕了！

我也乐晕了，因为所有的学生都能写出通顺的句子，差点儿的学生虽然有一些病句，但通过面批，他们能听得懂，能主动地去修改句子。这对一个小学老师来说是件多么令人兴奋的事啊！这意味着，强化练习一段时间之后，就可以一劳永逸——这届学生在北海小学的四年中，我不用再为那些文理不通的作文鏖战不休。有一次给外地同行讲课，我说一天能批完60本作文，台下一片哗然，都以为我吹牛。我说："当学生作文中很少有病句、错别字的时候，我用读小说练出来的阅读速度，再把批语写得简单点儿，3分多钟就能批完一篇。如果错字、病句连篇，10分钟也批不完一篇。我批阅作文的高速度源自一、二年级给学生打下的朗读功底。"

我们今天的耐心会给自己和孩子的未来创造轻松和成功，就像孩子小的时候，父母把屎把尿也很快活，因为我们知道孩子很快就会有自理能力，不会永远让父母把屎把尿的。所以看到孩子写作文时存在什么问题，就和他搞一个相关的活动，然后写一写，防止老犯同样的错误。

这两次作文的难点、重点还是标点运用。孩子们知道写对话要用冒号、引号，这次用引号是为了强调接龙的那个成语，但是一用到单引号，有的孩子就陷入糊涂阵了。

第一次作文，因为我在黑板上写了两句话，很多学生的作文没有开头，直接写游戏过程。于是在第二节课做游戏之前，我先在黑板上写了这样几句话：

1. 今天我们玩成语接龙游戏。

2. 下午,我们三年级八个班进行拔河比赛。

3. 体育课上,我们玩"两人三步走"的游戏。

结合这三句话,我先告诉学生,作文开头要用最简练的语言说明你要写什么。然后,我问:"为什么'成语接龙''拔河'不用引号?因为这两个游戏都是人尽皆知的。但'两人三步走'的游戏规则需要解释给读者听,这个词就要加上引号引起大家的注意。我们在写作文时一般成语不用加引号,做成语接龙游戏时说的成语要加上引号,也是为了引起读者的注意。"

又举了两个例子,是为了说明引号的这个用法。

1. 我买了两斤葡萄。

2. 我买了两斤"红提"。

下午上课前,我在黑板上写上:

1. 宋怡心说:"骄阳似火。"刘星辰说:"祸从天降。"

2. 宋怡心说"骄阳似火",刘星辰说"祸从天降"。

强调加了冒号、引号,就要用句末标点,句末标点用在引号内部。如果只是把词引起来,逗号、句号就写在引号外。用孩子能听懂的话来说,引号如果和冒号连在一起用,就是"班长",管着句末标点(。?!);如果单用,就是"组长",不用说句末标点,逗号它都管不了,它只能管一个词。建议学生尽量用第二句的写法,让引号当"组长",那样文章显得简洁。

我又在黑板上写了下面两句话,解释用双引号时还需要再强调词语时要用单引号。

1. 马一鸣说"降龙伏虎"。

2. 马一鸣说:"老师,接'降龙伏虎'行吗?"

我在当天的博客上写道:

下周一再做一次"成语接龙",估计走不出标点糊涂阵的孩子会少一些。希望家长和学生在双休日练习一下,找合适的文章读一读,注意标点的用法。

朱颜不到30分钟写了300多个字,婷婷写了400多个字,倩雯、孙陶写得虽少,但没有一处错误。博宇的文章很短,但语言生动,文文的文章一如既往地让老师赏心悦目,梦溪的文章读起来也很轻松。这些优秀作品让咏晖带回家拍照。拍照的作品尽量不选同一个学生的,有些文章内容不错,但书写不工整,错误太多,希望那些学生下次争取到拍照的机会。

昨天的优秀作文相片已发到家长邮箱中。

◎ 第三次成语接龙 ◎

第三次写"成语接龙游戏",一是为了强化双引号、单引号的用法,这是难点;二是为了结合具体实例让学生感受如何写具体、写明白,这一点在前两次已学过。这次要渗透的新知识是"突出重点"。

一节课40分钟,既要做游戏,又要写文章,时间很紧。当堂交上并写得思路清晰的学生还是蛮有水平的。从当堂交的文章中选出惠加、博宇、浩文、艺璇、欣毅的略作分析。请家长把优秀作文的相片发班级公共邮箱和家长QQ群中,还要辛苦上述优秀小作者的家长打字出来发到家长QQ群中供全班了解情况。

这次游戏,先让各个小组自己口头接龙,然后分别让三个小组上台接龙。

第一个接龙的小组接了八个词:"手到擒来、来之不易、易如反掌、掌上明珠、珠联璧合、合而为一、一心一意、易如反掌。""易如反掌"这个词说了两次,所以我说:"又绕回去了。"就让他们结束并领奖。这一组小高想了半天,小张听了同学提醒的词才接上,我提示可以详写这两个人,其他的可略写或不写。

第二次接龙的是刘星辰小组,大才子刘星辰出师不利,还没有开始就完蛋了。

第三次先由航航接,只接了一轮就又接上了"易如反掌",和第一组重复了,于是我就不让他们接了。他们也轻而易举地得了5分小奖状。

我提示学生,这三个小组共12个人做了游戏,不要每个人都写。他们接龙的成语都写在黑板上了,也不用都写上,只写他们认为好玩的情节。摘录几个片段:

任叶萱毫不犹豫地说出"易如反掌"这个词,好像在此之前已经倒背如流了一样。(欣毅)

轮到刘星辰时,他却出师不利,不战而败。因为他没接上来,他们组其他同学也因此失去了接龙的机会。唉,他真是聪明一世、糊涂一时啊!(浩文)

大将军发誓战死沙场,可是在半路上翻了车,一枪没放就玩完了。刘星辰真搞笑!(王馨婕)

刘星辰后悔莫及地叫道:"我真是聪明一世,糊涂一时啊!"韩老师说:"你这是出师未捷身先死,其他三个组员还没有机会展示呢,他们'展翅高飞'的权利被你剥夺了。"(王姝慧)

下面是程惠加的全文,她写的层次很清楚,重点特别明晰。她对老师说过的"写做游戏的人、接龙的成语能不用引号尽量不用"理解得最好。

今天,我们玩成语接龙的游戏。

高怡恬先说"手到擒来",其他三个同学脱口而出。

又一轮游戏,轮到用"珠"开头了。高怡恬说"珠联璧合",其他两个同学又是脱口而出。轮到张哲源了,他很着急,像小猴子一样挠了挠头,却想不出来。

最后,他听到同学们小声提示"易如反掌",他马上说了出来。哈哈!他真聪明!

下面是博宇的全文,博宇最应该受到表扬的是用了一个没学过的成语"忐忑不安",这是他从《成语词典》上学来的。博宇的文章写得有声有色,把"又绕回来了"交代得很清楚。

今天上午,我们玩了一次成语接龙游戏。

高怡恬先开头,韩老师让我们以"手"开头,高怡恬想不起来,我们三个忐忑不安,突然,高怡恬说"手到擒来"。

然后,我们三个脱口而出:"来之不易、易如反掌、掌上明珠。"

我们又轻而易举地开始了第二轮:"珠联璧合、合而为一、易如反掌、掌上明珠。"韩老师大喝一声:"又绕回来了。"

有的孩子总不明白文章的前后内容是有关联的。老师可利用一切时间面批,家长也可以经常问问孩子,他自己的文章好在哪里?差在哪里?同学的文章好在哪里?

三、教师"下水",激发练笔兴趣

要求学生注意观察周围的事物,教师首先要做生活的有心人,发现值得动笔的材料后便及时提醒学生观察,并亲自"下水"示范,或片断,或全篇,经常把练笔的结果端到学生面前,念给学生听,或贴于墙报上。北京著名的特级教师王有声老师写道:"当前作文教学的学术流派很多,四十年来,我在理论上缺乏研究,教法上一直没有提出什么名堂。但每接一个班,只需一个月,教几节语文课,指导两次作文,再加上平日接触,学生很快从我身上感受到'作文不难写''作文挺有意思'。要问何以能使学生产生这一感受,教师'下水'是根本招数。"教师"下水",既能激起学生观察、动笔的兴趣,调动他们作文的积极性,又能直观地授予一些基本的作文知识,可谓一举多得。

教师"下水",必须明确它是写给学生看的,目的是帮助学生写好作文。所以必须写学生熟悉的人和事。写"下水"文并不局限于和学生一起作文,它的形式多种多样,其中将写作的过程展示在学生面前,是"下水"的一种好形式。徒弟向厨师学烹调,只在餐桌上品尝名菜是不行的,作文教学,其理亦然。因此,可将写作的过程展示在学生面前。一次,我收到学生的一件小礼物,礼物被层层包装,并夹了一封短信和学生亲手写的使用说明书。我把这件礼物拿到教室剖析给全班学生看,并说老师很激动,打算写成作文,让学生和我一起想想该怎样构思成文。第二天,我将草稿念给学生听,请他们提修改意见,当场修改,并将修改前后的文章让学生比较。这样使学生清楚地看到老师怎样将平凡小事写成一篇具体感人的文章,并使学生对"为什么修改""怎样修改"有所领悟。

　　以前对学生的作文不满意时,我就提笔"下水"。从一年级带的大量阅读实验班上三年级时,我"口头下水"比较多,因为这一帮学生有低年级大量阅读的基础,能比较流利地把自己的见闻、感受写出来,再说,对中年级学生也不需要提出比较高的作文要求,所以,我一般通过"口头下水"引导学生观察身边的事物。从观察各科教学、课外活动,朝夕相处的教师、同学开始,过渡到观察其他地方的景物;从观察能拿到课堂上的静物开始,过渡到观察其他物品。"口头下水"最多的材料是我最熟悉的语文课,是我自己,是我们班的学生。通过大量的"口头下水",引导学生从生活这一活水中汲取素材,培养其敏锐的观察力,对"一言一动之微,一沙一石之细"都不轻易放过,练就一双锐利的眼睛,使周围的人和物烂熟于心、出口成章。

3 中高年级轻松作文

一、弱化写前指导

三年级上学期把作文基础打结实了,从此一直到六年级毕业,我让学生写作文的次数都很少,每学期十篇左右,都是在课堂上写,课外不要求写日记,不要求抄写读书笔记,把时间省出来用于自由阅读。课堂上写的数量不多的作文有两类内容,一是课本上要求写的,二是读后感,以我们课堂上共读的书为内容写感受。

读《中华上下五千年》有感

刘墨涵

"唐尧虞舜夏商周,春秋战国乱悠悠。秦汉三国晋统一,南朝北朝是对头。隋唐五代又十国,宋元明清帝王休。"我们在韩老师的引领下在中华五千年的历史中遨游,从盘古开天到新中国成立,从刀耕火种到载人飞船。中国的历史源远流长,中国的文化博大精深。

通过学习《中华上下五千年》,我知道了国家兴盛的原因,一是君主圣明,二是取得民心,正所谓"得民心者得天下"。比如说唐太宗,他一生从善如流,闻过即改,曾经重用过魏征、杜如晦、房玄龄等人,"以铜为镜可以正衣冠,以古为镜可以知兴替,以人为镜可以明得失"便是唐太宗的名言。水能载舟,亦能覆舟。百姓既能拥护圣明的皇帝,也能推翻皇帝的暴政。隋炀帝他暴虐无常,建东都,造运河,打高丽,耗尽了无数的民脂民膏。百姓纷纷揭竿而起,把他推下了帝位。

在中华上下五千年的悠悠长河中,涌现出许多精忠报国的人物。他们或骁勇善战;或深谋远虑;或金戈铁马,气吞残虏。有锐意改革的王安石;有"先天下之忧而忧,后天下之乐而乐"的范仲淹;有"壮志饥餐胡虏肉,笑谈渴饮匈奴血"的岳飞;有"人生自古谁无死,留取丹心照汗青"的文天祥。他们都以国事为己事,以国权为己权,以国耻为己耻,以国荣为己荣。

但也有像秦桧一样的奸佞小人,当他们的奸计得逞时,历史告诉我们,坏人终将被钉在耻辱的石柱上。当岳飞含冤入狱,死于风波亭时,历史同样告诉我们,中国人向来不以最终成败论英雄,而是重视他们"富贵不能淫,贫贱不能移,威武不能屈"的精神。

纵观华夏五千年的历史,"生于忧患死于安乐",我们要以史为鉴,兴利除弊,让我们的国家欣欣向荣,蒸蒸日上。

指导教师点评:刘墨涵的作文从"国家兴盛的原因""精忠报国的人物"两个方面说明了"生于忧患死于安乐"和"以史为鉴"的中心,浩然正气充溢于字里行间。

我最喜欢的一篇课文——《厄运打不垮的信念》

郭葳蕤

明末清初,浙江出了一位史学家谈迁,他奋笔疾书,四处抄写,不顾路远人乏,为了抄写史料付出了极大的心血。二十年光阴在他的笔下掠过,二十年寒窗点灯苦写度过长夜。可是梁上君子进了他家,偷走了他二十年的时间,笔尖上的二十年真的没有了,二十年的心血被可恶的梁上君子带走了,那可是常人无法估量的价值呀!他夜难安寝,茶饭不思。

不过,他又站起来了!他特地到了北京,搜集前朝君主与百姓的奇闻异事,并不顾年老体弱,挨家挨户寻找有关明朝的史料。一袭破衫,风尘中寻访于都城;面对孤灯,撰奇闻以度漫漫长夜。很多人以为他是疯子,嘲笑他,讽刺他。但我想他一定不会在意吧,要不他是如何坚持的呢?!几年过去了,新的《国榷》诞生了!上次他用了二十年,这次他却快了许多,因为他经验多了,以前的资料犹在脑中!

很多人的命运与谈迁一样,如司马迁,也是一位史学家,在狱中受尽折磨,忍受侮辱人格、摧残身体的官刑,却还发愤写出《史记》!汉武帝摧残这朵"盛世奇花",为的是不让他写出自己的恶行,但他不以己悲,以苦难为师,发愤图强,在中国的历史上留下了浓墨重彩的一笔!

人的一生是漫长的一次旅程,会有坎坷泥泞、洪水猛兽,但只要坚持,为了一个目标勇往直前,最终是会成功的!

韩老师的评语: 读葳蕤的作文不禁拍案叫绝,在只会"缩写"课文的诸多文章中,葳蕤的文章鹤立鸡群!她用自己的语言边叙述故事边写感受,丰富精彩的语言显示了葳蕤深厚的阅读功底和对语言的感悟能力。葳蕤让韩老师引以为豪!

写课本上的作文时,写作前指导内容很少,主要是提前告诉学生要写什么题目,让他们观察、思考,上课时发下作文本就让学生写,注重作后讲评。由于已经打下了良好的阅读、写作基础,学生言之有物、下笔成篇,很少有面对作文本发愁的学生。每次都有一半偏多的作文颇有文采。由于写前指导少,内容是真实的生活,学生的作文百花齐放。到五年级时学生一节课能写出600个字的作文,篇篇文从字顺。如果不写评语,我半天就能批阅完全班的作文。如果逐篇写评语,第二天能批阅完毕,然后进行讲评,讲评课上学生互相学习互相纠正。如果学生写跑了题,我在评语上写几句话让学生思考,学生便能通过评语和讲评发现自己文中的问题就可以了,我不要求他们重新写,为的就是让学生轻轻松松地写,不要存在畏难情绪。

作文教学的重点放到了讲评课上。

二、讲评课上成读书课

我的作文教学弱化写前指导,但强化写后讲评,就是为了让孩子的作文百花齐放。讲评课以学生读书为主,在我嗓子哑了的时候,讲评课照旧能上。

哑嗓子后的第一个星期让学生轮流上台读《穿越唐诗宋词》中我要求他们诵读的段落,学生一边读,我一边简单说几句,引导学生理解,同时把易错的词读三遍。好在教室里有话筒,我也不用说几句话。集体读半节课,剩下的时间让学生自己读,也安排了优秀的学生一对一听学困生读。学生或者读或者写,没有一个捣蛋的,老师坐在讲桌前批阅作业。

第二个星期写以"语文课"为内容的作文,写后把优秀的作文设成大字映到屏幕上,让学生读作文。其中有这届学生的作文,也有上届学生的,作文内容都是与"语文课"相关的。哑巴老师的课堂上竟然笑声不断,因为文章写得好啊!那都是真人真事。孩子们对学长学姐的事情也了解了不少,对几个"著名"的学长学姐,虽然没有见过面,但从作文中已十分熟悉了。所谓的作文赏析课,其实"赏"远远大于"析"。虽然深知"语文教学以读为主",但如果嗓子没有问题,我仍然会忍不住多几句废话,当老师的,顽固着呢,跟家长一样,不啰唆就好像没有尽到责任。

好在语文好教,学生只要自己读书就能有长进,老师讲不讲作用并不大,关键在引导。其实,学生诵读的量达到一定程度,阅读和作文水平就会水涨船高。

请看学生们以"书虫"为题的大作,我自愧不如!

我是我们家的"顶尖级大书虫"。我最喜欢看的书是《神话故事》《童话故事》《真情故事》等等。当我看情感故事时,我就会同书中的主人公一起号啕大哭,一起破涕为笑。我捧着书哈哈大笑或愁眉不展时,妈妈便会在一旁摇头说:"唉!我家的小书虫又钻进书里不能自拔了!"自从我学了《穿越唐诗宋词》之后,我会在细雨绵绵的春夜里,同李清照一起促膝交谈;我会在皓月当空之时,陪同李白游历名山大川;我会在落叶缤纷的季节,到陆游的案几前聆听他的铁马冰河的雄词壮句;我甚至会在大雪纷飞的严冬,披盔戴甲伴随辛弃疾驰骋沙场……

虽然我家的书已经很多了,但是我家的书依然在与日俱增。我们家的"书虫"们每天沉浸在书香中,欣赏春雨、夏花、秋月、冬雪的魅力;品尝人生的酸、甜、苦、辣的滋味;看庭前花开花落,体会宠辱不惊的清淡;望天上云卷云舒,体验去留无意的潇洒……

以书为乐,乐在其中!

——闫冠伊

"为中华之崛起而读书。"几十年来,周恩来总理所说的这一句铿锵有力的话,点亮了多少中国人浑浊的双眼,敞开了多少中国人狭隘的胸襟,警醒了多少得志的小人、当道的权奸!为了中华的崛起我们都应该成为"书虫"。

——张倩雯

我们家都是书的"铁杆粉丝",我是最爱看书的"小书虫"。每次去书店,我就会飞快挑选自己心向"买"之的书,接着是一顿唾沫横飞的波唇浪舌,父母的"心理防线"终于被我的唾沫淹没了,我得到了自己喜爱的书。

——台浩文

俺最大的特点就是看书看得飞快。记得去年暑假,城市犹如燃烧之火宅,天地仿佛铸剑之洪炉,这样的日子真难过。老妈知道我喜欢读小说,给了我一套《彩乌鸦系列》丛书,整整20本呀!这些书很快成了我的解暑良药。荡舟在书海中,感觉松风送爽,绿竹摇风,读飞瀑似银河倒泻,看清溪使遍地生凉,在那种幽静的书海中流连数日,真犹如洞天福地中的神仙,身上的暑热、心里的烦闷都消失得无影无踪。就这样,二十本书不到一个月就被我全部干掉了。

——张益嘉

忍不住向八班语文老师郑丽萍炫耀上面的作文。丽萍啧啧称赞,感慨老师、家长也写不出如此文采飞扬的文章。我说没什么奥秘,那些最精彩的文句都来自刚刚学过的《穿越唐诗宋词》。丽萍说在我班教室看过那本书,很难懂。我说:"我读第一遍、第二遍也觉得难懂,但读上十遍就懂了。"

丽萍是深受家长认可的老师,她休产假期间,家长们急不可待地向我和校长询问:"郑老师什么时候上班啊?"丽萍的教学既能扩充阅读,也在一定程度上沿袭常规教学的路子。这种中庸之道最稳当,不像我这样"偏激"。数十年细读课本的语文教学之路已让所有的人习以为常,失去了质疑的能力。像我这样两个星期教完后把语文课本扔一边的教法难以得到习惯思维的认可,得到家长的认可也得要有充足的时间。毕竟考试成绩容易提高,而打下坚实的童子功并彰显优势,非一朝一夕之力。但不如此"偏激"地轻装上阵,四年级的小学生能写出如此精彩的文字吗?"海量阅读"何时能堂堂正正地进入课堂,而不必担心来自家长、来自上级、来自考试的束缚?能轻车熟路地进行"海量阅读"的老师何时能在各种赛课活动、教学能手的评选中轻而易举地脱颖而出?

当学生作文中出现的妙词佳句是出自大家共读的书时,其他学生的眼睛立即亮了,集体拍案叫绝:"人家用得这么恰当,我怎么没想到呢?"于是更多的学生举一反三地学以致用。于是"哑巴"老师的作文赏析课上,学生琅琅的书声、会心的笑声、顿悟的感慨声不绝于耳,每个孩子的大脑在快速运转,每个孩子的眼睛都在看着屏幕,每个孩子的嘴巴都在读着文字,"哑巴"老师不用讲解,也不用维持纪律。

作文赏析最常见的方式可以让一人读、众人评,但我喜欢让学生看屏幕出声朗读,这需要把学生的作文做成课件。

"听、说、读、写"不能平均用力。学龄前儿童以听、说训练为主,家庭、社会为孩子提供了听、说的训练场,工作以后以"写"为主,拿着工资上班就要干活,读书的黄金时段已经过去了,就像我们当老师,在八小时工作时间内有多少读书的时间?八小时以外又有多少读书学习时间?像我,乐在其中就是把工作当学习,不断地和学生一起读新书。如果一本课本读半年,我反胃。对于中学、大学的语文教学我是门外汉,但小学阶段还是有发言权的,读书、背书应该成为语文教学的主旋律。于是我在自家的"一亩三分地"上大刀阔斧地改革:

对口语交际,我视而不见;

日记,不写,每周写一篇作文就足够了;

对读书笔记,我不做要求,边读边画边背的习惯比抄写任何读书笔记都重要。

于是作文赏析课就成了读书课。

我们家有一大一小两只书虫,一只是我,另一只是我老妈。

我妈妈是一只网络书虫,有时候"奋斗"到半夜两点钟。我是一只正宗的纸书虫,读起书来就像一只如饥似渴的小野狼猛啃肉骨头一样舒畅。妈妈在网上就看些垃圾书,什么《冠盖满京华》啊,什么《满堂春》啊这样的书。有时候看得大笑,但是大哭是不可能的,她是女强人,连喝水都得我伺候着。

我也经常在晚上黄金时段看书,就不愿意乖乖就范,便很不耐烦吆喝:"你不会自己拿嘛!"嘿嘿,这样也是为了老妈好,减减肥,活动活动筋骨嘛!

——郭葳蕤

文中的家长、同学都是全班同学所熟悉的人物,他们在纸上、在屏幕上呼之欲出,引发阵阵笑声。这样活泼灵动的文字更是学生的最爱。

三、写提纲事半功倍

我曾两次听过魏书生老师讲他要求学生写日记的事,还阅读了许多作家介绍自己写日记受益匪浅的文章，也听到许多同行指导学生写日记的经验和收获，我坚信写日记对提高表达能力是很有好处的。可是我注意到每天读书学生很乐意，而每天都写日记他们就不高兴了。于是我就把写日记变成写日记提纲，学生写得快，老师批得也快，其中优秀的选材也能快速反馈给学生。每周的提纲交流课成为学生最喜欢上的课。

在《有趣的提纲交流课》中徐钏写道：

在所有的课中，我最喜欢提纲交流课。

我们每天的家庭作业就是写一个提纲。在提纲交流课中，同学们积极回答问题，既得到了欢乐，又得到了知识。

胡月的提纲中的精彩片断是写自己发烧的样子，说自己像一张纸轻飘飘的，脑袋里好像有一窝蜂在叫。我立刻想出了那幅情景，老师让我重复一遍。我站起来，刚说了一句，脑子里一片空白，我不由地紧张起来，老师并没有生气，还模仿胡月的动作，我突然想了起来，背完后，老师微笑着，我心里也乐开了花。

……

我最喜欢上提纲交流课，因为我们可以在课堂上一边汲取同学们的优美词句，一边帮助同学改正错误的句子，让自己的作文更出色。

提纲中的精彩片段词句优美，笑料百出，更重要的是写提纲能给作文铺设一条康庄大路。因为写提纲可促使学生用心去观察生活，同时思考提炼文章的中心，动笔时5分钟就搞定一篇。经常写提纲使学生积累了丰富的素材，写作文时就下笔如有神了。现在学生习惯于每天都写一篇提纲，都从身边一些不起眼的小事写起，来练就一双发现美的眼睛。

在《天才有个锦囊》中刘娜写道：

"天才有个锦囊"是韩老师常说的话。的确，天才确实要有个锦囊。那么，锦囊里要装什么呢？首先，要把积累的词语或者句子装进这个锦囊中去，积少成多，聚沙成塔，久而久之就会养成自觉积累好词好句的习惯。如果你能做到这一点,那么便等于迈出了成为天才的第一步。然后,还需要一双发现美的眼睛。有些同学在日常生活中根本就没有发现过美,便认为生活中根本就没有美的存在。其实并不是那样子的,生活中并不是缺少美,而是缺少一双发现美的眼睛,所以,我们需要一双发现美的眼睛,这是必不可少的。把每天发生的新鲜事记下来,装到锦囊中去,把所见所闻写成文章,既丰富了我们的表达能力,又能养成好习惯,这便是成为天才的第二步。

为了让我们成为天才,老师为我们提供了良好的条件:经常让同学们把好的提纲念给大家听,让我们及时积累其他同学的妙词佳句,等我们写相关的作文时,便可以灵活运用这些语言,让美好的文字在笔端流淌,形成一篇篇佳作。而且老师几乎不给我们布置作业,让我们可以有充足的时间在大量阅读中积累好的文字,观察发生在身边的一切,用耳朵听世界上所有生物的声音,用心去感受世间万物生命的搏动,让我们对学习有着浓厚的兴趣,对生活更是有着强烈的爱与追求。

四、写着玩的循环日记

每个学期我都会找两个特别轻松的星期写"循环日记"。什么是"循环日记"呢?我把学习水平不同的四个学生分为一组,共用一个本子,每人写一天,四个人轮写一遍之后交一次本子,老师批阅打分,四人的成绩作为小组共同的分数。一方面可以促进孩子之间相互学习,给"慢"孩子以学习的机会,给优秀的学生以"为人师"的机会,同时也借助"群众"的力量来促使"懒蛋"们勤奋一些。"循环日记"四天才轮一次,负担不重;虽然不是天天写,但天天受到学生的关注,天天记在脑中的事情容易形成习惯;优秀的学生在课堂上有充足的时间写,学困生有人促着写、帮着写,不用占用学生的休息时间,真是一举多得的好事啊!

老师要求写"循环日记"的那个星期,课堂教学内容安排得很少,学生既可以在家里写,也可以在学校写,每个小组成员写完后都要找家长签字,这样便于家长了解其他学生的情况。

由于"超级巨懒"拖后腿,后来"循环日记"变成了学生自由组合来进行,学生们的日记语言,一个比一个"贫",一个比一个"溜",毫不费力地表达自己的见闻感受。请看帅小伙哲源的雄姿:

精彩的星期五下午

张哲源

今天是星期五的下午,也就是学校规定的大艺体时间。

"丁零零"上课铃响了,我和小伟、小凯一起走出了教室门,只见外面人山人海,不时像清泉出水一样,从教室里窜出一股人流来。

到了楼梯前,我们发现已经"人流堵塞"了,简直堵得连只苍蝇飞进去都很难。小伟只好挺起身子,自告奋勇地向前冲去,他还说了一句令我们群情激昂的话:"兄弟们冲啊!前面的子弹我来挡。"我们当然不会见死不救,只好明知山有虎,偏向虎山行了。

历经千辛万苦,九九八十一难,我们终于到达了魔术班级……下课铃响了,同学们欢呼一声,下楼去玩了。作为紧跟"潮流"的我,当然二话不说,跟着"人潮"奔向操场。

看着外面一片黑压压的人群,我当机立断,立马拍板,让我的"必杀技"登场,它就是"凌波微步"与裘掌门人的独门轻功"水上漂"的融合版"迅雷功"——它有"凌波微步"的轻巧,是闪避攻击的最佳选择,也有轻功"水上漂"的快速,堪称"一日千里",是旅游、出差、遭遇劫匪时的必备之功。接着,我就跟小伟、小凯会合了,我们往操场望去,操场上井然有序,完全不似大厅里那乱糟糟的到处是人。我们满操场寻找同班同学的踪影,结果连个影子都没找到。突然,小凯叫道:"张文浩在那里打篮球。"我们往篮球场望去,果然如此,张文浩正在悠然自得地打篮球呢。这真是:三人寻他千百度,蓦然回首,那人却在篮球场处。我们正要去找他,突然,上课铃响起了,操场上无数人如千军万马般奔向教室。我们三位大帅哥来玩玩,可这破铜烂铁般的上课铃声也不给点面子,这么快就响起来了。

我又开始练习魔术了,别看这魔术操作简单,其实"大智若愚"。看到我同桌操作得炉火纯青,我心里佩服不已。或许是我愚公移山、精卫填海的精神感动了上天,我终于练会了这个魔术。看到我的辛苦得到了回报,旁边的老师向我投去了赞许的目光。过了很长时间,终于下课了,幸亏魔术课放学早,不会遇到"交通堵塞"的现象了。

今天下午可真是内容丰富、精彩万分。

网友"再别康桥"跟帖:

当我读完这篇文章时,我立即叫来了已读五年级的儿子看,我相信他一定有感觉。果真,当孩子读到"必杀技"登场,它就是"凌波微步"与裘掌门人的独门轻功"水上漂"的融合版"迅雷功"……这几句时,眼睛立即放光,笑着重复着上面的话,是的,孩子找到了似曾相识的感觉,他一边惊叹您班学生的语言丰富,一边感慨能读到同龄人也如他般喜欢金庸书中的人物。感谢!从小作者的身上我又找到了如何进一步引导孩子写日记的小方法。

五、如何写好记叙文

古人以"功夫在诗外"来论述写诗的技巧,对于小学生常见的记叙文,也同样是"功夫在写作之外"。大量诵读是写好文章最坚实的基础,有了满腹经纶的积累,自然就会有出口成章的表达。

我的课堂上有了每学期一百万字的诵读之后,学生的作文无论是文字水平,还是情感表达都有了一定提高。

一生叱咤战场的岳飞,一首《满江红》豪气冲云天的岳飞,却也有他的无奈。

顶天立地的民族英雄也有"欲将心事付瑶琴,知音少,弦断有谁听"的苦涩。又有谁知晓,马上就要"直捣黄龙"的岳飞,却被宋帝用十二道金牌生生拦住,功亏一篑是一种怎样的无奈。

——郭爽

郭爽看待岳飞就不再拘泥于民族英雄这一个视角,而是进入了岳飞的内心世界,因为她诵读了《中华上下五千年》和大量诗词。

积累素材的作用也远远高于写作技巧的训练,掌握了积累素材的三招,记叙文的写作便会游刃有余。

第一招:丰富生活内容。学生的生活是比较单调贫乏的,整天上课、做作业,做一些没有多大意义的游戏,作文时自然缺乏素材,觉得无话可写。那怎么办呢?办法之一,就是在学好功课的同时,积极参加一些有益的活动。夏令营中不怕炎热练武术、练书法、比赛讲故事;课余时间参加兴趣小组活动、参加文体比赛、打扫公共场所、帮助同学学习;在家里,可以进行手工制作、做科学小实验、种花草、养小动物,参加一些力所能及的劳动。除了亲自去做,还要多看、多问、多听、多想,增长见识。这样,有了丰富多彩的生活,作文自然就有了丰富的材料。

第二招:注意观察事物。罗丹说得好:"生活中并不缺少美,而是缺少发现美的眼睛。"我们的周围有说不尽的人、事、物、景,只要我们注意观察体验,就会发现许多可写的东西。

例如在学校:你上过那么多课,有不少课老师讲得精彩,你听得专心,当时老师怎样吸引了你的注意力,你又怎样兴致勃勃地参与了课堂活动?考试前前后后的心情与平时有什么不同?一只小鸟飞进教室时各人表现如何?星期一升旗时如何严肃、庄重?下课后同学们又如何嬉戏?同学之间怎样闹矛盾,怎样和好?受到老师的批评和表扬有什么反应?全班同学的相貌、性格、习惯有什么不同?教过你的几位老师有什么不一样……

又如在家里:家里发生过什么高兴事?为争看电视节目怎样争吵?邻里之间有什么风波?为赡养老人父母各持什么态度?周末一家怎样忙家务、怎样玩耍?你取得成绩时家长怎样鼓励,退步时家长怎样训斥?

引导学生们要从生活这一活水中汲取素材,培养敏锐的观察力,才能出口成章、下笔成文。

第三招:及时记录素材。许多事情曾使你幼小的心灵震颤过、激动过,但当时没有记录下来,事过境迁,再来回忆,那时候的细节、心情、感受都已淡化,甚至回忆不起来了,所以写起来就会感到吃力,更难以写得具体、生动、真切。因此,要养成写"随笔"的习惯,手勤笔勤,及时记录素材,作文时就能左右逢源,得心应手。为了省事,学生们也可以写提纲:写写大体意思,还要加一个"精彩片断",用最节省的笔墨记录多彩的生活。

当然,诵读和积累之外也有小小的写作技巧。比如,文章的六要素要交代清楚,写清事情发生的时间、地点、人物、事情的起因、经过、结果这六个方面;还要做到详略得当,突出重点;描写环境,烘托气氛;首尾响应,浑然一体;篇末点题,突出中心;还有顺叙、倒叙、插叙等。这些知识,学生们应该了解,但不能陷进去。如果陷入写作技巧的泥淖,作文就成了一件苦差事。如果把作文当作用笔说话,生活中的口语落到纸面上,就是最优秀的作文。赵瀚林写他们的小组,都是平日学生们开玩笑的话。

我们的合作小组(1)

赵瀚林

我们的合作小组里有我的好朋友乔彦聪,有能文能武的大美女王艳,有爱欺负人的杨超,还有呆头呆脑的我。

组长乔彦聪人称"大喷壶",每次说话都是唾沫四溅,令人防不胜防,躲不胜躲,太恐怖了。他有这样的"喷壶嘴"是理所应当的,因为他是大班长,整天管教别人,所以就练成了"喷壶嘴"。

我的合作小组（2）

赵瀚林

我的合作小组除了乔彦聪这位铁哥们"涛声依旧"之外，换了两位千金大小姐，一位是人称"两面人"的倩男，她的出现使我们组的周围充满了杀气，令人心惊胆战，十分可怕。而另一位是我们班的诗人兼小说家曾祥君，可谓是"文采出众"啊，使我佩服不已，都可以当我的师父了。

先从倩男开始谈起，之所以给她起个"两面人"的外号，就因为她有时凶如猛虎，有时温柔可爱像小兔，让我们感觉无所适从。有一次，下了课，有一些爱捣乱的男同学就在离她特别近的地方说她的坏话。她听见之后，大发雷霆，霎时间好似一只发怒的老虎，可怕至极。如果她看着你高兴，她就会给你发"一万伏特"的电，电得人浑身颤动。比如说我早早写完了作业，她就说："瀚林哥哥，你太好了"！一边说一边发起电来了，电得我差点晕倒。

学生们在开开心心读书时记得"日有所诵"，把那些打动自己的文字装到头脑中，加上生活中的观察思考，不知不觉地就能进入下笔如有神的境地。

六、阅读量变引发作文质变

我们先来阅读两位小宋的作文。

"书虫"大赛

宋怡心

"今天，世界书虫大赛的总决赛要开始了！下面，我们来看一下二位选手的简介。"主持人说，"第一位选手：来自中国的宋怡心。"

大屏幕上显示出了她的简介：宋怡心，潍坊北海学校四年级七班的一名学生。自一年级起就在齐鲁名师韩兴娥老师的门下学习，是一位韩门弟子。爱书事例：有一次，她为了完成读书的任务，晚上10点钟睡觉，早上5点钟起床。为了能让自己起床,她定了三个闹钟,其精神十分可嘉。

下一位选手:宋智兴,也来自中国,是潍坊市一位尽职尽责的公务员。在空暇时间十分爱看书。得到一本书后,恨不得一口气读完。爱书事例:得到一本《共产党简史》后,认真研读。甚至连他最爱的电视和电脑也置之脑后,其爱书程度入眼便知。

"经过比赛,二位选手打得不可开交,难解难分,不分伯仲。所以主持人宣布:二人并列第一!"

我班的"书虫"多又多

宋佳怡

众所周知,我们北海学校四年级七班是出了名的"海量阅读"班。从大老远跑来专程听课的人,可以说是不计其数!知道我们班的人好似春风吹遍大地,似繁花盛开原野。那人数,可是相当的多啰!所以,我们班在"省"内外可是享有盛誉的。

因此,我们班涌现出了许多"书虫",真可谓是"名师出高徒"啊!今天,我就给大家讲讲。

先来说说本人的"兄弟"宋怡心,她从小就爱读书,读好书。一上学,她便名列前茅,这不,前几天学校要评"读书之星",我想当然非她莫属了。在走廊上,在教室里,宋怡心总是爱捧上本课外书,这几天,她又开始看《格列佛游记》了。在我们班,她是第一个背完《穿越唐诗宋词》的,还被韩老师誉为"大闲人"哩!"大闲人"早早完成老师布置的学习任务,可以在上课时间任意看课外书,是我们全体同学心向往之的光荣称号。

再来说说台浩文吧,他虽然是"重量级"人物,可他不把心思放到吃上,人家是两耳不闻窗外事,一心只读圣贤书。瞧,人家又在读《孙子兵法》了,他背书的速度超快,如坐上波音747呢!厉害!

最后来谈谈张哲源,他才思敏捷,妙语连珠,经常在课堂上说出自己的见解而博得大家的掌声和喝彩声,这无疑是课外书的馈赠。他读书很快,一本500多页的《哈利·波特》一天就可看完!神速兮!小张三年级时就看《明朝那些事儿》,俺什么时候能像人家一样啊!

我们班还有很多书虫,数都数不过来呢!我觉得,我们班可以称为"书虫班级"了,你说呢?

怡心是班里的"超级大闲人",要学两个星期的一本书,她两天就能达到自学要求,然后优哉游哉在课堂上大看课外书,同学们谓之超级聪明。可这位超级聪明者的作文却很少出现在《作文周报》上,就连这篇引发同学哄堂大笑的佳作也是如此短小,比起那些经常刊载作品的班级小作家们,怡心还要逊色很多。佳怡背书比怡心慢一些,但每次都达到"三星级"标准,家长和孩子从没有放松过要求。课堂上这两个孩子都是班里的"铁嘴",她们俩在课堂上谈起唐诗、宋词来,那是相当的深刻与精彩,她们在课堂上、在大会场上神采飞扬地咳唾珠玉的形象是相当迷人。

这就有些让人纳闷了,我整天讲我的"歪理邪说":"语文教学以诵读为主,有了满腹经纶的积累,就会有出口成章的表达。"为什么到了两位小宋这里不太管用呢?怡心的家长无条件地信奉我的"海量阅读"的理念,从没有质疑过,是和我虽然没有多少联系却一直感到很贴心的家长。孩子轻轻松松背诵了很多文章,课外经常没有一点儿语文作业,用自己的经历告诉周围的人"海量阅读"无课业负担。文中出现的"三个闹钟"之事,是孩子为了提前完成任务早一天当上"超级大闲人",而对自己提出了"超高级目标",她想用一天的勤奋换取半个月的悠闲。佳怡的妈妈也整天羡慕别人,给佳怡树立了小贺、浩文等一个又一个榜样,可这位佳怡小朋友总是离榜样差一截。

为什么怡心的理解力、诵读量与作文水平不成正比?

其实,大家观察我们周围的人,观察一届一届学生,观察每个班的学生,就能发现一个显而易见的现象:每个人都有与生俱来的长处和短处。怡心做事有条有理,擅长理性思维;佳怡热情洋溢,擅长口头表达。她们的作文在起步阶段并没有表现出优势,但其他方面比别人优秀。从作文的细节上分析,怡心的作文很少有错字、病句,比某些热情似火的文章要规范。上届学生也是这样,外号"大聪"的班长乔彦聪的作文总是"短、平、快",但他的数学成绩是最优秀的;作文最出色的刘若凡是个文文静静、胆小如鼠的女孩,她的作文水平在三年级时已令诸多老师望尘莫及。

尺有所短,寸有所长,取长补短,相得益彰。两个小宋的作文水平比之冠伊、浩文、倩雯等小作家虽然还有一段距离,但已经在四年级,在学写作文的第二年就呈现"小荷才露尖尖角"的态势,令人欣喜。佳怡妈妈多次对我说,虽然孩子错字多,虽然孩子擅长说不擅长写,但相信量变会引起质变的规律,大量诵读优秀篇章,诵读到了一定数量,孩子的作文水平一定会有质的飞跃。飞跃需要多少时间?或许明年,或许后年,或许进入中学后,但总会有这么一天的。

无限地相信书籍的力量吧!

一鸣、瑛琪、惠加、佩洵、婷婷等小朋友也应该是擅长理性思维的人,我猜测他们的数学成绩都挺好,因为他们三年级的"处女作"条理清晰,很少有语病。他们的精彩之作较少,与天性有关,也与诵读的量不足有关。跟数学老师聊学生时,我说从作文情况,我能猜出学生学数学的长处与短处,数学老师说我猜得没有太大出入。

我在学生时代也是理科明显优于文科,作文写得通顺但平淡,直到现在还是如此。总是忍不住幻想,如果当年我背诵足够多的珠玑璧玉,现在也能够文采飞扬。但童子功的缺失是永远无法弥补的遗憾,我只能面对陈琴、薛瑞萍等好友的文章羡慕不已。费心劳神地备课,给学生诵读精彩段落提供方便,一是为享受冠伊、倩雯等文采出众的学生带给我"得天下英才而教之"的快乐,二是为有朝一日目睹怡心、佳怡等弟子量变到质变飞跃的辉煌。至于班里存在一两个因孩子暂时存在问题而对"海量阅读"不以为然的家长,那就随他的便吧。每当想到两个小宋,我心里便充溢着期盼的快乐。

章后记:

2007级学生升入初中后的第一个国庆节,我在外出游玩的路上,接到佳怡妈妈的电话:"韩老师,咱们七班的学生真的厉害,整个初一几百名学生进行朗读比赛,两个一等奖,全被您的弟子包了,一个是俺闺女小宋,另一个是冠伊。"

上了中学的孩子们有事没事到我办公室扎一头,说几句。他们告诉我:宋佳怡是初中学生会主席,宋怡心是全年级成绩最好的学生,最让人羡慕不已的是,宋怡心的作业完成得最快,晚上七点就把所有学科的作业写完了。

实验证明大量阅读是基础,诵读的文章多了,内化于孩子心中的文学甚至哲学的种子就会自然萌生嫩芽,有的还会破土而出,吐露绿叶,绽放芳香。作文的过程不是"为伊消得人憔悴"而是"得来全不费功夫",面对作文本发愁的现象在大量阅读的学生面前会消失殆尽。

我把作文训练的数量降到最低:在高年级段,除了课本上要求的8篇作文和每星期一个提纲,我班不再写其他作文;期末复习期间卷子上的作文大部分不要求学生写。少写不但不影响学生作文水平的提高,而且符合学生的愿望,更重要的是把写作文的时间用到阅读上,为学生一生的发展打下坚实的基础,学生的学习是一个长期知识储备的过程,是一个随着年龄增长逐渐内化所学知识的过程。这个过程可能拉得很长,但时间愈久,文化内涵就会在学习者身上焕发出熠人的光彩。所以作文的训练都要减到最低,争取更多的时间让学生阅读、积累。我的教改实践证明:高效的语文课堂教学是"大量阅读"。学生的作文之所以文从字顺,是因为他们读书读得流利;学生的作文之所以妙语连珠、佳句迭出,是因为他们在大量阅读中积累了丰富的语言。"胸藏万卷凭吞吐,笔有千钧任歙张",学生有了满腹经纶的积累,就一定会有出口成章、下笔成文的表达。

[第八章

家校沟通营造阅读"巴学园"

在家长对老师的要求越来越高的今天,家校如何沟通才能形成合力?

1 沟通要客观、及时

家长会上，一位年轻老师说："李明明今年学得不理想，但潜力很大。"

"我的孩子上了一年学了，你才告诉我他学得不好，等到他杀了人了，你再告诉我还有什么用？"坐在后排的李爸爸愤愤地说。

当社会把保育员、心理医生、杂役的职责一并强加到教师身上的时候；当"师道尊严"被扫地出门还要踏上无数只脚的时候；当家长、学生人人都对老师指手画脚的时候；当社会上所有的人都认为自己最懂教育，只有老师不懂教育的时候；当教师只能终年疲于奔命，终日手忙脚乱，时时如履薄冰，刻刻如临深渊的时候……教师便成了终日担惊受怕唯唯诺诺的"童养媳"，已失去了尊严、主见和创造的空间。最终受害的是谁呢？是所有的学生、所有的家庭和整个社会。

我们且不去评论这个家长的素质，在整个社会对教师口诛笔伐的浪潮一浪高过一浪的时代，有几个"牛气冲天"的家长完全属于正常现象。教师们没有必要自怨自艾，还是应该多考虑一下解决问题的方法。当孩子表现不佳时，该不该告诉家长？找家长告状的老师不是好老师，这可是家庭、学校关注的热点。许多家长乐滋滋地跟同事议论："我的孩子应该不错，因为老师没有找过我。"老师既然没有告状，家长就自然认为孩子不错，这一点在一年级的学生家长身上表现得特别明显。一年级老师最难当，家长都认为自己的孩子最聪明最优秀，或者自认为孩子一定会遗传他的优秀品质,一定会比他当年更好,老师把"你的孩子不爱学习,你的孩子比人家的孩子差"这样的现实告诉家长,家长如何能接受?"想当年,我是班长,我儿子怎么可能是熊包?当年我经常考第一,我女儿的成绩怎么可能倒数……"

自己的孩子是最好的,家长有这种心理是人之常情,家长对孩子的在校表现有知情权,等孩子"杀了人"再告诉家长确实于事无补。孩子上一年级了,对每个家庭都是一件大事,老师应该通过信件、博客、电话等形式尽量与学生家长沟通,开展家校共建共育,搭建家校沟通桥梁,促进每个孩子的健康成长。我以前的联系方式是信件、博客,现在是飞信、家长 QQ 群、微信群,通过及时沟通,我任教的学生从一年级入学后就没有出现过差生,尽管资质不同,家庭条件、家长素质有很大差异,但孩子们都能跟得上"海量阅读"的步伐。

书信交流是任何地区都通用的方式。

一、写公开信

◎ 公开信忌责备 ◎

一开始,由于对那些不负责任的家长不满意,我在给家长的公开信中流露出责备之意。如:

尊敬的家长:

假期中接到几位家长的电话,当听到张宝田、孙雁冰的家长说孩子快把《好妈妈儿歌 400 首》读完的时候,当听到武龙杰的家长谈起和孩子共同读书的感受时,我感到浑身充满了力量,心里仿佛洒满金色的阳光。当听到有的家长说一家人是多么多么忙碌,任孩子玩闹了一个假期的时候,我的情绪很低落。开学第一天,我粗粗地检查了学生在假期的学习情况,管建靓、周亚伟、孙雁冰、丁伟帅、于金鑫、李浩冉、邱鸿宇、吉文霏、王健龙、马欣烁、张雪莹共 11 位同学在星期一就找老师检查完了《好妈妈儿歌 400 首》,感谢这些家长,你们是我前进路上的同伴,是我勤勉工作的动力,因为你们,我会心甘情愿地为学生付出更多的汗水和智慧。而对那些忙得没有时间在孩子的成长途中"扶"一把的家长,我无数次想问你:

您爱您的孩子吗?如果说您不爱自己的孩子,您会很委屈,您觉得为他付出很多。请问,您为了孩子肯放弃看电视、闲聊的乐趣而在书桌前读书吗?如果您以为孩子不爱学习,问问自己如何做榜样的。一起读读我上一届学生的作文片段吧:

我喜欢读书是从小开始的,我当时喜欢的是图画书,因为那时我不识字,常常抓破书。后来,我发现,爸爸靠近它时,忍不住要笑出声来;妈妈靠近它时,总是目不转睛。于是我想搞明白:"书里面到底有什么神奇的力量吸引着爸爸妈妈呢?"

请问,孩子不爱学习,您有什么责任?

也许您的学历低、学问少,但这并不妨碍您成为一个负责任的家长。我和上届学生学《论语》之前,我对这本书几乎一无所知,暑假中苦读《论语》时味同嚼蜡,但在和学生共同学习的过程中,我们师生都体会到了快乐。学习《论语》,我和学生站在同一条起跑线上,正是我对《论语》的无知,正是因为我经历了从无知到熟知的过程,才为学生探索到一条快乐高效的学习之路。各位家长朋友,千万不要认为别的家长学问大就一定比您出色,只要您和孩子一同阅读,您的孩子也会很优秀。

上星期参加培训,我听到一个让我心动的故事:一个文盲老工人的四个孩子都考上了大学。老工人一个字也不认识,但孩子上学后,他却做了两张书桌,一张孩子用,一张他自己用。他的书桌与孩子的保持着距离,老工人天天与孩子一起写"作业",写完就锁起来,从来不让人看。等他去世后,孩子们从上锁的柜子里看到了父亲的作业:一张又一张画满了圆圈的纸。

请问家长,您的学识与文盲老工人相比高出很多,但您肯像他那样放弃玩乐,甚至暂时放下家务,到了与孩子约定的时间与孩子一起坐在书桌前吗?

这封信中有几个反问句暗含责备之意,我没有意识到这样的话对大部分认真负责的家长极不礼貌。当时许多家长回信检讨自己,实际上该检讨的应该是我。老师辛辛苦苦写信为的是让家长成为老师的同盟军,而不是让他们反感。对那些不负责任的甩手父母不能光说好话,责备、劝诫还是应该的,这些应该在给个别家长的信中,而不是面向全体家长的公开信中。

◎ 公开信的内容 ◎

公开信的内容侧重于:通报进度,提出建议;赞美表扬,树立榜样;表示感谢,增进感情;提问互动,了解情况;阐述理念,争取理解。

◇ 通报进度,提出建议

趣 味 识 字

拼读音节时,采用"韵母定调法"。如,拼读时念 b—á—bá。

介绍几种趣味识字方法:

1. 办生活识字报

把家中的包装纸、包装盒、商标、报刊上所认识的字剪下来贴在较大的纸上,就凑成了一份识字报。识字报上的字可做成一张张生字卡片。儿童读了色彩斑斓、异彩纷呈的识字报,再拿生字卡片认读,自测识字效果。孩子熟练认读之后可拿到学校与同学交换,与大家互教互学。

请家长充分利用社会、家庭这些学生接触频繁的资源为学生的识字之旅插上快乐的翅膀。比如坐汽车、逛商店的过程,也可以成为学生识字的好机会。

2. 读儿歌,拼句子

在学校里,老师每天都教孩子学习《读儿歌识汉字》中的儿歌。家长可以用卡片把儿歌写出来,孩子边念边在桌子上用卡片把儿歌摆出来。

3. 打扑克拼儿歌

把能组成一首儿歌的一套汉字卡片分给家长和孩子,你们边念或唱儿歌边像甩扑克牌一样把汉字卡片甩到桌上。甩完后,交换卡片再甩。

4. 贴标签

给家具、玩具、文具等写生字卡片(拼音卡片),让孩子给物品贴标签。

熟练拼读

现在拼音的教学基本结束,但有的孩子拼读得还不够熟练,需要多加练习。您可以和孩子把家中的物品写成拼音卡片,让孩子试着拼读。如果孩子没兴趣,您可以和孩子做个游戏,比赛谁先把拼音卡片放在对应的物品上。李晓榕的妈妈把要跟孩子讲的事情写下来并注上音,让孩子自己拼读,孩子觉得学拼音有用、有趣。只要用心,每一个家长都是教育家。您采取了什么有效的办法?欢迎与全体老师、家长一起分享。

有的家长反映,我们学习拼音的速度快一些,这是因为学习拼音对学生、老师来说都是一个艰难、枯燥的过程。在此过程中,完全靠老师口头传授,已经会了的学生也要仰着头接受集体教学,对他们来讲,这是浪费时间、浪费生命。对于个别连字母也不认识的孩子来说,他们上课不抬头不张嘴,集体的教学对他们很难起作用,他们需要老师、家长的个别辅导。我们当老师的不愿让任何一位学生掉队,家长也不会让自己的孩子输在起跑线上。请让孩子把第55页的声母、韵母、整体认读音节写成卡片,让孩子打乱顺序反复认读,直到熟练为止。老师会逐个检查,并在第55页盖三颗星证明孩子能熟练认读。第55页还没有盖上三颗星的,请家长督促,国庆节后主动找老师检查。

对大部分学生来讲,他们现在拼读得不是很熟练,需要我们多为他们提供拼读的机会,最好的方式就是为孩子选择容易拼读的儿歌。比如《三字新童谣》中的儿歌都是三个字为一句,适合刚学完拼音的学生阅读。家长可为孩子选择类似的短小、有趣的儿歌。

◇ **赞美表扬,树立榜样**

一举两得

真诚地说一声:感谢你们!开学一个多月以来,每个家长都在认真地辅导孩子,每个学生都有不同程度的进步。由于学前基础不一样,孩子的性情有区别,再加上家长辅导的方法、要求不一样,孩子进步的速度也不一样。请看下面两位家长的高招：

任叶萱家长写了下面一段话并注上音：

我们的学校叫北海学校。它有优美的环境，漂亮的教学楼，明亮的教室，和蔼可亲的老师，活泼可爱的同学，我非常热爱我们的学校。

孩子练习了拼读音节，认识了生字，还起到了作文启蒙的作用。我信奉"劳于读书，逸于作文"的观点，不在一年级教学生提前写作文，但这样的作文启蒙教育我非常欣赏。

吴静琨的妈妈说孩子上学前认字并不多，开学后家长每天都陪孩子读书认字，除此之外还有遥控孩子的妙招：孩子在学校里能盖几颗星，回家后就给孩子讲几个故事。这真是一举多得：1. 引领孩子逐渐走出家长"陪读"困境。2. 孩子在学校自学，为同学树立了良好榜样，深得老师的喜爱，感受到上学的快乐。3. 家长讲故事给孩子听，培养学生热爱阅读的情感，这正是我向家长推荐的美国畅销书《朗读手册》所倡导的理念。现阶段大部分学生还不具备自由阅读的能力，读书给孩子听是一个好办法。由于家长的辅导方法先进，吴静琨识字的速度越来越快。

我从孩子认字的速度猜测，张学博、纪玉玮、程惠加、王生雨、马一鸣、徐一都、常博宇上学前认识字不多，但在家长的要求和辅导下，这些孩子上学后第一个月的收获颇丰：能力在提高，好习惯在养成。家长要根据孩子的情况量力而行，既不要攀比，也不要放任自流。识字速度慢的学生首先要认会语文课本上的字，每学一课，当天认会生字。

激　　励

在调动孩子的阅读积极性方面，家长各有高招。孙陶活泼好动，他的妈妈根据孩子的兴趣因势利导，买来猜谜语书给孩子读，孩子读谜面，家长猜谜底。为了防止家长知道谜底，孩子不让家长看书，自己克服困难拼读，从而提高了阅读能力。孙陶的妈妈不只在家中教子有方，还有"遥控"孩子在校表现的高招。家长告诉我说："这几天您奖励了孙陶不少卡片，他可高兴了，因为我从他拿回家的第一张小卡片起就对他表现出很惊喜,对他说妈妈最喜欢这样的卡片了,所以他就决定努力争取得到更多的卡片回来送给我,我都当着他的面好好收起来,他说要我一直攒到他上大学呢。"老师没有能力给学生买值钱的奖品,但家长有办法让老师的奖品"升值"。对于好动的孩子,家长可要求他每周带回一张"我是课堂纪律星"卡片,每个星期五,都根据一星期各科表现发小奖状。对于字写不好的孩子,家长可要求孩子挣"我是小小书法家""登上写字山"奖状。对于阅读速度慢的孩子,家长可要求他挣"趟过拼音河,翻越识字谷,闯过阅读关"奖状。

老师该不该要求家长辅导孩子?对此大家有不同的意见。苏霍姆林斯基认为家庭要有高度的教育学素养,家长辅导关注孩子的学习那是天经地义的事,老师应理直气壮地倡导,关键是如何辅导。家长让孩子默生字、抄卷子,孩子考不好让家长"收拾"……当家长的我也痛恨这些事情,我不会要求我的学生家长去做。请家长辅导的内容:一是老师能力所不及的,如看着孩子按正确的笔顺书写;二是"趣味性"的,家长、孩子乐于去做的。过度地勉强家长去进行乏味的辅导也是不人道的行为,老师应和家长一同为学生创造一种人道主义的教育环境。

◇ **表示感谢,增进感情**

感谢支持

这几天陆续收到家长的信或邮件,咱们一(七)班的家长对学生负责的态度使我对这个班的语文教学十分乐观。有了家长的支持,我有信心用小学六年的时光为学生的书香人生打下坚实的基础,培养出57个"腹有诗书气自华"的小天才。有的学生在课堂上学得不扎实,这本是老师的教学还存在不足之处所致,但家长纷纷找自己的问题,找孩子的不足,这使我既惭愧又感动。家长的支持使我每天都带着阳光心态走进课堂面对孩子们,谢谢大家!

付出无悔

《小学教学》杂志社的编辑廖巧燕一直催我写稿子,这对我这样一个不善于写作的老师是一个难得的机会,但我一拖再拖,写稿子的热情远不如给家长写信的热情,因为一(七)班57个家庭的家长们是我的忠实读者;深圳南山实验学校的张鹏校长邀请我去参加他们的教研活动,所有费用由他们承担,但我不愿意耽误孩子们的学习,每天看到一(七)班57个学生的成长是我最大的快乐;我有很多信件的电子稿,但我总是愿意自己一个字一个字地敲击,因为家长的回信、学生的表现是我"创作"的源泉。一个家长说:"我相信韩老师所说的、写的道理,虽然暂时在自己的孩子身上看不到明显的效果,但我愿意相信韩老师的话,也努力让韩老师说的道理在孩子身上显现出来。"正是有了家长的信任和努力,才有了孩子的神速进步,才使我的"每周一信"有了动力。谢谢各位家长!

◇ 提问互动,了解情况

快速识字

星期一王生雨找我检查完了全班学生的姓名,对一个没有多少识字基础的孩子说,她能认识这么多不常用的、笔画烦琐的字让大人觉得惊奇,但对孩子来说这是很正常的现象。孩子们把汉字当作一个图形来记忆,与笔画多少没有关系。而且短时间内认的字越多,认读的速度越快,反之亦然。当年我在女儿身上发现了这样的现象,我在学生身上有同样的发现。现在王生雨的妈妈告诉我她也有这样的感觉时,我想跟全体家长说,这是我深信不疑的真理。所以我奉行在一年级大量识字、大量阅读,读完一本再读一本。敬爱的家长,您赞成这样的做法吗?

在游戏中识字

学到"顺"时,我把"顺"左边的"川"描成红色,然后把头发散开,学生会意:老师的头发很"顺"。左边的"页"所表示的意思在学"项、顶、颜"时已讲过,表示与头部有关。忽然想起女儿不会说话前,问她:"鼻子在哪里?脸在哪里?腿在哪里?胳膊在哪里……"女儿就摸摸鼻子拍拍脸、伸伸胳膊蹬蹬腿。我忽然童心大发,把"项、颜、顺、顶、颗、须"写在黑板上,我念字,让学生摸摸脖子、脸(容颜)、头发,拍拍头顶,摸摸脑袋,捋捋胡子,然后找一个学生念,大家做动作。敬爱的家长,您跟孩子做过类似的识字游戏吗?把您的好办法写出来跟大家共享好吗?

假期安排

本来节前不再打算给家长写信,节后要考试,这段时间忙着批改作业,在学校里几乎没有空闲时间。今天早上特地早起跟家长谈心,因为我知道家长们会仔细地读信,我的信会对大部分家长起作用。于是在晨曦中敲出下面的文字时,不但没有觉得辛苦,反而觉得幸运,因为我们班所有的学生家长都是爱孩子的,无一例外。但由于爱的方式存在优劣之分,孩子的资质、性情也不同,现在学生在课堂上呈现的状态也不同。大部分孩子已能够在课堂上合理安排时间:早上到校先读读背背,下午写写字之后读故事书享受一下。老师看到孩子们津津有味的读书神情时,感觉那是世界上最美的风景;听到孩子们稚声嫩气、抑扬顿挫的读书声时,感觉到这便是天籁之音。真的,我为之动容。家长们,相信你们一定也会为之自豪、为之欣慰的。因为,教育的本质就是培养孩子良好的生活习惯和学习习惯!开学第一周晚上以"教育即培养习惯"为主题的家长会上,我反复强调的就是"兴致勃勃和日不间断"。您的孩子养成每天朗读的习惯了吗?

五一节将要来临,对于有公职的家长来说,您会把1至7号整整一个星期安排得快乐充实,您会和孩子享受春风、阳光、新鲜空气,您会和孩子走亲访友……同时您一定不会忘记体验亲子阅读的快乐:听孩子读,稚嫩的童声会让您感受到孩子成长的快乐;读给孩子听,让孩子检查,他检查得比老师还会认真的;跟孩子进行朗读比赛,录下音来听听,您一定会体会到欢乐和幸福!

对个体户家长来说,节日恐比平日更忙碌,没有办法为孩子提供学习所需要的安全、安静的环境。但是我相信,您会想方设法让孩子已逐渐养成的读书习惯保持下去,因为您爱孩子,您希望他将来生活得比您好。8号开学后老师也怕看到"疯"了一个星期的学生那种"疯劲"未尽的状态。如何安排孩子的假期,让孩子做到劳逸结合,您想好办法了吗?

◎ 阐述理念,争取理解

阅读是积累渐进的技能

来自美国的百万畅销书《朗读手册》告诉我们:阅读是积累渐进的技能,就像骑自行车、驾驶汽车或缝纫一样,读得越多,就读得越好。不只如此,将来作文写得差的学生一定是那些读书读得磕磕绊绊的学生,而乐于读书乐于积累语言的学生轻轻松松就能爱写、善写。

一年级上学期是大量识字的关键期

心理学研究发现,儿童是把汉字当成一个个完整的图形来记忆,这种图形属于形象识记能力的一种。儿童这种能力不但形成得早,而且潜力惊人,三至五岁是人的一生中认汉字最快、记忆力最强的时期。教孩子提前识字的家长会认可我们的这一观点。在小学阶段,一年级是认识汉字最快的时期。但我们发现有少数孩子认字、认读拼音很困难,那是因为他认得太少了。学生识字越多,再学习生字时就越容易。学习理论认为:学生掌握汉字的数量较少时,这些字在大脑皮层中是一个个孤立的点,这些点是极容易消失的,如果在短期内认读大量的汉字,这些汉字便在大脑皮层构建起联结,产生了系统,从而融会贯通,牢固掌握。我们的老师在多年的实践中发现,学龄前没有识字基础的孩子在入学后半年如果能认读600个常用字,再认读汉字就容易多了。那些暂时认读生字困难的孩子的家长,您愿意协助老师帮孩子认识越过600个字这个"坎"吗?

曾读过《美国中小学教学技巧2000则》等20多本从美国翻译过来的书籍,每一个问题都有几个、几十个解决的方法,深深地被他们那种"不讲道理"的务实作风所折服,于是我写公开信以展示方法为主,道理说得很少。后来有个家长在我面前对孩子说:"你现在认字困难是因为认得太少,认得多了就快了。"这不是我在信上写的话吗?家长用来教育孩子了。看来"道理"还要讲,不只要写给家长看,还要讲给学生听。

语文课上,读了十几分钟书,该放松一下了。我问:"看到过探照灯发出的光吗?"

学生们摇头点头的都有。

"看到过手电筒的光吗?和舞台上的光一样,只照一圈,周围是黑的。"

"见过!见过!"学生们兴奋起来。

我画了一个圆圈,说:"这是你的脑袋。"又画一束光照到脑袋上,问:"谁上过蒙台梭利幼儿园?"

"我上过……我姐姐上过……我爸爸厂里的李叔叔家的弟弟上过……"

"蒙台梭利不只是幼儿教育家,还是医学博士,她发现儿童能成为天才,而成人已不具备这种能力。比如6岁左右时,就是你们现在这个年龄,背诵特别快。就像有一束光线,照在你的大脑负责背诵的这个地方(我边说边画了一束光),负责背诵的这个区域是亮的,其他地方是黑的,在背诵上你是天才,在理解上你就差很多。有的同学考试成绩不好,因为没理解题目要求,这不要紧,将来会有一束光照到大脑分管'理解'的区域,那时候就能轻而易举地理解,而现在最有效的做法是多读书多背书。"

二、秘密信件

给家长的公开信力求让家长感觉有方法,可照着运用;有道理,应该试试;受尊重,觉得有干劲……但是这样光说"好话"也存在一个大问题,有的家长意识不到孩子在班里表现不好,而任其自然发展。于是出现了这一极端现象:优秀学生的家长关注孩子,孩子学习的速度很快;学困生的家长觉得孩子还过得去,因为没有被老师叫到学校责备一通,从而放松对孩子的辅导,结果孩子越来越差。如果任其"混"下去,时间长了,差生就不可避免地出现了。一年级的老师应及时跟那些可能成为差生的学生家长加强联系,给他们的信不宜"公开"。当然有些信内容大同小异,但一定署上这个学生的名字,让家长感到这是单独给他写的信,但凡有一点责任心的家长,看到老师为他的孩子如此辛苦,也会心生一点愧疚,从而更加关注孩子的学习。

◎ 大同小异的秘密信件 ◎

刘明明的家长:

前段时间,在家长、老师的共同帮助下,拼读慢的孩子读完了语文课本,克服了横在学习道路上的第一大困难。现在我们来帮助孩子克服识字的困难。到周三为止还有包括您的孩子在内的 13 个学生没有认完语文课本上的字。

……

明明这几天表现还不错,成功指日可待,今天上课一直抬头,从现在开始想当努力学习的好孩子了。

王德明的家长:

前段时间,在家长、老师的共同帮助下,拼读慢的孩子们读完了语文课本,克服了横在学习道路上的第一大困难。现在我们来帮助孩子们克服识字困难。到周三为止还有包括您的孩子在内的 13 个学生没有认完语文课本上的字。

……

德明落下得太多,周六我给您打电话。

这两封信都是给学习较差的学生家长写的,刘明明好一些,王德明差一些。

崔靓靓的家长:

很高兴看到孩子认字的速度明显加快,谢谢家长的付出。

我们要做的是趁热打铁,巩固胜利果实——每天最少认读 1 课生字,争取这个星期读完《读儿歌识汉字》。

周四开始学习《阅读》,一定要让孩子跟上,这本书上的字大部分在《读儿歌识汉字》和语文课本中学过的,让他也能体验到一个多星期读完(包括认字)一本书的快乐。家长可在不同场合安排不同的人夸奖他阅读的"神奇速度",给他树立自信。

刘英英的家长:

现在识字最困难的有 6 个孩子,我想和家长共同努力,让您的孩子脱离这个行列。

每天最少认读 1 课生字,争取早一天读完《读儿歌识汉字》并认识语文课本上的字。

周四开始学习《阅读》，尽量让孩子跟上吧。这本书上的字大部分在《读儿歌识汉字》和语文课本中学过的，应该比较容易一些。

这两封给学习较差的学生家长写的信内容有相同的地方，也有不同的地方。给相对后进的学生家长写信要尽量写出孩子的进步，让家长感到"劳有所获"，往往这些家长在孩子身上付出的更多。对那些一直自我感觉良好的学困生的家长应该实话实说，刘英英的家长在接到这封短信后给我打电话说："孩子带回家的卷子分数都很高，一直认为她在班里最起码也能达到中等以上水平，也没有管她，没想到英英这样差，我们从今天开始一定会多辅导。"一年级的测试题都很简单，学生的考试分数普遍高，容易让家长产生自己的孩子还不错的误解，如果不明说，家长还会一直误解下去。

◎ 学习差更需要多读书 ◎

王小强的家长：

读完课本还要读别的书，您一定很累，可能您会想：如果小强不在韩老师的班里，而是像传统的教学那样一学期只学一本语文课本，那么孩子一定就能跟上学习的进度，就不会这么辛苦依然学不好，老跟不上全班的学习进度，令你担心孩子的自尊会受到伤害。亲爱的家长，我 20 多年的教学经验证明：传统的一学期只学一本课本的教学方法只会"培养"更多的差生。许多在中高年级"无可救药"的差生，其实他们在低年级时也能考出好成绩，到了三年级，一旦开始写作文，他们就成了差生，而且可能会永远成了差生。他们的自信、自尊无法寻找。传统的只学一本课本的教法我用了 10 多年，那是被有志之士认为"误尽天下苍生"的教法。大量阅读是唯一避免出现差生的办法。敬爱的家长，请拉您的孩子一把，不要让他变成差生，否则会给孩子带来一生的缺憾。现在还来得及，请和孩子每天一起读书吧！没学的预习，学过的复习。只要多读几遍，小强一定能赶得上同学。

刚进行课内大量阅读实验时家长的指责、误解成为过去。今天，由于我在潍坊这个小城市创下了良好口碑,9月份刚开学,家长们就相信了我的"歪理邪说",对他们的信任我永远心存感激。但也有少数家长把孩子学不好怪罪到我的大量阅读上,说句不客气的大实话,有的孩子不论哪个老师采取哪种教法,他在班里都是相对落后的。这其中有孩子的原因,比如精力不集中;也有家长的原因,比如放任自流,没有时间在家辅导孩子等。穿旧鞋走老路风平浪静,尽管这条路越走越窄;另辟蹊径遭人说三道四,尽管在开始的路段上布满荆棘,但是砍掉荆棘之后便是光明大道。把道理通过秘密信件讲清楚,不久的将来,小强的家长也会在孩子身上见到"海量阅读"的效果。

◎ 贺信喜报 ◎

我也常常通过信件向家长报喜,每周给一部分家长写贺信发喜报,用彩色信纸或明信片以简洁热烈的语气写贺信,家长、学生为之自豪。

传递喜讯的贺信格式如下:

王小刚的家长:

写这封信是想让您知道,我对您孩子最近在班上所取得的成就感到十分高兴。当听到以下内容时,您一定会很自豪的:_____
_____
_____

我知道您会和我一样,为这份努力和成就而自豪的。谢谢您的支持。

您真诚的朋友　韩兴娥

写贺信、喜报不要疏忽了某个学生,尤其是那些表现一般或较差的学生。我们把全班每个学生的姓名写在一个个信封上,放在方便拿取、显而易见的地方,每周拿出几个信封,写一张便条,略记一些有关该孩子的好事。当所有的信封都用光了时,我就知道已经和每个家庭都沟通过了一次。

2 打造儿童阅读环境

一、"诱惑"家长"亲子共读"

"立身以立学为先,立学以读书为本。"阅读的重要性不言而喻,但让识字量少、阅读能力差的一年级学生爱上阅读却不是件容易的事情,需要"诱惑"家长和孩子共同体味亲子阅读的幸福。于是发生在身边的那些温馨的读书故事成为我的博客的主题。

◎ 父爱如山,母爱如水 ◎

解珂旎的妈妈问:"给孩子买了那么多书,可她自己不读,老让我读给她听。"一听就知道,这一定是一个爱给孩子讲故事、会给孩子讲故事的好妈妈,所以孩子才迷恋妈妈的故事,所以解珂旎成为优秀的学生。于是老师对这个孩子说:"现在你认识很多字了,也应该给妈妈讲故事了,现在你给妈妈讲一个,妈妈给你讲一个。过段时间,妈妈给你讲一个,你给妈妈讲两个。你长大了,应该让妈妈享受听你讲故事的乐趣。"

前段时间惊叹于宋佳怡背诵速度之快,而且背诵得如此扎实。后来听孩子的妈妈说:"睡前,与孩子一同读两遍儿歌、古诗,然后孩子在妈妈的诵读声中睡着,第二天孩子就能熟练背诵了。"幸福的孩子啊,妈妈的诵读是你一生的财富,当孩子成年后,诵读童年读过的诗歌时,回想起的不仅是文字,还有妈妈那温柔的声音和充溢其间的浓浓母爱。

元旦期间给郭文睿的爸爸打电话,电话中传来孩子读书的声音,那是我从话筒中听到的最美妙的"音乐"。很多日子以来,每当想起这个瞬间,我的心里就跳跃起欢乐的音符。节后看到家长的信中写到假期中三天的安排,听到孩子流利的读书声,看到绽放着笑容的小脸,我感受到了家长深厚的爱子之情。

假期里去小商品城,在嘈杂脏乱的人流中看到最美的一道景观:一个小学生在念书,一个成年人和孩子头靠着头一起看。我眼前一亮,忍不住伸过头去看了一眼,背对着我的孩子抬起头叫了一声"韩老师",原来是我只教过一年的学生李珺荣。家长坚持和孩子日不间断地共同读书,仅一年的时间,在没有老师要求的情况下,在人来人往的环境中,这个孩子竟能潜心读书,不能不让我为之自豪。那位妈妈在做生意的间隔和孩子读书,让我对其顿生敬意。家长不论从事何种职业,不论学历高低,不论是"官"还是"民",在老师的眼里都是"家长",老师敬重那些真正爱孩子、为孩子的未来着想的家长。

七班的大部分学生在开学两个月内度过了"识字困难期"。但还有十几个孩子或者由于年龄小,或者由于不知什么原因造成的注意力不集中,或者由于学前没有一点儿识字基础,或者由于家长忙于工作无暇"拉"孩子一把,孩子一直在"识字、阅读"的路上走得很艰难,家长辛苦、急躁、茫然。有人问我:"您的学生读这么多书是很轻松呢,还是要克服一定困难?"我不禁哑然失笑,每一点小小的成功都得付出汗水,这是常理。学习过程肯定不会是一个完全轻松的过程。

单纯的学习也应该是困难的、枯燥的。儿童并不害怕认读的困难,但如果强制他们读书,他们的学习愿望就可能渐渐地消失。老师和家长要做的是像解珂旋、宋佳怡、郭文睿的家长那样与孩子共同读书,"诱惑"孩子读书,激起和发展儿童旺盛的求知欲。爱子之心会使每一个家长都成为教育家。

摘薛瑞萍老师的一段话与家长共勉:"不要太多听信轻松学习、快乐成长的神话。成人不自在,自在不成人;一分耕耘一分收获——这才是千古不变的真理。我们怎能想象,孩子没有经历过一次一次的摔倒,居然可以坚实有力地走路?当然,我们尽力给孩子营造宽松、愉悦的成长环境,但困难依然是不可避免的——也不该全力避免。"

家长回帖:

看到您引用的薛老师的话,我有点儿不同意见:我不认为学习是一件非常累非常痛苦的事情,到底怎样算是轻松学习,快乐成长?每天看电视、玩电脑算是快乐,每天在公园里玩得昏天黑地是不是快乐?还是自己从书中得到更多的知识是快乐?我认为这都是快乐的组成部分。这完全在于孩子成长过程中的引导和体验,如果在看书、读书、学习中能找到乐趣,那就不是苦差事,而是一件非常快乐的事情。当然事情都有两面性,在学习的过程中,难免会遇到一些沟沟坎坎,这时候家长、老师要么扶孩子一把,要么说一声:"孩子,自己迈过去!"如何选择要根据"沟"有多深"坎"有多高决定,还要根据孩子的能力够不够迈过去决定。

◎ 大声读书给孩子听 ◎

周三跟丁乐腾的妈妈谈起买书的事,因为不止一次地听孩子向我"炫耀":"韩老师,我妈妈给我买了《时代广场的蟋蟀》和它的姊妹篇,可有意思了!""韩老师,您有《夏洛的网》《精灵鼠小弟》,我妈妈也给我买了,很好看的!"丁乐腾的妈妈给孩子买了什么书?顽皮的丁乐腾为什么对这些没有拼音的书如此喜爱?这个爱跑爱闹的大个子"小"男孩难道能坐下来读长篇小说吗?这是我一直想了解的问题。

丁乐腾的妈妈跟我谈起《朗读手册》，谈起她按照《朗读手册》和薛瑞萍老师的文章给孩子买的童书。我感慨万分，到底是知识分子，买书真舍得花钱。并不是收入高一些的家庭都喜欢给孩子买书，一个学生在我的课堂上说："妈妈舍得花钱买衣服，但不舍得给我买书。"为了维护那位漂亮妈妈的尊严，我反问孩子："妈妈是不是因为你没有读完已有的书才没有给你买的？如果你读完了，她一定会给你买的。"丁乐腾真是个幸福的孩子，他拥有如此多的优秀童书和一位读书给他听的妈妈。

你或许拥有无限的财富，

一箱箱的珠宝与一柜柜的黄金。

但你永远不会比我富有——

我有一位读书给我听的妈妈。

丁乐腾每天从《笑话故事》中给妈妈读六个故事，妈妈每天给丁乐腾读《时代广场的蟋蟀》等，母子一同在桌子前坐着，听妈妈念书的同时孩子也在看着书，并帮着翻书页，有时指出妈妈读错的地方。丁乐腾的妈妈说在看《朗读手册》之前，凭着感觉认为孩子自己读不带注音的小说有一定难度，听也是一种阅读，所以就给孩子读书听。大道至简，道法自然。从"爱"出发的父母都是教育家，何况丁乐腾的妈妈后来读了《朗读手册》，有了"理论指导"，在亲子共读之路上，他们一家会走得更稳更快。

我的《朗读手册》借给高新双语的崔晓明老师看，换来《晨读十分钟》（作者是韩国的南美英博士），忍不住把这两本书中的相关段落摘下来与家长共享。

如果是难度大、较为复杂的书，和自己看相比，听别人读则更容易理解它的内容。慢慢地给孩子读一些稍高于他们本身水准的书，一同翻着书页，孩子会歪着头听讲并提出问题，家长再给孩子解释。这是非常好的读书指导方法。

……

小学四年级后,看比读更容易理解。所以在小学四年级前,不论学生阅读能力高低都应该读书给孩子听。打开一本书,如果生词量超过30%,孩子读起来困难,家长可以读给孩子听。如果词汇太简单,读者也会感到索然无味。如果词汇认识程度达到75%,读者会感到"跳一跳摘桃子"的快乐。

——摘自《晨读十分钟》

1. 重复朗读可预测情节发展的书时,偶尔在关键的词或句子上停下来,让孩子自己说出关键的内容。

2. 不妨从一页只有几行字的绘本开始,再逐步使用文字较多、图画较少的童书,逐步进展到有章节的故事书及小说。

3. 请孩子帮忙翻页。

4. 第一次读一本书时,与孩子讨论一下封面上的图。

5. 朗读时,经常问孩子:"你认为接下来会发生什么?"

——摘自《朗读手册》

孩子的阅读水平不高,让孩子读和给孩子听的书也不一样。丁乐腾能轻松地朗读没有图画的注音故事,他给妈妈读《笑话故事》是一件快乐的事,听妈妈读难度稍高一点的小说也能轻松理解,因此这样的读与听都是愉快的。阅读能力比丁乐腾低一些的学生可以读《好妈妈儿歌400首》《日有所诵》中上课没集体学习的儿歌给家长听,家长可以读带拼音的小故事给孩子听。阅读能力差一些的学生可以朗读上课学过的儿歌,家长给孩子读将要在课堂上学习的儿歌,这样预习之后,孩子或许能在课堂上领读,从而找到自信与快乐。期盼着每个家庭每天都安排半小时的亲子共读时间,那么不论孩子聪明与否,他都会欢呼雀跃地行走在书香人生之路上。

周五下午我在教室后面收拾书橱,吴静琨、王生雨、王馨婕在读《好妈妈儿歌400首》,吴静琨的妈妈听孩子们念了一会儿忍不住感慨:"童音读书真的很好听……"下午五点多了三个孩子还读得很起劲,一回头,看到不知什么时候教室里站着一位男子在看着孩子们读书,是王生雨的爸爸,他没有发表感慨,我猜想,这么晚接孩子还站在那儿不急不躁地看,也许是被纯真的读书声"迷"住了。

孩子们刚刚进入一年级,我就迫不及待地"软硬兼施"使他们都爱上读书,因为孩子读书的场面是最亮丽的风景,孩子读书的声音是最纯真的童谣。即便是在迎接考试的复习期间,也难以割舍这份"爱好"——每天上午第一节语文课前20分钟雷打不动地读《好妈妈儿歌400首》。谁能大声、熟练地念就自动站起来。梁家铭"咯咯咯"的笑声清晰地传到我的耳中,看一眼那个乐不可支的小胖孩儿,感觉"胖胖的、棒棒的";马一鸣、董冠凯一边读一边表演……孩子们听后也迫不及待地想念一念,我便不多说话,领读之后全班齐读一遍,这是"领唱与合唱"的旋律。然后再简单讨论,等孩子们叽叽喳喳发表"高见"之后再齐读一遍。孩子们表情丰富、兴味盎然地念着,这声音在我听来是天籁,是最动听的乐章,是千金难买的人间至福。如此美妙的"大合唱"只有当老师天天可以享受,难怪那位接孩子的父亲听一段三人"小合唱"也入迷。

二、组建班级图书超市

如果老师不引导,孩子带到班级图书角的书就会鱼龙混杂。所以一年级上学期,我把彭懿在他的《图画书阅读与经典》中推荐的绘本书目放到家长群中,告诉家长现在班级图书角的绘本很少,孩子们都喜欢看绘本,喜欢听老师讲绘本。家长买书时可以商量一下,一人两本,就把所有书凑齐了,等春季开学后班级图书能丰富些,能吸引孩子们。孩子们陆续把其中的绘本带给我,我讲给学生听。

先发给孩子粘纸,贴到自己打算带到学校来的书上,让家长在粘纸上写上孩子的名字。

教室里有给孩子放衣服的小格子橱,我把班级图书分别放到最高的七个小格子中,这样"拉长战线"是为了学生借阅时不会挤在一起,也为了尽可能多一个图书管理员,当上图书管理员对孩子来说是一项荣誉。每个小格子中只放20本书,多了不容易管理。第一个格子中的图书编号是 1-1,1-2……1-20。第二个格子中的图书编号是 2-1,2-2……2-20。

印发给每个学生一本"借书本",借书本内印的是格子中的图书目录,皮面用硬纸装订,用粗笔写上孩子的姓名。孩子借哪本书,填上记录后,把"借书本"放到那本书的位置。图书管理员一数就知道书橱里有几本书,被谁借走了哪几本。这样不容易丢书。有了"借书本"的限制,学生只能还一本借一本,如果丢了别人的书,只能在取得主人的同意之后赔上再借。这是简单有效的办法。

这是一号格子中书的编排:

借书签名、时间	书目、主人、书橱号	还书签名、时间
	《忘了说我爱你》　　　1-1 雨诺	
	《神奇校车·水的故事》 1-2 沾硕	

这是二号格子中书的编排:

借书签名、时间	书目、主人、书橱号	还书签名、时间
	《绘画阅读》第7集　　 2-1 青阳	
	《猜猜我有多爱你》　　 2-2 青阳	

借书多,并读给家长听的学生会成为下一个月的图书管理员,这是一项很好的奖励机制。

三、雷区穿行——推荐图书

不准老师向学生家长推荐图书是教育部门三令五申严禁的事,但全班共读的书由谁买单?教育收费是谁也不愿、不敢触及的"敏感地带"。而进行大量阅读实验确实需要图书,但学校图书馆配置的同一本书最多五本,根本没法供全班共读。在一年级,老师与家长交往时间短,相互之间还没有架起信任的桥梁,不知道哪个家长一不顺心就会投诉老师。对"海量阅读"的挚爱,使我不由自主地在"雷区"穿行,如履薄冰、如临深渊,深恐给大量阅读教学带来障碍,给自己找来别扭。

我们组建了五个2000人的"中国海量阅群教学研究"QQ群,本来是想为大家服务,把我整理的一些资料送给老师们,但没想到,很快就在群中找到了志同道合、做事麻利的老师,我们一起给学生整理阅读材料。比如,我和几个朋友整理了五种版本的教材录音及注音文本,并把文本印发给学生。整理各种版本教材的想法是受宋彦国校长的启发。

在河北省承德县上谷学区中心学校,宋彦国校长告诉我:"北京的一所学校要给我们的学生捐赠衣物,我说,还是把你们用过的旧课本捐赠给我们吧。"承德用的是冀教版教材,北京的学校用的是北京版的教材。宋校长和同事们,办公电话不舍得打,水电节省着用,省下每一分钱,配备全班共读的书。作为校长,他深知"严禁向学生推荐书目"的规定,但不能因为严禁就放弃"海量阅读"。有这样的校长,学生有福,老师有福,国家有福。

当家长自以为是地认为,"海量阅读"不适合他的孩子,或者因为某种原因对学校和老师心怀不满时,就投诉学校或老师违反规定推荐图书。多少把"海量阅读"搞得红红火火的老师和学校,因为家长的投诉而放弃。家长投诉的威力顶得上"原子弹"了!

到底还读不读？考试内容的导向,加上"不准推荐"的禁令,难道要回到只读一本课本的老路上去？

每一个不想虚度日子的老师还是要读的！不读书,岂不是阻碍了学生的发展？不读书,老师的教育生涯该多么乏味？这样怎么能教出好学生？

暑假里我逛书店,买了一摞适合一年级小学生读的浅显读物,还托一个朋友从网上购了一些绘本。9月的第一次家长会上我一边展示一边告诉家长应该给孩子买什么样的书:字要大,图文并茂,内容浅显,三字一句、四字一句的儿歌最容易拼读。会议结束后,家长纷纷翻阅我的书。后来,郭文睿的爸爸告诉我,他因事没有参加那次家长会,听别人说了我买书的事情后,顿时对我充满信任和敬重,他认为老师买童书付出的不只是金钱和时间,还有对教学的热情和对学生的期待。我买书只是为了给家长推荐,能"读"得如此之深的家长是绝不会对老师推荐图书有意见的。有深明大义的家长,就有自私自利的家长,投诉的危险如高悬在老师头顶上的剑。所以薛瑞萍老师说:"我不是特级老师,但我是英雄老师！"和学生一起读书,真的需要英雄的情怀。

既然处处是雷区,英雄老师们就一定要小心穿行啊！

1. 首先把教学计划给领导看一下,请领导批示,估计领导能口头应允就不错了,不会有白纸黑字批示的。

2. 列出一学期的共读目录,提前让孩子带回家请家长过目,家长会上请家长们黑字落到白纸上选择。家长不赞成学习的书就不推荐、不阅读,充分尊重家长的意愿。

3. 跟家长商量买书时,一定要留下"铁证",如信件上、飞信上、家长QQ群中,一定要有记录:

不买不要紧,上课可以看PPT,老师已做好课件,没有书,不会影响孩子上课学习的。

不买不要紧,我已借了十几本高年级学生读过的旧书,集体学的时候会借给孩子用的。

不买不要紧,书中重要的部分,我已扫描,家长可以问我要电子稿自己印。

不买不要紧,我会多买几本借给学生看。

不买不要紧,跟同桌看一本即可,老师绝不会责备孩子一句。

不买不要紧,上课看同桌的书,能学多少算多少,老师不会要求孩子必须学会的。

……

无论是老师,还是家委会,都不方便统一购买。其实直接找出版社统一购买50多本书,价格会便宜一些,但遇到别扭的家长,让他花一分钱,他都会找事。何苦为家长省钱呢?各人买各人的,参差不齐最好,否则,全班的书一起买齐了,那岂不是"变相强制"啊?

在推荐图书这个禁区内前行寸步都不容易,家长要在看到每一个学生,尤其是看到差生在"海量阅读"中所取得的进步之后,才可能接受推荐。在此之前,在刚接手一个班的时候,我给学生印刷电脑上存的阅读材料,读以前的学生捐赠的图书。

没有一份英雄舍生忘死的情怀,怎么能将海量阅读进行下去?

四、"小豆豆"在海读中转变

◎ "小豆豆"刘方芳 ◎

◇ 人见人厌的"小豆豆"

"你们猜猜这是谁?"

"上课时,她的课本很少拿出来;偶尔拿出来,也很少翻开;偶尔翻开,也不是你讲的那一课。有时课上得好好的,她突然伸个懒腰,大叫一声:'哎呀,累死了!'有时钻到桌子底下,或者突然站起来,旁若无人地走出教室……"

"刘方芳!"异口同声喊出这个名字的不光是我的搭档,还有全办公室的老师。

"韩老师到底是名师,写得这么活灵活现!"

"人家写的。"我扬扬手中的《江苏教育》。

"晓华,俺的弟子刘方芳考试成绩不低,只扣了1分,比你们班那个考4分的宝宝好多了,换了吧?"我跟二班的老师开起玩笑。

"算了吧!我家李宝宝(戏谑的称呼)不闹人,虽然经常考0分,但安安静静的,不扰乱课堂,你们的刘宝宝比小豆豆还难办。"去年秋季,我被刘方芳闹得心烦意乱、无计可施,去书店买来了《窗边的小豆豆》系列,那个淘气的小豆豆和我的弟子刘方芳如出一辙。被淘气包折腾得够呛的老师们纷纷传阅这本书,大家一致认为,尽管每个班里都有几个怪怪的"小豆豆",但最像"小豆豆"的"宝贝"学生非刘方芳莫属。

这个大名鼎鼎的刘方芳是何许人也?

◇ **"小豆豆"给我的下马威**

最怕慕名而来的学生,一是不知家长是何方神圣,不知这些家长与哪位领导有何关系;二是需要家长费心劳神找个好老师的孩子很可能存在问题。我曾遇到一个托人找关系进入我班的学生,那个孩子患自闭症,虽说他的智力没有问题,但他沉浸在自我的世界里,对外界没有反应,听不明白老师说了些什么。期末考试语文、数学两科加起来得了10分,那还是在监考老师的"辅导"下才勉强在卷子上写了几个字。看窦桂梅老师的书,知道清华附小中那些高校老师的子女也有上课想干什么就干什么的自闭症患者。窦老师在日本养护学校参观时看到一个老师只教一个这样的学生,我不禁发出无奈的感慨:"我们的老师太辛苦了,既要拿出教学成绩,还是面对这些特殊的孩子。"

我最担心引来慕名而来的那些难教的学生。报到那天,照名单点名,叫到名字每个孩子都知道答应,心里暗喜——这群孩子智力上都没有大问题。没想到刘方芳在开学第一天就给了我一个下马威。开学第一天教育局领导到各学校听课,第一节听我的课。课后,主任说:"韩老师的大名早已如雷贯耳,今天一听果然与众不同,但我还是忍不住实话实说,你要关注弱势学生,你看最后排的那个女孩子,上课一点儿东西也没学,眼睛从来没有看过黑板,一次都没有跟你念过拼音,经常坐在地上,书、本子扬得到处都是……"进行"海量阅读"实验七年了,这项实验最让我得意的事就是消灭差生,没想到开学第一天在诸多新同事面前丢了脸,刘方芳给了我一个下马威。

◇ **上课梦游的"小豆豆"**

刚入学的一年级小孩子经常上课请假去小便,想到他们年龄尚小,我一般都允许。孩子们小便之后都自觉回教室,刘方芳借小便之名到哪里游荡去了?我无从知晓。因为这孩子独来独往,老师不允许学生上二楼,下课时一群小孩子告诉我:"刘方芳上二楼了。"批评她几次无效后,我也就懒得理睬她了。其实她去的不只是二楼,因为其他学生按老师的要求只在一楼玩耍,他们没有机会看到刘方芳到过哪里。

一次,刘方芳的妈妈跟我谈起,孩子跟她说四年级的学生上课学什么,六年级的学生如何上计算机课,初中学生如何练习泥塑、剪纸……噢,原来学校偌大的教学楼她已逛了个遍。方芳的妈妈是个宽容的、好脾气的、充满爱心的人,知道女儿上课"梦游"的经历也不急不躁,批评也是轻声细语。她威胁女儿说:"你再上课到处跑,我就告诉你爸爸。"我猜想长得高高大大的爸爸或许是个严厉的人。

◇ **充满爱心的"小豆豆"爸爸**

转眼春节已过,小豆豆刘方芳因为视力不好坐到了前排。3月中旬,寿光、莱芜的同行来听课。寿光、莱芜教师培训时都曾邀请我做过介绍,在那里,我曾

"吹"过:我的课堂充满生机,我的学生才华横溢……没想到刘方芳让我颜面尽失。这是开学后第一次大型的活动,市、区教研室的领导们都到场,特意换了一间大教室上课。听课的人没有按约定的时间到,一年级小孩子坐不住了,开始交头接耳、打打闹闹。终于等来了听课的人,首先学习一篇课文,"开火车"一人念一段,念课文的学生细声细气,像蚊子哼哼,坐在前排的刘方芳不停地自言自语,声音比读书声还大。我的目光像利剑射向她,可向来我行我素的"小豆豆"根本不懂得看人脸色行事。于是我的脸色越来越阴,声音越来越高。课后忍不住抄起电话向她爸爸告了一状,爸爸给了女儿一顿"肥揍",爸爸果真严厉!

有一次上录像课,刘方芳的爸爸、妈妈一同把孩子送到门口,孩子进教室了,爸爸提醒妈妈说:"你跟芳芳说,上课不要紧张。"我一听差点晕倒,我的天啊!"小豆豆"什么时候紧张过?倒是我这 20 多年教龄的"老"教师一见她就紧张,怕她蹦到讲台上时,我面对摄像机情绪失控。好一个充满爱心的爸爸!怪不得刘方芳如此个性张扬。

◇ **给"小豆豆"戴几个松松的"紧箍"**

暑假中读了 20 多本从英、美译过来的教育教学丛书,西方学生的叛逆程度让我"大开眼界",所以我能理解刘方芳的行为,她不是有意捣蛋,而是因为从小在家中很少受到限制,到了学校里,她依然随性地满足着自己的好奇心,没有学会加以约束和限制而已。理解归理解,她的行为给班级带来的混乱却很难叫人容忍。我买来黑柳彻子的《窗边的小豆豆》读了几遍,也没找到解决的办法。9 个人的班级可以"从你喜欢的那门课开始",50 多个人的大班却必须每天拿出一定的时间集体学习,因材施教只能是相对的。

跟方芳妈妈进行了无数次的长谈,跟孩子进行了无数次的交流都不管用,自由成性的孩子很难忍受集体生活的限制。我和其他老师对她"视而不见",她就"变本加厉",连续几天第一节课时问我要卫生纸上厕所。终于有一天我忍无可忍，抄起电话让方芳拨她爸爸的号码，说："让你爸爸立即带你上医院检查有什么毛病！"于是她肚子的毛病不治而愈。我对全班学生说："以后谁急着去大便、小便就马上去，回来之后在点名册上记下时间，每个星期老师都要看看谁经常上课去厕所，要扣他的分。次数多的，老师要通知家长。"一个松松的"紧箍"戴在头上，方芳上课找理由外出的次数少了许多，"梦游"的行为也没有了，对她出门、进门的时间我锱铢必较。

偏离正常轨道的方芳也有和其他孩子一样的需要，她需要小伙伴。"开火车"读书"株连九族"的做法迫使方芳常常翻开书。给她调一个她喜欢的同桌，轮到她读时提醒她翻开书，一节课能翻书几分钟已进步了不少。看到方芳坐在凳子上我已很满足，"今天老师很高兴，因为一眼就看到你了，不用到桌子底下找了。"当因为她不守纪律，她们那一排被取消比赛的机会后，我再瞅了一个时机说："方芳刚才读书认真，这次答题的机会给他们组！"他们那一个组的学生欢呼雀跃，方芳觉得很光彩。我刻意地给她几次为集体争"荣誉"的事做，以消除她的"劣迹"带来的破罐子破摔的心理，集体荣誉感是每个孩子成长的需求。

大家读《弟子规》时，方芳读《爱丽丝漫游奇境记》，我拿走她的书说："认完《弟子规》认读材料的第一页，我就把书还给你。"于是方芳翻开了大家正在学的书。以后每当她手中的玩物被我拿走时，她都问："达到什么要求就还给我？"这又是一个松松的"紧箍"，对孙猴子而言，"紧箍咒"念得太急，他会跑了；对"小豆豆"而言，"紧箍"的松紧度要在她能承受的范围，太紧了会适得其反，"咒"念得太急了，她不吃那一套。若强行把她拉到"守纪"的大道上，会折断一棵肆意成长的小树，老师应该稍稍用力，让偏离了正常轨道的孩子能带着他自己的个性融入学校、班级这个小社会。

◇ "小豆豆"有事可做的课堂

5月底，我带全班学生到市教科院组织的"主题学习研讨会"上课。带全班学生去大礼堂上课不是第一次，从2003年开始，我带着我的学生们无数次上公开课，在上千人的大礼堂中，在初中、高中的老师面前，在中国教育界的高层专家面前，我都是带全班学生上课，一个差生都没有留下。但那是中高年级学生，他们已经有了一定的自控能力。而一年级小孩子个个是"人来疯"，他们当着校长和诸多听课老师的面打架已不是新鲜事，再加上班里有几个"小豆豆"，带他们外出上课真需要胆量。同事劝我："别的老师上课都是带一部分学生，专家到各地上课用的学生也是挑出来的，你这并不具备多少教学机智的人更没有必要冒险带全班学生。"我不忍心留下几个孩子，况且我的教法能让所有的学生有事可做，他们没有机会闹起来。

两句简短的开场白后学《弟子规》原文："能亲仁，无限好，德日进，过日少。"老师领读一遍，学生读三遍。然后第一排学生"开火车"一人念一句，全班再齐读三遍。边读边用手指着书上的文字，老师巡视，最受关注的人当然是"小豆豆"，站在她身边，早晚等她翻开正在读的那一页；把耳朵贴到她嘴旁，听不到她的声音誓不罢休。"小豆豆"跟着大家念，过一会儿她所在的那一排有"开火车"读的机会，她不读就会被取消。自由成性的"小豆豆"一看到我走下讲台竟懂得了赶紧翻书读。

读完《弟子规》原文，再读故事，这本书上的故事大部分以古人为主人公，生疏的词汇比较多，理解起来也有一定难度，很难达到熟练朗读的程度。于是我"避重就轻"，不要求学生熟练朗读故事，不要求理解，只要求学生能清除文中的拦路虎——读准文中的生词。我先让学生自己边读边画出生词，人人提笔有事可做。然后，我把自己的书放到投影仪上，手指着画出的词领读一遍，学生跟读一遍。这时，学生一边跟读，一边看屏幕上我画出的词，并跟着画下来。最后，我领读文中的词语，领读一遍，学生跟读三遍，跟读时必须迅速找出并用手指着所念的词，老师边领读边巡视。

教学过程中,最常用的一个做法是老师领读一遍,学生跟读三遍。一方面让学生多读几遍,为了他们读得更熟练;另一方面,老师有较充足的时间督促那些"小豆豆"们把目光、手指、心放到书本上。小孩子有事情做了,就闹得少了,学生捣蛋多是因为闲得无聊。

在听课的老师看来,这样的教学太乏味,纯属"灌输式",但对学生来讲,全班每一个学生都在进行有效学习。那种一问一答式的"启发式"教学很难让"小豆豆"们安静下来,因为他们无事可做。所以低年级的课堂要力求清清爽爽、干干净净,尽量减少讨论、问答,不要让小孩子承受被动听讲的无奈。读书要边读边画,我领着孩子们从最低的起点上扎扎实实、一寸一寸地朝前挪,一步一个脚印地朝前走。孩子们"挪移"的脚步,在老师和父母的眼里是最美丽的风景。

◇ 快乐的"豆豆"、幸福的老师

"方芳,这个字你再写错,我就打你屁屁,我最喜欢打小孩子屁屁。"

"方芳,你再读错这个字音,我就咬你。"边说边抓起她的细胳膊。

孩子笑着飞跑回座位。"小豆豆"能坐在凳子上了;"小豆豆"能按老师的要求翻开书读的时间越来越长了;"小豆豆"能交上作业了……或许她永远成不了学习最好的,那是再正常不过的事情。"参差不齐是世界幸福的本源。"哲人如此说过。秦始皇一统华夏江山功德无量,但在思想领域的大一统贻害千秋万代。对"小豆豆"们,诱之、导之、爱之、包容之,师生才能快乐地同处一个屋檐下。

◎ "小豆豆""蜗牛" ◎

永远不紧不慢的"蜗牛"刘佳辉是另一种类型的"小豆豆",从内心深处接受他、容忍他,我走过了一段艰难的心路历程。

第一周写了四次课堂作业,第二周天天写,每天写一课或两课,全班只有刘佳辉没写完,开始几天都告诉家长孩子没写完作业。同样的话说多了就烦了,于是只告诉家长:他每天都写不完,全班只有他一个写不完。后来就不屑于跟家长"汇报"了。这天下午,还是全班只有他一个没写完,总不能为了等他一个人就让大家再上一节自由阅读课吧。问题是再等他一节课他也写不完啊,于是越看他越生气。一起学新课了,大家有声有色地读着课文,刘佳辉在不紧不慢地写生字,他那双无神的大眼睛对着课本上的生字盯半天才慢条斯理地写一笔。想到他的"屡教不改",多日积累的火气噌地冒了出来,我抓过他的作业本扔在了地上,又恶狠狠地踏上一只脚。过后,想到自己从开学以来跟学生一直和颜悦色,在同事面前吹嘘自己读了"老子"哲学后"修养"提高了许多,一位同事哈哈大笑,说拭目以待看我"原形毕露"。其实,刘佳辉就是那种天生的"蜗牛"性格,你想让他快起来"难于上青天",就因为他"慢",他妈妈曾跟他爸爸打架,他爸爸也是天生的慢性子。佳辉写字慢是很难改变的事实,但第二天他总能交上前一天的"课堂作业",那是家长对他声嘶力竭的"辉煌战果"。想起往届那些拿回家就从此不见踪影的课堂作业本,佳辉要可爱得多了,蜗牛的好处就在于,虽然爬得慢,但总是在向前进,跟那些"不怕开水烫"的宝贝们比好多了。这样想来,心情好多了,便捡起地上的作业本,顺便摸了一下他的头,"蜗牛"面无表情,搞不清刚才还怒火冲天的老师为什么突然温柔起来。我那个气死人不偿命的学生啊,他才懒得去搞明白如此复杂的问题呢!

后来莱芜市钢城区的一位老师问我:"学习进度加快后,有一部分学生出现跟不上的情况怎么办?"我回复:"那些跟不上进度的孩子只要能在课堂上跟着读,尽管他们好像没有学会,但是实际上他们也在从中受益。"语文的学习不是"日日清",而是"日后通";不是"清清楚楚一条线",而是"模模糊糊一大片"。总有一天,那些似乎什么都没学会的孩子会开窍,"海量阅读"的神奇效果会突然彰显。所以,老师应该高高兴兴地给"蜗牛"一个没有批评的巴学园,用灿烂的笑脸面对所有不同资质、不同性格的学生。

五、润物无声 化育无形

"韩老师,你做了一件功德无量的事情。"人民教育出版社小学语文教材总编崔峦老师听了我执教的课《论语——孔门弟子子贡》之后说。我听之汗颜,"功德无量"这么崇高的赞誉,我这种小人物实在受之有愧。后来看到美国畅销书《朗读手册》上写道:

2%的受刑人员都是辍学的学生。

低识字率阶层中的受刑人员,是一般人中受刑人员的两倍。

60%的受刑人员是文盲。

63%的受刑人员是累犯。

为什么这些学生会辍学离校呢?因为他们不会阅读——这影响到成绩单。改变毕业率,就改变了入狱率,也就改变了整个国家的风气。一个国家的高中毕业率愈高,入狱人口就愈少。因此,读是消灭无知、贫穷与绝望的终极武器。

看到美国人把培养阅读兴趣当作改善社会风气的一剂良药,想到凡是民智开启的国家,经济必然得到腾飞,想到我的弟子们的种种表现,我心里坦然接受了崔老师对我的赞赏。

一年级的家长们在我的博客上写了孩子们读书后的表现:

○晚饭时,袁铭瑞从刚炒的蔬菜中挑选她认为最好吃的部分喂给妈妈,妈妈夸奖她关心妈妈,她笑回:"鸦知反哺之孝,羊知跪乳之恩。"诵读经典让孩子们长大了!

○宋佳怡和妈妈逛超市看到散装小零食,就拿起了几个央求妈妈给她买,妈妈不答应走开了,过了一会儿妈妈问她是否把零食放回原处了,否则就是偷了,宋佳怡回道:"身有疾,贻亲忧,德有伤,贻亲羞,我不会让妈妈蒙羞的。"

○王艺璇洗手时把水龙头开得很大。爸爸说:"把水龙头拧小一点儿。"王艺璇说:"细水长流,精打细算呀!"

○这几天吴静琨看书时有点儿走马观花,妈妈问她应该怎样读书,她回答:"读书法,有三到:心眼口,信皆要。"

○星期天妈妈包饺子,李宇虹不吃肉馅的,非要吃素的,妈妈问书上是怎么说的?李宇虹马上说:"对饮食,勿拣择;食适可,勿过则。"

○台浩文在楼下玩,鞋带开了,他正要系鞋带,妈妈说:"不用系了,上楼马上又要换鞋了。"浩文紧跟一句:"冠必正,钮必结,袜与履,俱紧切。您忘了吗?"

○丁乐腾问:"爸爸为什么那么喜欢看书?"爸爸说:"给自己充电啊。"丁乐腾说:"人生不读书,活着不如猪。"经妈妈一启发,他又说:"玉不琢,不成器。人不学,不知义。"

○以前让张益嘉做事他总说"等等""过一会儿",自从他学了《弟子规》以后,妈妈有了法宝,当他说"等等"的时候,妈妈就说:"父母呼……"他会叫着:"应勿缓!"就去做了。

○妈妈说:"左眼跳财,右眼跳灾。这几天右眼皮老跳,会不会有坏事发生呢?"星辰说:"斗闹场绝勿近,邪僻事绝勿问。"

《中国教育报》读书教育中心主任张圣华先生听了我的课《论语——交友之道》之后问:"学生在讨论、辩论方面非常成功,知识点的掌握程度非常高,这一点注定考试不会失败。但是我们的考试是有问题的,只能考硬的东西,软的东西不能考,这也是高考改革的瓶颈。例如情感的东西考试考不到,但我们教育不能耽误了情感教育。现在的学生当中,有无情阅读现象,不会动情,只讲道理。韩老师的教学中情感成长、情感教育是怎么完成的?"

我回答说:"我经常结合实际、联系书本进行情感教育,比如《论语》中提到的'原壤',课前与几个学生讨论,都说孔子不应该交这样的朋友。我也没想明白如何去说服学生。下班后,同家人议论同学聚会,谈到四十岁以上的同学应不应该聚会的问题,因为聚会时发现有的同学在学生时代很出色,几十年不见,现在反而很潦倒。于是我想到,如果让我的学生思考30年后,他们同学聚会,假如有的同学生活困窘,有的同学品行不好,同学们会不会不理睬他?第二天上课时,我提出这个问题,孩子们神情激动地表示不论环境如何变化,都会珍视六年的同窗之谊。这样就通过感同身受来理解了孔子对原壤的情感。

我个人的能力有限,于是进行情感教育有了一定的局限性,比如我的朗读能力达不到动人心弦的水平,在公开课上我很少当众朗读,但是在没有人听课时,尤其是低年级的课堂上,我们师生关起门来,我还是经常通过朗读进行情感的渲染,引导学生通过朗读来表达他们的感情,让学生自己体验感情。我在中高年级上的公开课《黄河魂》《再见了,亲人》……孩子们的朗读相当感人,几百人的会场上一片肃静,有的老师感动得都掉眼泪了。"

进行情感教育的最佳方法还是引导学生读思想、文字俱佳的文章、书籍,那是我进行情感熏陶、思想教育的最有效、最长效的方法。

教书育人是老师的职责,但有时候,我拒绝那些指令性的育人指标。三八妇女节,进行热爱母亲的教育;五一劳动节,进行劳动光荣的教育;清明节、国庆节,要进行热爱先烈的教育……进行这些教育都没有错,但是没有足以打动学生心灵的文本,没有动人心弦的故事,老师言不及义,学生东拉西扯,白白浪费时间。最让人烦心的是,领导要检查的,从一楼查到四楼,一节课都查不完。当领导走进我们的教室时,要求的教育早已进行完毕。最初我还解释几句,后来干脆说:"给我们班0分吧!""海量阅读"的孩子汲取的精神营养何其多,为什么一定是按季节时序进行思想教育,定向找素材很费劲。无为而无不为,太多的"统一"会堵死教师个性成长的道路。读苏霍姆林斯基的文章时,我惊喜地发现,我这个小人物与大师的观点不谋而合:读书就是教育,教育就是读书。